ASEAN経済共同体の創設と日本

石川幸一・清水一史・助川成也 [編著]

文眞堂

はしがき

　東南アジア諸国連合（ASEAN）は，2015年12月末にASEAN経済共同体（AEC）を創設した。2003年の「第2 ASEAN協和宣言」で発表されてから，AECは12年で創設された。
　構造変化を続ける世界経済の下で，ASEANは経済統合を進めてきている。世界金融危機後に，世界経済におけるASEANの重要性は更に増してきた。ASEANが10カ国でAECを実現すると，中国やインドにも対抗する規模の経済圏になる可能性がある。
　ASEANは1967年8月にインドネシア，マレーシア，フィリピン，シンガポール，タイの原加盟5カ国により設立された東アジアの地域協力機構である。加盟国は10カ国に拡大し，加盟国の経済発展と東アジアの地域協力における役割の拡大から世界で最も成功した途上国の地域協力機構と評価されている。
　設立当初は域内の政治協力が中心だったが，1976年から域内経済協力を開始し，1992年からはASEAN自由貿易地域（AFTA）を目指して関税撤廃を進め，2010年には原加盟5カ国にブルネイを加えた6カ国で関税をほぼ撤廃した。カンボジア，ラオス，ミャンマー，ベトナムの新規加盟4カ国は2015年（一部品目は2018年）に関税を撤廃した。
　AECは，AFTAの次の段階の経済統合であり，サービス，投資，資本，熟練労働者の自由な移動の実現を目指している。物品，サービス，資本，人の自由な移動が実現する経済統合は共同市場であるが，AECでは物品を除いては様々な制約が残っており，AECは共同市場ではなく，「FTAプラス」である。AECでは，規格・基準，知的財産権，競争政策などにも取組んでおり，企業の越境取引の複雑化に対応した「深い統合」を目指す21世紀型の経済統合を目指している。
　AECで重要なのは，市場統合だけでなく単一の生産基地も目標にしている

ことだ。ASEAN 域内各国の製造拠点間に生産ネットワークを構築するために貿易や投資などの障壁を撤廃し，通関手続きなど貿易円滑化を進め，道路などの輸送インフラを整備し越境輸送協定の整備を進めていく。さらに，「多様性をグローバルなサプライチェーンのダイナミックで強力な一部とする」ことを目標とし，ASEAN 域外国・地域との FTA を結んで行く。AEC は世界経済の中での発展を目指すことを目標とする開かれた経済統合である。

　ASEAN は，東アジアの地域協力と経済統合でも中心的な位置を占め重要な役割を果たしている。ASEAN＋3，ASEAN＋6 という言葉が示すように，東アジアの首脳会議や閣僚会議，地域協力と経済統合は ASEAN を中心として開催され，取組まれてきた。米国，ロシアが参加する東アジアサミット（EAS），通貨協力を行なうチェンマイ・イニシアチブ（CMI），安全保障のための多国間フォーラムである ASEAN 地域フォーラム（ARF）も同様である。東アジアの経済統合では，5 つの ASEAN＋1FTA を統合する形で ASEAN＋6 により交渉されている東アジア地域包括的経済連携（RCEP）は ASEAN が提案し主導する広域 FTA である。

　経済統合においては，従来 EU が模範例とみなされてきたが，世界金融危機後の債務危機とユーロ危機，英国の国民投票による EU 離脱決定は，EU 型の統合の困難さと問題を露呈させている。多くの緊張と遠心力を抱えながらもグローバル化を続ける現代世界経済の変化に合わせて着実に AEC の実現に向かい，さらには世界の成長地域である東アジアにおいて経済統合を牽引している ASEAN は，現代の経済統合の最重要な例の一つである。

　ASEAN は，日本にとっても最重要なパートナーである。また日系企業にとっても最重要な市場と生産拠点である。日本にとっても AEC の実現は，極めて重要であり，日本企業の生産ネットワークの進展に欠かせない。現在，中国との貿易と投資を巡るリスクが大きくなる中で，日本にとって ASEAN との関係は益々重要になってきている。日本企業の ASEAN への直接投資額は 2013 年以降対中投資の 2－3 倍の規模となっている。

　AEC は AEC ブループリントにより行動計画と措置が実施されてきた。2015

年12月末までの実施状況では，高度優先措置を含む506措置中475措置が実施され，実施率は93.9％となっている。ブループリントの全611措置に対しては，503措置が実施され，実施率は82.3％となっている。AEC創設は宣言されたが，ブループリントの行動計画は100％実施されてはいない。2015年12月末のAEC創設は「通過点」と考えるべきである。

　ASEAN域内経済協力は1976年に始まり，2016年は域内経済協力開始40周年でもある。1976年からの域内経済協力は1987年に戦略を転換し，1992年からはAFTAの実現を，2003年からはAECの実現を目指してきた。AFTA以降の時期においても，1992年～2002年のASEAN自由貿易地域（AFTA）創設を第1期，2003年～15年のAEC2015創設を第2期とすると，2016年から新たな段階である第3期に入り，AEC2025創設を目標と掲げている。第1期は物品の貿易の自由化を主な課題とし，第2期はレベルの高い物品の貿易の自由化を実現させるとともにサービス，投資，資本，人の移動の自由化による統合の深化に取組んだ。第3期はAEC2015の未達成目標を実現するとともに，非関税障壁撤廃，サービス貿易，投資，資本移動などの自由化をさらに進めることが課題である。

　2016年からは，ASEANの内外の環境の変化による新たな課題への挑戦が求められており，AEC2025ブループリントが2015年の首脳会議で発表された。AEC2025は，5つの目標（① 高度に統合され結束した経済，② 競争力のある革新的でダイナミックなASEAN，③ 高度化した連結性と分野別協力，④ 強靭で包括的，人間本位，人間中心のASEAN，⑤ グローバルASEAN）を掲げている。AEC2025の内容はAEC2015を整理・再構成したものが多いが，生産性向上，イノベーション，グッドガバナンス，効率的かつ公正な規制，人間中心など新たな要素も含まれている。

　注目されるのは，イノベーションである。一人当たり所得が1万ドル程度に達すると経済成長率が低下する「中所得の罠」に陥ることが懸念されており，マレーシアではすでに中所得の罠に陥ったと政府が発表しているほか，ASEAN6では成長率が低下傾向にある。労働コスト上昇により競争力が低下した労働集約型産業に代わる成長産業の育成が必要だが，そのために新たな外国投資の受入れとともにイノベーションが不可欠となっている。

直面している課題として，2016年2月に調印されたTPPへの対応がある。TPPの発効には米国の批准が不可欠だが，先行きは不透明となっている。しかし，発効すればASEANからの参加は増加するだろう。TPPはRCEP交渉に影響し，RCEPはAEC2025に影響すると考えられる。

このような現状認識と問題意識により執筆された本書は3部で構成されている。第1部は総論であり，世界経済の構造変化の下でのASEANとASEAN経済共同体，2015年末のAECの概要と意義，ASEANの組織改革と経済統合を論じている。第2部は各論であり，物品貿易，貿易円滑化，サービス貿易，金融サービスと資本市場，投資，人の移動，交通と運輸，エネルギー協力，知財権協力を取り上げ，何を目標としAEC創設で何が実現したのか，課題は何かを詳細かつ具体的に検討している。第3部は，格差是正，AEC2025ビジョン，ASEANと東アジア経済統合，日本のASEAN協力を取り上げている。

本書は，2009年に刊行された『ASEAN経済共同体―東アジア統合の核となりうるか―』（日本貿易振興機構），並びに2013年に刊行された『ASEAN経済共同体と日本』（文眞堂）の続編となる。また本書は，2015年6月のアジア政経学会におけるセッション「ASEAN経済共同体の実現と日本」（清水，石川，助川が報告，春日，鈴木，福永がコメント）と，同学会誌『アジア研究』（第62巻3号）にまとめた特集「ASEAN経済共同体の実現と日本」をも基にしている。

本書では，2013年の前著とは異なり，AEC創設，TPP調印など新たな動きをフォローするとともにASEAN事務局などから発表されたデータ，資料，研究成果を盛り込んでいる。そして第3章「ASEANの組織改革と経済統合」を加え，その他の全ての章は全面的あるいは大幅に書き直している。また巻末にはいくつかの統計を付けた。巻末の統計は，猿渡剛氏（九州大学大学院経済学研究院専門研究員）に助力頂いた。

本書の各論文は，執筆者の属する機関の公式見解でないことにご留意いただきたい。本書がASEANおよびASEANの経済統合に関心をお持ちの方々のご参考になり，日本とASEANの交流の進展に寄与できれば幸甚である。

ASEAN経済共同体の創設（2015年末），ASEAN域内経済協力開始40周年

(2016年),ASEAN設立50周年(2017年)というASEANの発展に期を画する時期に本書の出版を快諾され,編集の労を取って頂いた文眞堂の前野隆社長と前野弘太氏に心から御礼を申し上げたい。

2016年10月

編著者　石川幸一
　　　　清水一史
　　　　助川成也

目　　次

はしがき……………………………………………………………………… i
略語一覧……………………………………………………………………… xiii

第 I 部

第 1 章　世界経済と ASEAN 経済共同体 ………………………… 3
　　　　　　　　　　　　　　　　　　　　　　　清水一史

はじめに …………………………………………………………………… 3
第 1 節　ASEAN 域内経済協力の過程 ………………………………… 4
第 2 節　AEC へ向けての域内経済協力の深化 ……………………… 6
第 3 節　世界金融危機後の ASEAN と東アジア …………………… 11
第 4 節　2015 年末の AEC 創設と ASEAN 経済統合 ……………… 13
第 5 節　AEC の新たな目標 …………………………………………… 17
おわりに …………………………………………………………………… 20

第 2 章　ASEAN 経済共同体の創設とその意義 ………………… 25
　　　　　　　　　　　　　　　　　　　　　　　石川幸一

はじめに …………………………………………………………………… 25
第 1 節　ASEAN 経済共同体とは ……………………………………… 26
第 2 節　2015 年末の AEC の実現状況 ……………………………… 30
第 3 節　ASEAN の経済統合の意義 …………………………………… 35
第 4 節　ASEAN 経済共同体の課題 …………………………………… 39
おわりに …………………………………………………………………… 42

第3章　ASEAN の組織改革と経済統合 …………………… 51
鈴木早苗

はじめに …………………………………………………………… 51
第1節　迅速な政策決定を目指して ………………………… 52
第2節　効率的な合意履行を目指して ……………………… 56
第3節　紛争解決手続きの活用に向けて …………………… 60
おわりに …………………………………………………………… 63

第Ⅱ部

第4章　物品貿易の自由化に向けた ASEAN の取り組み ……… 69
助川成也

はじめに …………………………………………………………… 69
第1節　ASEAN の物品貿易自由化に向けた取り組み ……… 70
第2節　物品貿易の自由化水準 ……………………………… 78
第3節　AFTA の利用状況 …………………………………… 89

第5章　貿易円滑化に向けた ASEAN の取り組み …………… 100
助川成也

はじめに …………………………………………………………… 100
第1節　原産地規則の改善に取り組む ASEAN ……………… 101
第2節　原産地証明制度の改善に取り組む ASEAN ………… 106
第3節　貿易手続きのシングル・ウィンドウ化に向けた ASEAN の取り組み … 112
第4節　その他の貿易円滑化に向けた取り組み …………… 118

第6章　サービス貿易の自由化に向けた ASEAN の取り組み … 125
助川成也

はじめに …………………………………………………………… 125
第1節　サービス自由化に向けた ASEAN のこれまでの歩み ………… 125

第2節　ASEANのサービス自由化の水準と状況 ……………………………… 135

第7章　ASEAN経済共同体における人の移動 …………… 153
福永佳史

はじめに ………………………………………………………………………………… 153
　第1節　ASEAN共同体2015と人の移動 ……………………………………… 154
　第2節　「ASEAN経済共同体2015」と熟練労働者の移動 ………………… 155
　第3節　「ASEAN共同体2025」と人の移動 ………………………………… 165

第8章　金融サービスと資本市場の統合 …………………… 169
赤羽　裕

はじめに ………………………………………………………………………………… 169
　第1節　AECにおける金融・資本分野の取組 ……………………………… 170
　第2節　金融・資本分野統合への評価 ……………………………………… 181
　第3節　ASEAN金融・資本分野の課題と展望 ……………………………… 184

第9章　投資の自由化 …………………………………………… 193
石川幸一

はじめに ………………………………………………………………………………… 193
　第1節　AECにおける投資自由化 …………………………………………… 194
　第2節　AEC2015の成果 ………………………………………………………… 195
　第3節　自由化例外分野：ACIAの留保表 …………………………………… 201
　第4節　ASEANの外国直接投資の現状 ……………………………………… 203
おわりに ………………………………………………………………………………… 206

第10章　ASEAN連結性の強化と交通・運輸分野の改善
　　　　　―実効的なバリューチェーンの構築へ向けて― ……… 209
春日尚雄

はじめに ………………………………………………………………………………… 209
　第1節　交通・運輸分野におけるASEAN連結性の強化 ………………… 210

第2節　陸上交通，交通円滑化 …………………………………… 212
第3節　海上交通・内陸水運，航空 ……………………………… 223
第4節　今後の展望 ………………………………………………… 228

第11章　ASEAN 経済共同体とエネルギー協力
　　　　　―より強靱な ASEAN 統合への鍵― ……………………… 231
春日尚雄

はじめに ………………………………………………………………… 231
第1節　ASEAN のエネルギー見通し ……………………………… 232
第2節　ASEAN エネルギー協力 …………………………………… 234
第3節　今後の ASEAN エネルギー協力の方向 …………………… 242

第12章　ASEAN 経済共同体における知的財産権協力 ………… 245
福永佳史

はじめに ………………………………………………………………… 245
第1節　ASEAN 知財権協力の歴史 ………………………………… 246
第2節　ASEAN 特許制度構想・同商標制度構想の変遷 ………… 253
第3節　ASEAN 地域における審査協力 …………………………… 258
おわりに ………………………………………………………………… 263

第Ⅲ部

第13章　ASEAN の格差是正 ……………………………………… 269
小野澤麻衣

はじめに ………………………………………………………………… 269
第1節　縮小するも歴然たる格差 ………………………………… 269
第2節　域内環境整備の進展 ……………………………………… 272
第3節　活発化する外国企業の活動 ……………………………… 277
第4節　さらなる産業発展に向けて ……………………………… 281

第14章　ASEANと東アジア経済統合 ······················ 289
清水一史

はじめに ··· 289
第1節　世界金融危機後の変化と東アジア
　　　　—TPP交渉開始とFTAの加速 ····················· 290
第2節　ASEANによるRCEPの提案 ···························· 294
第3節　RCEPとASEAN ··· 297
第4節　TPPとASEAN ·· 301
おわりに ··· 304

第15章　ASEAN経済共同体2025ビジョン ·············· 308
福永佳史

はじめに ··· 308
第1節　『ASEAN共同体2025ビジョン』について ············· 308
第2節　AEC2025の概要 ··· 312
おわりに ··· 323

第16章　ASEAN経済共同体と日本ASEAN協力
　　　　—日本ASEAN友好協力の40年を越えて— ········· 327
清水一史

はじめに ··· 327
第1節　日本とASEANの40年を越える協力関係 ············· 328
第2節　AECの深化へ向けての日本の協力 ····················· 334
おわりに ··· 341

【付表・図】 ··· 344
索引 ··· 350

略語一覧

略語（英語）	日本語

AANZFTA ……………………ASEAN 豪州ニュージーランド自由貿易地域
　ASEAN Australia New Zealnd Free Trade Area

ABIF ……………………ASEAN 銀行統合枠組み
　ASEAN Banking Integration Framework

ACCC ……………………ASEAN 連結性調整委員会
　ASEAN Connectivity Coordinating Committee

ACFTA ……………………ASEAN 中国自由貿易地域
　ASEAN-China Free Trade Area

ACIA ……………………ASEAN 包括的投資協定
　ASEAN Comprehensive Investment Agreement

ACMECS ……………………エーヤーワディ・チャオプラヤ・メコン経済協力戦略
　Ayeyarwady-Chao Phuraya-Mekong Economic Cooperation Strategy

ACMF ……………………ASEAN 資本市場フォーラム
　ASEAN Capital Market Forum

ACMI ……………………ASEAN 資本市場インフラ
　ASEAN Capital Market Infrastructure

ACPE ……………………ASEAN 公認エンジニア
　ASEAN Chartered Professional Engineer

ACTI ……………………貿易・投資を通じた ASEAN 連結性
　ASEAN Connectivity through Trade and Investment

ADB ……………………アジア開発銀行
　Asian Development Bank

AEC ……………………ASEAN 経済共同体
　ASEAN Economic Community

AEO ……………………認定事業者
　Authorized Economic Operator

AEM ……………………ASEAN 経済大臣会議
　ASEAN Economic Ministers Meeting

AFEED ……………………公平な経済発展のための ASEAN 枠組み
　ASEAN Framework on Equitable Economic Development

AFTA ……………………ASEAN 自由貿易地域
　ASEAN Free Trade Area

AFAFGIT ……………………ASEAN 通過貨物円滑化枠組み協定
　ASEAN Framework Agreement on the Facilittion of Goods in Transit

AFAFIST ……………………ASEAN 国際輸送円滑化枠組み協定
　ASEAN Framework Agreement on Facilitation of Inter-State Transport

AFAMT ……………………ASEAN マルチモード輸送円滑化協定
　ASEAN Framework Agreement on Multimodal Tranport

AFAS ……………………ASEAN サービス枠組み協定
　ASEAN Framework Agreement on Service

略語一覧

AHN ASEAN 高速道路ネットワーク
ASEAN Highway Network

AHTN ASEAN 統一関税品目分類
ASEAN Harmonized Tariff Nomenclature

AIA ASEAN 投資地域
ASEAN Investment Area

ACD ASEAN 化粧品指令
ASEAN Cosmetic Directive

AHCRS ASEAN 化粧品統一規則に関する枠組み
ASEAN Harmonized Cosmetic Regulatory Scheme

AIC ASEAN 工業補完協定
ASEAN Industrial Complementation

AICHR ASEAN 人権政府間委員会
ASEAN Intergovernmental Commision on Human Rights

AICO ASEAN 産業協力スキーム
ASEAN Industrial Cooperation

AIF ASEAN インフラ基金
ASEAN Infrastructure Fund

AIF ASEAN 投資ファンド
ASEAN Investment Fund

AIFTA ASEAN インド自由貿易地域
ASEAN India Free Trade Area

AIGA ASEAN 投資促進保護協定
ASEAN Agreement for the Promotoin and Protection of Investment

AIIB アジアインフラ投資銀行
Asia Infrastructure Investment Bank

AIIF ASEAN 保険統合枠組み
ASEAN Insurance Integration Framework

AIMO ASEAN 統合監視事務局
ASEAN Integration Monitoring Office

AIP ASEAN 共同工業プロジェクト
ASEAN Industrial Project

AJCEP ASEAN・日本包括的経済連携協定
ASEAN-Japan Comprehensive Economic Partnership Agreement

AJDF ASEAN 日本開発基金
ASEAN-Japan Development Fund

AKFTA ASEAN 韓国自由貿易地域
ASEAN Republic of Korea Free Trade Area

AMBDC ASEAN メコン川流域開発協力
ASEAN Mekong Basin Development Cooperation

AMBIF ASEAN+3 債券共通発行フレームワーク
ASEAN+3 Multi-currency Bond Issuance Framework

AMDD ASEAN 医療機器指令
ASEAN Medical Device Directive

AMEICC 日 ASEAN 経済産業協力委員会
AEM-METI Economic and Industrial Coopeation Committee

AMNP ASEAN 自然人移動協定
ASEAN Agreement on the Movement of Natural Persons

略語一覧

AMRO ……………………… ASEAN+3 マクロ経済リサーチオフィス
　ASEAN+3 Macroeconomic Resarch Offis

AP ……………………………（自動車）輸入許可証
　Approved Permit

APG ………………………… ASEAN 電力網連係
　ASEAN Power Grid

APSC ……………………… ASEAN 政治安全保障共同体
　ASEAN Political-Security Community

APAEC …………………… ASEAN エネルギー協力行動計画
　ASEAN Plan of Action for Enrgy Cooperation 2016-2025

APEC ……………………… アジア太平洋経済協力
　Asia-Pacific Economic Cooperation

AQRF ……………………… ASEAN 資格参照枠組み
　ASEAN Qualification Reference Framework

ARF ………………………… ASEAN 地域フォーラム
　ASEAN Regional Forum

ASA ………………………… 東南アジア連合
　Association of Southeast Asia

ASAM ……………………… ASEAN 単一航空市場
　ASEAN Single Aviation Market

ASC ………………………… ASEAN 安全保障共同体
　ASEAN Security Community

ASCC ……………………… ASEAN 社会文化共同体
　ASEAN Social and Cultural Community

ASCOPE …………………… ASEAN 石油評議会
　ASEAN Council on Petroleum

ASEAN ……………………… 東南アジア諸国連合
　Association of Southeast Asian Nations

ASPEC ……………………… ASEAN 特許審査協力プログラム
　ASEAN Patent Examination Coopertion

ASSIST ……………………… ASEAN 投資・サービス・貿易解決
　ASEAN Solutions for Investments, Services and Trade

ASSM ……………………… ASEAN 海運単一市場
　ASEAN Single Shipping Market

ASW ………………………… ASEAN・シングル・ウィンドウ
　ASEAN Single Window

ASEM ……………………… アジア欧州会議
　Asia-Europe Meeting

ATIGA ……………………… ASEAN 物品貿易協定
　ASEAN Trade in Goods Agreement

ATISA ……………………… ASEAN サービス貿易協定
　ASEAN Trade in Service Agreement

ATR ………………………… ASEAN 貿易レポジトリー
　ASEAN Trade Repository

AWGIPC …………………… ASEAN 知財協力作業部会
　ASEAN Working Group on Intellectual Property Cooperatin

AWSC ……………………… ASEAN 地域自己証明制度
　ASEAN-Wide Self Certification

BBC……………………………ブランド別自動車部品相互補完流通計画
    Brand to Brand Complementation Scheme

BOI……………………………（タイ）投資委員会
    Board of Investment

CADP…………………………アジア総合開発計画
    Comprehensive Asia Development Plan

CAL……………………………資本取引自由化
    Capital Account Liberalisation

CBTA…………………………越境交通協定
    Cross-Border Transport Agreement

CBTI……………………………越境交通インフラ
    Cross-Border Transport Infrastructure

CBTP…………………………ASEAN 陸路越境旅客交通枠組み協定
    ASEAN Framework Agreement on Cross-Border Transport of Passengers by Road Veheicles

CC………………………………関税番号変更基準（類変更：2ケタ）
    Change in Chapter

CCI……………………………ASEAN 投資調整委員会
    ASEAN Coordinating Committee on Investment

CCS……………………………ASEAN サービス調整員会
    ASEAN Coordinating Committee on Services

CEPEA…………………………東アジア包括的経済連携協定
    Comprehensive Economic Partnership in East Asia

CEPT……………………………共通効果特恵関税
    Common Effective Preferential Tariff

CIQ……………………………税関，出入国管理，検疫
    Customs, Immigration and Quarantine

CIS……………………………集団投資スキーム
    Collective Investment Schemes

CLM……………………………カンボジア，ラオス，ミャンマー
    Cambodia, Laos & Myanmar

CLMV…………………………カンボジア，ラオス，ミャンマー，ベトナム
    Cambodia, Laos, Myanmar & Vietnam

CMI……………………………チェンマイ・イニシアチブ
    Chiang Mai Initiative

CO………………………………原産地証明書
    Certificate of Origin

CPR……………………………常駐代表委員会
    Committee of Permanent Representatives

CTC……………………………関税番号変更基準
    Change in Tariff Classification

CTH……………………………関税番号変更基準（項変更：4桁）
    Change in Tariff Heading

CTSH……………………………関税番号変更基準（号変更：6桁）
    Change in Tariff Sub Heading

EAEC……………………………東アジア経済協議体
    East Asia Economic Caucus

EAEG……………………………東アジア経済グループ
    East Asian Economic Group

略語一覧　xvii

略語	日本語	英語
EAFTA	東アジア自由貿易地域	East Asia Free Trade Area
EAS	東アジアサミット	East Asia Summit
ECAFE	(国連) アジア極東経済委員会	Economic Commission for Asia and the Far East
EDSM	紛争解決メカニズム強化の議定書	ASEAN Protocol on Enhanced Dispute Settlement Mechanism
EH	早期関税引き下げ措置	Early Harvest
EPA	経済連携協定	Economic Partnership Agreement
EPG	賢人会議	Eminent Persons Group
EPZ	輸出加工区	Export Processing Zone
ERIA	東アジア・ASEAN 経済研究センター	Economic Research Institute for ASEAN and East Asia
ESCAP	(国連) アジア太平洋経済社会委員会	Economic and Social Commission for Asia and the Pacific
EU	欧州連合	European Union
FDI	海外直接投資	Foreign Direct Investment
FJCCIA	ASEAN 日本人商工会議所連合会	Federation of Japanese Chambers of Commerce and Industry in ASEAN
FOB	本船甲板渡し条件	Free on Board
FTA	自由貿易地域 / 協定	Free Trade Area / Agreement
FTAAP	アジア太平洋自由貿易圏	Free Trade Area of Asia-Pacific
GATS	サービスの貿易に関する一般協定	General Agreement on Trade in Services
GATT	関税および貿易に関する一般協定	General Agreement on Tariff and Trade
GDP	国内総生産	Gross Domestic Product
GEL	一般除外品目	General Exception List
GMS	大メコン圏，拡大メコン経済圏	Greater Mekong Subregion
GMP	適正製造基準	Good Manufacturing Practice
GRP	地域総生産	Gross Regional Product
GRP	良き規制慣行	Good Regulatory Practice

略語	正式名称	日本語訳
GSP	Generalized Systems of Preferences	一般特恵関税制度
HAPUA	Heads of ASEAN Power Utility /Authriteies	ASEAN電力事業者会議
HDI	Human Development Index	(国連) 人間開発指数
HPM	High Priority Measures	高度優先措置
HS	Harmonized System	(統一分類) 関税HSコード
HSL	Highly Sensitive List	高度センシティブ品目
IAI	Initiative for ASEAN Integration	ASEAN統合イニシアティブ
IL	Inclusion List	対象品目
IMF	International Monetary Fund	国際通貨基金
IMV	Innovative International Multipurpose Vehicle	革新的国際多目的車
ISDS	Investor-State Dispute Settlement	投資家対国家の紛争解決
JAIF	Japan-ASEAN Integration Fund	日本ASEAN統合基金
JBIC	Japan Bank for International Cooperation	国際協力銀行
JETRO	Japan External Trade Organization	日本貿易振興機構
JICA	Japan International Cooperation Agency	国際協力機構
JTEPA	Japan-Thailand Economic Partnership Agreement	日タイ経済連携協定
KLTSP	Kuala Lumpur Transport Strategic Plan	クアラルンプール交通戦略計画
LDC	Least Developed Countries	後発開発途上国
MAAS	ASEAN Multilateral Agreement on Air Service	ASEAN航空輸送多国間合意
MAFLAFS	ASEAN Multilateral Agreement on the Full Liberalisation of Air Freight Service	ASEAN貨物輸送完全自由化多国間合意
MAFLPAS	ASEAN Multilateral Agreement on the Full Liberalisation of Passenger Air Service	ASEAN航空旅客輸送完全自由化多国間合意
MFN	Most Favored Nation (treatment)	最恵国待遇
MNCs	Multinational Corporations	多国籍企業
MPAC	Master Plan on ASEAN Connectivity	ASEAN連結性マスタープラン

略語	日本語
MRA — Mutual Recognition Aggrement	相互承認協定
MRA — Mutual Recognition Arrangement	相互認証取極め
NAFTA — North American Free Trade Agreement	北米自由貿易協定
NAMA — Non-Agricultural Market Access	非農産品市場アクセス交渉
NESDB — National Economic and Social Development Board	(タイ) 国家経済社会開発庁
NSW — National Single Window	ナショナル・シングル・ウィンドウ
NT — National Treatment	内国民待遇
NTB — Non Tariff Barriers	非関税障壁
NTM — Non Tariff Measures	非関税措置
NTR — National Trade Repository	ナショナル貿易レポジトリー
OCP — Operational Certification Procedures	運用上の証明手続き
ODA — Official Development Assistance	政府開発援助
PKD — Prioritised Key Deliverables	優先主要措置
PPP — Purchasing Power Parity	購買力平価
PPP — Public Private Partnership	官民パートナシップ
PTA — Preferential Trading Arrangements	(ASEAN) 特恵貿易制度
QABs — Qalified ASEAN Banks	適格ASEAN銀行
RCA — Revealed Comparative Advantage	顕示比較優位(指数)
RCEP — Regional Comprehensive Economic Partnership	東アジア地域包括的経済連携
RIA — Roadmap for Integration of ASEAN	ASEAN統合ロードマップ
RIATS — Roadmap for Integration of Air Travel Sector	航空輸送部門統合ロードマップ
RIF — Regional Investment Framework	地域投資枠組み
ROO — Rules of Origin	原産地規則
RVC — Regional Value Content	付加価値基準(域内原産割合)

SEOM 高級経済事務レベル会議
Senior Economic Official Meeting

SEZ 特別経済区
Special Economic Zone

SITC 標準国際貿易分類
Standard International Trade Classification

SKRL シンガポール・昆明間鉄道リンク計画
Singapore-Kunming Rail Link

SL センシティブ品目
Sensitive List

SOM 高級事務レベル会合
Senior Officials Meeting

STOM 高級運輸事務レベル会議
ASEAN Senior Transport Officials Meeting

TAC 東南アジア友好協力条約
Treaty of Amity and Cooperation in Southeast Asia

TAGP ASEAN横断ガスパイプライン
Trans-ASEAN Gas Pipeline

TEL 一時的除外品目
Temporary Exclusion List

TPP 環太平洋経済連携協定
Trans-Pacific Partnership

TTR 越境交通路
Transit Transport Routes

UNCTAD 国際連合貿易開発会議
United Nations Conference on Trade and Development

UNECE 国連欧州経済委員会
United Nations Economic Commission for Europe

UNESCAP 国連アジア太平洋経済社会委員会
United Nations Economic and Social Commission for Asia and the Pacific

USAID 米国国際開発庁
United States Agency for International Development

VAP ビエンチャン行動計画
Vientiane Action Programme

WCO 世界税関機構
World Customs Organization

WO 完全生産基準
Wholly Obtained

WTO 世界貿易機関
World Trade Organization

第Ⅰ部

第1章

世界経済とASEAN経済共同体

清水一史

はじめに

　ASEANは，構造変化を続ける世界経済の下で域内経済協力・経済統合を推進してきている。従来東アジアで唯一の地域協力機構であり，1967年の設立以来，政治協力や経済協力など各種の協力を推進してきた。加盟国も，設立当初のインドネシア，マレーシア，フィリピン，シンガポール，タイの5カ国から，1984年にブルネイ，1995年にはベトナム，1997年にラオス，ミャンマー，1999年にカンボジアが加盟し10カ国へと拡大した。1976年からは域内経済協力を進め，1992年からはASEAN自由貿易地域（AFTA）を目指し，2010年1月1日には先行加盟6カ国により関税がほぼ撤廃され，2015年末のASEAN経済共同体（AEC）の実現を目指して来た。AECは，2003年の「第2 ASEAN協和宣言」で打ち出された，ASEAN単一市場・生産基地を構築する構想である。

　ASEANは，東アジアにおける地域協力においても中心となってきた。東アジアにおいてはアジア経済危機を契機に，ASEAN＋3やASEAN＋6などの重層的な協力が展開してきており，その中心はASEANであった。ASEANを軸としたASEAN＋1の自由貿易協定（FTA）も確立されてきた。

　そして世界金融危機後の変化の下で，世界経済におけるASEAN経済の重要性がより大きくなり，ASEAN経済統合の重要性もより大きくなってきている。また世界金融危機後の変化が，AECの実現に大きな加速圧力を掛けている。

　2015年12月31日にASEANはAECを創設した。そして2025年に向けての新たなAECの目標を打ち出し，AECを更に深化させようとしている。

　本章では，世界経済の構造変化の下でのAECを考察する。筆者は世界経済

の構造変化の下での ASEAN 域内経済協力・経済統合を長期的に研究してきている。そこでこれまでの ASEAN 域内経済協力を振り返りながら, 現在の世界経済の構造変化の下での AEC と ASEAN 経済統合について考察したい。

第1節　ASEAN 域内経済協力の過程

1. 域内経済協力の開始と転換

　東アジアでは, ASEAN が域内経済協力・経済統合の先駆けであった。ASEAN は, 1967 年 8 月 8 日の「ASEAN 設立宣言 (バンコク宣言)」をもとに, インドネシア, マレーシア, フィリピン, シンガポール, タイの 5 カ国によって設立され, 当初の政治協力に加えて, 1976 年の第 1 回首脳会議と「ASEAN 協和宣言」より域内経済協力を開始した。1976 年からの域内経済協力は, 当時の各国の工業化を背景にして, 外資に対する制限の上に企図された各国の輸入代替工業化を ASEAN が集団的に支援するというものであった (「集団的輸入代替重化学工業化戦略」)。しかし, ① ASEAN 共同工業プロジェクト (AIP), ② ASEAN 工業補完協定 (AIC), ③ 特恵貿易制度 (PTA) などの政策の実践から見ても, 域内市場の相互依存性の創出という視点から見ても挫折に終わった。挫折の主要な原因は, 各国間の利害対立とそれを解決できないことに求められた[1]。

　だが, 1987 年の第 3 回首脳会議を転換点として, プラザ合意を契機とする世界経済の構造変化を基に, 「集団的外資依存輸出指向型工業化戦略」へと転換した。ASEAN 域内経済協力の基盤が, 世界経済の構造変化を基に変化したためであった。1985 年 9 月のプラザ合意以降, 円高・ドル安を背景に NIES そして ASEAN への日本からの直接投資の急増と言った形で多国籍企業の国際分業が急速に進行した。同時に ASEAN 各国は, 構造変化に合わせて新たな発展・成長戦略, 外資依存かつ輸出指向の発展成長戦略に転換し, 外資政策もそれまでの直接投資規制的なものから, 直接投資を優遇するものへ転換させた。新たな戦略は, 80 年代後半からはじまった外資依存かつ輸出志向型の工業化を, ASEAN が集団的に支援達成するというものであった。この戦略下での協

力を体現したのは，日本の三菱自動車工業が ASEAN に提案して採用されたブランド別自動車部品相互補完流通計画（BBC スキーム）であった[2]。

2. 1990 年代の構造変化とアジア経済危機後の構造変化

1991 年から生じた ASEAN を取り巻く政治経済構造の歴史的諸変化，すなわち ① アジア冷戦構造の変化，② 中国の改革・開放に基づく急速な成長と中国における対内直接投資の急増，③ アジア太平洋経済協力（APEC）の制度化等から，集団的外資依存輸出指向型工業化戦略の延長上での域内経済協力の深化と拡大が進められることとなった。諸変化の中では，特に冷戦構造の変化が大きな影響を与えた。中国やベトナムは，政治体制においては社会主義体制を維持したまま，経済においては「計画経済」から「市場経済」への移行を始めた。またインドシナ情勢も一変し，1991 年にはパリ和平協定が結ばれ，1978 年にカンボジアへ侵攻したベトナム軍のカンボジアからの最終撤退とカンボジア和平が実現した[3]。

これらの変化を受け，1992 年の第 4 回首脳会議からは AFTA が推進されてきた。AFTA は，共通効果特恵関税協定（CEPT）により，適用品目の関税を 2008 年までに 5％ 以下にする事を目標とした。また 1996 年からは，BBC スキームの発展形態である ASEAN 産業協力（AICO）スキームが推進された。そして冷戦構造の変化を契機に，1995 年には ASEAN 諸国と長年敵対関係にあったベトナムが ASEAN に加盟した。1997 年にはラオス，ミャンマーが加盟，1999 年にはカンボジアも加盟し，ASEAN は東南アジア全域を領域とすることとなった。国際資本移動による相互依存性の拡大と冷戦構造の変化による領域の拡大こそは，現在進行中のグローバル化のきわめて重要な要因である。ASEAN はこれらの両方を含み，世界経済の構造変化の焦点となった[4]。

しかしながら 1997 年のタイのバーツ危機に始まったアジア経済危機は，ASEAN 各国に多大な被害を与えた。アジア経済危機は，これまでの矛盾が噴出し近隣諸国に伝播したものであった。90 年代に急速に成長していた ASEAN 各国では成長が鈍化し，更にはマイナスに落ち込んだ。1998 年にはインドネシア，マレーシア，フィリピン，タイの 4 カ国はいずれもマイナス成長となった。国際資本移動の急速な拡大は，1980 年代後半からの ASEAN 各国の急速

な発展・成長を基礎づけたが,他面ではアジア経済危機の要因となったのである[5]。

1997年のアジア経済危機を契機として,ASEAN域内経済協力は,更に新たな段階に入った。ASEANを取り巻く世界経済・東アジア経済の構造が,大きく変化してきたからであった。すなわち第1に,中国の急成長と影響力の拡大である。中国は1997年以降も一貫して7%以上の高成長を維持し,この成長の要因である貿易と対内投資が急拡大した。特に直接投資の受け入れ先としての中国の台頭は,ASEAN並びにASEAN各国にとって大きな圧力となった。第2に,世界貿易機関(WTO)による世界大での貿易自由化の停滞とFTAの興隆であった。第3に,中国を含めた形での東アジアの相互依存性の増大と東アジア大の経済協力基盤・地域協力の形成であった。アジア経済危機以降の構造変化のもとで,ASEANにとっては,更に協力・統合の深化が目標とされた。

第2節　AECへ向けての域内経済協力の深化

1. AECへ向けての域内経済協力の深化

ASEAN域内経済協力は,2003年10月に開かれた第9回首脳会議の「第2 ASEAN協和宣言」を大きな転換点として,単一市場あるいは共同市場を目標とする新たな段階に入った。「第2 ASEAN協和宣言」は,ASEAN安全保障共同体(ASC),ASEAN経済共同体(AEC),ASEAN社会文化共同体(ASCC)から成るASEAN共同体(AC)の実現を打ち出した。AECはASEAN共同体を構成する3つの共同体の中心であり,「2020年までに物品・サービス・投資・熟練労働力の自由な移動に特徴付けられる単一市場・生産基地を構築する」構想であった[6]。

AECにおいても依然直接投資の呼び込みは非常に重要な要因であり,AECは集団的外資依存輸出指向型工業化の側面を有している。2002年11月のASEAN首脳会議において,シンガポールのゴー・チョクトン首相はAECを提案したが,それは中国やインドなど競争者が台頭する中での,ASEAN首脳達のASEANによる直接投資を呼び込む能力への危惧によるものであった[7]。

ASEAN 各国にとって依然として直接投資と輸出は発展のための切り札であった。しかし中国やインドのような強力な競争者が台頭し，そのような環境のもとで，より直接投資を呼び込むために，各国首脳達は ASEAN としての協力・統合を求めたのであった。そして協力・統合の深化が目標とされるとともに，域内経済格差の是正も重要な目標とされるようになってきた。

2007 年 1 月の第 12 回 ASEAN 首脳会議では，ASEAN 共同体創設を 5 年前倒しして 2015 年とすることを宣言した。2007 年 11 月の第 13 回首脳会議では，第 1 に，全加盟国によって「ASEAN 憲章」が署名され，第 2 に，AEC の 2015 年までのロードマップである「AEC ブループリント」が発出された。ASEAN 憲章は翌年 12 月に発効し，その制定は AEC と AC 実現のための重要な制度整備であった。また ASEAN 憲章は，東アジアの地域協力における初の憲章であった[8]。

AEC の実現に直接関わる「AEC ブループリント」は，3 つの共同体の中で最初のブループリントであり，AEC に関するそれぞれの分野の目標とスケジュールを定めた。4 つの戦略目標と 17 のコアエレメント（分野）が提示され，コアエレメントごとに具体的な目標と措置（行動）と戦略的スケジュールを示した。4 つの戦略目標とは，A. 単一市場と生産基地，B. 競争力のある経済地域，C. 公平な経済発展，D. グローバルな経済統合である。「A. 単一市場と生産基地」は，① 物品（財）の自由な移動，② サービスの自由な移動，③ 投資の自由な移動，④ 資本の自由な移動，⑤ 熟練労働者の自由な移動を含む[9]。

2008 年からは，ブループリントを確実に実施させるために，スコアカードと事務局によるモニタリングを実施している。スコアカードは各国ごとのブループリントの実施状況の点検評価リストである。また AFTA-CEPT 協定を大きく改定した ASEAN 物品貿易協定（ATIGA）も 2010 年 5 月に発効した。

2010 年 10 月の第 17 回 ASEAN 首脳会議では，AEC の確立と域内格差の是正を後押しするために「ASEAN 連結性マスタープラン」が出された。「ASEAN 連結性マスタープラン」は，2015 年の AEC 確立を確実にする意図を有する。ASEAN の連結性については，① 物的連結性，② 制度的連結性，③ 人的連結性の 3 つの面で連結性を高めることが述べられた[10]。こうして ASEAN では，

AECの実現に向けて，着実に行動が取られてきた。

2. ASEAN域内経済協力の成果

これまでの域内経済協力の成果としては，例えばAFTAによって1993年から関税引き下げが進められ，各国の域内関税率は大きく引き下げられてきた。2003年1月には，先行6カ国で関税が5％以下の自由貿易地域が確立され，「第2 ASEAN協和宣言」からはAECの柱のAFTAの確立も加速を迫られた。当初は各国がAFTAから除外してきた自動車と自動車部品も，組み入れられてきた。最後まで自動車をAFTAに組み入れることに反対していたマレーシアも，2004年1月に自動車をAFTAに組み入れ，実際に2007年1月に自動車関税を5％以下に引き下げた。

2010年1月には先行加盟6カ国で関税が撤廃され，AFTAが完成した。先行加盟6カ国では品目ベースで99.65％の関税が撤廃された。新規加盟4カ国においても，全品目の98.96％で関税が0〜5％となった[11]。各国のAFTAの利用も大きく増加し，たとえばタイのASEAN向け輸出（一部を除きほぼすべてで関税が無税のシンガポール向けを除く）に占めるAFTAの利用率は，2000年の約10％，2003年の約20％から，2010年には38.4％へと大きく拡大した。また2010年のタイの各国向けの輸出に占めるAFTA利用率は，インドネシア向け輸出で61.3％へ，フィリピン向け輸出で55.9％に達した[12]。

域内経済協力によって国際分業と生産ネットワークの確立も支援された。その典型は自動車産業であった。輸入代替産業として各国が保護してきた自動車産業においても，AFTAやAICOによって日系を中心に外資による国際分業と生産ネットワークの確立が支援されてきた。たとえばトヨタ自動車は，1990年代からBBCスキームとAICO，更にAFTAに支援されながら，ASEAN域内で主要部品の集中・分業生産と部品の相互補完流通により，生産を効率的に行ってきている。2004年8月からタイで生産開始したトヨタ自動車の革新的国際多目的車（IMV）プロジェクトもこれまでの域内経済協力の支援の延長に考えられる[13]。

IMVは，これまでの域内での部品の集中生産と補完を基に，域内分業と現地調達を大幅に拡大し，多くの部品をタイとASEAN各国で生産している。主

図1-1　トヨタ自動車IMVの主要な自動車・部品補完の概念図

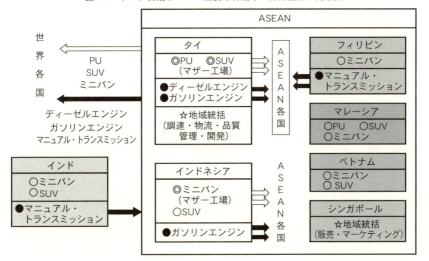

（注）　ヒアリングをもとに筆者作成。
（出所）　清水（2011b），p.73。

要部品を各国で集中生産してAFTAを利用しながら補完し，同時に世界各国へも輸出している。また完成車もASEAN域内で補完し，かつ世界各国へ輸出している（図1-1，参照）。さらにIMVプロジェクトは，一次部品メーカーの代表であるデンソーの部品の集中生産と相互補完を拡大し，一次部品メーカー，二次部品メーカーや素材メーカーを含め，ASEANにおける重層的な生産ネットワークを拡大してきた。またそれらによりASEANでの生産と雇用の拡大，ASEANを含めた現地調達の拡大，技術の向上も促進されてきた。ASEAN域内経済協力と生産ネットワークから見ても，域内経済協力政策と企業の生産ネットワーク構築の合致であり大きな成果と言える[14]。

3．ASEANを中心とする東アジアの地域経済協力

ASEANは，東アジアの地域経済協力においても，中心となってきた（第14章の図14-1，参照）。東アジアにおいては，アジア経済危機とその対策を契機に，ASEAN＋3やASEAN＋6などの地域経済協力が重層的・多層的に展開してきた。それが東アジアの地域経済協力の特徴であるが，その中心は

ASEAN であった。ASEAN＋3協力枠組みは，アジア経済危機直後の1997年12月の第1回 ASEAN＋3首脳会議が基点であり，2000年5月には ASEAN＋3財務相会議においてチェンマイ・イニシアチブ（CMI）が合意された。広域の FTA に関しても13カ国による東アジア自由貿易地域（EAFTA）の確立へ向けて作業が進められた。2005年からは ASEAN＋6の東アジア首脳会議（EAS）も開催されてきた。広域 FTA に関しても，2006年の第2回 EAS で東アジア包括的経済連携（CEPEA）構想が合意された。

東アジアにおいては，FTA も急速に展開してきた。その中でも ASEAN 日本包括的経済連携協定（AJCEP），ASEAN 中国自由貿易地域（ACFTA），ASEAN 韓国 FTA（AKFTA），など，ASEAN を中心とする ASEAN＋1の FTA が中心であった。

ASEAN においては，域内経済協力が，その政策的特徴ゆえに東アジアを含めより広域の経済協力を求める。ASEAN 域内経済協力においては，発展のための資本の確保・市場の確保が常に不可欠であり，同時に，自らの協力・統合のための域外からの資金確保も肝要である。すなわち1987年からの集団的外資依存輸出指向型工業化の側面を有している。そしてこれらの要因から，東アジア地域協力を含めた広域な制度の整備や FTA の整備は不可避である[15]。

域外経済協力は，そもそも1972年の対 EC 通商交渉，1973年の対日合成ゴム交渉以来の歴史を持つが，最近では ASEAN 拡大外相会議，ASEAN＋3会議，EAS，ASEAN 地域フォーラム（ARF）に見られるように，東アジア地域における交渉の「場」を ASEAN が提供し，自らのイニシアチブの獲得を実現してきた。また ASEAN を巡る FTA 構築競争もこれらの会議の場を主要な舞台としてなされてきた。

ASEAN 域内経済協力のルールが東アジアへ拡大してきていることも重要である。たとえば，ASEAN スワップ協定（ASA）が，チェンマイ・イニシアチブ（CMI）として東アジアへ拡大した。また，AFTA 原則が，ACFTA など ASEAN を軸とする FTA に展開してきた。EAS の参加基準も，ASEAN 基準に基づくこととなった。ASEAN の対話国，東南アジア友好協力条約（TAC）加盟，実質的な関係の3つの条件である。ASEAN 憲章も東アジアの地域協力で初の憲章であり，今後の東アジア地域協力における憲章を方向付ける可能性が

ある。こうしてASEANの域内経済協力・統合の深化と方向が，東アジア地域協力を方向付けてきた[16]。

第3節　世界金融危機後のASEANと東アジア

1. 世界金融危機後のASEANと東アジア

　2008年からの世界金融危機後の構造変化は，ASEANと東アジアに大きな転換を迫った。世界金融危機は，アジア経済危機から回復しその後発展を続けてきたASEANと東アジアの各国にとっても打撃となった。危機の影響の中でも，最終需要を提供するアメリカ市場の停滞と世界需要の停滞は，輸出指向の工業化を展開し最終財のアメリカへの輸出を発展の重要な基礎としてきた東アジア諸国の発展・成長にとって，大きな制約要因となった[17]。

　世界経済は新たな段階に入り，これまでのアメリカの過剰消費と金融的蓄積に基づいた東アジアと世界経済の成長の構造は転換を迫られてきた。すなわち1982年以来のネオ・リベラリズムの四半世紀の世界経済構造が転換を迫られているとも言える。そのような構造変化の中で，新たな世界大の経済管理と地域的な経済管理が求められてきた。現在，WTOによる貿易自由化と経済管理の進展は困難であり，地域による貿易自由化と経済管理がより不可避となってきた。

　ASEANにおいては，アメリカやヨーロッパのような域外の需要の確保とともに，ASEANや東アジアの需要に基づく発展を支援することが，これまで以上に強く要請される。ASEANと東アジアは，他の地域に比較して世界金融危機からいち早く回復して成長を持続し，世界経済における最も重要な成長地域となった。ASEANと東アジアは，主要な生産基地並びに中間財の市場であるとともに，成長による所得上昇と巨大な人口により，主要な最終消費財市場になってきている。それゆえ，域外との地域経済協力・FTAの構築とともに，ASEANや東アジアにおける貿易自由化や円滑化が一層必要なのである。

　一方，世界金融危機後のアメリカにおいては，過剰消費と金融的蓄積に基づく内需型成長の転換が迫られ，輸出を重要な成長の手段とすることとなった。

主要な輸出目標は，世界金融危機からいち早く回復し成長を続ける東アジアである。オバマ大統領は2010年1月に輸出倍増計画を打ち出し，アジア太平洋にまたがる環太平洋経済連携協定（TPP）への参加を表明した。

TPPは，原則関税撤廃という高い水準の自由化を目標とし，また物品貿易やサービス貿易だけではなく，投資，競争，知的財産権，政府調達等の非関税分野を含み，更に新たな分野である環境，労働等を含む包括的協定である。2006年にP4として発効した当初は4カ国によるFTAにすぎなかったが，アメリカが参加を表明し，急速に大きな意味を持つようになった。以上のような状況は，ASEANと東アジアにも影響を与え始めた。東アジアの需要とFTAを巡って競争が激しくなってきたのである。

2. 2010年からのFTA交渉の加速

世界金融危機後の変化の中で，2010年はASEANと東アジアの地域経済協力にとって画期となった。1月にAFTAが先行加盟6カ国で完成し，対象品目の関税が撤廃された。同時に，ASEANと日本，中国，韓国等との間のASEAN＋1のFTA網もほぼ完成した。TPPにはアメリカ，オーストラリア，ペルー，ベトナムも加わり，2010年3月に8カ国で交渉が開始された。更に10月にはマレーシアも交渉に加わった[18]。

TPPがアメリカをも加えて確立しつつある中で，それまで日中が対立して停滞していた，東アジア全体のFTAも推進されることとなった。2011年8月のASEAN＋6経済大臣会議において，日本と中国は，日本が推していた東アジア包括的経済連携（CEPEA）と中国が推していた東アジア自由貿易地域（EAFTA）を区別なく進めることを共同提案した。

2011年11月にはASEANと東アジアの地域協力を左右する重要な2つの会議が開催された。11月12-13日のハワイでのAPEC首脳会議の際に，TPPに既に参加している9カ国はTPPの大枠合意に達した。APECに合わせて，日本はTPP交渉参加へ向けて関係国と協議に入ることを表明し，日本のTPPへの接近が，東アジアの地域経済協力の推進に向けて大きな加速圧力をかけた。

2011年11月バリでのASEAN首脳会議では，ASEANが，これまでのEAFTA，CEPEA，ASEAN＋1のFTAの延長に，ASEANを中心とする東アジ

アの FTA である東アジア地域包括的経済連携（RCEP）を提案した。RCEP はその後，東アジアの広域 FTA として確立に向けて急速に動き出すこととなった。2012 年 8 月には第 1 回の ASEAN＋FTA パートナーズ大臣会合が開催され，ASEAN10 カ国並びに ASEAN の FTA パートナーである 6 カ国が集まり，16 カ国が RCEP を推進することに合意した。11 月のプノンペンでの ASEAN 首脳会議と関連首脳会議の際には，RCEP 交渉立上げ式が開催された。TPP に関しては，11 月 6 日にオバマ大統領が再選され，アメリカのアジア重視と TPP 推進の政策が続けられることとなった。12 月のオークランドにおける第 15 回 TPP 交渉会議には初めてカナダとメキシコが参加し，交渉参加国は 11 カ国に拡大した。

　2012 年 12 月 26 日に就任した日本の安倍首相は，ASEAN 重視を示すとともに，TPP 交渉参加を目指し，2013 年 3 月 15 日には日本が TPP 交渉参加を正式に表明した。日本の TPP 交渉参加表明は，東アジアの経済統合と FTA に更に大きなインパクトを与え，交渉が急加速することとなった。3 月には日中韓 FTA へ向けた第 1 回交渉会合がソウルで開催された。5 月にはブルネイで RCEP の第 1 回交渉会合が開催された。7 月 23 日には，コタキナバルでの第 18 回 TPP 交渉会合において，日本が初めて交渉に参加した。TPP は世界第 1 位と第 3 位の経済大国を含む巨大な FTA となることが予想され，ASEAN と東アジアの経済統合の実現に更に圧力をかけることとなった。

　こうして世界金融危機後の変化は，ASEAN と東アジアの経済統合の実現を追い立てることとなった。世界金融危機後のアメリカの状況の変化は，対東アジア輸出の促進とともに，東アジア各国の TPP への参加を促した。更にアメリカを含めた TPP 構築の動きは，日本の TPP への接近につながり，AEC と東アジアの経済統合を加速させることとなったのである。

第 4 節　2015 年末の AEC 創設と ASEAN 経済統合

1．2015 年末の AEC

　世界経済の構造変化が AEC と ASEAN 経済統合を追い立てる中で，ASEAN

では 2015 年末の AEC 実現へ向けて着実に行動が取られてきた。AEC 実現に向けての重要な手段は，「AEC スコアカード」による，「AEC ブループリント」の各国ごとの実施状況の点検評価とピアプレッシャーである。2015 年 10 月 31 日時点では，優先主要措置のうち 92.7％が実施され，全措置においても 79.5％が実施されたと報告されている[19]。以下，2015 年末に AEC がどこまで実現されたのかについて，2007 年の「AEC ブループリント」に即して簡単に述べたい[20]。

「AEC ブループリント」の「A. 単一市場と生産基地」で，その中心である ① 物品（財）の自由な移動において，関税の撤廃に関しては，AFTA とともにほぼ実現に向かっている。AFTA は東アジアの FTA の先駆であるとともに，東アジアで最も自由化率の高い FTA である。先行加盟 6 カ国は 2010 年 1 月 1 日にほぼすべての関税を撤廃した。2015 年 1 月 1 日には，新規加盟 4 カ国（CLMV 諸国）の一部例外を除き，全加盟国で関税の撤廃が実現された（尚，CLMV 諸国においては，関税品目表の 7％までは 2018 年 1 月 1 日まで撤廃が猶予される）。2015 年 1 月には，カンボジアで約 3000 品目，ラオスで約 1000 品目，ミャンマーで約 1200 品目，ベトナムで約 1700 品目の関税が新たに撤廃され，ASEAN10 カ国全体での総品目数に占める関税撤廃品目の割合は 95.99％に拡大した[21]。原産地規則においても，2008 年 8 月には，従来からの「ASEAN 累積付加価値基準（RVC）」に「関税番号変更基準（CTC）」を加えてその選択制が導入され，利用しやすくなった。「関税番号変更基準（CTC）」の際の FOB 価格の不記載も採用されてきた。また原産地証明の自己証明制度の導入や税関業務の円滑化，ASEAN シングル・ウインドウ（ASW），基準認証も進められている（本書第 4-5 章，参照）。

非関税措置の撤廃も進められているが，その課題の達成は難しく一部では新たに導入される例もあり，2016 年以降の重要な課題となる。② サービス貿易の自由化，③ 投資や ④ 資本の移動の自由化，⑤ 熟練労働者の移動の自由化も徐々に進められている。たとえば ② サービス貿易の自由化では，ASEAN サービス枠組協定（AFAS）によって 128 分野の自由化が進められており，サービスの第 3 モード（投資自由化）では外資出資比率 70％の自由化を目指してきている（本書第 6 章，参照）。③ 投資の自由化では，ASEAN 包括的投資協定

(ACIA) が 2009 年 2 月に署名され 2012 年 3 月に発効，2014 年 8 月には修正議定書が署名され，最小限の制限を残して自由化を目指している（本書第 8 章，参照）。⑤熟練労働者の移動では，エンジニアリング，看護，建築，測量，会計，医療，歯科医療，観光の 8 分野の専門家資格の相互承認協定（MRA）に署名し，自然人移動協定（MNP）に署名している（本書第 9 章，参照）。ただし，これらの自由化は，2015 年末を通過点として 2016 年以降の課題である。

「B. 競争力のある経済地域」では，①競争政策，②消費者保護，③知的財産権，④インフラストラクチャー，⑤税制，⑥電子商取引が，「C. 公平な経済発展」では，①中小企業，②ASEAN 統合イニシアチブ（IAI）が挙げられており，輸送プロジェクトやエネルギープロジェクト，知的財産権，経済格差の是正等多くの取り組みがなされてきている。ただしこれらも徐々に進められているが，2015 年末を通過点として更に 2016 年以降の課題である。

「D. グローバルな経済統合」では，①対外経済関係への一貫したアプローチ，②グローバルサプライチェーンへの参加が挙げられたが，それらは ASEAN ＋ 1 の FTA 網の整備や RCEP 交渉の進展によって 2015 年末の当初予想よりも早く達成された。

2015 年末に 2007 年の「AEC ブループリント」で述べられた目標のすべてが実現したわけではないが，AFTA の実現により ASEAN における関税の撤廃はほぼ実現され，域外との FTA も整備された。1990 年代前半の AFTA が提案された時の状況とは大きく異なり，統合が深化してきている。

2. ASEAN 経済統合の加速と緊張

世界金融危機後の変化は，AEC の実現の加速を促している。TPP と RCEP の実現が，ASEAN の経済統合を追い立てる。ASEAN においては，域内経済協力が，その政策的特徴ゆえに東アジアを含めより広域の制度や FTA を求める。しかし同時に，協力枠組みのより広域な制度化は，広域枠組みへの埋没を含めて常に自らの存在を脅かす。それゆえに，東アジア地域協力の構築におけるイニシアチブの確保と自らの協力・統合の深化が求められるのである[22]。ASEAN にとっては，常に自らの経済統合を他に先駆けて進めなければならない。

ただし ASEAN においては，そもそも利害対立が起こりやすい構造を有してきた[23]。1990 年代後半からは，第1に加盟国のインドシナ諸国への拡大による所得格差と産業競争力格差の拡大，第2に ASEAN 各国の域内経済協力に対するスタンスの乱れ，第3に ASEAN よりも広域の協力枠組みの構築などが，統合の遠心力となってきた。

現在においても各国の状況の違いがあり，依然いくつかの統合への遠心力を抱えている。最近では，長年 ASEAN 統合の遠心力であったミャンマーの民主化は進展したが，各国の政治の不安定，各国間政治対立，発展格差，各国の自由貿易へのスタンスの違いがあり，南沙諸島を巡る各国の立場の違い，それにも関連する各国の中国との関係の違いが，統合の遠心力となっている。

南沙諸島を巡る各国の立場の違いと，各国の中国との関係の違いは，更に ASEAN 統合に緊張を与える可能性がある。2012 年7月の外相会議の際には，南シナ海の領有をめぐる ASEAN 各国の対立によって，外相会議での共同声明を出すことができなかった。また TPP においては，ASEAN の中に参加国と非参加国が存在し，今後の展開によっては ASEAN 統合に緊張を与える可能性があるかもしれない。

また統合に向けて ASEAN の措置を進める際には，制度上の問題が足かせになっている場合がある。2008 年に発効した ASEAN 憲章においても，意思決定は基本的に協議とコンセンサスにより，ASEAN においては依然国民国家の枠は固く，国家間協力というこれまでの路線が維持されている[24]。EU のような超国家機関と主権の委譲という要素は見られない。そして ASEAN の措置を実施するのは各国政府であり，ASEAN の措置の実施を各国に強いることは困難である。また ASEAN 事務局の規模と権限は依然小さい。2016 年以降，更に統合を進めるためには，制度上の問題の解決も必要であろう（ASEAN の制度と組織に関しては，本書第3章，第15章も参照）。

ASEAN は，多くの緊張と遠心力を抱えながらも，経済発展のためにも，広域枠組みの進展の要因からも，統合を深化させなければならない。これまでの域内経済協力の歴史においても，多くの遠心力を抱えながら少しずつ域内経済協力を深化させ，AFTA を確立し，2015 年の AEC 創設へ向かってきたのである。

第5節　AECの新たな目標

1. 2015年11月第27回首脳会議と『ASEAN2025』

　2015年末が近づき，2016年以降のAECとASEAN経済統合の目標設定に向けて新たな取り組みがなされてきた。2014年11月第25回ASEAN首脳会議の「ASEAN共同体ポスト2015 ビジョンに関するネピドー宣言」では，2025年に向けてのAECに関して，①統合され高度に結合した経済，②競争力のある革新的でダイナミックなASEAN，③強靭で包括的，人間本位・人間中心のASEAN，④分野別統合・協力の強化，⑤グローバルASEANの5つの柱が提示された[25]。

　2015年11月21-22日には第27回ASEAN首脳会議と関連諸会議が開催され，11月22日には「ASEAN共同体設立に関するクアラルンプール宣言」によって，2015年12月31日にASEAN共同体を正式に設立することが宣言された。11月21日の第27回ASEAN首脳会議では，これまでのAECの状況に関する報告として『ASEAN経済共同体2015（*ASEAN Economic Community 2015: Progress and Key Achievements*）』（ASEAN Secretariat, 2015a）並びに『ASEAN統合レポート2015（*ASEAN Integration Report*）』（ASEAN Secretariat, 2015b）が提出されるとともに，2025年に向けてのASEAN統合のロードマップである『ASEAN 2025（*ASEAN 2025: Forging Ahead Together*）』（ASEAN Secretariat, 2015c）が採択された。『ASEAN2025』は，2025年に向けてのASEAN統合のロードマップであり，ASEAN共同体（AC）の3つの柱である「ASEAN政治安全保障共同体（APSC）」，「AEC」，「ASEAN社会文化共同体（ASCC）」のそれぞれのブループリント，すなわち，「APSCブループリント2025」，「AECブループリント2025」，「ASCCブループリント2025」を含んでいる。

2. AECの新たな目標と「AECブループリント2025」

　AECの目標を定める「AECブループリント」においては，「A. 高度に統合

され結合した経済」,「B. 競争力のある革新的でダイナミックな ASEAN」,「C. 高度化した連結性と分野別協力」,「D. 強靱で包括的, 人間本位・人間中心の ASEAN」,「E. グローバル ASEAN」の5つの柱が示された。5つの柱の中心と言える「A. 高度に統合され結合した経済」では, ① 物品貿易, ② サービス貿易, ③ 投資環境, ④ 金融統合, 金融包摂, 金融の安定, ⑤ 熟練労働とビジネス訪問者の移動促進, ⑥ グローバル・バリュー・チェーンへの参画強化が述べられている[26](表1-1, 参照)(「AEC ブループリント 2025」に関しては, 本書第15章, 参照)。

前年の 2014 年 11 月の第 25 回首脳会議の際に宣言された「ASEAN 共同体ポスト 2015 ビジョンに関するネピドー宣言」で述べられた5つの柱と比べると,「C」と「D」が入れ替わり,「C」の部分に連結性(コネクティビティー)が付け加えられた。2007 年の「AEC ブループリント」に比べると,「C」の部分は新たに加えられた柱である。またそれぞれの柱の中身が再編されるとともに, 新たな内容が加えられている。たとえば「A. 高度に統合され結合した経済」では,「⑥ グローバルチェーンへの参加」は, 今回のブループリントでは「A」の部分に付けられた。また「④ 金融統合」では,「金融」が前面に出るとともに, 2007 年のブループリントでサービスや投資等に含まれていた金融関連の項目がまとめられた。

2007 年に策定された「AEC ブループリント(AEC2015)」では「戦略的日程」が統合の段階毎の目標を明示していたが,「AEC ブループリント 2025」では「戦略的日程」は策定されなかった。2016 年以降の AEC においては, これまで達成してきた関税撤廃等の成果の上に, 未達成の部分を達成して統合を深化させて行く現実的な路線を採っていると言える。戦略的な日程あるいは分野別行動計画に関しては, 2016 年中に提示される。今回の AEC2025 はやや現実的な路線と言えるが, 今後, 更に統合の加速を迫られ, 新たな目標を追加する, あるいは達成時期を 2025 年から前倒しする可能性もあろう。

表1-1 2007年のAECブループリントと2015年のAECブループリント

AEC2015（2007年）	AEC2025（2015年）
A. 単一市場と生産基地 　A1 物品の自由な移動 　A2 サービス貿易の自由化 　A3 投資の自由化 　A4 資本のより自由な移動 　A5 熟練労働者の自由な移動 　A6 優先統合分野 　A7 食糧，農業，林業	A. 高度に統合され結合した経済 　A1 物品貿易 　A2 サービス貿易 　A3 投資環境 　A4 金融統合，金融包摂，金融安定化 　A5 熟練労働者・ビジネス訪問者の移動円滑化 　A6 グローバル・バリュー・チェーンへの参画強化
B. 競争力のある経済地域 　B1 競争政策 　B2 消費者保護 　B3 知的財産権 　B4 インフラストラクチャー 　B5 税制 　B6 電子商取引	B. 競争力のある革新的でダイナミックなASEAN 　B1 効果的な競争政策 　B2 消費者保護 　B3 知的財産権協力の強化 　B4 生産性向上による成長，技術革新，研究開発等 　B5 税制協力 　B6 ガバナンス 　B7 効率的・効果的規制 　B8 持続可能な経済開発 　B9 グローバルメガトレンド・通商に関する新たな課題
	C. 高度化した連結性と分野別協力 　C1 交通運輸 　C2 情報通信技術（ICT） 　C3 電子商取引 　C4 エネルギー 　C5 食糧，農業，林業 　C6 観光 　C7 保健医療 　C8 鉱物資源 　C9 科学技術
C. 公平な経済発展 　C1 中小企業 　C2 ASEAN統合イニシアチブ（IAI）	D. 強靱で包括的，人間本位・人間中心のASEAN 　D1 中小企業強化 　D2 民間セクターの役割の強化 　D3 官民連携（PPP） 　D4 格差是正 　D5 地域統合に向けた努力への利害関係者による貢献
D. グローバルな経済統合 　D1 対外経済関係への一貫したアプローチ 　D2 グローバルサプライチェーンへの参加	E. グローバルASEAN 　域外国との経済連携協定の改善，協定未締結の対話国との経済連携の強化等

（出所）　ASEAN Secretariat (2008b), *ASEAN Economic Community Blueprint*, ASEAN Secretariat (2015a), *ASEAN 2025: Forging Ahead Together* から筆者作成。日本語訳に関しては，石川・清水・助川 (2009)，本書第14章，ASEAN日本政府代表部「ASEAN経済共同体（AEC）ブループリント2025（概要）」等を参照。

おわりに

　ASEAN は，世界経済の構造変化に合わせて発展を模索し，1976 年から域内経済協力を進め，1992 年からは AFTA の確立を目指し，更に 2015 年末の AEC の実現を目指してきた。ASEAN 域内経済協力は，着実な成果を上げてきた。また生産ネットワーク構築も支援してきた。同時に，東アジアの地域協力と FTA においても ASEAN が中心となってきた。そして世界金融危機後の変化は，世界経済における ASEAN の重要性を増すとともに，AEC の実現を迫ってきた。これらの変化の下で ASEAN は，2015 年 12 月 31 日には AEC を創設した。11 月の首脳会議では新たな AEC の目標（AEC2025）を打ち出し，2025 年に向けて，更に AEC を深化させようとしている。

　ASEAN は，時間を掛けながら着実に AEC の実現に向かってきた。AFTA の実現も，1990 年代初期には想像も出来なかったが，現在では AFTA という自由貿易地域（FTA）をほぼ確立し，資本（投資）の自由移動，熟練労働力の自由移動という，共同市場（CM）の一部の要素を取り入れた AEC の確立へ向かっている。AEC は，東アジアで初の FTA を越えた取り組み（FTA プラス）である。また輸送やエネルギーの協力，経済格差の是正にも取り組んでいる。AEC は地域としての直接投資の呼び込みを重要な要因とし，国境を越えた生産ネットワークを支援し，常に世界経済の中での発展を目指す経済統合を目標としている。

　経済統合においては，従来 EU が模範例とされてきたが，世界金融危機後の債務危機とユーロ危機は EU 統合の進め方にいくつかの疑問を投げ掛けている。また 2016 年 6 月にイギリスは，国民投票で EU 離脱を選択した。これまで進んで来た EU 統合が後退する可能性もある。多くの緊張と遠心力を抱えながらも，グローバル化を続ける現代世界経済の変化に合わせて着実に AEC の実現に向かい，更には世界の成長地域である東アジアにおいて経済統合を牽引している ASEAN の例は，現代の経済統合の最重要な例の 1 つと言えるであろう。

ASEAN は，日本にとっても最重要なパートナーのひとつである。また日系企業にとっても最重要な生産拠点と市場である。日本にとっても AEC の実現は，きわめて重要である。日系企業の生産ネットワークの進展のためにも欠かせない。現在，中国との貿易と投資を巡るリスクが大きくなる中で，日本にとって ASEAN との関係は更に重要になってきている。そして AEC の実現に向けても，多くの日本の協力が必要である（本書第 16 章，参照）。

TPP と RCEP の進展も，AEC にとって重要な意味を持つ。TPP においては，2015 年 6 月にアメリカの貿易促進権限（TPA）が上院と下院で可決され，2015 年 10 月には遂に大筋合意がなされた。日本とアメリカを含めた各国での国内手続きの完了と TPP 発効は，今後の ASEAN と AEC にも大きく影響する。RCEP においては，2015 年 8 月第 3 回閣僚会議で物品貿易に関するモダリティーが合意されたが，2015 年中の妥結はできず 2016 年中の妥結を目指している。今後 TPP が各国手続きの完了と発効へ向けて進展して行くならば，それは RCEP 交渉の進展をも促し AEC の深化を促すであろう。また他方，AEC こそが RCEP を規定していくであろう。

ASEAN は今後の統合に向けて重要なステップにある。ASEAN は，2025 年に向けて AEC を更に深化させて行かなければならない。そして AEC の深化が，世界経済を牽引する東アジアの経済統合の鍵をも握っている。

【付記】 本章は，清水一史（2016）「世界経済における ASEAN 経済共同体と日本」（アジア政経学会『アジア研究』62 巻 2 号）に加筆修正したものである。

【注】
1) 清水（1998），第 1-3 章。
2) 清水（1998），第 4-5 章。
3) 清水（1998），終章。
4) 清水（2011a）。
5) 清水（2011a），参照。
6) "Declaration of ASEAN Concord II," http://www.asean.org/news/item/declaration-of-asean-concord-ii-bali-concord-ii.
7) Severino（2006），pp.342-343.
8) 清水（2009）。
9) ASEAN Secretariat（2008b）。表 1-1 も参照。AEC ブループリント並びにスコアカードに関しては，本書の第 2 章，石川（2013）等を参照。
10) ASEAN Secretariat（2010）。ASEAN 連結性マスタープランに関しては，本書の第 2 章，石川

(2013) 等を参照。
11) "Joint Media Statement of the 42nd ASEAN Economic Ministers' Meeting," http://www.asean.org/news/item/joint-media-statement-of-the-42nd-asean-economic-ministers-aem-meeting-da-nang-viet-nam-24-25-august-2010.
12) 『通商弘報』2011年4月30日号。AFTAに関しては，本書第4章や助川（2013, 2015）等を参照。
13) IMVは，2004年8月にタイではじめて生産開始された，1トンピックアップトラックベース車を部品調達から生産と輸出まで各地域内で対応するプロジェクトである。清水（2011b, 2015），参照。
14) 清水（2011b, 2015），参照。
15) 清水（2008），53-54頁。
16) 清水（2008），59-60頁。
17) 世界金融危機後の構造変化とASEAN・東アジアに関しては，清水（2011a, 2015），参照。
18) 2010年からのFTA交渉について詳細は，本書第14章，参照。
19) ASEAN Secretariat（2015b）．
20) AECの実現状況に関しては，ASEAN Secretariat（2015a, b），本書の第2章と付表1，石川（2013, 2015）等，参照。物品貿易の自由化・円滑化，サービス貿易や投資の自由化に関しては，本書第4-6章並びに助川（2013a, 2013b, 2015），参照。またAECの様々な分野における状況に関しては，本書の各章を参照頂きたい。
21) 『通商弘報』2015年3月16日号。
22) 清水（2008）。
23) ASEANにおいては，1990年代までの域内経済協力において典型的に見られたように，第1にASEAN各国の利害対立を引き起こす諸要因が，常に顕在化する形で残ってきた。ASEANでは，国民統合を基盤とする協力統合が，競合する国民国家によって追い求められてきた。第2に，ASEANにおいては，利害対立を阻止する政策や機構が不在であり，域内経済協力の推進によって不利益を被る諸国に対する「所得の再分配・資本の再配分のための共通政策」といった共通政策（例えばEUにおける共通地域政策，共通農業政策のような共通政策）が不在であった。第3に，ASEAN諸国の貿易投資に見られる，アメリカや日本への相互依存の大きさとそれゆえの自立性の欠如があった（清水，1998，終章）。
24) 清水（2009），参照。
25) "Nay Pyi Taw Declaration on the ASEAN Community's Post2015 Vision," http://www.asean.org/images/pdf/2014_upload/Nay%20Pyi%20Taw%20Declaration%20on%20the%20ASEAN%20Communitys%20Post%202015%20Vision%20w.annex.pdf
26) ASEAN Secretariat（2015c）．本書第2章，第14章も参照。

【参考文献】

（和文）
石川幸一（2013）「ASEAN経済共同体はできるのか」石川・清水・助川（2013）。
石川幸一（2015）「ASEANの市場統合はどこまで進んだのか」『国際貿易と投資』（国際貿易投資研究所：ITI），98・99号。
石川幸一・朽木昭文・清水一史（2015）『現代ASEAN経済論』文眞堂。
石川幸一・馬田啓一・渡邊頼純編（2014）『TPP交渉の論点と日本』文眞堂。
石川幸一・馬田啓一・国際貿易投資研究会編（2015）『FTA戦略の潮流：課題と展望』文眞堂。
石川幸一・清水一史・助川成也編（2009）『ASEAN経済共同体─東アジア統合の核となりうるか』日本貿易振興機構（JETRO）。

石川幸一・清水一史・助川成也編（2013）『ASEAN 経済共同体と日本』文眞堂.
浦田秀次郎・牛山隆一・可部繁三郎編（2015）『ASEAN 経済統合の実態』文眞堂.
佐々木隆生（2010）『国際公共財の政治経済学』岩波書店.
清水一史（1998）『ASEAN 域内経済協力の政治経済学』ミネルヴァ書房.
清水一史（2008）「東アジアの地域経済協力と FTA」高原・田村・佐藤（2008）.
清水一史（2009）「ASEAN 憲章の制定と AEC」石川・清水・助川（2009）.
清水一史（2011a）「アジア経済危機とその後の ASEAN・東アジア―地域経済協力の展開を中心に―」『岩波講座 東アジア近現代通史』第10巻, 岩波書店.
清水一史（2011b）「ASEAN 域内経済協力と自動車部品補完―BBC・AICO・AFTA と IMV プロジェクトを中心に―」『産業学会研究年報』26 号.
清水一史（2013）「世界経済と ASEAN 経済統合」石川・清水・助川（2013）.
清水一史（2015）「ASEAN の自動車産業―域内経済協力と自動車産業の急速な発展―」石川・朽木・清水（2015）.
清水一史（2016）「世界経済における ASEAN 経済共同体と日本」『アジア研究』（アジア政経学会）62 巻 2 号.
助川成也（2013a）「物品貿易の自由化・円滑化に向けた ASEAN の取り組み」石川・清水・助川（2013）.
助川成也（2013b）「サービス貿易および投資，人の移動の自由化に向けた取り組み」石川・清水・助川（2013）.
助川成也（2015）「AFTA と域外との FTA」石川・朽木・清水（2015）.
高原明生・田村慶子・佐藤幸人編・アジア政経学会監修（2008）『現代アジア研究 1：越境』慶応義塾大学出版会.
福永佳史（2013）「2015 年以後の ASEAN 統合の更なる深化に向けて」石川・清水・助川（2013）.
山影進（1991）『ASEAN：シンボルからシステムへ』東京大学出版会.
山影進（1997）『ASEAN パワー』東京大学出版会.
山影進編（2011）『新しい ASEAN―地域共同体とアジアの中心性を目指して―』アジア経済研究所.
山澤逸平・馬田啓一・国際貿易投資研究会編（2013）『アジア太平洋の新通商秩序―TPP と東アジアの経済連携―』勁草書房.

(英文)
ASEAN Secretariat, *ASEAN Documents Series, annually*, Jakarta.
ASEAN Secretariat, *ASEAN Annual Report*, annually, Jakarta.
ASEAN Secretariat (2008a), *ASEAN Charter*, Jakarta.
ASEAN Secretariat (2008b), *ASEAN Economic Community Blueprint*, Jakarta.
ASEAN Secretariat (2010), *Master Plan on ASEAN Connectivity*, Jakarta.
ASEAN Secretariat (2012), *ASEAN Economic Community Scorecard*, Jakarta.
ASEAN Secretariat (2015a), *ASEAN Economic Community 2015: Progress and Key Achievements*, Jakarta.
ASEAN Secretariat (2015b), *ASEAN Integration Report*, Jakarta.
ASEAN Secretariat (2015c), *ASEAN 2025: Forging Ahead Together*, Jakarta.
ASEAN Secretariat (2016), *ASEAN Economic Community 2025 Strategic Action Plans (SAP) for Financial Integration From2016-2025*.
Economic Research Institute for ASEAN and East Asia (ERIA) (2012), *Mid-Term Review of the Implementation of AEC Blueprint: Executive Summary*, Jakarta.
"Guiding Principles and Objectives for Negotiating the Regional Comprehensive Economic Partnership."

Hew, D. (ed.) (2007), *Brick by Brick: the Building of an ASEAN Economic Community*, Singapore: ISEAS.
Intal, P., Fukunaga, Y., Kimura, F. et.al (2014), *ASEAN Rising: ASEAN and AEC beyond 2015*, Jakarta: ERIA.
Das, S. B. (2012), *Achieving the ASEAN Economic Community 2015*, Singapore: ISEAS.
Plummer, M.G., Petri, A. P. and Fan, Zhai. (2014), "Assessing the Impact of ASEAN Economic Integration on Labor Market," Bangkok: ILO Asia-Pacific Working Papers Series, Regional Office for Asia and Pacific.
Severino, R. C. (2006), *Southeast Asia in Search of an ASEAN Community*, Singapore: ISEAS.
"Nay Pyi Taw Declaration on the ASEAN Community's Post2015 Vision."

第 2 章

ASEAN 経済共同体の創設とその意義

石川幸一

はじめに

　ASEAN は 2015 年 11 月の第 27 回首脳会議で ASEAN 経済共同体（AEC）の創設を宣言した。2003 年に創設が合意され 2004 年から創設に向けての行動計画が実施されてきた AEC は 12 年で実現した。創設は宣言されたが，AEC の目標が 100％実現したわけではない。2015 年末の創設は「通過点」と考えるべきである。2015 年末の AEC の成果は，関税撤廃という「国境措置」はほぼ実現したが，サービス貿易自由化，非関税障壁撤廃など「国内措置」は進展が遅れているとまとめられる。ASEAN6 の関税撤廃率は 99％を超えており，CLMV を含め 2018 年には同様な高いレベルの自由化が実現することは確実である。

　ASEAN の経済統合は AEC を目標とする前から始まっている。物品貿易の自由化は 1993 年に開始されており，レベルの高い自由化を実現している。こうした時間をかけた段階的な自由化は開発途上国の経済統合の 1 つのモデルといえる。AEC は自由化以外に輸送やエネルギー分野の統合と協力，そのためのインフラ整備と交通協定整備，格差の是正などを含む極めて広範な分野で多様な措置が実施されている。自由化だけでなく経済開発を目標にしている点でも開発途上国の経済統合として評価できる。

　ASEAN の経済統合は 2016 年から新たな段階に入る。非関税障壁，サービス貿易，投資などの自由化を進める「深い統合」に取組むことになる。深い統合の実現は，ASEAN の経済成長の持続のために不可欠であり，そのためには多国籍企業が構築しているサプライチェーンに加わることが益々重要となっている。ASEAN は第 27 回首脳会議で AEC2025 ブループリントを採択しており，

2016年から新たな行動計画が実施されている。

　本章は4章以降の各論に対して総論に当たる章である。AECの全体像を描出し，2015年までの成果を概観した上でAECの意義と課題を論じている。AECの主要な分野の成果と課題およびAEC2025についての詳細な分析は各章をお読みいただきたい。

第1節　ASEAN経済共同体とは

　ASEAN経済共同体（ASEAN Economic Community：AEC）は，2002年にシンガポールのゴー・チョクトン首相（当時）がASEAN自由貿易地域（ASEAN Free Trade Area：AFTA）の次の段階の経済統合として提案した統合構想である[1]。ゴー首相は，21世紀に入り中国に加えインドが外国投資先として台頭しASEANへの外国投資が減少することを懸念し，経済統合を進めることで外国投資先としてASEANの魅力を維持することを意図していた。

　AECは2003年の第9回首脳会議で採択された「第2 ASEAN協和宣言」で2020年に安全保障共同体（後に政治安全保障共同体：APSC），社会文化共同体（ASCC）とともにASEAN共同体（ASEAN Community）の1つとして創設されることが明らかにされた。2007年にAECの創設年次は2015年に繰り上げされた。2002年に提案されたのは，AFTA（ASEAN自由貿易地域）が2002年（一部品目は2003年）に当初の目標（関税率の0－5％への削減）を達成したことが背景にある。AEC構想が生まれた経緯から，①AECはAFTAに続く経済統合である，②狙いは外国投資の誘致であることが判る。なお，AFTAの目的の1つは外国投資の誘致でありAECと同じである。

　AECの内容は，2007年に公表されたAECブループリントで明らかにされた。AECブループリントは，AECの行動計画と実施スケジュールをまとめたマスタープランである。ブループリントによると，①単一の市場と生産基地，②競争力のある経済地域，③公平な経済発展，④グローバル経済への統合の4つが柱（戦略目標）となり，17のコアエレメント（基本要素）から構成されている（表2-1）。

表 2-1　ASEAN 経済共同体の 4 つの柱とコアエレメント

1. 単一の市場と生産基地	① 物品の自由な移動，② サービスの自由な移動，③ 投資の自由な移動，④ 資本のより自由な移動，⑤ 熟練労働者の自由な移動，⑥ 優先統合分野，⑦食料・農業・林業
2. 競争力のある経済地域	① 競争政策，② 消費者保護，③ 知的所有権，④ インフラ開発，⑤ 税制，⑥ 電子商取引
3. 公平な経済発展	① 中小企業開発，② ASEAN 統合イニシアチブ
4. グローバル経済への統合	① 対外経済関係への一貫したアプローチ，② グローバル・サプライ・ネットワークへの積極的参加

（資料）　ASEAN Secretariat（2015），*A Blueprint for Growth ASEAN Economic Community 2015: Progress and Key Achievement* により作成。

　この中で最も重要なのは，「単一の市場と生産基地」である。ここでは，物品の移動の自由化を超えて，サービス，投資，資本，熟練労働者の自由な移動など「経済統合の深化」を目指していることを示している。重要なことは，市場統合だけでなく単一の生産基地も目標にしていることだ。ASEAN 域内各国の製造拠点間に生産ネットワークを構築するために貿易や投資などの障壁を撤廃し，通関手続きなど貿易円滑化を進め，道路などの輸送インフラを整備し越境輸送協定を結んで行く（インフラ整備は「競争力ある経済地域」に含まれる）。さらに，「多様性をグローバルなサプライチェーンのダイナミックで強力な一部とする」ことが目標とされている。そのために，ASEAN 域外との FTA を締結し，外国投資を誘致して行くという発展戦略が描かれている。

　「単一の市場と生産基地」実現の法的な枠組みは，ASEAN 物品貿易協定（ASEAN Trade in Goods Agreement：ATIGA），サービス枠組み協定（ASEAN Framework Agreement on Service：AFAS），ASEAN 包括的投資協定（ASEAN Comprehensive Investment Agreement：ACIA），ASEAN 自然人移動協定（ASEAN Agreement on the Movement of Natural Persons：AMNP）である。AFAS は ASEAN サービス貿易協定（ASEAN Trade in Service Agreement：ATISA）に改定中である。ATIGA，ACIA は包括的で新たな内容を含むレベルの高い協定となっている[2]。

　AEC は，競争政策，知的所有権，中小企業，電子商取引，輸送やエネルギー分野の統合と協力，域内格差の是正など多様な分野を対象としており，FTA

の範囲をはるかに超える壮大な統合計画である。そのため，AECはブループリントに加え，多くの行動計画により構成される重層的な実施体制となっている。輸送や交通協定などについては，2010年にASEAN連結性マスタープラン（Master Plan on ASEAN Connectivity：MPAC）が発表されている。MPACは，物的連結性，制度的連結性，人的連結性の3つの連結性に分けて19の行動計画を実施する計画である。アジア開発銀行が主導して1992年に開始されたGMS（大メコン圏）計画は，AECの輸送面での計画を補完しており，道路建設を核に送電，工業団地などへの投資を行なう経済回廊構想を進めている。とくに，東西，南北，南部の3大経済回廊が重要であり，日系企業の利用が始まっている[3]。

表2-2 ASEAN連結性マスタープラン（MPAC）のプロジェクト

1．物的連結性 ① ASEAN高速道路ネットワーク（AHN）の完成，② シンガポール昆明鉄道（SKRL）の完成，③ 効率的で統合された内陸水運，④ 統合され効率的で競争力のある海運システム，⑤ ASEANを東アジアの輸送のハブとする統合され継ぎ目のないマルチモダル輸送システム，⑥ ICTインフラとサービスの開発促進，⑦ エネルギーインフラプロジェクトの制度的課題の解決
2．制度的連結性 ① 輸送円滑化3枠組み協定の全面的実施，② 国家間旅客陸送円滑化イニシアチブの実施，③ ASEAN単一航空市場，④ ASEAN単一海運市場，⑤ 物品貿易障壁の除去による物品の自由な移動の加速，⑥ 効率的で競争力のある物流セクター，⑦ 貿易円滑化の大幅改善，⑧ 国境管理能力向上，⑨ 公平な投資ルールによるASEAN内外からの外国投資への開放促進，⑩ 遅れた地域の制度的能力強化と地域・局地の政策協調
3．人的連結性 ① ASEAN域内の社会経済的理解の深化，② ASEAN域内の人の移動促進

（出所）　ASEAN Secretariat（2011），*Master Plan on ASEAN Connectivity*（*MPAC*）.

AECは，EUの前身であるEEC（欧州経済共同体）と名称が似ているが，欧州型の経済統合とは異なる経済統合である。EUは域外関税を共通化する関税同盟を1968年に実現し，物品，サービス，資本，人の自由な移動を行なう共同市場を1992年末に創設し，2002年には共通通貨ユーロを導入（現金流通）し経済同盟の段階に達している（表2-3）。ASEANはFTAをほぼ実現したが，関税同盟は目標にしておらず，制限つきでサービス，資本，人の移動の自由化の実現を目指している[4]。自由化の範囲とレベルは共同市場ではなく，経済連

携協定（Economic Partnership Agreement : EPA）に類似している（表 2-4）。ただし，政府調達は目標に含まれていない。これは，マレーシアが政府調達でマレー人企業を優遇しているためである。

欧州と ASEAN では，統合の原理が根本的に異なっている。EU は市場統合と通貨統合については国家主権を EU に委譲しているが，ASEAN は創設以来

表 2-3　経済統合の発展段階

	関税撤廃と量的貿易制限の撤廃	域外共通関税	生産要素の自由な移動	経済政策の調整	経済政策の統一と超国家機関の設立
FTA	○	×	×	×	×
関税同盟	○	○	×	×	×
共同市場	○	○	○	×	×
経済統合	○	○	○	○	×
完全な地域統合	○	○	○	○	○

（資料）　B・バラッサ，中島正信訳（1963）『経済統合の理論』ダイヤモンド社，4-5 頁により作成。

表 2-4　ASEAN 経済共同体，欧州共同体，経済連携協定の目標の比較

	欧州共同体（EC）	ASEAN 経済共同体（AEC）	経済連携協定（EPA）
関税撤廃	○	○	○
非関税障壁撤廃	○	○（*）	△
対外共通関税	○	×	×
サービス貿易自由化	○	○（*）	△
規格・基準の調和	○	△	△
人の移動の自由化	○	△	△
貿易円滑化	○	○	○
投資の自由化	○	○	○
資本移動の自由化	○	△	△
政府調達の開放	○	×	△
共通通貨	○	×	×

（注）　1. ○は目標，△は目標だが限定的，×は目標になっていないことを示す。＊は目標だが実現は難しい，あるいは一部実現することを示す。ただし，厳密な評価ではない。
　　　2. EEC は 1967 年に欧州石炭鉄鋼共同体（ECSC），欧州原子力共同体（EURATOM）との 3 つの共同体の主要機関が共通の機関として整備されこれら 3 機関を総称して EC と呼んでいたが，1992 年にマーストリヒト条約により EEC は EC（欧州共同体）に改称された。
（資料）　執筆者が作成。

内政不干渉を基本原理としており，市場統合での国家主権は委譲していない。このことは非関税障壁の撤廃やサービス貿易の自由化，規格の統一など国内の制度や政策に及ぶ統合が遅れる要因となっている。

第2節　2015年末のAECの実現状況

1. スコアカードによる評価

　AECの進展状況は，AECスコアカードにより公表されてきた。スコアカードはAECブループリントの措置の実施状況を示す指標であり，2012年に2008年−11年までの前半4年間について詳細に公表された。ブループリントの措置の見直しが行なわれ，措置数が当初の316から611に増加したことと2012年の首脳会議で優先的に実施する措置を指定することが決まったことなどから，スコアカードの詳細は公表されず，優先主要措置（Prioritaised Key Deliverables：PKD）の実施状況が発表されてきた[5]。さらに，2015年の3月の経済大臣会議でPKDから54の高度優先措置（high priority measures：HPM）が選定され，2008年から実施されてきた措置と合わせて506措置がモニタリングの対象となった。その他のPKDは2016年以降の優先措置とすることになった。

　2015年11月にASEAN事務局が公表した報告書で，2015年10月末までの実施状況が明らかにされた[6]。それによると，2015年10月31日時点でHPM

表2-5　AECスコアカード（2015年10月31日時点）

高度優先措置（HPM）とその他措置の実施状況	
全体　92.7%（506措置中469措置実施）	
1. 単一の市場と生産基地	92.4%
2. 競争力のある経済地域	90.5%
3. 公平な経済発展	100%
4. グローバル経済への統合	100%
全措置の実施状況	
79.5%　（611措置中486措置実施）	

（資料）　ASEAN Secretariat（2015）. *A Blueprint for Growth ASEAN Economic Community 2015: Progress and Key Achievement* により作成。

世界経済を読み解く国際戦略の羅針盤

「世界経済評論」
World Economic Review

隔月刊行・全国書店で好評発売中!

- ●世界経済の今と明日を読み解き、世界経済の中の針路を考える
- ●世界経済の実態、動向の確かな検証とわかりやすい分析
- ●成長・発展への試論、諸問題解決への具体的な提言
- ●第一線の研究者や最前線で活躍する企業・官界のエコノミストが執筆

*「世界経済評論」誌は1953年創刊。2015年1月に休刊も、国際貿易投資研究所により2016年に復刊。11/12月号で通巻687号。

◆ 2016年の特集 ◆

1/2月号 ● メガFTA時代の海外事業戦略
3/4月号 ● 加速する中国の対外進出〈協調と軋轢〉
5/6月号 ● 米国の挑戦〈青年の社会問題と太平洋新時代〉

FAX：03-3203-2638 文眞堂 営業部行き（e-mail:info@world-economics-review.jp）

『世界経済評論』定期購読申込書【割引価格 6,480円】

連絡先（請求先）

氏名（企業・大学等）	
企業・大学等	
郵便番号	
住 所	
電話番号	
メールアドレス（任意）	

購読開始月	
備 考	

送付先（上記請求先と異なる場合のみご記入ください）

氏 名	
企業・大学等	
郵便番号	
住 所	
電話番号	

ご連絡いただいた住所やメールアドレスは本件の他、弊社からのご案内等に利用させて頂くことがございます。
不要の場合は右記にチェックして下さい。　☐ 不要

文眞堂

〒162-0041 東京都新宿区早稲田鶴巻町5533番地
TEL：03-3202-8480 / FAX：03-3203-2638　　http://www.bunshin-do.co.jp/

◆◆◆ **お得な定期購読をお薦めします！** ◆◆◆

定期購読の申込みは下記のいずれかで

◇ 裏面の申込用紙に記入の上
→ Fax：03-3203-2638（文眞堂営業部）
→ e-mail：info@world-economics-review.jp

◇ 富士山マガジンサービスへの申込み
→ URL：http://www.fujisan.co.jp/
→ TEL：0120-385-472（無料、24時間受付）

★定期購読者には電子版もサービス（復刊後のバックナンバーも読み放題）。
＊クレジットカード・口座引落し・コンビニ決済等対応。請求書・領収書発行可能。

9/10月号 ● 原油安と中東ジオエコノミクスの波動
11/12月号 ● 金融ビジネスが世界経済を動かす

偶数月15日刊行／B5判（96頁前後）
定価：1,296円（税込）

16%off！
割引価格：**6,480円**
（年間6冊、税・送料込）

● WEBコラムも毎週月曜日に配信中！ http://www.world-economic-review.jp/impact

発行：一般財団法人 **国際貿易投資研究所**／発売：㈱**文眞堂**（03-3202-8480）

を含む506措置中469措置が実施され，実施率は92.7％となっている（表2-5）。戦略目標別に見ると，単一の市場と生産基地が92.4％（277措置中256措置実施），競争力のある経済地域が90.5％（170措置中154措置実施），公平な経済発展とグローバル経済への統合は100％となっている。ブループリントの全措置611に対しては，486措置が実施され，実施率は79.5％となっている。

2015年12月末のAEC創設時時点でブループリントは全ての行動計画が完了した訳ではない。未完了の措置は2016年中に実施されることになっている。AECについては，12月末で制度などが大きく変わるのではないかという期待の一方で自由化など絵空事であるというシニカルな見方があったが，この2つとも誤りである。12月末は「通過点」と考えるべきである。たとえば，ASEAN6は2010年1月に関税撤廃を実現しており，ASEAN全体では2018年1月に撤廃される。他の分野でも自由化はすでに進展しており，2016年以降未実施分野で進められる。インフラ建設なども同様である。AECは，前述のようにAFTAの次の段階の経済統合である。サービス貿易，投資，人の移動などを実現するのは「統合の深化」である。サービス貿易自由化や非関税障壁撤廃など国内措置を対象とする「統合の深化」は先進国でも難しい。2015年末のASEAN経済共同体創設は統合の深化に向けての「通過点」でもある。

2. 2015年末のAECの現状

次に，2015年末のAECの現状をみたい[7]。紙幅の都合で「単一の市場と生産基地」に焦点を絞って検討することとし，その他の戦略目標を含めて全体の概略は付表，詳細は本書の各章を参照されたい。結論を先に示すと，「国境措置の自由化は順調に進展したが国内措置の自由化は遅れている」というものである。

（1） 国境措置

物品の貿易の自由化の最大の成果は国境措置である関税の撤廃である[8]。ASEANの2015年の平均関税撤廃率は95.9％，ASEAN6は99.2％，CLMVは90.9％となっている。CLMVは2018年1月までに残りの品目（7％まで認められている）の関税を撤廃するので，2018年にはASEANは約99％の関税を撤

廃した質の高い FTA を実現することになる。ちなみに，日本の EPA の関税撤廃率は 84−89％，2015 年に大筋合意した TPP では 95.1％である。AFTA 関税率は着実に低下しており，2014 年時点で ASEAN6 が 0.54％，CLMV が 1.33％である（表 2-6）。

表 2-6　AFTA 関税率の推移

	2007	2008	2009	2010	2011	2012	2013	2014
ASEAN6	1.32	0.79	0.79	0.05	0.05	0.05	0.04	0.04
CLMV	4.44	3.69	3.00	2.61	2.47	1.69	1.37	1.33
ASEAN	2.58	1.95	1.65	1.06	0.96	0.68	0.55	0.54

（出所）　ASEAN Secretariat（2015），*ASEAN Integration Report 2015.*

　ASEAN 域外国との FTA は，中国，韓国，日本，インド，豪州・ニュージーランド（NZ）と 5 つの FTA（ASEAN＋1FTA）を締結・発効している。香港と FTA 交渉を行っているほか，東アジアの広域 FTA として東アジア地域包括的経済連携（Regional Comprehensive Economic Partnership：RCEP）を ASEAN＋6（日中韓印豪・NZ）と 2016 年中の合意を目指して交渉中である。

　(2)　国内措置
　1)　非関税障壁の撤廃
　代表的な国内措置である非関税障壁（Non Tariff Barriers：NTB）の撤廃は全くと言ってよいほど進んでいない。実績は NTB より幅広い非関税措置（Non Tariff Measuresi：NTM）のデータベースを作成（現在 UNCTAD 新分類によりデータベース更新中）したことである。現在，各国は省庁にまたがる担当機関を設置するとともに，企業が直面する NTB の削減・撤廃を関係国と ASEAN で協議する新たな取組み（Matrix of Actual Cases on NTM/NTBs）が始まっている。NTB 撤廃は 2016 年以降の重要な課題である。
　主要な NTB は製品の規格の相違であり，規格の調和や相互承認（MRA）が効果的な NTB の撤廃の手段である。この分野では，電気電子機器（EEE），化粧品，医療製品で進展がみられ，加工食品，自動車，建築建設材料が作業中である。
　2)　貿易円滑化

貿易円滑化では，付加価値基準に加え関税番号変更基準の採用など原産地規則の改善は進んだが，2つのパイロットプロジェクトを開始した原産地証明の自己証明制度の統合は2016年に持ち越されたが8月の経済大臣会議で年末までの統合は困難と表明された。通関手続きを電子化するナショナル・シングル・ウィンドウ（NSW）を各国間で相互に接続し電子データの交換を行なうASEANシングル・ウィンドウ（ASW）は，5カ国でパイロットプロジェクトを行なっており，運用までを含むパイロットプロジェクト2の完了は2016年12月となっている。CLMは自国のNSWの構築が優先課題である。

また，貿易および通関に関連する法令，規則を集めたASEAN貿易レポジトリ（ATR）の創設が進められており，4カ国（インドネシア，ラオス，マレーシア，タイ）が自国の貿易レポジトリ（NTR）を創設している。

3) サービス貿易と投資の自由化

サービス貿易の自由化は遅れており，2015年末でサービス貿易128分野中104分野を対象とする第9パッケージまでが終了しているが，最後の第10パッケージ（128分野を対象）は2017年合意を目標に交渉中である[9]。サービス貿易では，第1モード（サービスの越境）と第2モード（サービス消費者の越境）は全分野を自由化するとしているが，サービス産業の投資に相当する第3モード（商業拠点の越境）は外資出資比率70％までとなっている。サービス

表2-7 自由化を約束した分野数の推移

	第6パッケージ	第7パッケージ	第8パッケージ	第9パッケージ
ブルネイ	70	65	79	92
インドネシア	80	83	86	97
マレーシア	88	81	96	101
フィリピン	93	95	98	99
シンガポール	85	78	84	101
タイ	104	93	104	108
カンボジア	86	74	87	94
ラオス	83	74	89	92
ミャンマー	70	66	79	90
ベトナム	99	84	88	99

（出所）　ASEAN Secretariat（2015），*ASEAN Integration Report 2015*.

分野の人の移動である第4モード（サービス供給者の越境）の自由化は限定されている。また，自由化の留保を認める「15％柔軟性規定」があり，例外が容認されている。金融サービスは2020年が目標年次となっており，金融サービス自由化は第6パッケージまで終了し，第7パッケージが交渉中である。適格ASEAN銀行（Qualified ASEAN Banks：QABs）のネットワークによる統合を目指す銀行統合では，2015年3月の財務相会議でQABsの選定に合意し，16年4月の財務相中銀総裁会議で2019年までに2行認証することに合意した[10]。また，「金融統合戦略行動計画2016-25」を採択した。

サービス提供者の移動については，自由職業サービス8分野（エンジニアリング，看護，建築，医療，測量，会計，歯科医療，観光）の資格の相互承認取決め（MRA）が締結されている。MRAを締結しても他国で働けるわけではないが，エンジニアリングでは1250人がASEAN公認エンジニア（ACPE）として登録され，250人がASEAN公認建築士として登録されている。ACPE取得者はすでにシンガポールとマレーシアで就労していると報告されている[11]。

投資では，ASEAN包括的投資協定（ACIA）が締結されている。ACIAは，投資自由化，投資保護，特定措置の要求（パフォーマンス要求）の禁止，投資家と国の紛争解決（ISDS）などを規定した国際レベルの投資協定である。最小限の規制を除いて自由化をするとしており規制分野は留保表（ネガティブリスト）で示されている。

3. 統合の実態の評価

ASEANの経済統合への過去の評価は極めて低く，AFTAは「合理性がない」，「特恵貿易協定に過ぎない」，「実効性がない」などと批判されてきた。AFTAの批判の理由は，①自由化を段階的に実施したため進展が遅かったこと，②ASEANの域内貿易比率が25％前後と低い，③利用率が低い，などである。現在では，AFTAは世界でも自由化率の高いFTAである。ASEAN諸国は，域外との貿易（資源輸出，工業品輸出，資本財と部品輸入），域外からの外国投資受け入れにより経済を発展させてきた。そのため，貿易，投資における域外の比重が構造的に大きかった。

域内貿易比率はEU，NAFTAに比べれば確かに低いが，世界貿易における

ASEAN の貿易規模などを考慮すると妥当なレベルと評価されている[12]。ASEAN の貿易相手国・地域の中で域内貿易は最大のシェアを占めており，域内投資のシェアも上昇している[13]。AFTA の利用率は輸出国と輸入国の組み合わせにより大きく違うが，利用率は年を追って高まる傾向にあり，たとえばタイのインドネシア輸出では 66.1%（2013 年）に達するなど「利用率は極端に低い」という見方は過小評価である[14]。

AEC の枠組みの外で二国間協定や覚書で活発に行なわれているのが非熟練労働者の移動である。山田（2015）によると，2013 年のインドネシアからマレーシア，マレーシアからシンガポールへの移民労働者は 100 万人を超え，ミャンマーからタイへの移動は 200 万人を超えている[15]。シンガポールは労働人口の 38%，127 万人（2012 年）が外国人であり，その約 5 割がマレーシアなど ASEAN からである。マレーシアでは外国人労働者の 44%，94 万人がインドネシア人，タイでは CLM3 国出身者が 277 万人，うちミャンマーが 169 万人で 6 割を占め，ラオスが 27 万人，カンボジアが 80 万人となっている。このように移民労働者は受入国，送り出し国双方で大きな規模となり，経済的な重要性を持っている。需給が変動する労働市場の調整弁として二国間の協定により移民労働者を管理したい受入国と人権保障と雇用環境の改善を求める送り出し国の利害が対立している[16]。

第 3 節　ASEAN の経済統合の意義

1. 漸進主義かつ柔軟な統合方式

　ASEAN は，加盟国が極めて多様で大きな経済格差が存在している。宗教を取り上げても上座部仏教，大乗仏教，イスラム教，キリスト教，ヒンドゥ教など世界の主要宗教が信仰され，民族，言語なども多様だ。経済面でも資源の賦存状況，産業構造と産業の発展段階，教育や衛生の水準は大きく異なっている。所得レベルは，日本を超えたシンガポールとカンボジアでは 50 倍を超える格差がある。新規加盟国は 1980 年代に市場経済への移行を開始した移行経済であり，国有企業が大きな役割を果たしている。行政能力や政策を実施する

人材の面でも域内の格差は大きい。

　多様性と大きな格差の中では，自由化を一律に実施することは不可能であり，無理な実施の押し付けは一部の国の反発と不満を招き，ASEAN の統合への遠心力となる恐れがある。AFTA は 1993 年から 2018 年まで 25 年かけて関税を撤廃している。サービス貿易の自由化は 1995 年から 20 年かけているが，完全な自由化ではない。漸進主義と自由化の態勢が出来た国から先に自由化するという「ASEAN−X」方式など柔軟な自由化方式が結果的に質の高い統合（AFTA）を実現できた要因である。高い目標を掲げながらも遅れた国の実態を踏まえての統合は開発途上国の自由化に適したやり方といえる。

2. 外資誘致により経済開発を推進

　ASEAN の経済統合では，外資誘致による経済開発を目標としてきた。ASEAN 主要国は，とくにプラザ合意後輸出指向型の外資を誘致し，欧米など海外市場に工業品を輸出することにより高い成長を実現してきた。中国など外資誘致の強力なライバルが出現する中で外資誘致を持続するために経済統合を選択したという面があるが，重要なのは外資誘致により ASEAN がアジアの生産ネットワークに組み込まれていったことである。

　AEC の目標は，ASEAN を「グローバルなサプライチェーンのダイナミックで強力な一部とする」である。グローバル企業の競争力はコストとスピード（リードタイムの短縮）で決まる。そのためには，原材料・部品の調達から生産，販売にいたる国境を越えたサプライチェーンを効率的に構築することが求められる。途上国から見れば，グローバル化が進展した今日，工業化による経済開発を進めるにはサプライチェーンに参加すること，すなわち生産ネットワークへの参加が決定的に重要となるからである。そのために AEC は自由化に加えて物流インフラと制度の整備なども目指している。この点も発展途上国の経済開発に示唆を与える。

3. 21 世紀型の経済統合

　多くの国を跨って工場間で部品など中間財が取引される貿易をボールドウィンは 21 世紀型貿易と名づけている。「物を売る」ための貿易システムである

20世紀型貿易に対し21世紀型貿易は「物を作る」ための貿易であり,物,人,アイディア,情報,投資,ノウハウなどが国際的に双方向で移動していると指摘し,21世紀型貿易を「貿易・投資・サービス・知的財産の連携（nexus）」と呼んでいる[17]。20世紀型貿易は,「made-here-sold-there」という二国間の取引であるのに対し,21世紀型貿易は,「made-everywhere-sold-there」という多国間に跨る取引である。そのため,20世紀型地域主義では関税撤廃を目的とするものでよかったが,21世紀型地域主義は企業の越境取引の複雑化に対応した「深い統合」を具体化する規定が求められる。そのため,物品の貿易だけでなく,サービス貿易,投資,資本,知的財産権,競争政策,規格・基準などを含むものになる。AECは,現時点では不十分な点はあるが,21世紀型の統合を指向していると評価できる[18]。

4. ルールに基づくビジネス環境の創出

　ASEANは緩やかな統合あるいは協力を行う機構と評されてきた。たとえば,ASEANの創設した文書であるバンコク宣言はわずか2ページと極めて短く,ASEANの法的基盤の弱さを象徴していた。ASEANの意思決定方式はASEAN Wayと呼ばれ,コンセンサス方式,内政不干渉,緩やかで曖昧な合意などが特徴とされた。ASEAN Wayは,経済格差や政治・社会・文化面の相違が大きく,様々な対立があったASEANの統一を維持しながら,協力を進める面では効果があった。しかし,「法とルールに基づくこと,透明性,多国間ルールや国際基準の採用,一貫性と予測可能性」などを統合の原則とするAEC創設に向けてはASEAN Wayでは,対応が出来ないことは明らかであった。

　まず,1967年のバンコク宣言に代わるものとしてASEAN憲章を採択し2008年12月に発効している。ASEAN憲章は全55条で,ASEANの原則,目的を明確化し,法人格を付与し,組織,意思決定,紛争解決などを規定している。ASEAN憲章によりASEANの法的基盤と組織が強化され,目標,原則,ルール,制度が明文化された[19]。さらに,AEC創設に向けて貿易,投資などの多くの協定,覚書,合意などを整理し,整備・明確化・拡充し,法的な制度と基盤を強化してきた。AECに関連する法的な整備は着実に進んでおり,福永（2015）によると,2015年3月時点で165の協定など法的拘束力のある文

書が調印されている[20]。AECに係る重要な協定として，ASEAN物品貿易協定（ATIGA），ASEAN包括的投資協定（ACIA）があげられる。サービス貿易については，1995年に締結されたASEANサービス枠組み協定（AFAS）を改定してASEANサービス貿易協定（ATISA）を策定する作業が行われている。

ATIGAは1992年に調印されたAFTA－CEPT協定に代わる協定として作られた。ATIGAの意義は，①AFTA－CEPT協定が全10条と極めて短く曖昧だったためその後多くの補完する協定や議定書が出され利用者からみて極めて複雑となっていたAFTA関連の法制を整理・総まとめした，②ASEAN経済共同体創設を目標とし関税撤廃以外の分野を含む分野，行動計画，スケジュールなどを盛り込んでいる，③FTAのベスト・プラクティスを参考として包括的で明確なかつ透明性を強調したルールをベースとした規定となっていることである。その結果，ATIGAは極めて包括的かつ具体的な規定の98条の貿易協定となった[21]。

2012年に発効したACIAは，投資自由化に関するASEAN投資地域枠組み協定（ASEAN Framework Agreement on the ASEAN Investment AREA : AIA）と投資保護に関するASEAN投資促進保護協定（ASEAN Agreement for the Promotion and Protection of Investment : AIGA）を統合した協定である。投資の保護だけでなく自由化，円滑化を目的とし，パフォーマンス要求の禁止，投資家と国家の紛争解決（ISDS）なども規定した全49条の包括的かつ国際水準の協定となっている（ACIAについては第9章で詳しく論述している）。

5. 経済成長を加速

AECは，貿易の拡大などによりASEANのGDPを押し上げる効果がある。プラマー達によるシミュレーションでは，2025年のASEANのGDPの押し上げ効果は関税撤廃（AFTAシナリオ）だけだとベースラインに対して1.2％だが，非関税障壁の撤廃（AFTA＋シナリオ）が加わると6.3％となり，サービス貿易自由化と貿易円滑化（AECシナリオ）が加わると8.0％，RCEPが出来れば18.4％になる[22]。効果がとくに大きいのはベトナムで，AECシナリオで14.7％，RCEPシナリオで42.1％の押し上げ効果がある。カンボジアもAECシナリオが18.0％，RCEPシナリオで21.2％となっている。所得上昇による消費

表 2-8 AEC の経済効果（基準年は 2007 年，2025 年の効果）

(単位：%)

	AFTA	AFTA +	AEC	RCEP
ASEAN	1.2	6.3	8.0	18.4
インドネシア	0.4	3.3	4.3	16.7
マレーシア	1.6	8.4	11.0	19.2
フィリピン	3.0	8.1	9.4	15.1
シンガポール	1.4	7.0	9.6	16.3
タイ	1.7	7.6	9.7	17.7
ベトナム	1.6	12.5	14.7	42.1
カンボジア	3.3	14.5	18.0	21.2
ラオス	1.2	9.2	11.4	12.4
その他 ASEAN	-0.4	2.0	2.7	8.3

（出所） Plummer Michael G. Petri Peter A. and Fan Zhai (2014).' Assessing the impact of ASEAN economic integration on labour market', *ILO Asia-Pacific Working Paper Series, Regional Office for Asia and the Pacific.*

財やサービス市場の拡大が期待できる。

第 4 節　ASEAN 経済共同体の課題

1. 残存措置の実施，自由化の推進と実効性の向上

　2015 年末の時点でブループリントの約 2 割が未完了（実施中を含む）となっている。実施が終わっていない行動計画は 2016 年に実施されることになっている。とくに重要なのは，深い統合のための国内措置の自由化である。経済効果が大きい非関税障壁の撤廃は優先課題である。企業が直面する障壁を具体的に撤廃するなど実効性があがる取組みが必要である。今後の成長産業であるサービス産業の自由化も 15％例外規定など例外分野が残っており，第 10 パッケージが終了した後も自由化を進めるべきである。金融サービスの自由化と金融市場，資本市場の統合は 2020 年が目標となっている。投資では，ACIA の留保表掲載分野の自由化が課題である。

　協定が締結され，発効しても実態として自由化や円滑化が実現していない事

例がある。たとえば，自由職業サービスの資格の MRA は締結され発効しているが，実際の就労は建築士の一部に限られている。ASEAN シングル・ウィンドウもテスト稼動の段階である。実効性の向上が求められる。

2．メガ FTA への対応

ASEAN 各国が参加しているメガ FTA は RCEP（東アジア地域包括的経済連携）と TPP（環太平洋経済連携協定）である。RCEP は 2015 年に合意できず 2016 年中の合意が目標となっている。RCEP の原則は ASEAN 中心性（ASEAN Centrality）であり，インドなどの抵抗の中で高いレベルの自由化を実現できるかが課題となる。一方，2016 年 2 月に署名を行った TPP には，シンガポール，ブルネイ，ベトナム，マレーシアの 4 カ国が ASEAN から参加している。TPP は 99％台の高い自由化率（日本は 95.1％）と国有企業の規律など新たなルールを盛り込んだ FTA である。TPP は ASEAN 各国に大きな影響を与えると考えられる。

シンガポール以外の ASEAN にとって TPP は米国との FTA を意味し，参加国は米国市場へのアクセスで有利となる。そのため，ベトナムでは TPP 交渉中から対米輸出を狙った繊維の投資が増加している。これは TPP の縫製品の原産地規則で TPP 参加国の糸による生地を使わないと関税撤廃の対象にならないためである[23]。

マレーシア，ベトナム，ブルネイでは AEC の対象外である政府調達が外国企業に開放され TPP 参加国企業は入札の機会を得ることになった。政府調達は AEC では対象外であり，TPP により政府調達を開放したことにより AEC でも政府調達が課題となるだろう。また，国有企業の規律により国有企業改革を迫られることになる。TPP は高い目標を掲げながらも多くの分野で例外を認めており，途上国参加のハードルは低下した[24]。インドネシア，フィリピン，タイが参加の意向を表明している。TPP 発効の見通しは不透明な点があるが，今後，ASEAN の TPP 参加国は増加すると考えられる[25]。

3．AEC2025

ASEAN は 2015 年 11 月の第 27 回首脳会議で「ASEAN2025 に関するクアラ

ルンプール宣言」により「ASEAN共同体ビジョン2025」および3つの共同体のブループリントを採択したことを発表した[26]。3つの共同体は，政治安全保障共同体，経済共同体，社会文化共同体である。ASEAN経済共同体2025は，2015年創設のAEC2015の4つの柱に対して5つの柱から構成されている（表2-9）。AEC2025の詳細な検討は第9章で行うので，AEC2015との違いの概略のみを説明しておく。

新たな柱として「高度化した連結性と分野別協力」を加えるとともにAEC2015のコアエレメントを整理・再編している。「高度に統合されかつ結束した経済」では，AEC2015のサービス貿易の金融，投資の自由な移動，資本の自由な移動が，金融統合・金融包摂・金融安定にまとめられている。また，AEC2015のグローバルサプライネットワークへの積極的参加が「高度に統合されかつ結束した経済」に移されている。

「競争力のある革新的でダイナミックなASEAN」では，ガバナンス，イノベーション，環境および新たな貿易関連問題が追加された。「高度化した連結性と分野別協力」には，AEC2015の「単一の市場と生産基地」から優先統合分野（ヘルスケア，観光）と食料・農業・林業，「競争力のある地域」に含ま

表2-9 AEC2025の柱とコアエレメント

1. 高度に統合されかつ結束した経済 ① 物品貿易，② サービス貿易，③ 投資環境，④ 金融統合・金融包摂・金融安定，⑤ 熟練労働者と商用訪問者の移動の円滑化，⑥ グローバル・バリュー・チェーンへの参加の強化
2. 競争力のある革新的でダイナミックなASEAN ① 効果的な競争政策，② 消費者保護，③ 知的財産権協力強化，④ 生産性向上による成長，革新，研究開発，技術の商品化，⑤ 租税協力，⑥ グッドガバナンス，⑦ 効果的，効率的，整合的，対応力のある規制および公正な規制慣行，⑧ 持続可能な経済成長，⑨ グローバル・メガトレンドと新たな貿易関連問題
3. 高度化した連結性と分野別協力 ① 交通，② 情報通信技術，③ 電子商取引，④ エネルギー，⑤ 食料，農業，林業，⑥ 観光業，⑦ ヘルスケア，⑧ 鉱物，⑨ 科学技術
4. 強靭で包括的，人間本位・人間中心のASEAN ① 中小零細企業の役割の強化，② 民間部門の役割の強化，③ 官民協調，④ 開発格差の縮小，⑤ 関係者（ステークホルダー）による地域統合努力への貢献
5. グローバルASEAN

（出所） ASEAN Secretariat（2015）．"ASEAN2025 : Forging Ahead Together".

れていたインフラ開発（輸送，ICT，エネルギー），電子商取引が移されている。優先統合分野のe-ASEANは電子商取引，ロジスティクスは交通に含まれていると考えられるが，その他の分野（エレクトロニクス，木製品，自動車，ゴム製品，繊維アパレル，アグロベース製品，漁業，空運）は言及されていない。

「強靱で包括的，人間本位・人間中心のASEAN」には，民間部門の役割の強化，官民協調，関係者（ステークホルダー）による地域統合努力への貢献が新しいエレメントとなっている。「グローバルASEAN」は，AECのグローバル経済への統合の推進が目標とされ，既存のFTAの改善，FTAを締結していない対話国との経済連携拡充，グローバルおよびリージョナルな機関への関与の強化などを措置として掲げている。

おわりに

AECは，経済統合のレベルとしてはFTAと共同市場の間に位置しているが，関税同盟ではない。ASEANは，現段階では関税同盟を目指してはいない。加盟国のMFN関税率はシンガポールのように数品目を除き関税が撤廃されている国から高い関税率が残っている国まで違いが極めて大きいためだ。関税同盟では，域外国原産品であっても加盟国内で自由流通におかれた産品は域内関税免除の対象となる。そのため，企業がFTA利用の課題としてあげる原産地規則は不要となる。関税同盟はこうしたメリットがあるが，ASEANでは実態として難しい。

WTOでは，GATT24条でFTAと関税同盟を設立後に関税など通商規則を設立前より高めてはならないと規定し，関税が高められた場合は補償的調整（他品目の関税率引下げなど）を行なわねばならないと規定している。ASEANで関税同盟を作る場合，シンガポールの水準に合わせ他の加盟国のMFN関税率をゼロにすることは難しく，シンガポールの関税を引き上げるとシンガポールは補償的調整をしなければならないが，ほぼ全品目の関税がゼロのため関税を引下げることは出来ない[27]。従って，当面関税同盟創設は無理であり，ASEAN各国のMFN税率が低下してきた段階で検討する課題となろう。

人の移動の自由化では，非熟練労働者の移動の自由化は認められておらず，目標になっていない。ただし，前述のように実態的には非熟練労働者の移動は二国間協定などにより大規模に行なわれている。非熟練労働者の移動は大規模であるが，期間限定の一時的な労働力であり需給の調整弁となっており，受入国と送出し国の利害が対立している。そのため，非熟練労働者の移動の自由化はASEANの枠組みでは進められる可能性は当面なく，移民労働者の権利と保護の促進が議論されている[28]。

　「FTAプラス」というASEANの経済統合の基本的な枠組みは2025年までは変わらないであろう。

【付記】本章は，アジア政経学会『アジア研究』第62巻第3号2016年8月，掲載の拙稿「ASEAN経済共同体の創設―成果と課題」に加筆したものである。

付表

ASEAN経済共同体（AEC）2015の成果（2016年8月末時点）

分野	主な目標	2015年末までの成果	評価	備考
全体評価		高度優先措置を含む506措置中469措置を実施し実施率は92.7%，単一の市場と生産地域は92.4%，競争力のある地域は90.5%，公平な経済発展とグローバル経済への統合は100%。全措置611に対しては486措置を実施し実施率は79.5%（2015年10月31日時点）。	○	未実施措置は2016年末までに実施。
関税	関税撤廃	ASEAN6は99.2%撤廃，CLMVは90.9%，ASEAN全体では96%。ASEAN物品貿易協定（ATIGA）2009年発効。	◎	CLMVは7%相当品目の撤廃猶予，2018年1月に同品目を撤廃。
非関税障壁	非関税障壁撤廃	撤廃はほとんど進展なし，①データベース更新を計画しているが，2012年3月以降更新されていない），②省庁間横断組織（進展状況は不明），③具体事例マトリックス。	×	
原産地規則	継続的改善	選択的原産地規則導入とASEAN＋1FTAに拡大，FOB価額不記載。	○	2つの自己証明制度パイロットプロジェクト実施，2016年に統合。

税関業務円滑化		ASEAN通関申告書，ASEAN統一関税分類（AHTN）など進展 AFAFGIT第7議定書に署名。第2議定書はテキストは完了。	○	AFAFGIT第2議定書の署名。現場での施行が課題。
その他の貿易円滑化措置	透明性向上など	ASEAN貿易レポジトリ（ATR）稼働開始。ASEAN投資サービス貿易解決制度（ASSIST）も公開・運用開始。	○	
ASW〈シングル・ウィンドウ〉	NSWの導入（ASEAN6は08年，CLMV12年）7カ国でASWを実施	フォームDとASEAN税関申告書の交換の5カ国の連結テスト実施，ASW実施のための法的枠組みに関する議定書署名。	△	連結テストから稼動までを2016年中に完了。
基準認証	いくつかの産品について基準の調和と相互承認協定（MRA）。	化粧品統一指令の国内法制化，電気電子機器（EEE），化粧品，医療製品のMRAの実施，EEE121品目で統一規格への調和・準拠，自動車分野で国連欧州経済委員会（UNECE）規則に基づく15の技術的要件の調和，ゴム製品で47のテスト基準の調和，農産物でよく使われる農薬について955の残留基準値（MRLs）設定，医療機器指令（AMDD）署名，伝統薬・健康補助食品で19の技術的要求の調和，製薬分野で適正製造基準（GMP）。ASEAN共通食品管理基準，優先商品の輸入のための9つのASEAN植物検疫ガイドライン，農業産品に係る46のASEAN標準，5つの農業慣行などで域内共通のガイドライン。	○	自動車，調整食品，建築材料のMRA，伝統的薬品とサプリメントの技術要件の調和。MRA枠組み協定の見直し・拡充。
サービス貿易	128分野の自由化，第3モードは外資出資比率70％。	2015年11月に第9パッケージ署名（104分野の自由化）。	○	第10パッケージ合意（2017年中）。新サービス協定（ATISA）締結。第4モードは極めて限定。15％柔軟性規定により自由化例外が残存。

金融サービス	保険，銀行，資本市場，その他の4分野で各国別に自由化するセクターを特定し2015年までに実施，その他は2020年。ASEAN銀行統合枠組み（ABIF）はASEAN適格銀行（QABs）によるネットワーク創設を目標。	AFAS金融第6パッケージ署名。各国がポジティブリスト方式で自国で可能な自由化領域を明示。15年の財務省会議でQABs選定に合意。15年の財務相会議でQABs選定に合意し16年の会議で2019年までに2行を認証することに合意。ASEAN銀行統合枠組み（ABIF）は2014年12月中央銀行総裁会議で承認。16年3月の財務相中銀総裁会議で「戦略行動計画2016－25」を採択。	○	第7パッケージ交渉を2016年中に完了予定。当初よりブループリントで2020年までの自由化を許容している点に留意，ASEAN6は銀行を15年までの自由化対象から除外。
熟練労働者の移動	自由職業サービスのMRA。	エンジニアリング，看護，建築，測量技師，会計，開業医，歯科医，観光の8分野署名。ASEAN公認エンジニア（1,260名），ASEAN建築士（212名）の登録は進展。自然人移動協定（AMNP）署名。ASEAN資格参照枠組み（AQRF）採択（2014）。	△	実効性が課題。ASEAN公認エンジニアはすでに就労しているとの報告。
投資	ASEAN包括的投資協定（ACIA）制定，「最小限の制限」を残して自由化。	ACIA制定（2012），留保表（12），ACIA修正議定書（14）。	○	留保分野の削減が課題。
資本移動	資本市場統合。	ASEAN資本市場フォーラム（ACMF）での各種取組み：ASEAN Exchangesに向けた証券取引所の連携（ASEAN証券取引ブランドアイデンティティ，ASEANスターズINDEX，シンガポール・タイ・マレーシア間のASEAN取引リンク），域内のクロスボーダーでの起債のための会計基準などの共通化。	○	2020年までながら，①資本勘定の自由化，②金融サービスの自由化が提言され，さらに長期では，③決済システムの統合，④資本市場開発も推進。これまでの取組みは，マレーシア，シンガポール，タイの3カ国が先行実施している項目が多い。

競争政策	競争政策，競争法の導入地域ガイドライン作成。	8カ国で導入済。地域ガイドライン作成。	○	カンボジアとラオスでの導入および施行のための人材育成。
消費者保護	専門家会合設置など。	専門家会合設置済，9カ国が消費者保護法策定，オンラインで消費者保護関連情報を提供するASEAN消費者ポータルを設置。	◎	カンボジアは2016年に導入。消費者保護法地域ガイドライン策定
知的財産	特許協力条約，マドリッド議定書に加盟。	特許協力条約加盟8カ国，マドリッド議定書加盟5カ国（ただし，ラオスは2016年3月発効）。ASEAN特許審査協力（ASPEC），ASEAN商標審査ガイドラインの採用。	○	特許協力条約未加盟はカンボジア，ミャンマー。マドリッド議定書未加盟は，インドネシア，マレーシア，タイ，ブルネイ，ミャンマー。
輸送円滑化	ASEAN通過貨物円滑化枠組み協定（AFAFGIT），ASEAN国家間輸送円滑化枠組み協定（AFAFIST），ASEAN複合一貫輸送枠組み協定（AFAMT）の締結・発効。	AFAFGITは9議定書の3つ（越境交通路の指定，鉄道の国境駅・積替え駅，危険物）が未批准・未発効，1つ（国境交易・事務所）が未署名，1つ（トランジット通関）が署名済・未発効，AFAFISTは批准が5カ国（タイ，ベトナム，ラオス，フィリピン，カンボジア），AFAMTは批准が6カ国（カンボジア，フィリピン，タイ，ベトナム，ミャンマー，ラオス）。	△	AFAFGITの最終化が優先課題。GMS 6カ国（カンボジア，ラオス，ミャンマー，タイ，ベトナム，中国）で越境交通協定（CBTA）を署名，批准。IT化の進展などにより協定の見直しが必要。
陸上輸送	ASEAN高速道路ネットワーク（AHN）は道路格上げ。シンガポール昆明鉄道（SKRL）の未通部分の建設，修復。	ミャンマー区間を除き道路インフラは整備が進展，鉄道事業は経済性などから遅滞。ドライポートの整備。	△	AHNのクラス1への格上げは2020年以降に繰り延べ。SKRL（東回り）も2020年以降に繰り延べ。中国とラオス，タイの間で鉄道建設が合意。
海上輸送	単一海運市場（ASSM）の創設	47指定港湾能力の向上，RoRo船ネットワーク整備。港湾EDI整備。	△	実現は2020年以降。

第 2 章　ASEAN 経済共同体の創設とその意義　47

航空輸送	単一航空市場（ASAM）創設。第3の自由（自国から外国への輸送），第4の自由（外国から自国への輸送），第5の自由（以遠権）までの実現が目標。	航空輸送部門統合に向けたロードマップ（RIATS）により措置の実施。航空輸送，航空貨物輸送，航空旅客輸送に関する3つの多国間合意の進展。	○	第6の自由（本国をハブとする第三国間輸送），第7の自由〈第三国間輸送〉，第8の自由（カボタージュ，他国の国内輸送）は含まれていない。
エネルギー	ASEAN 電力網（APG）は，2015 年までに 15 のプロジェクト。ASEAN ガスパイプライン（TAGP）は，4,500 キロに及ぶ二国間パイプラインを敷設。	APG は4つが一部完成を含め継続中，3が建設開始，8が準備中。TAGP は8本2,300 キロは稼動している。石炭火力クリーンコール（OCT）の導入。	△	APG の完成目標は 2020 年に繰り延べ。TAGP は東ナツナ開発にインドネシア合意。ガスパイプラインと LNG 併用が進む。
租税	二重課税防止のための二国間協定を締結（2010 まで）。	二国間租税条約のためのフォーラム設立。	×	
電子商取引	域内電子商取引のためのインフラと法的枠組みおよび電子商取引実現。	ICT マスタープラン 2015 採択，電子商取引相互運用技術の枠組みについての研究など各種施策を実施。	○	
中小企業（SME）	情報，市場，人的資源，金融，技術などへのアクセス改善による競争力と強靱性の強化。	情報サービス整備は進展，開発ファンド，金融ファシリティーなどは遅れ。SME 信用格付手法ベンチマーク，SME サービスセンター，SME ガイドブック発行など。	△	
域内格差是正		ASEAN 統合イニシアチブ（IAI）の作業計画1（2002-08 年）と作業計画2（2009-15 年）を実施。	○	
域外 FTA	ASEAN＋1 FTA 締結，東アジア地域包括的経済連携（RCEP）締結。	5本の ASEAN＋1 FTA 締結，インドとのサービス貿易投資協定締結。RCEP 交渉モダリティに合意。	◎	RCEP 協定は 2016 年合意が目標，AJCEP サービス投資協定署名，ASEAN 香港 FTA 合意。

(注) ◎ブループリントの想定どおりあるいは想定以上の成果をあげている，○は概ねブループリントの想定どおり施策が実施されている，△ブループリントの想定より実行が遅れているが一定の成果がみられる，×は実施が大幅に遅れている，ことを示している。ブループリントの目標達成度の評価であり，自由化・円滑化実現の評価ではないことに留意が必要。
(出所) 石川幸一・清水一史・助川成也・福永佳史が作成，輸送とエネルギーは春日尚雄氏（福井県立大学），金融サービスと資本は赤羽裕氏（亜細亜大学）の協力を得た。

【注】

1) Severino, C.（2006）pp.343-344.
2) AEC の法的な枠組みについては，Inama, Stefano and Edmund W.Sim（2015）が詳しい。
3) GMS プログラムについては，春日（2014）を参照。
4) シンガポールのように酒類など数品目を除いて関税撤廃を撤廃している国があるが，他の国は多くの品目に高関税を含めて関税を賦課しており，共通化は不可能である。
5) 2012 年末あるいは 2014 年末までの状況については，石川（2013）および石川（2015a）を参照。
6) ASEAN Secretariat（2015a）。
7) ASEAN Secretariat（2015a）および ASEAN Secretariat（2015b）を主に利用した。
8) 物品の貿易の詳細な分析については第 4 章，貿易円滑化は第 5 章を参照。
9) 15%柔軟性が適用される分野数は，第 10 パッケージでは 58 分野（128 分野 × 3 モード × 15%）で 1 モード最大で 29 分野。サービス貿易の詳細な分析については第 6 章，金融サービスは第 7 章を参照。
10) ASEAN Secretariat（2016）。
11) ASEAN Secretariat（2015a）。
12) 岡部（2015）51-52 頁。
13) 2014 年の ASEAN の貿易に占めるシェアは，域内が最大で 24.1%，続いて中国が 14.5%，EU が 9.8%，日本が 9.1%となっている。域内貿易額は AEC ブループリントが開始された 2008 年の 4702 億ドルから 2014 年には 6082 億ドルに増加している。2014 年の ASEAN の対内投資に占める域内投資のシェアは 17.9%であり，EU についで第 2 位となっている。域内投資のシェアは漸増しており，重要性が緩やかに高まっている。
14) タイの利用率は助川（2014）161 頁。その他の国の事例については，石川（2015b）252-256 頁。
15) 労働移動については，山田（2015）による。
16) 山田（2015）127 頁。
17) Baldwin（2014）
18) たとえば，政府調達，国有企業の規制は含まれておらず，知的財産権の保護もレベルは低い。
19) ASEAN 憲章については，清水（2009）を参照。
20) 福永（2015）。
21) ATIGA については，石川（2009）を参照。
22) Plummer, Petri and Fan（2014）.
23) 糸の製造，生地の製造，裁断・縫製の 3 工程を TPP 参加国で行なわねばならない。
24) たとえば，政府調達ではブミプトラ企業からの優先調達を認めており，国有企業でも多くの例外を認めている。
25) 2016 年 2 月 15 日，16 日に開催された米 ASEAN 首脳会議でオバマ大統領は TPP に参加していない 6 カ国に TPP 参加を呼びかけたと報道されている（日本経済新聞 2016 年 2 月 18 日付け朝刊）。
26) 正式名称は，Kuala Lumpur Declaration on ASEAN2025: Forging Ahead Together であり 2015 年 11 月 27 日に発表された。

27) 関税同盟については，(畠山 2015，276-278) が示唆に富み参考になる。
28) 山田 (2015) 130-131 頁。

【参考文献】
(和文)
アジア経済研究所 (2015)「特集 ASEAN 経済共同体 (AEC) 創設とその実態」『アジ研ワールド・トレンド』2015 年 12 月号 No.242, アジア経済研究所。
石川幸一 (2009a)「ASEAN 経済共同体とブループリント」石川・清水・助川編 (2009) 所収。
石川幸一 (2009b)「新 AFTA 協定の意義」『季刊国際貿易と投資』2009 年春号, No.75, 国際貿易投資研究所。
石川幸一 (2010)「ASEAN 包括的投資協定の概要と意義」『季刊国際貿易と投資』2010 年春号, No.79, 国際貿易投資研究所。
石川幸一 (2013)「ASEAN 経済共同体はできるのか」石川・清水・助川編 (2013) 所収。
石川幸一 (2015a)「ASEAN 経済共同体の創設と課題」石川・清水・助川編 (2015) 所収。
石川幸一 (2015b)「FTA から経済共同体へ―ASEAN の経済統合の現状と展望―」トラン・ヴァン・トゥ『ASEAN 経済新時代と日本―各国経済と地域の新展開』文眞堂。
石川幸一 (2015c)「ASEAN 経済共同体構築の進捗状況と課題」浦田・牛山・可部 (2015) 所収。
石川幸一 (2015d)「RCEP の課題」朽木昭文・馬田啓一・石川幸一『アジアの開発と地域統合』日本評論社。
石川幸一 (2016a)「アジアの地域統合の進展と展望」平川均・石川幸一・山本博史・矢野修一・小原篤次・小林尚朗『新・アジア経済論』文眞堂, 所収。
石川幸一 (2016b)「TPP 大筋合意が ASEAN に与える影響」mizuho global news MAR & APR, vol.84, みずほ銀行。
石川幸一・清水一史・助川成也編 (2009)『ASEAN 経済共同体―東アジア統合の核となりうるか』ジェトロ。
石川幸一・清水一史・助川成也編 (2013)『ASEAN 経済共同体と日本』文眞堂。
石川幸一・朽木昭文・清水一史 (2015) 編『現代 ASEAN 経済論』文眞堂。
石川幸一・馬田啓一・高橋俊樹編 (2015)『メガ FTA 時代の新通商戦略』文眞堂。
浦田秀次郎・牛山隆一・可部繁三郎 (2015) 編,『ASEAN 経済統合の実態』文眞堂。
岡部美砂 (2015),「ASEAN 域内貿易の進展―担い手が多様化, 更なる経済規模へ」浦田・牛山・可部 (2015) 所収。
春日尚雄 (2014)『ASEAN シフトが進む日系企業―統合一体化するメコン地域―』文眞堂。
春日尚雄 (2014)「AFTA の完成と ASEAN 域内企業立地の再編成―ベトナムトヨタの悩ましい「2018 年問題」―」フラッシュ, 国際貿易投資研究所。
アジア経済研究所 (2015)「特集 ASEAN 経済共同体 (AEC) 創設とその実態」『アジ研ワールド・トレンド』2015 年 12 月号 No.242 アジア経済研究所。
清水一史 (2009)「ASEAN 憲章の制定と AEC」石川・清水・助川編 (2009) 所収。
助川成也 (2013)「物品貿易の自由化・円滑化に向けた ASEAN の取り組み」石川・清水・助川『ASEAN 経済共同体と日本 巨大統合市場の誕生』文眞堂, 所収。
内閣官房政府 TPP 対策本部 (2015)「TPP における関税交渉の結果」。
畠山襄 (2015)『経済統合の新世紀』東洋経済新報社。
深沢淳一・助川成也 (2014)『ASEAN 大市場統合と日本』文眞堂。
福永佳史 (2015)「ASEAN 関連協定の署名・発効をめぐる動向」『アジ研ワールド・トレンド』2015 年 8 月号, No.238。

山田美和(2015)「ASEAN 域内の労働移動の現状」浦田・牛山・可部(2015)所収。

(英文)
ASEAN Secretariat(2011), *"Master Plan on ASEAN Connectivity (MPAC)"*.
ASEAN Secretariat(2015c), *"Kuala Lumpur Declaration on ASEAN2025: Forging Ahead Together"*.
ASEAN Secretariat (2015a), *"A Blueprint for Growth ASEAN Economic Community 2015: Progress and Key Achievement"*.
ASEAN Secretariat (2015b), *"ASEAN Integration Report 2015"*.
ASEAN Secretariat (2016), *"ASEAN Economic Community 2025 Strategic Action Plans(SAP) for Financial Integration From2016-2025"*.
Baldwin, Richard (2014), "Multilateralising 21st Century Regionalism", Paris: OECD Conference Centre.
Inama, Stefano and Sim, Edmund W.(2015), *"The Foundation of the ASEAN Economic Community,"* Cambridge: Cambridge University Press.
Plummer, Michael G. Petri Peter A. and Fan Zhai(2014), "Assessing the impact of ASEAN economic integration on labour market", ILO Asia-Pacific Working Paper Series, Regional Office for Asia and the Pacific.
Severino, Rodolfo C. (2006), *"Southeast Asia In Search of ASEAN Community,"* Singapore: Institute of Southeast Asian Studies.
Chia, Siow Yue and Plummer. Michael G.(2015), *"ASEAN Economic Cooperation and Integration Progress, Challenge and Future Directions,"* Cambridge: Cambridge University Press.
Chia, Siow Yue (2015), "The ASEAN Economic Community" in Baldwin, R. M. Kawai and G. Wignaraja eds. *A World Trade Organization for the 21st Century: The Asian Perspective*, Cheltenham: Edward Elgar.

第3章

ASEANの組織改革と経済統合

鈴木早苗

はじめに

　ASEANは設立当初は外相会議を定例化しただけの簡素な組織体だった。その組織化の歴史は漸進的なものである。設立から約10年後に，小規模ながらも事務・行政機能を担う組織として事務局をジャカルタに設置し，経済閣僚会議をはじめとする閣僚会議を徐々に定例開催するようになった。1992年には，首脳会議も定例化された。ASEANは，こうした定例化された会議においてASEANとしての政策を決定するという政府間組織である。事務局などの常設機関はASEANの政策決定において実質的な権限を有しない。

　こうしたASEANの組織的特徴は2008年にASEAN憲章が発効しても基本的に変化はない。ASEAN憲章は，ASEANという地域機構の目的や原則，規範，意思決定手続き，組織などを規定した設立条約の類のものである。設立条約は，通常，国際機構や地域機構が設立される際に作られるが，ASEANの場合は，設立から40年後に策定された。そのため憲章は，設立以来ASEAN諸国がASEANの運営に関して蓄積してきたルールや慣行を改めて整理し，明文化したといえる。他方，ASEAN憲章ではASEANの政策決定や合意履行を効率化し，平和的紛争解決を徹底するためのルールが導入された。

　本章では，ASEANの組織運営においてどのような改善がなされようとしているのかを概観することで，特に，経済統合に関する政策決定と合意履行，紛争解決の特徴や課題を明らかにする[1]。

第1節　迅速な政策決定を目指して

1. 政府間組織としてのて ASEAN

　ASEAN の中心的活動は，加盟国の首脳や閣僚が集まる会議を定例開催することにある。首脳会議を頂点とし，問題領域ごとに閣僚会議が関与し，政策を決定する。こうした会議の準備組織である高級事務レベル会合（SOM）などの会合もまた，加盟国の所轄官庁の高官から構成されるという政府間組織的な性格を持つ（図 3-1）。常設機関は，ASEAN 事務局と常駐代表委員会（Committee of Permanent Representatives : CPR）で，政策決定には実質的に関与せず，行政的・事務的な機能を担う。意思決定手続きはコンセンサス制が採用されており，加盟各国が国の規模にかかわらず平等な立場で意思決定に参加する。以上の特徴は，欧州委員会などの超国家機関が政策決定に関与し，多数決制が導入されている欧州連合（EU）と対照的である。

　ASEAN の組織構造や政策決定の仕組みは，ASEAN 憲章発効後も基本的に変わっていない。2003 年の ASEAN 共同体の構築という合意を反映して，憲章発効後，ASEAN 共同体を構成する 3 つの柱（政治安全保障・経済・社会文化）ごとに共同体理事会が設置され，各理事会のもとに既存の閣僚会議は整理された（図 3-1）。共同体理事会を構成するのは各分野を代表する加盟各国の閣僚であり，政治安全保障共同体理事会であれば主に外相，経済共同体理事会では主に経済大臣である。また，憲章によって新たに CPR や，首脳会議の準備会合である ASEAN 調整理事会などが設置された。

　首脳会議や調整理事会，各共同体理事会は年 2 回，外相会議や経済閣僚会議などは年次開催が基本となっている。興味深い点は，外相が顔を合わせる機会が増えたことである。外相が参加する会議は公式のものだけでも，調整理事会，政治安全保障共同体理事会，外相会議の 3 つある。ASEAN は外相会議を定例化することで協力が始まった地域機構であり，外相主導の組織としての特徴は現在も少なからず維持されているといえるが，一方で，ASEAN の協力は経済など多岐にわたるようになった。そのため，外相主導の組織運営は経済分

第 3 章　ASEAN の組織改革と経済統合　53

図 3-1　ASEAN の組織図

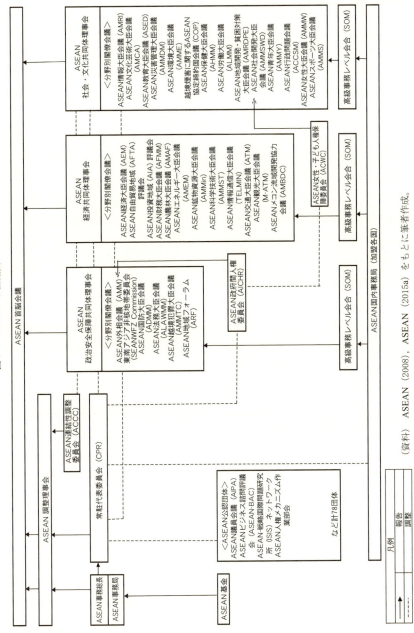

(資料)　ASEAN (2008), ASEAN (2015a) をもとに筆者作成。

野の合意履行にさまざまな問題を引き起こしている。

　各閣僚会議を基盤として，ASEAN諸国は域外国との対話を制度化している。ASEANと緊密な関係にある域外国は対話国と呼ばれ，日本，中国，韓国，インド，オーストラリア，ニュージーランド，カナダ，アメリカ，ロシア，EUがその地位を得ている。これらの国は，ASEANの会議の際にASEAN諸国と対話の場を持っている。対話国の一部が参加するASEAN＋3（日本，中国，韓国）や東アジアサミット（East Asia Summit: EAS）の枠組みでも，ASEANの会議に合わせて首脳会議や閣僚会議が開かれている。また，対話国は，ASEANと自由貿易地域・協定（FTA）を締結する国が多い。

　以上のような組織的特徴を維持しつつ，ASEAN憲章のもとで，政策決定や合意履行の効率化，紛争解決手続きの活用を目指して様々な組織改革がなされている。以下ではこの点についてみていく。

2. 首脳会議の権限強化

　首脳会議は，当初，必要に応じて開かれる会議だった。1992年にようやく3年に1回の開催に合意し，1995年以降は事実上年次開催となり，ASEAN憲章発効後に，現在の年2回開催となった。これにともなって，調整理事会や各共同体理事会も年2回開催されている。

　迅速な政策決定を行うために，首脳会議の以下の3つの役割は重要である。第1に，効率的な政策決定のために，ASEANの意思決定手続きであるコンセンサス制を変更することができる。コンセンサス制では反対のない状態を合意とみなすため，1国でも反対すれば合意が成立しない。合意を効率的に成立させるためには，多数決制の導入などの改革が必要とされる。ASEAN憲章策定にあたって提言をまとめた賢人会議の報告書では，多数決制の導入が提言されたが，加盟国の反対で採用されなかった。妥協の産物として首脳会議にコンセンサス制を柔軟に運用する権限が付されたのである。

　ただし，この権限は主に政治安全保障の分野で行使されることが期待されている。というのは，経済分野では別の形でコンセンサス制の柔軟な運用が実現しているからである。経済分野の合意形成と履行においては，準備ができた国から合意を履行する「ASEANマイナスX方式」が導入され，こうした柔軟な

履行方法を前提に，経済協定の署名など新たな合意が形成されやすくなっている。さらに，2003年の第2 ASEAN協和宣言では，「履行期限を守れない加盟国がいた場合に，履行の準備ができた国が先行して進めるという柔軟性」を認めることが合意された[2]。この合意について，「ASEANマイナスX方式」から「2＋X方式」へとより柔軟化されたとみる見方もある。つまり，「ASEANマイナスX方式」では何らかの経済協定において履行が困難な国が少数であれば，履行可能な多数派の国々が先行することを容認するということが想定されていたが，「2＋X方式」では履行可能な国が少数であっても先行実施が可能であるという意味合いがあるのである[3]。

　首脳会議の第2の役割は，ASEAN憲章やその他のルール，原則の深刻な違反に対し，決定を下すことができるというものである[4]。この点も，すでに実践されているといえなくもない。2005年にミャンマーが議長国を辞退したとき，他のASEAN諸国から辞退の要請があったといわれる。欧米諸国が，人権侵害や民主化の遅延を問題視し，ミャンマーが議長を務める会議に参加しないと表明したためである。ASEAN諸国は，ミャンマーの国内問題がもたらす域外関係の悪化を理由に，同国に対して，議長国担当の権利を一時停止することを事実上，決定したといえる。

　首脳会議の第3の役割は，加盟国間の紛争に関してあらゆる手続きで解決できなかった場合，最終手段として何らかの決定をすることである。後述するように，紛争解決においては議長国やASEAN事務総長が仲介の役割が担うことができるようになった。ASEANの最高意思決定機関である首脳会議は，あらゆる分野における紛争解決の最終手段として役割を発揮する立場にある。

　ただし，ASEAN憲章が発効して以来，首脳会議が以上の権限を行使した明確な事例はない。首脳会議の権限が実質的に強化されるかは，ASEAN諸国の実践次第である。

第2節　効率的な合意履行を目指して

1. 事務局

　ASEAN憲章によれば，ASEAN事務総長は，紛争解決の仲介役を務め，ASEANの紛争解決手続きを活用して得られた決定を加盟国が適切に遵守・実施しているかを監視する。後述するように，この役割は，特に経済紛争に適用されると考えられる。このほかに，ASEAN事務総長には，ASEAN域内あるいは加盟国で人権問題が発生した際に，ASEAN人権政府間委員会（ASEAN Intergovernmental Commission on Human Rights: AICHR）に注意喚起を行う役割がある。AICHRは，人権監視ではなく人権概念の普及に努めるなど，その権限は限られたものであるが，ASEAN事務総長の役割は，問題解決に至らないまでも域内外に人権侵害状況を認知させることに貢献しうる。

　ASEAN事務総長が新たな役割を十分に果たすため，あるいは，ASEANの日常業務を効率的にこなすためには，ASEAN事務局の運営体制の充実が欠かせない[5]。事務・行政機能に加えて，国際機関の事務局は，調査・分析機能が期待されているが，その期待に十分応えられているとはいいがたい。たとえば，ASEAN経済共同体のスコアカードは事務局が作成しているものだが，様々な問題が指摘されている[6]。

　2012年の事務局の職員数は297名でそのうち専門職は67名，予算は約1580万米ドルである[7]。2009年に筆者が調査したところによると，2007年時点で職員数は201名（このうち専門職は52名），予算額は849万米ドルだったので，職員数・予算ともに増加傾向にあるといえるだろう。しかし，専門職はあまり増えていないのと，そもそも増加傾向にある会議数をこなすのにこの職員数・予算は十分といえない。事務局予算への各国の拠出金額は同額とする原則があり，最貧加盟国が拠出できる額が基準となっているため，同原則が変更されない限り，大幅な予算増加が見込める可能性は低い。こうした現状をふまえ，事務局が担う事業費の多くは，日本などの域外国からの資金で賄われている。ASEAN諸国は，域外国に資金協力を要請し続けていくことで，事務局の運営

体制を強化せざるを得ない状況に置かれている。

　以上の課題に対処するため，ASEAN諸国は，事務局の強化に向けて動き出している。2014年末の首脳会議では，「ASEAN事務局強化および組織改革に関するハイレベルタスクフォース」の提言書を受けて，事務局の機能強化を図るとする宣言が発表され，十分な予算と人員を確保することが目指されることになった[8]。2015年末の首脳会議では，ASEAN共同体の2025年までの青写真が発表され，ここでも事務局の強化が掲げられた。経済共同体に関わる部分としては，経済統合の進展を監視し，加盟各国に合意の履行を促すために事務局の再編が進むことが求められる[9]。

2. 常駐代表委員会（CPR）

　ASEAN憲章はCPRという常設機関を新たに設置した。CPRは，加盟国がジャカルタに派遣・駐在させる大使級の官僚（ASEAN常駐代表）から構成される常設の組織で定期的に会合を開いている。CPRは，各国外相から構成されるASEAN調整理事会の下に置かれている（図3-1）。

　CPRの役割は，ASEANの組織に関する諸規則の策定，ASEANの合意を加盟国が円滑に履行することができるよう加盟各国の外務省に設置されたASEAN国内事務局との連絡，事務局の予算管理，ASEANが域外国の支援を得ておこなっている各種協力プロジェクトの企画・実施，市民社会団体の認可手続きなどである。こうした業務の多くは，年に数回，議長国あるいは事務局で開催される会議によってなされていた。常設の組織としてCPRが設置されたことは，日常業務を効率的に遂行するためだと考えられる。

　しかし，CPRがその機能を十分に果たすためには課題もある。加盟各国のASEAN常駐代表が率いる常駐代表部は外務省主導の組織であるため，職員の大半は外務官僚である。しかし，ASEANの合意や協定は，外務省管轄のものだけにとどまらない。とくに，経済関係の協定や合意の実施を迅速に進めるためには，経済関係省庁から定期的に人員が常駐代表部に送られることが肝要であろう。この点において，2014年の「ASEAN事務局強化および組織改革に関するハイレベルタスクフォース」の提言書に基づき，常駐代表部に経済共同体と社会文化共同体の担当官が派遣されることが計画されている[10]。

ASEAN 常駐代表部に経済官僚が派遣されることで，外務省主導の CPR の性格が変化し，この変化は首脳会議における経済協力の扱いに一定の影響を及ぼす可能性がある。政府間組織である ASEAN において，各協力分野の個別具体的な合意や協定は，閣僚会議や事務レベル会合で詰められ，決定されている。その意味で，常設機関である CPR が ASEAN の経済政策を主体的に担うとは考えにくい。しかし，CPR は首脳会議の準備会議である調整理事会の下に置かれているため，CPR の活動は首脳会議の政策決定に影響を与えうる。たとえば，ASEAN 共同体の構築といった大枠の方針や目標を示すのは首脳会議である。経済協力（経済統合）を新たな段階に進めようとするとき，各国の経済閣僚は，閣僚会議に参加するだけでなく，常駐代表部を通じて CPR にインプットを行うことにより，首脳会議の政策決定に一定の影響を及ぼすことが可能になる。今後，加盟各国の ASEAN 常駐代表部の組織再編がこうした動きを生み出すかどうかが注目される。

3. ASEAN 連結性調整委員会（ACCC）

経済統合に関連する重要な組織として ASEAN 連結性調整委員会（ASEAN Connectivity Coordinating Committee: ACCC）がある[11]。ASEAN 地域における物理的・制度的・人的な連結性を強化することを目指して，2010 年，ASEAN 連結性マスタープランが発表された。連結性の強化は，インフラ整備や能力開発などのプロジェクトを実施することで経済統合を深化させようという取り組みである。マスタープランでは，こうしたプロジェクト実施のために，資金的あるいは技術的支援を確保することが重視されている。

連結性強化のプロジェクトの履行状況を把握するとともに，必要な資金や技術協力を得るため，ASEAN 調整理事会のもとに ACCC が設置された（図 3-1）。事務局にも連結性強化に関する部があり，さまざまなサポートを行っている。ACCC を構成するのは，基本的に ASEAN 常駐代表であり，その意味では CPR と同じ構成になっている。すでに述べたように，ASEAN 常駐代表部の組織的母体は各国外務省であるため，いわば外務省主導の組織が ASEAN の連結性強化という経済統合の取り組みの一角を担っているといえる。

ACCC の権限規定によれば，その役割は，連結性マスタープランの履行状況

の確認，ASEAN関係機関との調整，履行における問題点や必要な提言を首脳会議に行うこと，域外国および援助機関との調整，広報活動などである。特に，首脳会議への報告はACCCの重要な役割である。調整理事会は，ACCCの報告を受け，各共同体理事会と協議したうえで首脳会議に報告を行う。ACCCと調整理事会の活動により，2010年以降の首脳会議の議長声明では「ASEAN連結性」という項目が継続的に登場し，その取り組みの進展状況が報告されるようになった。すなわち，ACCCの存在がゆえに，連結性の強化という取り組みがASEANの一大プロジェクトとして位置づけられているのである。

また，ACCCは，連結性強化のプロジェクトの資金を調達するために，域外国との対話を通じて，プロジェクトの概要や履行状況などを域外に発信する役割を果たしている。具体的には，ACCCは，日本や中国，インド，韓国，EUと対話の機会を持っている。先述したように，ACCCの存在ゆえに，連結性強化の取り組みが首脳レベルに報告されやすくなっている。そのため，域外国にとってACCCとの対話は，協力の実績を首脳レベルで評価される機会であり，結果として，外交上の実績につながりやすい。

ただし，ACCCは政策を決定する組織ではない。資金協力や技術協力に関する合意や政策，必要な政策調整は，ASEANの各閣僚会議・事務レベル会合と域外国の所轄官庁の間でなされる。域外国は，首脳会議でその重要性をアピールしてもらうためACCCと対話しつつ，政策決定や政策調整のために各経済分野の閣僚会議・事務レベル会合と協議しているのである。

政策決定に関与しない一方で，ACCCには履行における問題点をみつけ，必要な提言を行うという役割がある。しかし，この役割は十分に発揮されていない。このことは，CPRと同様，ACCCが外務省主導の組織であることと関係している。履行監視機能を強化するためには，外務省主導というACCCの組織的性格を見直し，ACCCの役割をサポートする事務局を強化する必要がある。すでに述べたように，ACCCに代表を派遣している各国のASEAN常駐代表部に外務官僚以外の担当官が派遣され，事務局も強化される方向にある。したがって，少なくともACCCが機能を強化する条件は徐々に整いつつあるといえる。

第3節 紛争解決手続きの活用に向けて

1. ASEAN の紛争解決と経済紛争

　ASEAN 憲章発効後，ASEAN 諸国は平和的紛争解決の徹底を目指している。ASEAN の紛争解決の基本原則は，紛争当事国間による協議を通じた解決である。これは ASEAN に特有というよりも，国際社会に一般的な方法だが，ASEAN では，この原則が特に強調されてきた。当事国間の協議による解決は，紛争解決の基本原則として ASEAN 憲章にも記されている。

　当事国による協議を基本原則としつつ，ASEAN 憲章では，紛争当事国の同意を前提として ASEAN 議長国や ASEAN 事務総長に仲介や調停の役割が与えられた。事務総長には，紛争解決手続きを活用してなされた提言や決定を遵守しているかどうかを監視し，監視結果を首脳会議に報告する役割も付された[12]。ただし，先述したとおり，当事国間の話し合いや個々の紛争解決手続きを活用しても解決しない紛争について，首脳会議が最後の手段として決定を下すことも担保されている。議長国や事務総長による仲介機能について憲章は適用する分野を特定しているわけではない。しかし，次項にみるように，経済分野では，紛争当事国は事務総長に仲介を依頼するという手続きが定められている[13]。

　ASEAN は設立以来，紛争解決に関する文書を発表し，平和的紛争解決を実践してきた。1976 年に締結された東南アジア友好協力条約（Treaty of Amity and Cooperation in Southeast Asia: TAC）は，全加盟国の代表から構成される理事会を紛争解決機関として設置できるとしている。ただし，理事会が設置された例は今のところない。一方で ASEAN 諸国は，領有権問題を解決するため，国際司法裁判所を活用してきた。たとえば，シパダン・リギタン島（マレーシアとインドネシア）やプドゥラ・ブランカ（マレー語でバトゥ・プテ，シンガポールとマレーシア）の領有権問題は，当事国の同意のもとで，国際司法裁判所の判決によって解決をみている。

　では，ASEAN 諸国は経済問題に関する紛争や対立をどのように解決してき

たのだろうか。ここでは、マレーシアにおける自動車関連製品の関税引き下げ問題をとりあげよう。ASEAN諸国は、1992年、ASEAN自由貿易地域（AFTA）の形成を目指すことで合意し、段階的に域内の関税を引き下げることを約束した。アジア通貨危機後には、経済的打撃にもかかわらず、外資のさらなる呼び込みを目指して、AFTAの関税引き下げスケジュールを前倒しするという決定もなされた。しかしながら一方で、経済危機への対応として、複数の加盟国が一部の関税を引き上げるといった事態もみられた。

1999年、マレーシアは、自動車産業保護を理由に自動車関連の一部製品について関税引き下げを延期したいと申し出た。そのため、2000年の首脳会議で、関税引き下げの延期を認める代わりに代償交渉を要求する議定書が採択された。この議定書に基づき、代償交渉をマレーシアに要求したのは、タイとインドネシアである。マレーシアは、タイが貿易決済上の利益を得られるように二国間決済協定を結び、インドネシアとは、自動車や鉄鋼などの分野で協力プログラムを実施することで合意した[14]。

以上からわかるように、ASEAN諸国は、AFTAの履行を巡る問題を解決するにあたって、問題が発生した時点で、議定書を策定して解決の仕方を決めている。また、実際の解決は、基本的に当事国間の協議によってなされた。当事国間の協議による解決は、結果がみえにくく、具体的な措置が明らかにされない場合も多い。こうした経緯から、次項で述べるように、経済問題における紛争解決手続きが整備されたと考えられる。

2. 世界貿易機関（WTO）に準じた紛争処理手続き

経済分野の紛争解決には、2004年に整った「紛争解決に関するASEAN議定書」がある[15]。ASEAN憲章は、経済関係のASEANの諸協定に関する紛争にはこの議定書を適用するとしている。同議定書は、加盟国がASEANの経済協定を履行しなかった場合、あるいはこれらの協定に定められたルールに違反し、他の加盟国に損害を与える可能性があり、その結果、加盟国間で対立が起きた場合に適用される。

議定書に規定された紛争解決手続きは、当事国間の協議が失敗に終わった場合に、パネルを設置して当該問題を審査するというもので、WTOのパネル審

査をモデルにしている。手続きは3段階に分かれている。第1段階として，当事国間の協議がなされる。ここで紛争当事国はASEAN事務総長に仲介を依頼できる。

　当事国間の協議がうまくいかない場合，第2段階として，一方の当事国の要請で高級経済事務レベル会合（Senior Economic Officials Meeting: SEOM）によってパネルが設置される（第1審に相当）。SEOMは，ASEAN経済大臣会議（ASEAN Economic Ministers Meeting: AEM）の準備会合で加盟各国の経済官庁の高官が参加する。ここでも事務総長は，パネルを構成する委員（パネリスト）の選定に関与することができる。パネルはSEOMに対して勧告内容を提出し，紛争当事国は勧告に従う義務を負う。勧告不履行の場合には，20日間の代償交渉が認められるが，交渉が決着しない場合には，被害を受けた国は対抗措置を発動できる。対抗措置とは関税譲許の一時停止や輸入禁止措置などが考えられる。

　一方，パネルの勧告を不服とする場合には，第3段階として上級委員会が設置される。同委員会は，パネル報告を不服とする当事国の要請により，AEMによって設置される。設置後は，パネルの時と同様に，上級委員会による勧告と代償交渉・対抗措置の発動と続く。

　ASEAN経済共同体の構築が掲げられて以降，パネルが設置されたことはない。先に述べたように，経済分野の合意の履行については，「ASEANマイナスX方式」が導入されていることもあり，ASEAN各国は履行が難しい場合には，合意形成に際してこうした履行方式を主張することも認められている。そのため，そもそも不履行を理由として経済紛争は起きにくいのかもしれない。しかし，履行を予定していても，アジア通貨危機などの突発的な事態に直面して，履行を延期する場合も想定されよう。経済危機の影響の程度は各国で異なる可能性もあり，履行延期についてすべての加盟国の意見が一致するとは限らない。そのため，他国の不履行による経済損失を訴える加盟国にとって，紛争解決手続きの活用は自国の経済的利益を守る手段でもある。なお，2014年末に発表された「ASEAN共同体のポスト2015ビジョンに関するネピドー宣言」では「紛争解決に関するASEAN議定書」の積極的活用を目指すとしている[16]。

おわりに

　ASEAN経済共同体はASEAN共同体の3つの柱のうち，最も注目されている分野であり，市場としてのASEANの魅力を高め，ASEANの経済統合を深化させる重要なプロジェクトである。経済共同体の名の下にASEANの経済統合がどこまで深化するかは，ASEAN全体の評価にも密接にかかわってくる。

　ASEAN諸国は政府間組織としてのASEANの性格を維持する一方，ASEAN憲章のもとで，政策決定の効率化や合意履行の円滑化，紛争解決手続きの整備に取り組んでいる。政府間組織であるASEANは，合意履行のほとんどを各国政府に依存しており，国によっては合意履行に不可欠な国内制度・手続きの整備をなかなか進められない場合が出てくる。こうしたなかで，ASEAN諸国は2つのことに取り組んでいる。第1に，事務局やCPR，ACCCなどASEANの組織に対して，ASEANの合意の履行を進めるためのモニタリングや分析，関連情報や知識の提供などの役割を強化しようとしている。第2に，外務省が主導するASEANの組織に経済閣僚などを参画させ，経済関係のASEANの合意の内容を理解し，履行のために必要な方策を立案できる体制を整えようとしている。こうした組織改革は首脳会議での決定にも影響を及ぼしうるものと考えられる。

　経済統合が深化するにつれて，協定の履行・不履行が与える経済的インパクトは大きくなると予想される。紛争解決手続きの活用が慣行化することは，ASEANの経済統合に対する域内外の信頼を高めていくことにもつながると考えられる。

【注】
1) ASEAN（2008）を参照。本章は，鈴木（2011a）の一部に加筆・修正したものである。加筆部分については依拠文献・資料を記した。
2) 厳密には，この合意は「ASEAN経済統合のためのハイレベルタスクフォース」の提言を採用したという形をとっている。ハイレベルタスクフォースの提言は（ASEAN 2003）のAnnexを参照。
3) 黒柳（2005），28頁。
4) ASEAN憲章策定のために設置された賢人会議は，非民主主義的方法による政府の変更などASEANの原則に反する行為に対し，違反国の参加なしにその国の加盟国としての権利を一時停止

することができるという提言を行ったが，この提言は採用されなかった。賢人会議の報告書について の詳細は鈴木（2007）を参照。
5) 2009年時点での事務局の組織図は，鈴木（2011a），192-193頁を参照。
6) 詳細は，福永（2015a），を参照。
7) ADBI（2014），p.275参照。
8) ASEAN（2014a）を参照。
9) ASEAN（2015b）pp.94-96を参照。
10) 福永（2015b）を参照。
11) 以下の記述は，鈴木・福永（2015）に基づく。
12) 2010年には，「紛争解決メカニズムに関するASEAN憲章の議定書」が採択され，ASEAN議長国やASEAN事務総長による仲介に加え，紛争当事国あるいは事務局が用意したリストから選ばれた第三者による仲介や調停，仲裁などの手続きが定められた。この点については，鈴木（2011b）を参照。
13) 一方，政治安全保障分野では，ASEAN議長国に仲介の役割を認めているようである。政治安全保障分野での紛争解決手続きについての詳細は，鈴木（2011a）を参照。
14) Suzuki（2003），pp.293-297参照。
15) ASEAN（2004）を参照。
16) ASEAN（2014b）参照。

【参考文献】
（和文）
黒柳米司（2005）「『ASEAN Way』再考」黒柳米司編『アジア地域秩序とASEANの挑戦』明石書店。
鈴木早苗（2007）「ASEAN憲章（ASEAN Charter）策定に向けた取り組み―賢人会議（EPG）による提言書を中心に―」『アジア経済』48巻第6号。
鈴木早苗（2011a）「ASEANにおける組織改革―憲章発効後の課題」山影進編『新しいASEAN―地域共同体とアジアの中心性を目指して』アジア経済研究所。
鈴木早苗（2011b）「ASEAN―連結性強化と米ロの東アジアサミット参加」『アジア動向年報2011』アジア経済研究所。
鈴木早苗・福永佳史（2015）「ASEAN連結性の強化と常駐代表の役割」『アジ研ワールド・トレンド』No.242。
福永佳史（2015a）「ASEAN経済共同体の進捗評価とAECスコアカードを巡る諸問題」『アジ研ワールド・トレンド』No.231。
福永佳史（2015b）「ASEAN外交におけるジャカルタの位置づけ」『アジ研ワールド・トレンド』241号。

（英文）
ADBI (2014), *ASEAN 2030: Toward a Borderless Economic Community*. Tokyo: Asian Development Bank Insitute.
ASEAN (2003), *Declaration of ASEAN Concord II*, Bali, 7 October 2003.
ASEAN (2008), *ASEAN Charter. Jakarta*: ASEAN Secretariat.
ASEAN (2004), *ASEAN Protocol on Enhanced Dispute Settlement Mechanism*.
ASEAN (2014a), *Declaration on Strengthening the ASEAN Secretariat and Reviewing ASEAN Organs,* Nay Pyi Taw, 12 November 2014.
ASEAN (2014b), *Nay Pyi Taw Declaration on the ASEAN Community's Post-2015 Vision*, Nay Pyi Taw, 12 November 2014.

ASEAN (2015a), *Annual Report 2014-2015*. Jakarta: ASEAN Secretariat.
ASEAN (2015b), *ASEAN 2025: Forging Ahead Together*. Jakarta: ASEAN Secretariat.
Sanae Suzuki (2003), "Linkage between Malaysia's FTA Policy and ASEAN Diplomacy," in Okamoto Jiro ed., *Whither Free Trade Agreements? Proliferation, Evaluation and Multilateralization*, Chiba: Institute of Developing Economies, pp.293-96.

第Ⅱ部

第4章

物品貿易の自由化に向けた ASEAN の取り組み

助川成也

はじめに

　ASEAN は，域内経済協力・経済統合の集大成として 2015 年 11 月 22 日，マレーシアで開催された首脳会議において，ASEAN 共同体が同年 12 月 31 日に正式に設立されることを宣言した。ASEAN 共同体を構成する 3 つの分野別共同体のうち，その中心は ASEAN 経済共同体（AEC）である。ASEAN は AEC のもと，モノ，サービス，資本，人の移動の自由化を推進することで，自らの「単一の市場と生産基地」化を目指してきたが，その核になっているのは，物品貿易の自由化である。

　ASEAN の物品貿易自由化は，1992 年 1 月にシンガポールで署名された「ASEAN 自由貿易地域（AFTA）のための共通効果特恵関税（CEPT）協定」に始まる。AFTA は 1980 年代後半，GATT（関税と貿易に関する一般協定）ウルグアイ・ラウンドに代表される「グローバル化」と，欧州連合（EU）や北米自由貿易協定（NAFTA）など「地域化」が同時平行的に動いていたことに刺激を受けて，ASEAN で導入された取り組みである。

　ASEAN は AFTA の下での関税削減・撤廃を着実に推し進め，更には，日系企業を中心とした在 ASEAN の多国籍企業を巻き込むことによって，域内に AFTA 活用を前提とした投資を呼び込んだ。その結果，ASEAN 大でのサプライチェーンが構築され，ASEAN が有望な生産拠点と位置付けられる原動力となった。

　本章では，AEC の核である AFTA について，関税削減・撤廃の状況，そして企業の利用の実態を考察し，ASEAN が進める貿易自由化の姿と効果を明らかにする。

第1節　ASEANの物品貿易自由化に向けた取り組み

1. AFTAの発足と後発加盟国の参加

　ASEANは1992年1月28日に開催された第4回ASEAN首脳会議で、「ASEAN経済協力の強化に関する枠組み協定」を採択した。ここでは協力の範囲を、貿易分野、産業・鉱業・エネルギー分野、金融・銀行分野、食品・農漁業分野、運輸・通信分野としており、貿易分野でアジア最初の自由貿易協定（FTA）であるASEAN自由貿易地域（AFTA）の15年以内での形成が明記された。この枠組み協定の第1条3項には、「他の加盟国がこれら取極めの実施に際し準備が整わない場合、2カ国またはそれ以上の加盟国が先に開始することが出来る」として、いわゆる「2プラスX」方式が明記されるなど、当時のASEANにとって斬新な取り組みであったと言える。2プラスX方式は、ASEAN憲章のベースとなった賢人会議（EPG）によるASEAN憲章作成に向けた提言書に、特定の協力プロジェクトについては、「ASEANマイナスX」、「2プラスX」などの柔軟な参加方式を採用することが提言されている[1]。

　関税の引き下げや非関税障壁の撤廃に関する具体的な措置については、同日に同じく採択された「AFTAのための共通効果特恵関税（CEPT）協定」（以降、AFTA-CEPT協定）によって定められている。もともとAFTAは、タイのアナン首相が1991年7月にバンコクで開催された第24回ASEAN閣僚会議で提案したものである[2]。

　ASEANがAFTAを構築した背景には、1980年代後半、「グローバル化」と「地域化」が同時平行的に動いていたことがある。メルコスール（南米南部共同市場）が1991年3月に合意し、そして多角的貿易交渉GATT（関税と貿易に関する一般協定）ウルグアイ・ラウンドにおいては、1991年12月に最終合意文書案「ダンケル・ペーパー」[3]が提示された。また、同ラウンドでGATTは世界貿易機関（WTO）に発展改組されることが決定された。一方、欧州に目を転じれば、マーストリヒト条約が1992年2月に調印され、欧州連合（EU）が誕生することになった。また、北米では、米国とカナダとが1989年に自由

貿易協定を締結，90年のメキシコとの予備交渉を経て，1991年に三国間での北米自由貿易協定（NAFTA）交渉を開始し，翌1992年12月に調印されている。一方，ASEANに近接する東アジアでは，中国最高指導者であった鄧小平が1992年初めに深圳，珠海，上海等を訪問し，「社会主義市場経済」を提唱した。改革開放路線を押し進める方針を最高指導者が示したこの南巡講話により，外資導入の本格化や市場経済の加速化に期待が集まり，中国投資ブームに火が点いた。

これら世界情勢の劇的なうねりを受け，ASEANは「大規模且つ統合された地域市場化によって効率性を実現しない限り，ASEAN加盟国が市場と投資の面で効果的に立ち向かう能力が大幅に阻害される」[4]と危機感を強めたことが，ASEANがAFTAを構築した理由である。

当時，AFTA-CEPT協定の対象は，資本財，農水産加工品を含めた全ての製造品であり，HS01～24に含まれる農水産関連品目は対象外であった。これらAFTA-CEPT協定の対象品目を，大きくi)（関税削減・撤廃適用）対象品目（Inclusion List，以下，ILと略），ii) 一般的除外品目（General Exception List，以下GELと略）として国家安全保障，公共の道徳，人間・動植物の生命と健康の保護，芸術・歴史及び考古学上の価値を有する産品の保護のために必要な手段と考えられるもの，そしてILへの準備が整わないiii) 一時的除外品目（Temporary Exclusion List，以下，TELと略）とに分けた。

1993年当時，ASEAN加盟6カ国は高い関税障壁を設けていた。世界銀行によれば，ASEANの最恵国待遇（Most Favored Nation，以下，MFNと略）税率は，タイが最も高く45.6％，これにフィリピン（同22.6％），インドネシア（同19.4％），マレーシア（同14.3％）が続いた[5]。当時のASEAN加盟6カ国は，翌1993年から関税削減を開始したが，当初の目標は15年後の2008年までにILの関税率を0～5％以下に削減することであった[6]。

1994年9月に開催された第5回ASEAN経済相会議では，早くも関税削減の目標年次を2008年から5年前倒しし，2003年とすることを決定した。またTELは，1995年1月からILへの移行を開始し，5年間に亘り毎年20％ずつ品目を移行させることを決めた。ASEANは1995年以降，自らの魅力を高めるべく加盟国拡大に舵を切った。後発加盟国として1995年にはベトナムが新た

に加盟し，これにラオス，ミャンマー (1997年)，カンボジア (1999年) が続いた。

　これら諸条件の変更を踏まえて，1995年12月，ASEAN は「ASEAN 経済協力の強化に関する枠組み協定修正議定書」および「AFTA における CEPT 協定修正議定書」に署名した。これら議定書では，後発加盟国の参加条項を追加するとともに，CEPT 対象に「農水産品」が加えられた。また前年の経済相会議で合意された IL 品目の関税率 0〜5％化目標の 2008年から 2003年への 5年前倒しについても盛り込んだ[7]。

　AFTA では後発加盟国の関税削減スケジュールについては「柔軟性 (flexibility)」を持たせた。例えばベトナムは，1996年 1月 1日から関税を引き下げ，10年後の 2006年 1月 1日迄に 0〜5％以下にするなど，先発加盟国に比べ 3年間の猶予が与えられた。また，関税削減準備が整わない TEL については，1999年 1月 1日から 2003年 1月 1日迄の均等な 5回に亘って IL に移管していくこと，農水産品の TEL については，2000年 1月 1日から 2006年 1月 1日迄の間に IL に移管すること，がそれぞれ約束されている[8]。

2. アジア通貨危機を機に加速化・深化を繰り返す AFTA

　AFTA 実施から 5年目を迎えた 1997年 7月，タイを震源とし ASEAN 全体に伝播したアジア通貨危機が発生した。これまで「世界の成長センター」，「東アジアの奇跡」(World Bank (1993)) と称賛されていた ASEAN は，その地位からの失墜を余儀なくされた。有望投資先からの陥落に強い危機感を持った ASEAN は，1998年 12月にベトナム・ハノイで開かれた ASEAN 首脳会議で，首脳はアジア通貨危機に対して幾つかの措置を採ることによって ASEAN に投資を呼び戻す対応を見せた[9]。この 1つが，AFTA の関税削減・撤廃の加速化・深化である。

　実際，アジア通貨危機が発生して 3カ月後の 1997年 10月に開催された第 11回 AFTA 評議会では，経済危機について「幾つかの国が経験した一過性の経済や為替レートの変動は地域経済の基礎的経済諸条件 (ファンダメンタルズ) に影響を与えない」，その中で AFTA の実施は，「外部不安定に対する ASEAN の回復力の強化に向け，経済の長期的な調整を促す」とのメッセージを発した

のみであったが[10]、翌1998年以降、ASEANは積極的な行動に出た。具体的には、同年10月の第12回AFTA評議会でAFTAの加速化を決断した。その理由としてAFTAは、「競争力の改善と輸出主導による回復を果たすため、内在する脆弱性を除去し、強固、再調整、そして経済のファンダメンタルズを強化し、経済に適した推進力をもたらす」こと、また、「長期的海外直接投資の有利な投資環境を形成する」こと、等を挙げた[11]。

ASEANはAFTA-CEPT修正議定書で、先発加盟国は2003年（ベトナムは2006年、ラオス・ミャンマーは2008年）までに関税率0～5％の実現を目指していたが、これを加盟国は次の要素を踏まえた個々の実質的な加速計画を持つことにした。その要素とは、a）これまで、1999年まで一時的に関税削減から除外されていた品目について、前倒しで関税削減品目を特定すること、b）これまで、関税削減から恒久的に除外されていた品目を1999年に特定すること、c）関税削減加速化のためセンシティブ（Sensitive List、以下、SLと略）・高度センシティブ（Highly Sensitive List、以下、HSLと略）な加工農産品を特定すること、d）関税率0～5％品目に比べ関税率0％品目数を2003年（ベトナムは2006年、ラオス・ミャンマーは2008年）に最大化すること、e）2000年までに関税率0～5％化が予定されている特定品目の関税削減を加速化すること、である。

閣僚レベルの会議に続いて、1998年12月に開催された首脳会議では、AFTA評議会決定の更なる前倒しを決断した。ここでは「大胆な措置（Bold measure）」と銘打ち、先発加盟国はAFTAの実現目標を2003年から1年前倒しし2002年にするとともに、品目数および域内貿易額で90％にあたる品目を2000年までに0～5％化することを決めた。また、加盟国個々にはAFTA特恵関税[12] 0～5％のILに占める割合について、柔軟性を付与しながらも、2000年までには少なくとも85％、2001年までに同90％、2002年までに100％、にすることで合意した。

また、後発加盟国については、AFTA税率0～5％の対象品目数を最大化する目標年次を、ベトナムは2003年、ラオスとミャンマーは2005年に、更にAFTA税率0％品目数の最大化について、ベトナムは2006年、ラオスとミャンマーは2008年に、それぞれ前倒して設定した。

翌1999年の第13回AFTA評議会では，AFTAの最終目標を「関税撤廃」に変更し，ILについて先発加盟国は2015年までに，また，後発加盟国は2018年までに，それぞれ撤廃することで合意した。また中間目標として，先発加盟国は2003年までに品目数の60%で関税を撤廃することにした。

　しかし，2カ月後の1999年11月にフィリピンで開催された第3回非公式ASEAN首脳会議で，再び自由化に向かってアクセルを踏み込んだ。先発加盟国，後発加盟国の関税撤廃時期を，それぞれ2010年，2015年に前倒しすることを決めた。

　関税撤廃措置の加速化は，特定分野を対象に，更に推し進められた。ASEAN各国は，2004年11月に開催された首脳会議で「ASEAN優先統合分野枠組み協定」に調印，自動車，木製品，ゴム製品，繊維，農産物加工，漁業，電子，e-ASEAN，ヘルスケアの分野について，関税撤廃を目標年次から3年前倒しし，先発加盟6カ国は2007年1月1日まで，後発加盟4カ国は2012年1月1日までに，それぞれ撤廃することにした。

　アジア通貨危機により，多くのメディア解説者や学者からは「ASEAN諸国は金融危機によって自らの『貝』に引き篭もり，AFTAは頓挫する，AFTAは事実上死んだ」[13]と見られてきた中で，逆に自由化の加速化を打ち出したことは，国際社会から驚きと称賛の声をもって迎えられた。しかし，これら加速化は「海外投資のASEAN離れ」を懸念するASEANの「強い危機感」の裏返しである。

　その一方，アジア通貨危機により危機的な状況に陥っている国や産業もあり，国内産業保護を求める声も高まった。例えばマレーシアは，自動車関連品目について2003年までにTELからILへの移行が求められていたが，国民車政策の生みの親であるマハティール首相の下，AFTAからの脱退をちらつかせて，その期限延長を強く求めたという。その結果，2000年5月にヤンゴンで開催されたASEAN非公式経済相会議でマレーシアの主張を容認，域内関税引き下げを2年間延期し，2005年1月に開始することとした。同非公式経済相会議では，マレーシアの主張を踏まえ，TELについて限られた柔軟性を認めることで合意した[14]。

　ASEANはマレーシアの例で見たように，AFTA–CEPT協定上で例外を求め

る動きが拡散・続出することを懸念した。例外が続出した場合，ASEAN の経済協力に対する域内外からの失望感を高めることになりかねない。このため ASEAN は，加盟国の「一時的留保」を認める一方で，その留保によって他の ASEAN 加盟国が被る損害を補償する補償調整措置を設置した[15]。ここで加盟国は自由化留保措置として，i) TEL の IL への移行期限を一時的に延期，ii) IL に移行し関税削減を実施している品目について特恵関税供与を一時的に停止，の手法が容認された。ASEAN は留保措置を認めることを通じて各加盟国の国内経済・産業への影響に配慮する一方，補償調整措置を整備することで，AFTA の骨抜き化や過度な自国中心主義の抑制を図った。

3. AFTA-CEPT 協定から ASEAN 物品貿易協定（ATIGA）へ

1992 年 1 月に署名した AFTA-CEPT 協定は 10 条しかない極めて短い協定である。発効後，経済相会議や首脳会議等を通じて対象範囲の拡大，AFTA 特恵税率削減の加速化，後発加盟国の参加などを背景に様々な変更を加えるとともに，新たな議定書を採択してきた。例えば，「AFTA-CEPT 協定修正議定書」(1995 年 12 月)，「センシティブ品目と高度センシティブ品目の特別措置に関する議定書」(1999 年 9 月)，「センシティブ品目と高度センシティブ品目の特別措置に関する議定書修正のための第一議定書」(1999 年 9 月)，「CEPT 措置における TEL の実施にかかる議定書」(2000 年 11 月)，「輸入関税撤廃のための AFTA-CEPT 協定修正議定書」(2003 年 1 月)，などがあげられる。更には原産地規則や原産地証明書の発給手続き（OCP）等は協定とは別に採択されている。また，関税削減・撤廃の前倒し等各種措置の中には，AFTA 評議会や ASEAN 首脳会議で合意や声明に盛り込まれただけのものもあるなど，法的根拠が曖昧な措置もあった。

2007 年 11 月の ASEAN 首脳会議で採択された ASEAN 経済共同体（AEC）実現のための工程表「AEC ブループリント」では，AFTA-CEPT 協定の脆弱性を解決すべく，包括的な協定として見直すことを掲げた。

その結果，これまでの ASEAN の関税・非関税面での域内貿易に関する全ての取り組み，義務，約束を一つの包括的な文書として統合した上で，AFTA-CEPT 協定を刷新した ASEAN 物品貿易協定（ATIGA）を策定，2009 年 2 月に

表 4-1　ATIGA に取って代わられる協定等文書一覧

No.	文書名	署名日
1	ASEAN 特恵貿易取極め	1977 年 2 月 24 日
2	ASEAN 特恵貿易取極めのもとでの特恵関税拡大の改善の議定書	1987 年 12 月 15 日
3	ASEAN 自由貿易地域（AFTA）のための共通効果特恵関税協定（AFTA-CEPT 協定）	1992 年 1 月 28 日
4	ASEAN 特恵貿易取極め修正議定書	1995 年 12 月 15 日
5	AFTA-CEPT 協定修正議定書	1995 年 12 月 15 日
6	ASEAN 産業協力（AICO）措置の基本協定	1996 年 4 月 27 日
7	センシティブ品目及び高度センシティブ品目の特別な取扱いに関する議定書	1999 年 9 月 30 日
8	CEPT 措置の一時的除外品目リスト実施に関する議定書	2000 年 11 月 23 日
9	輸入関税撤廃のための AFTA-CEPT 措置に関する修正議定書	2003 年 1 月 31 日
10	ASEAN 産業協力（AICO）措置の基本協定の修正議定書	2004 年 4 月 21 日
11	センシティブ品目及び高度センシティブ品目の特別な取扱いに関する議定書の第 1 修正議定書	2004 年 9 月 3 日

（注）　2011 年 8 月 10 日に開催された第 25 回 AFTA 評議会で承認。
（資料）　ASEAN Trade in Goods Agreement（ASEAN 事務局）。

署名した。これまで ASEAN が締結してきた 11 本の協定・議定書は ATIGA に取って代わられることになった（表 4-1）。

　ATIGA は加盟各国の国内手続きを経て，2010 年 5 月に発効した。ATIGA には，これまで AFTA-CEPT 協定にはなかった，i）貿易円滑化，ii）税関，iii）任意規格・強制規格および適合性評価措置，iv）衛生植物検疫，v）貿易検疫措置，の 5 つを新たに加えた。その結果，ATIGA は全 11 章 98 条を抱える制度的枠組みが整った国際水準の FTA となった。

　ATIGA では第 5 条で「最恵国待遇」（MFN）を規定している。現在，ASEAN 加盟国は ASEAN の枠組みのもとでの FTA に加え，各国の独自戦略に基づき FTA を締結するなど，東南アジア地域の FTA ネットワークは多方面且つ重層的になっている。その中で ASEAN 各国が個別に域外国に対し，域内に比べより低い関税を付与している場合もある。その場合，ATIGA 第 5 条では，他の加盟国は当該加盟国に対し，同等の待遇を付与するよう交渉を要求することが出来ることを明記した。ただし，最も低い関税率を加盟各国に自動的に提供する MFN の自動適用にまでは踏み込んでいない。しかし，それを差し引い

第4章 物品貿易の自由化に向けた ASEAN の取り組み　77

表 4-2　ATIGA 関税削減・撤廃における品目別スケジュール分類

分類	対象品目	対象国	措置
スケジュール A	—	ASEAN 先行加盟 6 カ国	撤廃
	—	ラオス・ミャンマー・ベトナム	2009 年 1 月 1 日までに全品目の関税率を 0 ～ 5%
	—	カンボジア	2009 年 1 月 1 日までに 80%以上の品目の関税率を 0 ～ 5%
スケジュール B	情報通信技術（ICT）品目	ASEAN 後発加盟 4 カ国	3 グループに分け，2008 年，09 年，10 年までに関税撤廃
スケジュール C	優先統合分野（注 1）	ASEAN 後発加盟 4 カ国	2012 年までに関税撤廃
スケジュール D	未加工農産品	ASEAN 先行加盟 6 カ国	2010 年までに 0 ～ 5%への関税削減
		ベトナム	2013 年までに 0 ～ 5%への関税削減。ただし砂糖製品は 2010 年まで。
		ラオス・ミャンマー	2015 年までに 0 ～ 5%への関税削減
		カンボジア	2017 年までに 0 ～ 5%への関税削減
スケジュール E	未加工農産品	ASEAN 全体	各国独自スケジュールで MFN 税率削減
	—	タイ	関税割当外関税率を自国の品目分類による関税削減に従い削減，2010 年までに撤廃。
	—	ベトナム	関税割当外関税率を自国の品目分類による関税削減に従い削減，2013，2014，2015 年までに撤廃。
スケジュール G	石油製品	ベトナム，カンボジア	全加盟国が合意したスケジュールに基づき削減
スケジュール H	一般的除外品目	ASEAN 全体	関税撤廃・削減対象外
その他	総品目数の 7%以下	ASEAN 後発加盟 4 カ国	関税撤廃を 2018 年まで猶予。

（注 1）　優先統合分野（PIS）とは ① 農産物加工，② 自動車，③ エレクトロニクス，④ 漁業，⑤ ゴム製品，⑥ 繊維・衣類，⑦ 木製品，⑧ e - ASEAN，⑨ ヘルスケア。
（注 2）　ASAEN 各国の関税率表はウェブで確認することが出来る（http://www.asean.org/annex-2-tariff-schedules）。
（資料）　ASEAN 物品貿易協定（ATIGA）から作成。

ても，AFTA-CEPT 協定が ATIGA に移行したことにより，AFTA は法的，制度的，包括的，かつ除外品目が少ない極めて高度な FTA になった。
　ATIGA の第 19 条（輸入関税の削減または撤廃）第 2 項では，貿易品目を「スケジュール A」から「スケジュール H」に分類しているが，各々の関税削

減・撤廃スケジュールは表4-2の通りである。2016年8月現在，多くの分類で関税削減・撤廃の作業は終了しているが，関税が残存しているのは，カンボジアのスケジュールD（未加工農産品の0〜5％への関税削減），米に代表される未加工農産品スケジュールE（各国独自スケジュールでMFN税率削減），カンボジア，ベトナムのスケジュールG（石油製品の関税を全加盟国が合意したスケジュールに基づき削減），そして後発加盟4カ国について2018年1月に関税撤廃される総品目の7％分の品目である。AFTAは間もなく完成の時を迎えようとしている。

第2節　物品貿易の自由化水準

1. 高水準の自由化を達成したAFTA

1993年にAFTAが導入された当初は，関税の引き下げ幅が限定的であったこと，すでに加盟国の投資誘致機関による輸出指向型投資誘致政策の一環で，タイなどで輸出向け製品に使われる輸入原材料・部品などに対し関税の減免恩典を付与していたこと等により，当時の産業界のAFTAに対する関心は決して高いとはいえなかった。1993年当時，ASEANに加盟していた6カ国の平均AFTA関税率は12.76％であった。しかし，ASEANがAFTAの下での関税削減対象品目や参加国を拡大したり，また同特恵税率の削減を着実に進めた結果，徐々にAFTAに注目する企業が増えていった。1995年12月にはCEPTの対象品目に「農業産品」が加えられ，また同年にはベトナムが，97年にラオス・ミャンマーが，99年にカンボジアが，それぞれASEANに加盟，各々AFTAに参加した。

AFTAのもとでのASEAN加盟各国の関税撤廃・削減状況を概観すると，2016年1月時点でASEAN先発加盟6カ国は全6万1202品目のうち6万713品目，全体の99.2％で関税を撤廃している。国別自由化率をみると，最も高いシンガポールで100％，これにタイ，ブルネイが99％台で続き，他の3カ国は98％台後半である。

一方，後発加盟国は，全3万8145品目のうち3万4751品目の関税を撤廃，

自由化率は91.1%である。2015年1月にGEL, SL, HSLに加え，関税撤廃が3年間猶予される7%分の品目を除き，関税が撤廃されている。ベトナムに注目すれば，これまで関税率が5%であった1715品目について，2015年1月に関税を撤廃した。

後発加盟国において，関税が残存している約9%のうち2%分は鶏肉，卵，コメなどスケジュールD，またはスケジュールEに分類されている未加工農産品である。同品目についてAFTAではこれ以上の関税削減・撤廃は求められていない。2018年1月には，一時的に関税撤廃を猶予された残り7%分の品目の関税が撤廃される。

ASEANは2015年11月，後発加盟国の2016年から18年までの新たな関税

表4-3 ASEAN各国のAFTAのもとでの関税削減状況（2016年1月時点）

	総品目数	関税率 0%		0%超				
			総品目数に対する割合		0%超5%以下	総品目数に対する割合	5%超 ※1	その他 ※2
ブルネイ	9,916	9,844	99.3%	72	0	0.0%	-	72
インドネシア	10,012	9,899	98.9%	113	2	0.0%	15	96
マレーシア	12,337	12,182	98.7%	155	60	0.5%	13	82
フィリピン	9,821	9,685	98.6%	135	90	0.9%	19	26
シンガポール	9,558	9,558	100.0%	0	0	0.0%	-	-
タイ	9,558	9,544	99.9%	14	14	0.1%	-	-
ASEAN-6	61,202	60,713	99.2%	489	166	0.3%	47	276
カンボジア	9,558	8,748	91.5%	810	662	6.9%	80	68
ラオス	9,558	8,537	89.3%	1,021	934	9.8%	-	87
ミャンマー	9,558	8,847	92.6%	711	660	6.9%	-	51
ベトナム	9,471	8,619	91.0%	852	648	6.8%	93	111
CLMV	38,145	34,751	91.1%	3,394	2,904	7.6%	173	317
ASEAN10	99,347	95,464	96.1%	3,883	3,070	3.1%	220	593

(注1) ※1は一般的除外品目（GEL），センシティブ品目（SL），高度センシティブ品目（HSL）から関税削減・撤廃対象品目（IL）に組み込まれた品目。主にスケジュールE（未加工農産品，各国独自スケジュールでMFN税率を削減）品目。※2はスケジュールH品目（GEL）。
(注2) ベトナムは税率設定がなくなった輸送機器HS87のCKD87品目を除去した。
(資料) ASEAN事務局（2015年12月）をもとに著者が算出，作成。

譲許表（AHTN2012 版）を公表した。同譲許表によれば，2016 年 1 月にラオス，ベトナムで各々 28 品目，15 品目の関税が撤廃される。具体的な品目は，ラオスで肉類，カシューナッツ，植物性油脂，アスパラガス，オリーブ，スイートコーン，牛皮，銅製品，バイク（排気量 250cc 超 500cc 以下）など。一方，ベトナムは灯油や軽油に代表される石油及び歴青油，である。その結果，両国の自由化率は，ラオスは 2015 年 1 月の 89.0％から翌 16 年 1 月には 89.3％に，ベトナムは 90.8％から 91.0％に，それぞれ向上した。

2018 年 1 月，後発加盟 4 カ国は AFTA の関税撤廃期限を迎える。一部の未加工農産品や武器及び銃砲弾等を除き一気に関税撤廃に踏み切る。その品目数は，各国とも 640 ～ 670 品目，4 カ国合計で 2,645 品目にのぼる。

表4-4　後発加盟国の域内関税残存品目数と追加撤廃品目数推移

国名	総品目数	関税残存品目数							自由化率 (18 年)
		2015	追加撤廃 (16/1/1)	2016	追加撤廃 (17/1/1)	2017	追加撤廃 (18/1/1)	2018	
後発加盟国計	38,145	3,437	▲43	3,394	-	3,394	▲2,645	749	98.0％
カンボジア	9,558	810	-	810	-	810	▲662	148	98.5％
ラオス	9,558	1,049	▲28	1,021	-	1,021	▲669	352	96.3％
ミャンマー	9,558	711	-	711	-	711	▲645	66	99.3％
ベトナム	9,471	867	▲15	852	-	852	▲669	183	98.1％

（注1）　2018 年時点で関税が残存している品目は主に未加工農産品。
（注2）　ベトナムは輸送機器関連 87 品目について，CKD 税率設定なし。そのため総品目数に差異が生じている。
（資料）　ASEAN 事務局資料をもとに著者が作成。

後発加盟国のうちカンボジア，ラオス，ミャンマーでは，2018 年 1 月に関税を撤廃する品目について現時点で既に 5％以下の水準にまで削減している。一方，2018 年の AFTA 完成のインパクトが最も大きいのがベトナムである。関税撤廃が猶予された 7％にあたる 669 品目には，鉄鋼，紙，衣料用織布，自動車および二輪車および同部品，設備機械，建設資材等が含まれている。ベトナムが撤廃する 669 品目のうち 77 品目は，2015 年時点で 50％[16] の関税が課されており，16 年 1 月に 40％，17 年に 30％，そして 2018 年 1 月に一気に撤廃される。これらは全て輸送機器関連品であり，具体的にはバス等人員輸送用

自動車（10品目），乗用車（47品目），バイク（20品目）である。

この結果，後発加盟国の自由化率は前年2017年の91.1％から，2018年には一気に98.0％に向上，その結果，ASEAN全体の自由化率も98.8％にまで高まる。AFTAの2018年の自由化率は，2016年2月に署名したTPP（環太平洋経済連携協定）における日本の自由化率95.1％をも大きく上回るなど，アジアを代表する高水準のFTAと評価できる。

これまでのASEANによるAFTAの取り組みについて，93年のAFTA実施以降の単純平均特恵関税率の推移をみることで，その歩みを振り返ることが出来る。もともとASEAN先発加盟6カ国で12.76％の特恵税率から始まったASEANの関税削減の取り組みは，前述の通り1997年のアジア通貨危機を経て，目標年次の前倒しや最終目標の深掘りを実施，2000年には先発加盟国の平均AFTA特恵税率は3.64％にまで下落した。一方，95年以降，後発加盟4カ国がAFTAに加わり，市場規模の拡大によってASEANの魅力が増した。しかし，これら後発加盟国が最初から全ての品目を関税削減対象に組み入れている訳ではない。ベトナムがASEANに加盟した翌年96年のAFTA対象品目は857品目のみで，年々対象品目数を増やしている。ラオス，ミャンマーも同様である。そのため，後発加盟国はAFTA-CEPT対象品目数を徐々に拡大したも

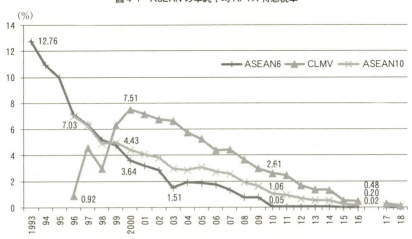

図4-1 ASEANの単純平均AFTA特恵税率

（資料）ASEAN事務局資料をもとに著者が作成。

のの，その特恵関税水準が高かったことから，後発加盟国の平均 AFTA 特恵関税率は 2000 年にかけて一旦上昇している。これら後発加盟 4 カ国の 2000 年時点での平均 AFTA 特恵税率は 7.51%，ASEAN10 カ国で 4.43%であった。

ASEAN 先発加盟国は 2003 年迄に IL 品目の 0 〜 5%以下の実現を目指していたが，同年までに平均で 1.51%にまで削減，IL の関税撤廃期限である 2010 年には 0.05%となった。同年，先発加盟国の一連の AFTA に対する取り組みはほぼ終了した。一方，後発加盟国は，IL について 0％品目数の最大化を，AFTA-CEPT の参加から 10 年目を目標年次としてきた。すなわち，ベトナムは 2006 年，ラオス・ミャンマーは 2008 年，カンボジアは 2010 年である。そして 2015 年，後発加盟国は IL のうち関税撤廃が難しい総品目数の 7%分を除き，関税を撤廃した。7%分については関税撤廃が 3 年間猶予され，2018 年 1 月 1 日に撤廃される。2015 年時点で後発加盟国の平均 AFTA 税率は 0.53%にまで削減された。

2. AFTA における関税残存品目と国内産業保護を巡る動き

AFTA の総品目数に対する関税撤廃品目数の割合，いわゆる自由化率は，2016 年 1 月時点において先発加盟 6 カ国で 99.2%，後発加盟 4 カ国は 91.1%，ASEAN 全体で 96.1%である。先発加盟国について，武器及び弾薬等を除き関税が残存している品目は，マレーシアは果物やたばこ，米，アルコール類など 155 品目，フィリピンは家畜肉やとうもろこし，米，砂糖等 135 品目である。また，タイは関税が残存している品目数は圧倒的に少なく，切り花，馬鈴薯，コーヒー，コプラ等の 14 品目に過ぎない。インドネシアは米，砂糖，アルコール類など 113 品目である。「米」や「砂糖」関連製品については，政治的にセンシティブな加盟国があり，2007 年 8 月の経済相会議で AFTA-CEPT 協定や議定書の義務免除要求を可能にした「米と砂糖のための特別な配慮付与の議定書」に署名している。これを踏まえ，米についてはインドネシア，マレーシア，フィリピンで，砂糖はインドネシアとフィリピンで，それぞれスケジュール D（旧センシティブ品目），またはスケジュール E（旧高度センシティブ品目）に組み込み，5%以上の関税を課している。

その他には，特恵関税適用対象から除外される GEL として，武器・弾薬に

表 4-5　ASEAN 先発加盟国の AFTA における関税残存品目（2016 年 1 月）

HS コード	品目名	ブルネイ 品目数	ブルネイ 関税率等	インドネシア 品目数	インドネシア 関税率等	マレーシア 品目数	マレーシア 関税率等	フィリピン 品目数	フィリピン 関税率等	タイ 品目数	タイ 関税率等
0103	豚							4	5%		
0105	家禽類							6	5%		
0203	豚肉							20	5%		
0207	家禽類肉及び食用くず肉							36	5%		
0603	切花及び花芽									6	5%
0701	ばれいしょ									2	5%
0714	カッサバ芋，かんしょ等							6	5%		
0803	バナナ					6	5%				
0804	パイナップル，アボカド，マンゴー及びマンゴスチン					4	5%				
0807	パパイヤ及びメロン					4	5%				
0810	その他の果実					9	5%				
0901	コーヒー									5	5%
1005	とうもろこし							2	5%		
1006	米			10	25%	1	15%	19	35%		
						12	20%				
1203	コプラ									1	5%
1302	植物性液汁・エキス（生あへん）	2	GEL								
1701	甘しや糖，てん菜糖，しょ糖			2	5%			16	5%		
				5	10%						
2106	調製食料品			7	GEL						
2203	ビール	2	GEL	2	GEL	4	GEL				
2204	葡萄酒	13	GEL	13	GEL	13	GEL				
2205	ベルモットその他のぶどう酒	4	GEL	4	GEL	4	GEL				
2206	その他の発酵酒	6	GEL	6	GEL	10	GEL				
2207	エチルアルコール（アルコール分80%以上）	1	GEL			4	GEL				
2208	エチルアルコール（アルコール分80%未満）	16	GEL	16	GEL	18	GEL				
2401	たばこ					13	5%				
2402	葉巻タバコ					6	5%				
2403	その他の製造たばこ及び製造たばこ代用品					18	5%				
2939	植物アルカロイド（あへん等）			4	GEL						
3006	医療用品等			2	GEL						
3302	食品・飲料工業用アルコール			2	GEL						
3601	火薬			1	GEL						

(続く)

(続き)

HSコード	品目名	ブルネイ 品目数	ブルネイ 関税率等	インドネシア 品目数	インドネシア 関税率等	マレーシア 品目数	マレーシア 関税率等	フィリピン 品目数	フィリピン 関税率等	タイ 品目数	タイ 関税率等
3602	爆薬			1	GEL						
3604	花火	1	GEL								
3825	化学工業残留物, 都市廃棄物等			10	GEL						
8710	戦車その他の装甲車両			1	GEL						
9301	軍用の武器	3	GEL	3	GEL	3	GEL	3	GEL		
9302	けん銃	1	GEL	1	GEL	1	GEL	1	GEL		
9303	その他の火器及びこれに類する器具で発射火薬により作動するもの	4	GEL	4	GEL	4	GEL	4	GEL		
9304	その他の武器	2	GEL	2	GEL	2	GEL	2	GEL		
9305	武器・火器等の部分品及び附属品	8	GEL	8	GEL	8	GEL	8	GEL		
9306	爆弾, 手りゅう弾, 魚雷, 機雷, ミサイル及び部分品	8	GEL	8	GEL	10	GEL	8	GEL		
9307	刀, 剣, やりその他部分品	1	GEL	1	GEL	1	GEL				
品目数計		72		113		155		135		14	

(注1) AHTN2012 バージョン。品目数は 6 桁ベース。
(注2) GEL は一般的除外品目（General Exception List）。関税は MFN（最恵国待遇税率）が適用される。
(資料) ASEAN 事務局資料を用い著者が作成。

　加え，ASEAN のイスラム教国家では宗教上飲酒が忌避されていることから，アルコール類が指定されている。ただし，これらイスラム教国家であっても国内でアルコール飲料を製造している場合もあることから，AFTA 特恵関税の適用について議論している。

　このように一部農産品等では関税が残存しているものの，製造品についてはほぼ全ての品目で関税が撤廃されており，ASEAN 域内で製造品が低コストで流通しやすい環境が整備されている。

　一方，ASEAN 後発加盟国では未加工農産品や武器・弾薬等に加え，一部の工業製品についても 2018 年以降も関税が残存する。関税残存品目数のうち，未加工農産品（HS01 〜 14）と武器・骨董（HS93 〜 97）を除いた製造品は，ベトナムの 126 品目が抜きんでて多く，これにラオス（53 品目），カンボジア（50 品目），ミャンマー（14 品目）が続く。ベトナムは仏教国であり，インドネシアやマレーシア等と異なり，アルコール類は必ずしも忌避の対象というわ

けではない。ベトナムで関税が残存する品目は，たばこ，石油製品，化学工業残留物・都市廃棄物，ゴム製タイヤが代表例である。カンボジアでは石油及び歴青油などの石油製品や有機化学品で関税が残存する。

　カンボジアとベトナムは石油製品について，ATIGA のもとスケジュール G（全加盟国が相互に合意したスケジュールにより削減）に分類している[17]。もともと石油製品は先発加盟国であるフィリピンから 2003 年の IL 適用期限到来を前に，国内産業への影響に対する懸念の声があがっていたのが始まりである。フィリピンは AFTA 評議会の場でも，同製品を TEL に組み入れるなど，関税削減対象品目から除外するよう繰り返し求めてきた。2003 年 1 月を目前に控えた 2002 年 9 月の第 16 回 AFTA 評議会では，閣僚間で合意には至らなかったものの，フィリピンの要請について議論を続けていくことになった[18]。当時，フィリピンにはナフサ分解施設等石油精製施設がなく，それら精製をシンガポール等国外に依存していた。本来であれば，2003 年 1 月に 0 〜 5％以下への削減を求められていたが，2003 年 1 月 9 日付行政命令（Executive Order，以下，EO）161 で，石油化学品と特定のプラスチック製品 11 品目[19]についで，AFTA-CEPT 協定にかかる関税削減スケジュールの適用を一時的に停止した。

　この動きを踏まえ，ASEAN の中でも同製品最大の供給国で且つ最大の利害関係国であるシンガポールはフィリピンと二国間交渉を行い，当該 11 品目の関税削減を 2 年間猶予する代わりに，補償措置に関する協定を 2003 年 8 月 31 日に締結した[20]。この合意を踏まえてフィリピンは，接着剤の成分としても使われるポリイソブチレンを中心とした 5 品目について，AFTA 特恵関税 0％を付与した[21]。以降，ナフサ分解施設建設が前進したこともあり，2006 年 1 月 12 日付 EO486[22] で猶予措置が解除されている。同年 8 月に開催された第 20 回 AFTA 評議会では，フィリピンの AFTA 特恵関税の一時停止措置解除を歓迎している。

　一方，現在も石油製品について関税が残存しているベトナムとカンボジアについて，ベトナムは ASEAN の中で数少ない石油生産国でありながら，フィリピン同様，その精製施設がなく，石油をシンガポール等国外へ一旦輸出し，精製した上で改めて輸入せざるを得なかった。その状況から脱するにはベトナム

国内で石油精製施設を早期に立ち上げるとともに，その立ち上げ初期には同精製施設からの製品の国内供給を輸入品との競合から守るべく，石油製品の関税維持が不可欠であった。それら環境整備を行った上で，2009年にベトナム初の石油精製施設であるズンアット石油精製所を稼動させた。また，カンボジアも海上油田開発を受けて，2012年にカンボジア石油化学会社は新製油所運営の合弁会社を設立，同年，中国機械工業集団公司と製油所建設に関する契約に調印している。現在までに基本計画の策定は終了，インフラの詳細計画策定が遅れているものの，2018年の操業開始を目指し，作業が続けられている[23]。

表4-6 後発加盟国の2018年以降の関税残存品目

HS番号	品目	品目数	カンボジア	ラオス	ミャンマー	ベトナム	CLMV計
01-05	動物及び動物性生産品	521	23	109	0	20	152
06-14	植物性生産品	474	56	158	14	10	238
15	動物性・植物性油脂	156	0	0	0	0	0
16-24	調製食料品，飲料，たばこ等	443	0	13	3	59	75
25-27	鉱物性生産品	204	18	0	0	17	35
28-38	化学工業生産品	1,157	32	15	9	21	77
39-40	プラスチック及びゴム製品	480	0	0	0	28	28
41-43	皮革・毛皮製品，ハンドバッグ	100	0	0	0	0	0
44-46	木材製品	157	0	0	0	0	0
47-49	木材パルプ，紙製品	269	0	0	0	0	0
50-63	紡織用繊維及びその製品	1,079	0	0	1	0	1
64-67	履物，帽子，傘等	74	0	0	0	0	0
68-70	セメント，陶磁器，ガラス等	215	0	0	0	0	0
71	真珠，貴石，貴金属製品	81	0	0	0	0	0
72-83	卑金属及びその製品	909	0	0	0	0	0
84-85	機械類及び電気機器	2,067	0	4	0	0	4
86-89	輸送機器関連品	565	0	21	1	1	23
90-92	精密機器等	329	0	0	0	0	0
93	武器及び銃砲弾	27	19	27	27	27	100
94-96	雑品	239	0	3	0	0	3
97	美術品，骨董品	12	0	2	11	0	13
合計		9,558	148	352	66	183	749

（注）　輸送機器関連品について，ベトナムはCKD87品目の関税設定がないことから478品目。
（資料）　ASEAN事務局資料を用い著者が作成。

また、マレーシアは輸入自動車に対する AFTA の IL 適用問題でタイと対立した。もともとマレーシアは 1980 年代、当時のマハティール首相が国民車構想を提唱し、プロトン社を立ち上げた。同社は三菱自動車から技術協力を受け、1985 年から国民車の生産を開始した。そのため、国民車を生産するプロトンや 1994 年から生産を開始した第 2 国民車プロドゥアなど国内自動車産業の保護・育成を目的に、マレーシアは完成車（CBU）、ノックダウン車（CKD）について、2003 年が期限となる 0〜5％以下の特恵関税の付与につき、2 年間延長し、2005 年にすることを表明した。これに対して、2000 年 10 月の第 14 回 AFTA 評議会でタイが補償措置を求めたことから、同年 11 月の ASEAN 非公式経済相会議で補償調整措置について盛り込まれた「CEPT 措置の一時的除外品目リスト実施に関する議定書」を採択した。最大の利害関係国タイは、同議定書に則し、2001 年より二国間協議を開始した。その協議は難航し、交渉は期限を超えて長期化した。

当初、マレーシアは 2003 年が期限となっていた TEL から IL への移行を、2 年間の延期を認めさせたものの、域内各国からの批判もあり、1 年前倒す形で 2004 年 1 月 1 日に IL に移行、CBU および CKD の AFTA 特恵関税率を 40〜190％（改定前 60〜300％）に、更に 2005 年には 20％に、そして翌 06 年 3 月に 5％以下にまで引き下げた。これを受けて 2005 年 9 月の AFTA 評議会では、マレーシアが CBU と CKD を 2005 年より TEL から IL に移行したことを、また 2006 年 8 月の同評議会では、CBU と CKD の特恵税率が 0〜5％以下に削減されたことを、それぞれ歓迎した。

AFTA には相互譲許原則があり、自国が当該製品の関税率を 20％以下に引き下げれば、同製品を相手国に輸出する際に AFTA 関税譲許を自動的に享受できる[24]。マレーシアは 2005 年以降、同原則を踏まえ、域内各国に輸出する際、AFTA 特恵関税を享受する腹づもりであった。しかし、ASEAN 最大の自動車産業と市場を抱えるタイが、「マレーシアの輸入許可証（AP）制度は実質的な輸入制限」として、マレーシア車の輸入に対し AFTA 特恵税率の付与を拒否した。また、マレーシアが CEPT 関税を引き下げる一方で、国民車と競合する車種については物品税を引き上げたことなども、タイが「実質的に非関税障壁によって輸出が阻害されている」と主張する理由となった。

タイとマレーシアとで断続的に二国間協議が行われてきたが，マレーシアがAP制度の運用見直しを提示したことで事態は漸く収束に向かい，2007年6月

表4-7 AFTAにおけるこれまでの合意や規定改正の動き

改定（導入）年月	会議名	種類	概要
1992年1月	経済相会議	関税削減	製造品を対象に，AFTAのもと関税を15年以内に0～5%に削減。農産品（HS01～24は対象外）
1994年9月合意（1995年12月署名）	経済相会議	目標年次の加速化	関税率0～5%化を1993年1月から15年以内に10年以内に前倒し。AFTA-CEPTの対象に農産品を加える。（AFTA-CEPT協定修正議定書（1995年12月署名）で履行）。
1995年12月	経済相会議	PTAのCEPT化	全ての特恵貿易取極め（PTA）製品を段階的にCEPTスキームへの移行を決定。
1995年12月	首脳会議	目標年次の加速化	「ASEAN経済協力強化の枠組み協定」を修正。第2条1項「加盟国は15年以内にAFTAを設置・参加」を修正，「10年以内（2003年1月迄）」に。新規加盟国参加条項を追加。
1998年10月	第12回AFTA評議会	目標年次の加速化	AFTAの関税削減の目標年次を前倒し，「2003年迄に関税率0～5%」へ。例外品目リストからCEPT対象品目リストへの移行期限についても合意。
1998年12月	首脳会議	目標年次の加速化	先発6カ国は，関税削減の目標年次を2003年から2002年に前倒し。（2000年までに域内貿易額の少なくとも90%の品目を0～5%へ削減。2000年までに，ILの少なくとも85%の品目で，2001年までに90%の品目で，0～5%に。2002年までには幾つかの品目のみ柔軟性を容認）
1999年9月	経済相会議	最終目標の深掘り	関税撤廃目標を，先発加盟国は2015年，後発加盟国は2018年に設定。中間目標として，先発加盟国は2003年迄に品目数の60%の関税を撤廃（フィリピンを除く）。
（1999年9月署名）	経済相会議	センシティブ品目の規定	「センシティブ品目及び高度センシティブ品目の特別な取扱いに関する議定書」により，開始税率は現行の適用税率使用，3年以上の関税率維持は行わない，関税削減は最小でも10%幅。ASEAN先発加盟6カ国は，HSL品目を原則として2001年1月1日迄，遅くとも2005年1月1日迄にはILに移管開始。2010年1月1日には完全に移管終了（後発加盟国は，3つのタイムフレームを国毎に設定（ベトナム：2004年，2006年，2013年，ラオス・ミャンマー：2006年，2008年，20015年，カンボジア：2008年，2010年，2017年）
（2000年11月23日署名）		一時的除外品目	「CEPT措置の一時的除外品目リスト実施に関する議定書」
1999年11月（2003年1月署名）	非公式首脳会議（経済相会議）	関税撤廃期限の前倒し	AFTAの目標を「関税率0～5%」から「関税撤廃」に。関税撤廃の期限を，先発加盟国は2015年から2010年に，後発加盟国は2018年から2015年に，それぞれ前倒し。但し後発加盟国の場合，一部センシティブな品目については従来どおり2018年に撤廃。（「輸入関税撤廃のためのAFTA-CEPT措置に関する修正議定書」で明記。2003年1月1日までにILの少なくとも60%の輸入関税を撤廃，残り40%は2010年1月1日までに撤廃

2001年9月 (2004年9月署名)	経済相会議	高度センシティブ品目を追加	インドネシアとフィリピンにおいて,「砂糖」を一時的除外品目 (TEL) から高度センシティブ品目 (HSL) への移行を容認。 「センシティブ品目及び高度センシティブ品目の特別な取扱いに関する議定書の第1修正議定書」でフィリピンの砂糖関連品目 (HS1701.11～1701.99) を HSL へ編入。
(2004年11月署名)	首脳会議	優先統合分野の関税撤廃の前倒し	個別の ASEAN 分野別統合議定書の対象範囲の IL 品目について,先発加盟国は2007年1月1日,後発加盟国は2012年1月1日迄に,関税を撤廃。
(2007年8月署名)	経済相会議	米と砂糖への特別措置	政治的にセンシティブな未加工農産品である「米」と「砂糖」について,CEPT 協定や議定書の義務免除要求を可能化。
(2009年2月署名)	経済相会議	AFTA-CEPT 協定を強化	AFTA-CEPT 協定に加え,各種議定書や合意事項,取極めを「ASEAN物品貿易協定」(ATIGA) として一本化。
(2010年10月署名)	経済相会議	米と砂糖への特別措置	2009年2月の ATIGA 署名により,同議定書を修正。米,砂糖の輸入急増時,トリガーレベルに達することを条件に,特恵税率の MFN への引き上げ,ASEAN 譲許の停止を容認。

(資料) ASEAN 事務局ホームページより著者が作成。

になってタイがマレーシア製自動車に対し AFTA 特恵関税 (5%) の適用を認め,更に06年3月に遡って実施することを決定した。

第3節　AFTA の利用状況

1. AFTA の拠点再編へのインパクト

AFTA が始動した1993年当時,在 ASEAN 日系企業は各国の高い関税障壁に阻まれ,製品の相互供給の動きは限定的であった。また,同障壁により ASEAN 加盟国の国内市場に参入するには,非効率ながらも各国に生産拠点を各々設置せざるを得なかった。実際,第1節で述べた通り,1993年時点でタイの平均 MFN 税率は45.6%,フィリピンで22.6%,インドネシアでも19.4%,マレーシアで14.3%など軒並み2桁以上に達していた。

FTA に期待される効果の1つとして,関税撤廃などの自由化が「外圧」となり,国内で保護されてきた産業・企業の構造改革が促されることが挙げられる。ASEAN 域内に複数の拠点設置を余儀なくされてきた企業の多くが,2000

年代前半頃よりAFTAの関税低減・撤廃の進展に伴い、より効率的な生産・供給体制の再構築を目指すなど、生産・調達ネットワーク再編の機運が高まった。

ASEANでの生産体制の変革のタイプは大きく2つに分けられる。まず、i) 企業グループ内で生産品目を調整、操業継続を前提に相互供給を各拠点間で図るタイプ、次に、ii) 企業グループ内で生産拠点の統廃合を通じて、規模の利益獲得・拠点全体の経営効率化を図り、限られた経営資源の有効活用を目指すタイプ、である。例えば、前者の代表例として自動車産業があげられる。AFTA関税削減により、日系企業は拠点間で生産品目を調整した上で、自動車部品の集中生産・相互供給に動き出した。例えばトヨタは、タイではディーゼルエンジン、ステアリングコラム、ボディパネルを、マレーシアではステアリングリンク、ラジエター、ワイパーアーム、フィリピンではトランスミッション、等速ジョイント、メーター、インドネシアではガソリンエンジン、ドアロック・フレーム、クラッチなどをそれぞれ集中生産、相互に融通するようになった。

自動車本体でも売れ筋の一部モデルではCKDやセミ・ノックダウン（SKD）形式での最終組立を継続するなど生産拠点の統廃合にまでは踏み込んでいない。広い裾野産業を抱える最終組立企業の撤退を伴う拠点の統廃合は、進出先国の社会全体に大きな影響を及ぼす懸念があることも拠点維持の大きな理由である。

比較的生産移管し易いと言われる家電やAV等の電気機器分野は、生産拠点の統廃合を通じて、規模の利益獲得・拠点全体の経営効率化を指向した。ASEANにおいて日系が圧倒的な強さを発揮する自動車分野と異なり、電気機器分野は特に韓国企業等との激しい競争に晒され、拠点再編による競争力強化は待ったなしであった。また、拠点の統廃合を進めるに際し、概して「企業が集まる国」と「企業の撤退が進む国」とに分かれるなど、FTAの負の側面も顕在化した。製品や企業によってそのパターンは異なるが、2002〜03年前後、タイ、マレーシアへの生産拠点の集約化が進み、逆にフィリピンや一部インドネシアの拠点が整理されるケースが目立った。フィリピン家電協会によると、2001年に12社あったフィリピンのテレビ工場は次々と閉鎖され、2年後の2004年にはわずか3社にまで減少したという[25]。この理由として、タイ、マ

レーシアでは生産に必要な部材を比較的現地で調達し易く，相対的に生産コストが安く抑えられること，円高以降に設置された第三国向けの大型輸出工場がタイやマレーシアに比較的集まっていたこと等から，各国の内需向け小型工場がこれら大型工場に吸収・統合されたことが指摘できる。

　ASEANにおいて家電製品別に，AFTAでIL0〜5%以下が実現する前の2000年と，先発加盟国がAFTA関税を撤廃した2010年，更に後発加盟国が一部品目を除きILを撤廃した2015年において日系企業の生産拠点数とその増減をみた。特に，先発加盟国では関税削減が進んだ2000年から2010年の間の減少が目立つ。この間，最も生産拠点数が減少した家電製品はエアコンであり，17拠点から12拠点へと減少した。エアコンを含む全ての家電製品で，撤退もしくは他品目製造にシフトしたことを通じて生産拠点数が減少したことが確認できる。

　2010年以降2015年までは，電気がま，電子レンジなど小型家電で拠点数が微増しているが，電気冷蔵庫，電気洗濯機については，ベトナムの生産拠点数が前者は3拠点から1拠点に，後者は2拠点から1拠点に，それぞれ減少している。電気冷蔵庫と同洗濯機につき，2010年時点のAFTA特恵関税率は5%で

表4-8　ASEANにおける日系家電会社の生産拠点数推移

品目	電気冷蔵庫					電気洗濯機					電子レンジ				
国・地域	2000	2010	増減	2015	増減	2000	2010	増減	2015	増減	2000	2010	増減	2015	増減
ASEAN	17	14	▲3	11	▲3	14	10	▲4	10	0	4	2	▲2	3	1
タイ	7	6	▲1	6	0	5	3	▲2	4	1	2	2	0	3	1
マレーシア	2		▲2		0	2		▲2		0	1		▲1		0
フィリピン	2	1	▲1	1	0	3	2	▲1	2	0			0		0
インドネシア	5	4	▲1	3	▲1	3	3	0	3	0			0		0
シンガポール			0		0			0		0	1		▲1		0
ベトナム	1	3	2	1	▲2	1	2	1	1	▲1			0		0

品目	電気がま					扇風機					ルームエアコン					全体				
国・地域	2000	2010	増減	2015	増減	2000	2010	増減	2015	増減	2000	2010	増減	2015	増減	2000	2010	増減	2015	増減
ASEAN	9	6	▲3	8	2	10	6	▲4	6	0	17	12	▲5	12	0	71	50	▲21	50	0
タイ	5	5	0	6	1	5	3	▲2	3	0	7	6	▲1	6	0	31	25	▲6	28	3
マレーシア	1	1	0	1	0	1	1	0	1	0	3	3	0	3	0	10	5	▲5	5	0
フィリピン	1		▲1	1	0	2	1	▲1	1	0	2	2	0	2	0	11	6	▲5	6	0
インドネシア	1		▲1		0	2	1	▲1	1	0	3	1	▲2	1	0	14	9	▲5	8	▲1
シンガポール			0		0			0		0	2		▲2		0	2	0	▲2	0	0
ベトナム		1	▲1	1	1			0		0			0		0	3	5	2	3	▲2

（注）　事業所数は各年とも5月時点。
（資料）　家電産業ハンドブック（家電製品協会）。

あったが，2015年1月に同国は一部の品目を除き関税を撤廃したことが少なからず影響している．

　ASEAN全体の延べ拠点数は2000年の71カ所から2010年には50カ所へと21カ所減少した．2010年に関税撤廃が求められないベトナムを除く全ての国で拠点数が減少し，多くの国が5カ所前後減少した．この間，生産コストが高いシンガポールでは日系家電製造拠点が全くなくなった．その結果，2010年時点でASEAN全体の延べ家電生産拠点数（50拠点）の半分（25拠点）がタイに集中した．2015年にはタイで新たに電子レンジ等の生産を開始，その結果，ASEAN全50拠点のうち28拠点がタイに集中している．

　電気機械分野で最もドラスチックに拠点再編を進めた代表はソニーである．ソニーはFTA網の有効活用を通じて，経営全体の効率化・最適化を目指し，拠点再編を積極的に行った．ソニーのTV事業に着目すると，2000年代前半，中国を除くアジアでは，マレーシア，タイ，ベトナム，インドの4カ国でテレビを生産していたが，FTAの活用を前提にした拠点再編に着手した．

　ソニーは2008年にベトナムで国内向けの薄型液晶テレビ製造を中止した．これにかわって同国で輸入卸売会社を設立し，マレーシア製液晶テレビのベトナム向け供給を開始した．この背景には，①ベトナムが2009年迄に外資に輸入・卸売業を開放したこと（従来，外資のベトナム市場参入条件は国内製造），②AFTAの原産地規則「ASEAN累積付加価値基準（RVC）40％」について，ASEANは2008年8月から同基準と「関税番号変更基準（4桁）」との選択性に移行したこと，がある．まず前者はベトナムがWTO加盟に際して，他のWTO参加国にも自由化を約束したものである．後者について，これまで液晶など薄型テレビは，日本や韓国など域外から調達するパネルの付加価値が価格全体の6～7割を占め，従来の規則ではAFTA特恵税率は享受するのは難しかった．しかし，関税番号変更基準の導入によりマレーシアで最終製品に組み立てられた薄型テレビも，ASEAN製品としてAFTA特恵関税で域内に供給することが可能になった．

　また，ソニーはテレビ製造拠点について，ASEAN域外でもドラスチックに拠点再編に動き出した．タイとインドとの間で2004年9月からFTA早期関税引き下げ（EH）措置によりテレビの関税削減が開始されると，翌月10月には

インドでのテレビ生産を中止，タイからの輸入に切り替えた。それ以降，タイ製造工場は国内供給のみならず，インドへの供給拠点の役割を担った。しかし，ソニーはタイでの液晶テレビ生産を2010年3月迄に終了，代わって同拠点をデジタル一眼レフカメラ部品の生産工場に鞍替えした[26]。これは，2010年1月にASEANインドFTA（AIFTA）が発効することを踏まえ，ソニーは薄型テレビの主力工場であるマレーシアに生産を集約，同拠点から液晶テレビを，中国を除くアジア市場全体に供給する体制を構築した。

またAFTAは，新規進出企業に対し効率的な投資・生産体制を提供する。AFTAの関税削減・撤廃の進展により，企業はASEANの何れかの国に集中的に経営資源や資本を投下し，AFTAを使って域内加盟国にほぼ無税で輸出出来るなど，ASEANが漸く1つの統合市場とみなされるようになった。

2. 物品貿易自由化の恩恵を受ける日系企業

ASEANに進出している日本企業について，もともとASEANを第三国向け輸出拠点と位置付けている企業も多い。その場合，投資誘致機関から資本財や原材料・部材の免税措置を取得しているケースや，フィリピンに代表されるように，最終生産品は輸出向けを前提にしているため，FTAを利用せずとも輸出入に関税が課されない輸出加工区（EPZ）に立地している企業も多い。しかし，ASEAN自体が毎年高い経済成長を続け，徐々に市場として見做されるようになってきたこと，ASEAN域内で継続的にAFTA特恵関税が削減され，2010年には先発加盟国で，2015年には一部品目を除き後発加盟国で，それぞれ関税撤廃を完了させたこと，また，2000年代に入り，ASEANは東アジア域内で対話国とのFTA構築を開始，2010年にASEANは中国，韓国，日本，豪州・ニュージーランド，そしてインドとのFTA，いわゆる5つの「ASEAN＋1FTA」が出揃うなど，ASEANのFTAネットワークが東アジアに拡大していること，等とが相俟って，よりFTAが活用されるようになってきた。

在ASEAN日系企業のFTA利用状況[27]について，2006年時点での利用率は輸出入とも2割以下にとどまっていた。以降，輸出は2010年で4割，輸入は2013年で4割を超え，直近の2015年は輸出で43.1％，輸入で44.7％となるなど，年々，FTA利用が企業に浸透してきている。

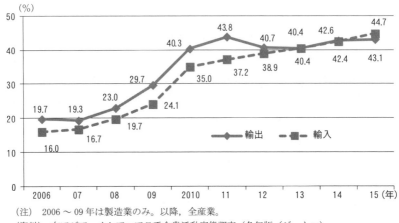

図 4-2 在 ASEAN 日系企業の FTA・EPA 利用率

(注) 2006〜09 年は製造業のみ。以降，全産業。
(資料) 在アジア・オセアニア日系企業活動実態調査 (各年版／ジェトロ)。

　その中で，ASEAN が FTA を締結している国・地域と貿易取引を行っている在 ASEAN 日系企業に対し，FTA 毎に利用の有無を聞いた。まず輸出について，在 ASEAN 日系企業の中で実際に ASEAN 域内向けに輸出している企業のうち，AFTA を利用している企業は 45.8％にのぼる。利用率では ASEAN 韓国 FTA（AKFTA）の 49.5％に及ばないが，AFTA を利用している企業の実数は AKFTA のそれの 5 倍超にのぼる。特に，AFTA は在 ASEAN 日系企業の中でも最も認知度が高く，業種別で，輸送機械器具関連企業の利用割合は 66.7％に達し，他の機械分野（一般機械器具：44.4％，電気機械器具：33.0％）を大きく引き離している。また，化学・医薬分野も同割合は 66.1％に達するなど，AFTA 利用が浸透している分野である。一方，ASEAN 域内からの輸入がある企業のうち AFTA を利用して調達している企業の割合は 47.6％であり，輸出をわずかに上回る。ここでも輸送用機械器具関連企業の利用割合が 75.0％に達するなど，同分野が AFTA 利用を牽引している。

　2015 年 1 月，AFTA の下でベトナムを筆頭とする後発加盟 4 カ国が総品目数の 7％とセンシティブ・高度センシティブ品目を除き関税を撤廃した。これを受けて，同年の調査ではこれら国々に進出している企業の AFTA 利用割合も上昇した。2014 年に後発加盟 4 カ国進出日系企業のうち AFTA を利用している

表 4-9 在 ASEAN 日系企業の FTA・EPA 別利用企業比率

	輸出					輸入				
	有効回答	利用中	利用率	利用を検討中	利用していない	有効回答	利用中	利用率	利用を検討中	利用していない
AFTA	640	293	45.8	69	278	576	274	47.6	57	245
ACFTA	268	120	44.8	19	129	417	160	38.4	50	207
対日 FTA	737	261	35.4	69	407	950	371	39.1	128	451
AKFTA	109	54	49.5	6	49	139	54	38.8	19	66
AIFTA	181	78	43.1	20	83	65	20	30.8	4	27
対豪州 FTA	115	47	40.9	9	59	33	11	33.3	3	19
対 NZFTA	56	21	37.5	6	29	13	3	23.1	−	10

(資料) 在アジア・オセアニア日系企業活動実態調査 (2015 年版)。

企業は輸出で 35.0％，輸入で 33.1％であったが，2015 年には各々 47.5％，42.8％へと各々約 1 割程度高まった。

3. AFTA 利用の特徴

既述の FTA 利用率は，ASEAN 進出日系企業を対象として，どの程度の企業が FTA を使っているか，アンケート結果をベースに利用企業の割合を算出したものである。当該企業の輸出入実額のうちどの程度が FTA によるものかを表しているわけではない。

ASEAN 各国の域内輸入額のうち，AFTA を使った域内輸入額比率，いわゆる輸入における AFTA 利用率は 2005～10 年分が公表されている[28]。2010 年は先発加盟国が HSL，SL，GEL を除き，関税が撤廃された節目の年である。これらデータを一切公開していないシンガポールを除く ASEAN 9 カ国の輸入における AFTA 利用率は 2010 年時点で 20％に届いていない。

その中で利用率が高いのがフィリピンであり 2010 年時点で 4 割を超えている。一方，インドネシアの輸入における AFTA 利用率は 2010 年で 19.0％であった。同レポートにはインドネシアの国別輸入における FTA 利用率も明記されており，最も高いのがミャンマーからで 86.2％，最も低いのがシンガポールからの 4.9％である[29]。

一方，輸出に関する FTA 利用率については，ASEAN 加盟国のうちタイやマ

表 4-10　ASEAN 各国の輸入における AFTA 利用率

(単位：%)

	2005 年	2006 年	2007 年	2008 年	2009 年	2010 年
ASEAN-9	9.0	13.3	7.9	4.8	14.3	18.0
先発加盟国	9.0	8.6	9.1	5.5	22.1	19.4
ブルネイ	0.9	1.3	n.a.	2.6	n.a.	3.3
インドネシア	3.0	n.a.	0.3	n.a.	n.a.	19.0
マレーシア	5.4	2.8	3.5	n.a.	12.5	11.1
フィリピン	19.5	18.2	20.6	n.a.	38.6	41.2
タイ	16.4	12.9	12.2	8.3	15.2	22.6
シンガポール	n.a.	n.a.	n.a.	n.a.	n.a.	n.a.
後発加盟国	8.8	19.6	5.5	4.3	6.4	16.1
カンボジア	n.a.	n.a.	n.a.	n.a.	n.a.	47.1
ラオス	n.a.	39.4	n.a.	2.6	2.8	3.4
ミャンマー	n.a.	0.3	0.3	0.3	0.4	0.5
ベトナム	8.8	19.1	10.7	9.9	16.1	13.4

（出所）　ASEAN Integration Monitoring Report（アジア開発銀行・ASEAN 事務局）。

レーシアなどごく一部が発表している。例えば，タイで輸出者が FTA を利用する場合，タイ商務省に原産地証明書（C/O）の発給を依頼することから，原産地証明書発給ベースで FTA 利用輸出額を把握することが出来る。これを当該国向け総輸出額で除すると，名目ベース[30]の利用率が算出出来る。

　タイの AFTA 利用輸出比率は，ASEAN 向けでは 2010 年に先発加盟 6 カ国の関税が基本的に撤廃されたことから，2010 年以降，ASEAN 全体で 30％台半ば，ごく一部の品目を除き MFN 関税が無税になっているシンガポールを除く ASEAN 向けが 4 割である。ASEAN 加盟国の中で，特に利用率が高いのが人口規模が大きいインドネシア，フィリピン，ベトナム向けである。2015 年にはベトナムを含む後発加盟 4 カ国の関税が総品目数のうち 7％分の品目および一部の未加工農産品や武器・弾薬等の一般的除外品目を除き撤廃されたことから，ベトナムの AFTA 利用率は 14 年の 56.2％から 15 年には 65.0％へ，CLMV 全体では 25.8％から 31.6％へと，利用率が向上した。

　なお，タイの ASEAN 向け FTA 利用率について，その多くが 2010 年をピークに 2 年連続で下落した。これは主にタイの国内要因によるところが大きい。その 1 つに 2011 年 10 月にタイ中部を襲った大洪水の影響がある。未曾有の大

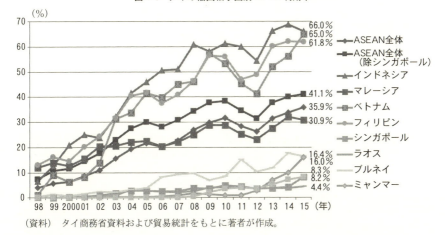

図4-3 タイの輸出相手国別 AFTA 利用率

（資料）タイ商務省資料および貿易統計をもとに著者が作成。

洪水に自動車関連製品・部品のサプライチェーン網の一部が破綻し，自動車組立企業の製造・輸出が軒並み1カ月以上もの間，停止を余儀なくされた。特に，自動車会社で唯一直接的に被災したホンダは，洪水が発生した10月から翌3月末までの約半年間，完全に生産を停止した。

また，もう1つの要因に，当時のインラック政権が導入した自動車購入促進策がある。これは2012年末迄の間，初めての自動車購入者に対し「物品税還付措置」[31]を適用したものである。同制度が期間限定で実施されていたため，自動車各社は輸出よりも国内供給を最優先したことが影響している。タイにおいてAFTAの利用率は，自動車産業の動向に大きく影響されるのがわかる。

タイからAFTAを使って域内向けに輸出をしている上位品目は，概して完成車およびKD（ノックダウン）キット，自動車部品等自動車関連製品が多く，年によってはエアコン等の家電製品，メカニカルシャベル等の建設機械が入る。これら品目の主な生産者は日系企業であり，日系企業が域内取引でAFTAを積極的に活用している姿が浮かび上がる。

【注】
1) ASEAN（2006）．
2) Severino（2006）p.223．
3) 当時のGATTダンケル事務局長が提示した最終合意文書案で，①市場アクセスの改善（農業・繊維），②既存のルール強化，③3つの新分野に関する規定，が示された。

4) Severino（2006），p.223.
5) 世界銀行ホームページ（http://siteresources.worldbank.org/INTRES/Resources/469232-1107449512766/tar2010.xls，2016 年 5 月 7 日閲覧）．
6) AFTA-CEPT 協定では関税の削減方法について，まず 93 年 1 月から 5 〜 8 年以内に 20%以下に削減することを目指した．具体的に，20%まで毎年均等（（X-20%）/5 〜 8 年）に削減する．20%もしくはそれ以下から 0 〜 5%への削減は，7 年以内に亘り連続して関税削減することが求められるが，1 回の削減ごとに少なくとも 5%の幅での削減が推奨されたが，その削減方法については各国に一任されており，関税削減開始時に公表することになっていた．一方，1993 年 1 月時点で現行の関税が 20%もしくはそれ以下の場合も，その削減方法については各国に一任されており，同様に開始時に公表されるとされた．
7) 関税削減方法について，93 年 1 月から 5 年以内に 20%以下に削減するに際し，((X-20%)/5 年）の計算方法で，20%もしくはそれ以下からは，5 年以内に亘り連続して関税削減，1 回の削減ごとに少なくとも 5%の幅で削減することになった．
8) 「AFTA における CEPT 協定におけるベトナムの受諾議定書」による．
9) Severino（2006），p.225.
10) Joint Press Statement "The Eleventh AFTA Council Meeting" 15 October 1997, Subang Jaya, Malaysia（http://www.asean.org/storage/images/2012/Economic/AFTA/joint_statement/11%20JOINT%20PRESS%20STATEMENT%20THE%20ELEVENTH%20AFTA%20COUNCIL%20MEETING%20.pdf）（2016 年 5 月 7 日閲覧）．
11) Joint Press Statement "The Twelfth Meeting of the ASEAN Free Trade Area（AFTA）Council" 6 October 1998 Manila, Philippines（http://www.asean.org/storage/images/2012/Economic/AFTA/joint_statement/12%20THE%20TWELFTH%20MEETING%20OF%20THE%20ASEAN%20FREE%20TRADE%20AREA%20(AFTA)%20COUNCIL%20.pdf）（2016 年 5 月 7 日閲覧）．
12) AFTA のもと付与される特恵関税は，1993 年から 2010 年の ASEAN 物品貿易協定（ATIGA）発効前は CEPT 関税，以降は ATIGA 関税と呼ばれる．本章では混乱を避けるため，AFTA 特恵関税と称する．
13) Severino（2006），pp.225-226.
14) 林（2001）52 頁．
15) 2000 年 5 月にヤンゴンで開かれた ASEAN 特別経済相会議で導入が検討され，同年 10 月のチェンマイでの経済相会議で「CEPT 措置の一時的除外品目リスト実施に関する議定書」が取りまとめられ，同年 11 月の第 4 回非公式 ASEAN 首脳会議で署名された．
16) 自動車はこれまで最高 70%の高関税が課されていた．
17) ASEAN 物品貿易協定第 19 条（g）．
18) Joint Press Statement, The 16th Meeting of the ASEAN Free Trade Area（AFTA）Council
19) 11 品目は，HS3901.10，3901.20，3902.10，3903.11，3903.19，3904.10，3918.10，3920.41，3920.42，5607.41，5607.49．うち，3918.10 と 3920.41 の AFTA 輸入関税は 7%，他は全て 10%に設定．
20) "Agreement Between the Republic of Singapore and the Republic of the Philippines in Respect of Compensatory Adjustment Measures Relating to the Suspension of Concessions on 11 Petrochemical Products by the Philippines".
21) 2004 年 5 月 21 日付 E.O.316 で，HS2710.19 23，3902.20 10，3902.20 20，3902.20 30，3902.20 90 について，CEPT 関税 0%を付与した．
22) 2008 年 1 月 22 日付 E.O. 704 で一部修正．
23) 石油エネルギー技術センター（2016），pp.9-10．
24) AFTA-CEPT 協定の第 2 条 7 項に相互譲許についての記載がある．また AFTA-CEPT 協定に取っ

て代わった ASEAN 物品貿易協定（ATIGA）では，第 22 条第 1 項に同記載がある。
25) 若松（2007）31 ページ。
26) ソニーのアユタヤ工場（ソニー・テクノロジー）では，これまでテレビ，カーオディオ，デジタルカメラを製造していたが，テレビの生産中止に伴い，マレーシアからデジタル一眼レフ部品の生産ラインを移管。BOI 認可は，投資額 26 億 6000 万バーツで，デジカメ 210 万台，レンズ 273 万個，デジカメ部品 220 万個を製造。
27) FTA を有する国との輸出入を行っている企業が，いずれか 1 つでも FTA を使っていれば「利用している」にカウントされる。
28) ASEAN Secretariat and the World Bank（2013），p.6.
29) ASEAN Integration Monitoring Report によれば，インドネシアの輸入における他の加盟国からの利用率は，タイで 56％，ラオス 30.6％，フィリピン 33.1％，マレーシア 19％，カンボジア 10％。
30) FTA 締結相手国で関税が MFN（最恵国待遇）ベースで撤廃されている品目は FTA を使う必要はない。日本等関税撤廃品目割合が多い国は概して名目利用率は低くなる。
31) 同措置では，タイで生産された自動車で i) エンジン排気量 1,500cc 以下の乗用車，ii) ピックアップトラック，iii) ダブルキャブタイプのピックアップトラックを購入する場合，物品税が最大 10 万バーツ還付された。

【参考文献】

（和文）
青木健（2001）『AFTA（ASEAN 自由貿易地域）～ ASEAN 経済統合の実情と展望』日本貿易振興会。
石川幸一・清水一史・助川成也（2013）『ASEAN 経済共同体と日本』文眞堂。
ジェトロ（各年版）『アジア・オセアニアの日系企業活動実態調査』。
助川成也（2016）「タイの FTA 戦略と近年の動向」『（アジア研究所・アジア研究シリーズ No.89）東南アジアのグローバル化とリージョナル化IV』（2016 年 1 月／亜細亜大学アジア研究所）。
助川成也・高橋俊樹（2016）『日本企業のアジア FTA 活用戦略～ TPP 時代の FTA 活用に向けた指針～』文眞堂。
石油エネルギー技術センター（2016）「カンボジアのエネルギー事情と離陸前の石油産業」（2015 年度第 29 回）。
林哲三郎（2001）「AFTA とは」青木健編著『AFTA（ASEAN 自由貿易地域）～ ASEAN 経済統合の実情と展望』日本貿易振興会。
深沢淳一・助川成也著（2014）『ASEAN 大市場統合と日本』文眞堂。
箭内彰子（2002）「ASEAN における域内経済協力の深化と拡大」『日本とアジアの機械産業～競争力をつけたアジア諸国との共存に向けて』日本貿易振興会アジア経済研究所。
若松勇（2007）「ASEAN 経済統合と物流円滑化の課題」『東アジア物流新時代～グローバル化への対応と課題』アジア経済研究所。

（英文）
ASEAN（2006），"Report of the Eminent Persons Group（EPG）on the ASEAN Charter".
ASEAN Secretariat and the World Bank,（2013），"ASEAN Integration Monitoring Report".
Rodolfo C. Severino（2006），"Southeast Asia in search of an ASEAN COMMUNITY," Insight from the former ASEAN Secretary-General: Institute of South East Asia Studies, Singapore（ISEAS）.

第5章

貿易円滑化に向けた ASEAN の取り組み

助川成也

はじめに

　2015 年末の ASEAN 経済共同体（AEC）設立における最大の成果として真っ先に挙げられるのは，ASEAN 自由貿易地域（AFTA）による域内関税撤廃である。しかし ASEAN に進出している日系企業は，輸出入関連手続きが煩雑，手続きの不透明性，輸入してから貨物を引き取るまでに時間がかかる，など関税面以外でも大きな悩みを抱えている。ASEAN は，「関税撤廃だけでは，開かれた市場は創出されない」[1]として，非関税面においても制度改善を通じ，域内貿易拡大・円滑化を推進する姿勢を示している。

　特に貿易円滑化は，税関手続きを含め貿易関連手続きの簡素化，標準化の促進を通じて，物流の迅速化や貿易関連コストの削減を目指すものである。WTO 多角的貿易交渉でも同交渉自体が機能不全に陥る中，貿易円滑化の重要性は国際的にも共有されている。2013 年 12 月の WTO バリ閣僚会合において貿易円滑化はバリ・パッケージとして合意された。貿易円滑化に資するべく，GATT 第 5 条（通過の自由），第 8 条（輸出入に関する手数料・手続）及び第 10 条（貿易規則の公表・施行）を明確化，改善[2]を行った貿易円滑化条項を WTO 協定に追加するための改正議定書（貿易円滑化協定）[3]が 2014 年 11 月に開催された WTO 一般理事会において全会一致で採択された。

　本章では，ASEAN の関税面以外での域内貿易促進にかかる取り組み，具体的には原産地規則や原産地証明手続きの簡素化，透明性の確保，紛争処理への対処，そして通関手続きの円滑化・一元化に向けた取り組みなどを概観する。

第1節　原産地規則の改善に取り組む ASEAN

1. AFTA 適用対象品目・取引の拡大に向けた取り組み

　ASEAN 域内取引で AFTA 特恵関税の適用を受けるには，当該製品が AFTA の下での「ASEAN 原産品」であることを証明する必要がある。ASEAN 原産品かどうかを判定する規則が原産地規則である。そして原産地規則を満たした ASEAN 原産品に対して，原産地証明書フォーム D が発給される。輸出国側で発給されたフォーム D を輸入者側が入手し，輸入通関時に提示することで，AFTA 特恵関税が付与される。原産地規則は域内取引円滑化の鍵となっており，同規則の恣意的な運用は予見可能性の低下を招き，自由貿易を阻害する非関税障壁になる特性を持っている。

　1993 年の AFTA 開始以降，原産地規則は「ASEAN 累積付加価値基準（RVC）40％以上」（FOB ベース／本船甲板渡し条件）が長年用いられてきた。しかし，2001 年 11 月に開催された第 7 回 ASEAN 首脳会議で「ASEAN 統合ロードマップ（Roadmap for the Integration of ASEAN（RIA））の必要性について首脳間で合意したことを受けて，翌 2002 年の AFTA 評議会では，RIA の物品貿易分野で，(i) 後発加盟国が（関税削減・撤廃適用）対象品目（Inclusion List，以下 IL と略）内で関税率 0 〜 5％の品目数を最大化するベンチマーク，(ii) 後発加盟各国の AFTA 実現期限の加速化，(iii) 輸入関税撤廃のタイムテーブル，(iv) 非関税障壁の漸進的撤廃，に加えて，(v) CEPT（共通効果特恵関税）原産地規則の見直し，について合意された[4]。以降，AFTA を用いた域内貿易を促進すべく，原産地規則の改良が重ねられていく。

　2003 年 9 月に開催した第 17 回 AFTA 評議会では，AFTA 利用の拡大に向け原産地規則の強化策について話し合われた。ここでは，ASEAN コンテントの計算方法を明確に定義するとともに，ASEAN が起源とするコスト決定の原則とガイドラインについて盛り込まれた「改定 CEPT 原産地規則」を承認した。同様に，「運用上の証明手続き」（OCP）についても改定した。

　改定 OCP には，多国籍企業が AFTA をより利用出来るようにすべく，第 3

国が取引に介在する仲介貿易，いわゆるリ・インボイスについても明確にAFTA利用対象とした。近年，ASEANでは，商流にシンガポールや日本など第三国企業やグループ内地域統括拠点を経由した取引が年々増加している。ジェトロ調査では，2007年時点で在ASEAN日系製造企業570社のうち，アジア域内向け輸出で仲介貿易を利用している企業は93社，利用比率は16.0%であった。しかし2013年の同調査ではその比率は33.7%と，3社に1社が利用するまでになっている。ASEANはリ・インボイスの利用を容認することで，より広範な取引をもAFTAの対象にし域内貿易活性化を図った。

　リ・インボイスと軌を一にして導入したのが，連続する原産地証明書，いわゆるBack to Back原産地証明書である。前述のリ・インボイスを用いた取引は，物流（貨物）は原産地証明書を発給した輸出国から特恵関税を享受する輸入国へと直送し，商流（インボイス）のみ第三国経由であるが，Back to Backの場合，取引形態は商流，物流ともに第三国経由で行われる。例えば，自動車部品をフィリピンからASEAN域内にAFTAを使って輸出する場合，当該製品を一旦タイの物流倉庫に保管し，ASEAN各国側の発注に応じて在庫を切り分けて輸出する際に，原産地証明書フォームDについて，フィリピン政府発行のオリジナルの原産地証明書を基にタイ商務省が分割して発行することで，ASEAN輸入国側で特恵関税を享受することができる。

　また，ASEANで採用されている原産地規則である付加価値基準について，完成品を構成する部品各々がASEAN原産品か非ASEAN原産品かについての判断は，各々の部品のASEANコンテントが閾値である40%を境に判定される。同コンテントが40%以上であれば，ロールアップ・ルールでその部品全体が「ASEAN原産」と認定される。一方，40%未満であれば，逆にロールダウン・ルールで「非ASEAN原産」品目とされていた。その上でASEAN原産品とされた部品価額と国内での付加価値を合算し，完成品価額の40%以上がASEAN原産であれば，当該製品が輸出される際にAFTA特恵関税が享受出来る。

　ASEANは，ASEANコンテントが40%未満であっても可能な限り救済をすべく，2004年9月に開催された第18回AFTA評議会で，「部分累積」を認めることで合意した。これは，これまで「非ASEAN原産」とされてきた

「ASEAN コンテント 20％以上 40％未満」の部品について，中間財価額のうち ASEAN 原産価額分のみを抽出，累積できる救済ルールである。これは，より多くの品目を AFTA 利用対象とすることで，域内貿易を活性化することが狙いである。

環太平洋経済連携協定（TPP）で付加価値基準の原産地規則として採用された「完全累積基準」は，ASEAN の部分累積の適用範囲を拡大したものである。TPP で採用した「完全累積」は，閾値を超えた品目はこれまで通り「締約国原産」とされ，中間財価額全体が累積できるロールアップ・ルールが適用される。また，閾値に満たない品目は，締約国内での付加価値の割合に関係なく，中間財価額のうち締約国原産価額分のみが累積できる。つまり AFTA の部分累積で適用される締約国内の付加価値の下限である「20％以上」を，「0％超」に拡大したと解釈できる。

2. 一般原則を単一規則から選択規則へ移行

ASEAN がこれまで利用してきた付加価値基準は，例えば為替レートや原材料費の変動，また特に電気製品では製品サイクルの短期化に伴う急速な価格下落によって，原産地比率が変動するなど，特有のリスクを内包する。そのため，多くの企業はこれら変動を見越して 5～10％程度のバッファー（余裕）を確保した上で，RVC40％を下回らないように注意を払いながら利用している場合が多い。また，企業はモデル毎の原産地比率管理が求められる。原材料や部品の価格情報を含めた製造コストを常に監視するなど，モデルを数多く有する企業の場合，その管理だけで相当な負担になる。

ASEAN は，東アジアで自らの「中心性」を維持・確保するには，AFTA による域内取引を阻害しない最も自由度の高い原産地規則を採用すべきとし，原産地規則の緩和に乗り出した。原産地規則の見直しは，具体的には，実質的変更基準として関税番号変更基準（Change in Tariff Classification，以下，CTC と略）を採用することである。CTC は，「最後の実質的な変更が行われた国」において，輸入された原材料・部品の関税番号と製造され輸出しようとしている品目の関税番号とを比べ，規定された関税番号の桁数で変更されていることを以て ASEAN 原産に認定するものである。

2004年11月に開催されたASEAN首脳会議でASEAN優先統合分野枠組み協定に調印し，優先統合分野[5]でCTCルールが導入されることが決まった。そして，2005年10月に開催されたAFTA評議会で，CTCルールを小麦粉，木製品，アルミニウム製品，鉄・鉄鋼の4分野について導入することを決定した。

更に，2000年代前半，ASEANが韓国や日本など域外対話国とのFTA交渉で，RVCの他に代替的ルールとしてCTCルールの採用が検討されると，AFTAでも同基準を採用すべきという声が高まった。2006年8月に開催された第20回AFTA評議会は，CEPT原産地規則タスクフォースに対し，AFTAの原産地規則を域外諸国・地域とのFTAのそれと調和させるべく見直しをするよう指示した。特に，2006年5月に署名した韓国とASEANとの物品貿易協定（AKFTA）では，原則としてAFTAで使われている域内累積付加価値率40％基準に加えて，CTCも適用可能とした。

これら検討を踏まえASEANは，2007年8月より原産地規則の新たな一般原則として，「ASEAN累積付加価値基準（RVC）40％」と「関税番号変更基準（CTC）4桁」との選択制の採用を決めた。当初2008年1月から導入する予定であったが，国内手続きの遅れから，加盟各国での正式な導入は同年8月にずれ込んだ[6]。

これによって企業は，輸出品目の原産地の証明について，これまでRVCの閾値である40％に至らないものであっても，CTC基準を満たせば「ASEAN原産」として原産地証明書フォームDが発給されることになった。また，選択制の導入により，AFTAの利用を前提とした品目であっても，CTCを用いれば企業は調達先をASEAN域内に限る必要はなくなるなど，調達の幅が域外にも広がるとともに，業種によっては付加価値等原産地規則に関する管理コストの低減が可能になった。

「RVCとCTCの選択性」が原産地規則の一般原則として採用されるとともに，近年，多くのFTAやEPAで導入されているデミニミス・ルール（僅少の非原産材料に関する規則）も導入した。通常，関税番号変更基準では，輸入調達された全ての原材料・部材などについて，4桁レベルでの関税番号の変更が求められる。しかし，同ルールはFOB価格の10％以下であれば，関税番号の

変更が行われない非原産材料を使用しても，当該品目はASEAN原産と認定する救済ルールである。

現在までにこの「RVCとCTCの選択性」は，ASEANが対話国と締結するFTAや経済連携協定（EPA）にまで広がりを見せている。現時点で唯一，ASEANが域外国との間で最初に締結したASEAN中国FTA（ACFTA）が一般原則としてRVC40％ルールを使っているに過ぎない。他のASEAN＋1FTAについては全て「選択制」を採用している。2013年8月にブルネイで開催されたASEAN中国経済相会議では，ACFTA共同委員会がASEANと中国との間で適用されているセンシティブトラックと原産地規則の見直しに取り組んでい

表5-1　ASEANが締結するFTAの原産地規則の自由度

	原産地規則種類	ATIGA	AKFTA	ACFTA	AJCEP	AANZFTA
単一規則	完全生産基準（WO）	185	458	8	3	294
	関税番号変更（2桁；CC）		61	1	735	248
	関税番号変更（4桁；CTH）		4		137	107
	関税番号変更（6桁；CTSH）				8	
	地域累積付加価値（RVC）40％未満		36			
	地域累積付加価値（RVC）40％	147	22	4,659	219	68
	地域累積付加価値（RVC）40％超		6			
	関税番号変更（2桁；CC）・例外あり				258	3
	関税番号変更（4桁；CTH）・例外あり				20	10
	その他		3			43
（より自由な）選択性	RVC（40）or CTH	2,782	4,076	122	3,057	2,204
	RVC（40）or CTH or SPR					24
	RCV（40）or CTSH	706	61		33	1,072
	RVC（40）or CTH or RVC（35）＋CTSH	125				195
	RVC（40）or CTH or Textile Rule	340				6
	RVC（40）or CC or Textile Rule	453				
（より厳しい）選択性	RVC（40）or CC	437	487	7	126	583
	その他	49	10	427	628	367
合計品目数（HS6桁/HS2002）		5,224	5,224	5,224	5,224	5,224
（より自由な）選択性小計（全体に占める比率）		4,406 84.3％	4,137 79.2％	122 2.3％	3,090 59.2％	3,501 67.0％

（資料）　Erlinda M. Medalla "Toward an Enabling Set of Rules of Origin for the Regional Comprehensive Economic Partnership"（May 2015, Philippine Institute for Development Studies）．

ることが報告された。将来的にACFTAでも「RVCとCTCの選択性」が採用されることが期待されている。

Erlinda M. Medalla (2015) は，ASEAN物品貿易協定（ATIGA）を含め，ASEANが対話国と締結するASEAN＋1FTAについて，「RVC40％またはCTC4桁（CTH）」を含め，より自由度の高い基準が採用されている品目数およびその割合を算出している。それによれば，AFTA（ATIGA）は全5224品目のうち84.3％を占める4406品目でより自由度が高い原産地規則が採用されている。一方，ASEAN＋1FTAではASEAN韓国FTA（AKFTA）が高く79.2％を占める4137品目で採用されているものの，AANZFTA（同67.0％），AJCEP（同59.2％），ACFTA（同2.3％）はAFTAのそれを大きく下回るなど，AFTAは東アジア大で最も自由度が高いFTAと言えよう。

このように，ASEANは「東アジアで自らの『中心性』を維持・確保するには，AFTAによる域内取引を阻害しない最も自由度の高い原産地規則を採用すべき」とし，他の協定での原産地規則を分析し，その上で最も域内取引の活発化を後押しする原産地規則を採用した。

2015年末にはASEAN経済共同体（AEC）が設立されたが，10年後の2025年に向けてASEANは更なる統合の深化に取り組む。原産地規則の改善も検討されており，最適な原産地規則に向けた分野別研究として，i) 自動車製品分野の選択制導入の可能性，ii) 鉄鋼製品分野の最適原産地規則研究，などが進められている[7]。

第2節　原産地証明制度の改善に取り組むASEAN

1. 原産地証明書のFOB価格記載要件の緩和

AFTAのもともとの原産地規則はRVCルールであり，当該原産地証明書はASEANでの付加価値の累積目的で使われる場合もあるため，原産地証明書上にFOB価格記載を義務付けていた。しかし，FOB価格記載は時には産業界にとって不都合な場合が目立ってきた。具体的には，i) リ・インボイスの利用時，次いで，ii) 原産地規則でCTC利用時，である。

まず i) について，輸出者と仲介者，そして輸入者が全て同じグループ内企業であれば，大きな問題ではないかもしれないが，商社等第三者が介在する仲介貿易の場合，輸入者は「フォーム D 上の FOB 価格」と「仲介国企業からのインボイス」とを比較することで仲介者のマージンを知ることが出来る。そのため，仲介国企業は最終輸入者に自らのマージンを知られることを避けるため，敢えて FTA 利用を忌避する場合も多かった。

次いで ii) について，原産地判定に FOB 価格が全く関係がない「関税番号変更基準（CTC）」が一般原則で導入された後も，原産地証明書上で FOB 価格の表示が求められ，且つ原産地証明書取得の際には，当該輸出品目のコスト計算表の作成が多くの加盟国で求められてきた。本来，「付加価値基準」より「関税番号変更基準」を選好する理由に，原材料価格や為替により「付加価値率」が変動すること，また煩雑な「コスト管理」を回避することを念頭に CTC 利用を検討した企業も少なくない。

FOB 価格記載義務の撤廃を求めて，在 ASEAN 日系産業界も繰り返し ASEAN 側に対処を求めた。在 ASEAN 日系産業界は 2008 年以降，ASEAN 日本人商工会議所連合会（FJCCIA）を組織し，毎年，ASEAN 事務総長との対話を行い，ASEAN 経済共同体（AEC）ブループリントにかかる措置を中心に，ビジネス界の視点から改善要望を提示してきた。AFTA における原産地証明書フォーム D 上の FOB 価格の撤廃も，2009 年から 5 年越しで要望してきた事項である。

FJCCIA からの要望に対し ASEAN 側は，FOB 価格の記載について「その検証用途に加え付加価値を累積させる用途にも使用されるため必要」と主張してきたが，度重なる産業界の要望を受けて ASEAN 原産地規則タスクフォースの中で議論を開始した。その結果，ASEAN 物品貿易協定（ATIGA）の「運用上の証明手続き」（OCP）を改訂し，2014 年 1 月以降，原産性審査に付加価値基準（RVC）を用いる場合を除き，FOB 価格の記載義務を撤廃することになった。ただし，ミャンマーおよびカンボジアについては準備が整わないとして，2 年間，実施が猶予された。2014 年 1 月以降，加盟国は順次，FOB 価格の記載が求められない新フォームで D での運用を開始した。

2. 自己証明制度の導入に向けた取り組み

　ASEAN 各国では，主に政府部局が商品の原産性を判定し，原産地証明書（C/O）フォーム D を発給する「第三者証明制度」を採用している。しかし，ASEAN 域内は距離的にも近接しており，輸入国側通関時にフォーム D 提出が間に合わないことが散見される。また，フォーム D 取得にかかる手続きが煩雑との声も挙がっていた。例えば，ジェトロが 2009 年度に実施した在アジア・オセアニア日系企業活動実態調査では，FTA 活用に際しての問題点として，実際に活用中の在 ASEAN 日系製造企業 216 社のうち 34.3％は「特に問題はない」としている一方で，30.1％の企業は「C/O 取得手続きが煩雑である」と回答している。以前から FTA を利用している企業は通常のオペレーションの一環として手続きが社内で浸透している一方，関税削減対象国や削減幅の拡大に伴い利用を開始して間もない企業を中心に手続き面で課題を抱えている。

　ASEAN は C/O 発給時間の短縮と手続きの簡素化・円滑化，AFTA 利用の拡大を目指し，「自己証明制度」導入に向けた取り組みを開始した。2010 年 8 月にベトナム・ダナンで開催された ASEAN 経済相会議で同制度のパイロットプロジェクト実施にかかる覚書（MOU）[8] をシンガポール，マレーシア，ブルネイの 3 カ国で署名した。ASEAN が実験的に実施する自己証明制度パイロットプロジェクトの利用対象は全ての製造者・輸出者ではなく，予め発給部局がその利用を認めた「認定輸出者」に限られる。そのためこの制度は，「認定輸出者自己証明制度」と呼ばれる。認定輸出者になるには，参加国によって細かい条件は異なるとみられるが，タイの場合，ATIGA 原産地規則と運用上の発給手続き（OCP）等に精通していることや，これまで税関のブラックリストに掲載されたことがないこと等が条件である。

　これは認定輸出者が，自ら作成したインボイス等の商業上の書類に輸出貨物が原産品である旨の申告文言を記入した上で，当該インボイス等を輸入国に提出，輸入国側税関で AFTA 特恵関税を適用するものである。MOU に署名した 3 カ国は 2010 年 10 月 29 日，同プロジェクト実施にかかる批准書を ASEAN 事務総長に付託，ASEAN 事務局は同日，11 月 1 日から同プロジェクトを開始することを発表した。なお，タイは約 1 年遅れとなる 2011 年 10 月に，カンボジア[9] は 2015 年 10 月に，ミャンマーが 2015 年末にそれぞれ参加した。

インボイス申告をする場合，インボイス上に以下の定型「原産地申告文言」を記載し，申告者名とともにその署名をすることになる。

　「この文書の対象となる産品の輸出者（認定輸出者番号……番）は，別段の明示をする場合を除くほか，ATIGA のもと原産分類：……で ASEAN 原産品（ASEAN 原産国：……）として原産地規則を満たす産品であることを申告する」

　また，認定輸出者のインボイスを輸入者が入手出来ない場合，具体的には，仲介貿易を行う場合も，認定輸出者は請求明細書，配送指示書，納品書などインボイス以外の商業書類上で原産地「申告」を行うことが出来るとされている。
　このように自己認証制度の導入を梃子に，AFTA 利用取引の円滑化と拡大とを目指している中，同制度に参加していないインドネシア，フィリピン，ラオスの3カ国間で別な「認定輸出者自己証明制度」（第2自己証明制度）を構築した。これら3カ国は2012年8月にカンボジア・シェムリアップで開催された ASEAN 経済相会議にあわせて MOU[10] を締結し，2014年1月にパイロットプロジェクトを開始した。以降，第2自己証明制度には，第1制度にも参加しているタイが2015年5月[11]に，またベトナム[12]が2015年10月に，それぞれ参加している。
　第2自己証明制度は第1自己証明制度に比べ，利用制限的になっている。具体的には，①認定輸出者は「製造事業者」のみ，②「原産地申告文言」の記載は「商業インボイス」のみ，③署名権者は「3人」まで，等である。
　現在運用されている AFTA における「第三者証明制度」の下，AFTA 利用者は「輸出者」であり，製造事業者に限らない。同一国内に複数の製造法人を有するグループ企業の場合，輸出業務を統括法人が製造法人に代わって行う場合もある。これら企業が第2自己証明制度の下で AFTA による特恵関税を享受する場合，自己証明手続きは各々の製造法人で行うか，または自己証明制度利用を諦め，従来の第三者自己証明制度を利用する必要がある。また，「原産地申告文言」の記載はインボイスに限られていることから，リ・インボイスによる

仲介貿易では自ずと使えないことになるなど利用形態が制限される。そのため，仲介貿易を利用している企業を中心に，第2自己証明制度に対する懸念の声があがっている。

また，ASEAN の自己証明制度に対する誤解も利用を阻害しているとみられる。日本では自己証明制度を日スイスとの経済連携協定（EPA）で導入したのを手始めに，日ペルー EPA，改正日メキシコ EPA でも導入した。ここでは，第三者である日本商工会議所による原産性審査がなく，企業等利用者自らの責任において原産性確認を行う必要がある。これは商品が相手国に輸入される際に関税減免を受けることになるため，企業側はコンプライアンス面で入念な確認が必要となる。

一方，ASEAN で導入しようとしている自己証明制度は，原産性審査はフォーム D と同様に政府部局が行い，その上で輸出時にフォーム D の発給を受ける代わりに，自らインボイスに「原産地申告文言」を記載することになる。そのため企業がコンプライアンス上の責任を一身に負う日本の自己証明制

表5-2 ATIGA 自己証明制度（第1制度と第2制度との相違事項）

	第1認定輸出者自己証明制度	第2PP認定輸出者自己証明制度
先発参加国	シンガポール，マレーシア，ブルネイ，タイ	インドネシア，フィリピン，ラオス
後発参加国	カンボジア（2015年10月），ミャンマー（n.a.）	タイ（2015年5月），ベトナム（2015年10月）
認定輸出者資格	輸出者（製造業者か貿易業者かは問わない。）	製造業者。
申告書類	認定輸出者作成のインボイスに加え，パッキングリスト等商業上の書類による申告も可能。	認定輸出者作成のインボイスのみ（他の商業書類は認められない。）
署名人の数	制限なし。	1企業当たり3名まで。
署名人・輸出品リスト	提出は義務付けられていない。	ASEAN 事務局に対し，認定輸出者の署名人リストおよびインボイス申告が認められた輸出品のリストを提出。
インボイス申告上の必要情報	定められた申告の文言および署名。	定められた申告文言に加え，輸出品のHS コードおよび認定された署名（印刷された名前の上に署名する）。
第3国インボイスの扱い	可能。	不可（輸出国側のインボイス上での申告のため，インボイス・スイッチは不可能）。

（資料）　自己証明制度にかかる MOU をもとに著者作成。

度と大きく異なる。ASAEN の自己証明制度は，最後の発給を企業自身で行うのみであり，コンプライアンス面ではこれまでの「第三者証明制度」と大きく変わるわけではない。

ASEAN は 2014 年中に第 1 および第 2 自己証明制度のパイロットプロジェクトを評価し，2015 年末の AEC 設立に合わせて 10 カ国が参加する「ASEAN 地域自己証明制度（AWSC）」を稼働させる予定であったが，正式な導入は 1 年先送りし，2016 年末とした。カンボジアやミャンマー，ベトナムの参加が遅くなり，各々のパイロットプロジェクトを評価し，望ましい自己証明制度を設計するに際し十分な事例が集まっていないこと，そして AWSC の正式な導入には，ASEAN 物品貿易協定（ATIGA）に付属する運用上の証明手続き（OCP）の改定が必要であり，相当の時間を要すること，等が要因である。しかし，

表5-3 AFTA におけるこれまでの手続きにかかる条件緩和など

改定（導入）年月	種類	概要
2003 年 9 月	利用対象範囲の拡大	仲介貿易（リ・インボイス）での利用を容認（AFTA 評議会）。
2003 年 9 月	利用対象範囲の拡大	「Back to Back 原産地証明書」の導入（域内国で AFTA 特恵対象品目を在庫として持ち，必要な時に必要なだけ特恵関税で輸出）。
2004 年 4 月	関税番号の統一化	関税番号を ASEAN 統一関税品目表（AHTN）に移行（2003 年 8 月の ASEAN 財務相会議で「AHTN 実施に関わる議定書」に署名）。
2005 年 4 月	原産地規則の救済規程導入	「部分累積」を導入（対象は RVC20%以上 40%未満の品目）（2005 年 4 月の ASEAN 経済相会議で部分累積の対象範囲を決定）。
2008 年 8 月	原産地規則の緩和	一般原則を「累積付加価値率（RVC）40%以上」から，「RVC」と「関税番号変更基準（CTC）」の選択性に変更。
2008 年 8 月	原産地規則の救済規程導入	デミニミス・ルール（僅少の非原産材料に関する規則）を導入（FOB 価格の 10%以下であれば，関税番号変更を求めず）。
2010 年 11 月	発給手続き簡素化	「自己証明制度」の導入を目指し，第 1 パイロットプロジェクト開始（シンガポール，マレーシア，ブルネイ）。
2014 年 1 月	原産地証明書の簡素化	FOB 価格記載要件の緩和（原産性審査で RVC を使わない場合，FOB 価格記載義務を免除。
2014 年 1 月	発給手続き条件の緩和	原産地証明書の船積み前発給の容認（船積み 3 日前から）。
2014 年 1 月	発給手続き簡素化	「自己証明制度」の導入を目指し，第 2 パイロットプロジェクト開始（インドネシア，フィリピン，ラオス）。

（資料）　各種 ASEAN 事務局資料より作成。

2016年8月にラオスで開催されたASEAN経済相会議で，当初の想定以上に時間を要することが報告され，2016年末の導入目標を断念した。

また，自己証明制度の正式導入に先駆けて，ASEANは輸入国側通関時に原産地証明書発行・提出が間に合わないという問題の解決を図った。具体的には，これまでASEANでは，原産地証明書は，輸出時点または申告した出荷日から3日以内に発給することになっていたが，2014年1月にOCPを改正し，出荷に先立ってフォームDを発給する「船積み前発給」を認めることで問題解決を図った[13]。

第3節　貿易手続きのシングル・ウィンドウ化に向けたASEANの取り組み

1. ASEANシングル・ウィンドウ（ASW）構築の経緯

ASEAN経済共同体（AEC）構築に際し，進出日系企業が最も期待しているのがASEANシングル・ウィンドウ（ASW）の導入である。2015年10～11月にかけてジェトロが実施した在アジア・オセアニア進出日系企業実態調査で，AECに期待している事項として，在ASEAN日系企業2067社のうち53.8％を占める1112社が「通関手続きの簡素化」（通関申告書の統一，輸出入のシングル・ウィンドウ化）を挙げた。これは「熟練労働者の移動自由化」（同20.9％）や「サービス業の出資規制の緩和・撤廃」（同17.7％）等を大きく引き離し，最も解決が期待されている課題である。

世界銀行の *Doing Business 2016* によれば，「国境を越える貿易」に関するASEANの競争力は，最も高いシンガポールで41位，これにマレーシア（49位），タイ（56位）が続くが，先発加盟国ではブルネイとインドネシアが，後発加盟国ではラオスとミャンマーが，それぞれ100位以下である。また，100位以内に入ったカンボジアとベトナムであるが，各々98位，99位に甘んじている。特に，輸出入に際し，「文書の作成・提示等に要するコスト」や「同時間」に注目すると，ASEAN後発加盟国とインドネシアの高さが際立っている。

ASWは，貿易関連書類や情報を電子的に一元的に受け付け，一括処理され

るとともに，通関にかかる一元的意思決定を経て，それらが輸入相手国の一元的窓口を通じて瞬時に関係機関に電送されることで，通関手続きに要する時間やコストを大幅に削減する取り組みである。まず加盟国は国内でナショナル・シングル・ウィンドウ（NSW）を設け，これら10カ国のNSWを繋ぐことでASWが構築される。NSWの実現に際して，ASEAN域内での通関手続きに要する必要書類の記載内容の標準化や技術的仕様の格差を是正する。ASWが本格稼働すれば，通関やその手続きに関する時間，コストも確実に削減されることが見込まれ，ASEANの国境障壁が大きく下がることが期待される。

もともとASEANが貿易においてシングル・ウィンドウ構築を目指したのは，2003年10月にインドネシア・バリで開催された第9回ASEAN首脳会議で採択された第2 ASEAN協和宣言の付属書とされた「ASEAN経済統合ハイレベル・タスクフォースの提言」[14]にはじまる。ここでは税関に関する提言と

表5-4　ASEAN各国の国境を越える貿易に要する時間・コスト一覧

国名	ランキング（全189カ国）	輸出				輸入			
		国境の通過に要する時間	国境の通過に要するコスト	文書の作成・提示等に要する時間	文書の作成・提示等に要するコスト	国境の通過に要する時間	国境の通過に要するコスト	文書の作成・提示等に要する時間	文書の作成・提示等に要するコスト
		時間(h)	米ドル	時間(h)	米ドル	時間(h)	米ドル	時間(h)	米ドル
ブルネイ	121	72	340	168	90	48	395	144	50
インドネシア	105	39	254	72	170	99	383	144	160
マレーシア	49	20	321	10	45	24	321	10	60
フィリピン	95	42	456	72	53	72	580	96	50
シンガポール	41	12	335	4	37	35	220	1	37
タイ	56	51	223	11	97	50	233	4	43
カンボジア	98	45	375	132	100	4	240	132	120
ラオス	108	3	73	216	235	5	153	216	115
ミャンマー	140	144	432	144	140	120	367	48	115
ベトナム	99	57	309	83	139	64	268	106	183
日本	52	48	306	3	15	48	337	3	23
中国	96	26	522	21	85	92	777	66	171
東アジア太平洋	—	51.4	395.7	74.7	166.9	59.3	420.8	69.7	148.1
OECD高所得国	—	15.2	159.9	4.5	35.6	9.4	122.7	3.9	24.9

（資料）　World Bank（2015），*Doing Business 2016*.

して「国家および地域レベルでの貿易文書の電子処理を含むシングル・ウィンドウのアプローチを採用する」ことが謳われている。

その後，2005年12月にマレーシア・クアラルンプールで開催されたASEAN首脳会議で，「ASEANシングル・ウィンドウの設立と実施にかかる協定（Agreement to Establish and Implement the ASEAN Single Window）」に合意し，ASEAN加盟国は，先発加盟6カ国は遅くとも2008年まで，後発加盟4カ国は同2012年までにナショナル・シングル・ウィンドウ（NSW）の運用を開始することを義務として約束した。

2003年10月にASEAN首脳会議でのASW構想合意を受けて，2004年1月にインドネシア・ジョグジャカルタで開催された非公式ASEAN経済相会議で，ASW検討に向けて加盟国関係省庁関係者が中心となり構成されるASWタスクフォース（ASWTF）の設置が決まった。ASWTFは2006年1月まで計7回にわたり開催され，ASWプロジェクトの基本方針を取り決めた議定書案を策定した[15]。翌2006年12月には，「ASWの構築と実施にかかる議定書」が署名された。議定書の目的は，i) ASEAN経済共同体構築に向けた地域的約束として，ASWとNSWの設立と実施にかかる法的・技術的枠組みの提供，ii) ASWの効果的・効率的実施のため，主導する機関（ASEAN税関当局）と関係省庁・機関，経済事業者（輸入者，輸出者，運送事業者，通関事業者，フォワーダー，商業銀行，金融機関，保険会社，国際的サプライチェーンの関わる事業者）間の調整・連携の強化，iii) ASWとNSWの実行にかかる経済事業者の参加促進，iv) ASW技術指針を考慮しつつ，ASW協定に従い，加盟国のASWとNSWの実行に向けた技術的・機能的・運用的ガイダンス（業務指導）を提供すること，である[16]。

2007年11月に登場したAECブループリントでは，ASWはブループリントを構成する4本柱のうちの1つ「単一の市場と生産基地」の中の「物品の自由な移動」の中に位置付けられ，2005年12月に合意されたASW設立実施協定の稼働期限がそのまま盛り込まれるとともに，世界税関機関データモデル，世界税関機関データセット，国連貿易データエレメントディレクトリ（UNTDED）に基づいてデータ要素を標準化することとされている。しかし実際には，2015年末のAEC設立までにNSWを構築出来たのは先発加盟6カ国とベトナムの

第 5 章　貿易円滑化に向けた ASEAN の取り組み

表 5-5　ASEAN 各国の NSW の導入状況（2015 年末時点）

国名	NSW 名称	稼働年	運営者	備考
シンガポール	Trade Net	1989 年（2007 年・12 年更改）	CrimsonLogic 社	・2012 年 1 月よりバージョン 4.0 から 4.1 に更改。システムを国際規格に合致させ、将来の貿易相手国との貿易データ交換を容易にするため。
フィリピン	PNSW	2009 年	税関	・1996 年に国連の ASYCUDA システム稼働 ・95 種類の輸出入許可証、ライセンス、通関手続きの申請書に対応。
マレーシア	my TRADeLINK	2009 年（2012 年更改）	Dagang Net 社	・以下 6 種類のサービスを提供。e-Preferential Certificate of Origin（e-PCO）、e-Manifest、e-Declare、e-Permit、e-PermitSTA、e-Payment を提供。 ・23 港、166 税関事務所、26 許可発行機関、4 許可期間、8 地場銀行と繋がる。
インドネシア	INSW	2010 年	EDI Indonesia 社	・1996 年に Customs EDI 稼働。
タイ	Thai NSW	2011 年	税関	・2000 年に Customs EDI、2008 年に e-Logistics 稼働。 ・輸出入・ロジスティクスに関係する 36 機関・事業体で電子的文書を交換。
ブルネイ	BDNSW	2013 年	税関	・2015 年末時点で 11 機関参加。2016 年末までに更に 10 機関が参加予定。 ・輸入に 6 ステップ・7 日を要する。4 ステップ・5 日まで削減可能。
ベトナム	VNACCS	2014 年	税関	・2005 年に世銀の支援で税関システム VCIS 稼働。 ・日本が NACCS システムをベースに開発支援。
ラオス	LNSW 導入中	未稼働（2016 年末を目指す）	PPP での運営を検討	・LNSW を現行の ASYCUDA との統合作業中。 ・2015 年 6 月、財務省は LNSW 実施の法的根拠となる「LNSW の開発・運用の決定」を発出。
カンボジア	—	未稼働（2017 年早々を目指す）		・ASYCUDA システム稼働中。 ・2014 年 4 月に世銀支援で NSW ブループリントを策定。 ・電子取引を支援すべく、E コマース法が商業省が策定中。
ミャンマー	MACCS／MCIS（注）導入中	未稼働（2016 年 11 月を目指す）		e-customs は 2013 年 7 月から日本政府の支援で構築開始（ハード・ソフトは NTT データ）。

（注）　MACCS は Myanmar Automated Cargo Clearance System。MCIS は Myanmar Customs Intelligence System の略。
（資料）　日本貿易関係手続簡易化協会、ASEAN シングル・ウィンドウポータルから著者まとめ。

計7カ国である。カンボジア，ラオス，ミャンマーの早期構築が待たれる。

2. ASW に向けた各国の NSW 構築状況

　ASW は加盟国の税関職員幹部から構成される運営委員会が推進母体となっており，その下に，法制部会，技術部会が設けられている。法制部会は ASW の稼働に際し，基本協定を策定するなど法的側面から，技術部会はデータ交換に不都合が生じないよう技術的側面から，それぞれ ASW を支える。特に，各国が有する NSW は各国別々のシステムから成る。例えば，シンガポールは貿易データ交換システムとして「Trade Net」を早くも 1987 年に導入していた。一方，マレーシアは 2009 年に「myTRADeLINK」を導入している。一方，ベトナムは，日本が構築を支援したベトナム版 NACCS「VNACCS」を 2014 年 4 月に稼働開始している。実際，ASEAN 加盟各国の通関システムは，貿易規模や税関手続き，リスク管理の程度も異なることから，各々の事情に沿った形でシステムが構築されている。しかし，これら異なるシステムから成る各国の NSW を相互に繋ぐことは難しい。繋いだとしても，10 カ国各々の NSW のシステム更新や改修等のたびごとに，残る加盟 9 カ国とが正常に接続出来るか等の確認が求められることになる。これら問題を解決すべく，各国の NSW にゲートウェーモジュールを組み込み，ASW ゲートウェー同士であれば相互接続性の確保は容易であるため，10 カ国の NSW について ASW ゲートウェー間を通じて接続する。各国は NSW のシステムの更新や改修の際には，NSW と ASW ゲートウェーとの連結性を維持することのみ注意すればよい。

3. ASW パイロットプロジェクトの取り組み

　ASEAN 各国の税関は 2011 年 7 月，「ASW パイロットプロジェクト（PP）実施における覚書」[17] に署名，NSW が構築されていないカンボジア，ラオス，ミャンマーは同 PP のオブザーバーとして参加した。このパイロットプロジェクトは 2011 年 11 月から開始されている[18]が，その実施に際しては米国国際開発庁（USAID）が ACTI（貿易・投資を通じた ASEAN 連結性）プロジェクトとして支援している。

　ASW の実現に向けた PP コンポーネント 1 では，中央サーバーを用いるこ

となく，ASW パイロットを行うために理想的なネットワーク構造を設計する。次いで，PP コンポーネント2では，PP 実施のためコンポーネント1で合意された ASW 構造を設置する。コンポーネント2は予算的な制約から，縮小版と本格版との2段階に分けて実施される。PP コンポーネント2の本格版は2015年4月より開始された。この PP では，AFTA 用原産地証明書 ATIGA フォームD および ASEAN 税関申告書（ACDD）の端末相互間で電子的交換テストが実施される。

この本格的な ASW の実現に向けた PP コンポーネント2は全体で67週での実施が見込まれており，3つのフェーズに分けて実施される。第1フェーズは，ATIGA フォーム D の電子的交換に必要なソフトウェアのテストデータを用いた開発およびテストであり，2カ月間の端末相互間でのテストも含まれており，2015年10月に完了した。続く第2フェーズは，2015年10月から12月にかけて行われ，実稼動への切り替え前の紙および電子データの両方で生データ

表5-6　ASEAN シングルウィンドウ（ASW）実施に向けた取り組み

年月	協定等	備考
2003年10月	第2 ASEAN 協和宣言（第9回 ASEAN 首脳会議）	付属書「ASEAN 経済統合ハイレベル・タスクフォースの提言」の中で「国家および地域レベルでの貿易文書の電子処理を含むシングルウィンドウのアプローチを採用する」ことが謳われる。
2005年12月	ASEAN シングルウィンドウ（ASW）の構築と実施にかかる協定（ASEAN 経済相会議）	各国の NSW 稼働開始時期を明確化。
2006年12月	ASW の構築と実施にかかる議定書	ASW 実行に向けた技術的・機能的・運用的ガイダンスの提供。
2007年11月	ASEAN 経済共同体（AEC）ブループリント	ASW を「単一の市場と生産基地」の中の「物品の自由な移動」の中に位置付け。
2010年10月	ASEAN 連結性マスタープラン（第17回 ASEAN 首脳会議）	ASW を制度的接続性強化戦略優先プロジェクトとして位置付け。
2011年7月	ASW パイロットプロジェクト実施における覚書（ASEAN 税関局長会議）	USAID-ACTI プログラムで支援。
2015年9月	ASW 実施にかかる法的枠組み（ALFA）に関する議定書（ASEAN 財務相会議）	ASW の環境下，加盟国の NSW 間の運用，相互作用，電子的処理等について法的枠組みを提供。より包括的且つ拘束力を有する。

（資料）　ASEAN 事務局資料等から著者まとめ。

を用いた並列試験を行った。最後の第3フェーズは，12カ月に亘り実稼動させる。

2016年8月現在，このPPに参加しているのは，NSWを構築した7カ国のうちインドネシア，マレーシア，シンガポール，タイに加え，5カ国目として，ベトナムが2015年9月に参加した。これに続いて，2016年にブルネイとフィリピンが遅れて参加する予定である。同パイロットプロジェクトを経て，シンガポール，インドネシア，タイの3カ国で実際の商業書類ベースで電子フォームDの交換を開始する。

ASWコンポーネント3では技術的及び財務評価が実稼働に先立って行われ，その後，ポスト実行レビューが実施される。

今後，USAID-ACTIはASWプロジェクトマネージメント・オフィス（PMO）の設立を支援する。ここでは，長期に亘るシステムの財務的持続性やASW地域運用サービスを管理するASEAN事務局スタッフの訓練などASW関連プロジェクトの管理と実施を行う。

ASW実施にかかる法的枠組み議定書も，2015年9月4日にASEAN財務相会議（AMM）で署名された。これまでASW法制部会では，ASW運用を念頭に，加盟国の国内法との間で齟齬が出ないよう法的枠組みを策定してきた。この議定書は，ASWの環境下で，加盟国のNSW間の運用，相互作用，電子的処理などについて，法的枠組みを提供するものであり，より包括的且つ拘束力を有する。同議定書が採択されたことでASW実現に大きく近づいたと言えよう。

第4節　その他の貿易円滑化に向けた取り組み

1. ウェブサイトを用いた貿易手続きの透明性向上と紛争解決

これまでASEAN加盟国との貿易手続きに関する情報を入手するには，各国の税関や規制監督機関等の政府機関から直接，情報を得たり，またはウェブサイトの奥深くから1つ1つ情報を掘り出す必要があった。加盟各国によって言語も異なることから，情報の抽出には相当の時間と労力が費やされてきた。

ASEAN加盟各国は経済共同体（AEC）の取り組みの一環で，自国の貿易や輸出入手続きに関連する法令，関税率表，原産地規則，非関税措置・障壁等の情報を一元的に自国の国家貿易収納庫（ナショナル・トレード・レポジトリ；NTR）に格納する。その上で，加盟10カ国のNTRを相互に接続，ASEAN貿易収納庫（ASEANトレード・レポジトリ；ATR）としてウェブ上で公開した[19]。ATRの登場で，貿易に関する必要情報はある程度，同サイトを通じて入手できるようになるなど，貿易手続き面で透明性や利便性が大幅に向上した。

また，域内での貿易・投資に関する制度運用上の問題等についても，ウェブサイトを用いて解決に向けた協議を図る。これまで国境を越える取引で問題が発生した場合，一般的に企業は所在する国の関係省庁・機関の担当官に相談することになる。しかし問題は，複数国間に跨ることから，解決には相当の時間と労力を要することである。これまで問題はASEAN調整委員会等に持ち込まれることはあまりなく，その結果，ケースバイケースでの対応になっていた面は否めない。また，ASEANには「紛争解決メカニズム強化の議定書（EDSM）」（2004年発効）[20]は存在するものの，発効から10年以上もの間，一度も利用されたことはない。

ASEANはAECの下，域内の現場で発生している関税や非関税措置・障壁，国境を越えるサービス提供，投資制限措置等における問題について，企業からの申し立てのハードルを下げるべく，ウェブ上に「ASSIST（ASEAN投資・サービス・貿易解決）」[21]を設置した。これは問題を抱えている企業自らがシステム上で解決を申し立てるものであり，正式に申し立てが受理されれば60日以内に是正措置等が通知される。申し立てが受理されて以降，対応状況がウェブ上でも確認できる。ただし，ASSISTはあくまで拘束力のない「協議メカニズム」と位置付けられており，EDSMを補完する役割を担うことが期待されている。

2. 域内で推進する標準化・適合性評価

ASEANの企業が国際的な生産ネットワークに参加するには，求められている「基準・標準化」への適合が必要である。ASEAN域内で基準調和・適合性

評価が推進されれば，自ずと企業の域内取引でこれら基準は貿易障壁とは見做されなくなる。ASEAN は相互承認取極め（MRAs）や標準，技術的要求，ガイドラインの開発を通じて，貿易の技術的障害の除去に取り組んでいる。

分野別 MRA については，現在までに電気・電子機器（EEE），化粧品，医療製品で策定が完了し，加工食品，自動車，建築・建設材料で策定作業が進められている。また新たにジェネリック医薬品についても検討が始まっている。MRA がある分野では，各国の登録試験場の検査結果が域内でそのまま通用する。また，ASEAN で標準化・技術的要求について，これまで以下の通り達成している[22]。特に EEE 分野では，2016 年中の完了を目指し，ASEAN の統一規格を加盟各国が国内規格に反映させる作業が行われている。

・EEE 分野：121 品目で任意・強制規格の際，統一規格への調和・準拠。
・化粧品分野：ASEAN 化粧品統一規制に関する枠組み（AHCRS）に基づき ASEAN 化粧品指令（AMDD）発効，市販後調査通知システムを導入。
・自動車：国連欧州経済委員会（UNECE）規則に基づく 15 の技術的要件の調和。
・ゴム製品：47 のテスト基準の調和。
・農産物：よく使われる農薬について 955 の残留基準値（MRLs）設定。
・医療機器：ASEAN 医療機器指令（AMDD）署名，国内法・規則改正中。
・伝統薬・健康補助食品：加盟国間で 19 の技術的要求の調和。
・製薬分野：適正製造基準（GMP）策定。

また，それ以外にも加盟国共通のガイドライン作りが進められている。ASEAN 共通食品管理基準や，優先商品の輸入のための 9 つの ASEAN 植物検疫ガイドライン，農業産品にかかる 46 の ASEAN 標準，5 つの農業慣行等である。

ASEAN の標準化・適合性評価作業は，一部分野で推進されているが，化粧品分野等は EU が主導し EU 基準に合致する形で MRA や指令を策定した。日本にとって標準化が競争力の鍵となる分野については，自ら策定をリードするなどの積極的関与が必要である。

3. 貿易円滑化に向けた税関協力

　ASEAN は 2012 年 3 月，カンボジア・プノンペンで ASEAN 財務相会議を開催，「ASEAN 税関協定」を締結した。同協定は各国の批准手続きを経て，2014 年 11 月 7 日に最後となったインドネシアの国内手続きが終了したことで発効した。もともと「ASEAN 税関協定」は，1997 年 3 月にタイ・プーケットで署名したが，それを 2012 年の ASEAN 税関協定で置き換えた。

　もともと 1997 年 ASEAN 税関協定は全 13 条のみの短い協定で，主に AFTA の環境のもと，税関当局の支援や協力を掲げ，税関手続きの簡素化，調和化を図るとしている。また，ここでは世界税関機構（WCO）が定める HS コード 6 桁をベースに，ASEAN 域内で更に 8 桁レベルまで共通化する ASEAN 統一関税品目表（AHTN）を作成することや，関税評価が貿易障壁として利用されないよう WTO 関税評価協定に従って評価を行うことで合意している。

　それに対し，2012 年の税関協定は全 65 条へと大幅に内容が拡充された。この協定の目的は，関税評価と税関手続きの簡素化と調和，関税法・規則・手続きの一貫性と透明性，公正な適用の確保，効率的な管理と商品の迅速な通関の確保，税関分野で他の適切な ASEAN 域内協力取極めを探求すること，等である[23]。

　1997 年協定の時代から大きく変わったのは，通関の電子化や NSW／ASW，ASEAN 税関申告書（ACDD）を踏まえた協定になっていることである。また，ASEAN で税関評価額を決定する際のベースとして WTO 関税評価協定を共通のアプローチとして採用するよう努力しなければならないことが明記された（第 20 条）。現在，ASEAN は 10 カ国全てが WTO に加盟し，関税評価は基本的に同協定に基づき行われているが，唯一，ミャンマーだけが同評価手法を採用出来ていない。ミャンマーで同評価方法が採用されるには，同国の新関税法の発効を待たねばならない（ASEAN Secretariat（2015）p.54）。

　また，第 34 条で「事前教示制度」が組み込まれている。同条では，「それぞれの法令で認められている範囲において」との前提条件付きではあるが，ASEAN 物品貿易協定（ATIGA）第 62 条の規定に従い，加盟国の税関当局は書面による事前教示を提供することが定められている。ASEAN では関税番号（HS コード）や関税評価額において，輸出者や輸入者が当初想定していたもの

とは異なる関税率の番号が付され，更にその結果，過去に遡って関税を徴収される場合も少なからずあった。特に，通常とは異なる港湾や空港を使わざるを得ないなどにより税関支所や担当官が異なる場合，その頻度も増える傾向がある。新たな ASEAN 税関協定のもと，これら問題を可能な限り予防し，予見可能性を向上すべく「事前教示制度」導入に向け ASEAN が統一歩調をとることで合意したことは評価出来る。

また，続く第 35 条には AEO（Authorized Economic Operator）制度の導入について盛り込まれ，今後，サプライチェーンの強化と貿易円滑化のため，ナショナル AEO プログラム設立を促進することが明記された。その上で加盟国の税関当局は，AEO ステータスと税関審査の相互認証を促進する観点から，協力体制を開発すべく努力することが約束されている。

また，今後ますます越境陸上輸送が増えることが見込まれるが，国境を挟んだ加盟国税関や関係当局間の協力について，加盟国の法令に従うことが前提でありながらも，国境の協調管理に向けて可能な限り連携を強化することが盛り込まれている。例えば，越境陸上輸送に際し，輸出入双方の税関が協力し，輸入国側で輸出検査もあわせて行う「シングル・ストップ検査（SSI）」が東西経済回廊で始まっている。2015 年 1 月には，ベトナム・ダンサワンとラオス・ラオバオの国境で SSI が開始されている。また，2016 年 1 月末には，タイ・ムクダハンとラオス・サバナケット国境で約 2 年半のパイロットプロジェクトを経て SSI が正式に導入された。

これら ASEAN の取り組みは，貿易関連手続きの簡素化，標準化の促進を通じて，物流の迅速化や貿易関連コストの削減につながることが期待される。その結果，世界銀行の Doing Business の「国境を越える貿易」に関する ASEAN 各国の順位も確実に向上していくことが見込まれよう。

【注】
1) ASEAN Secretariat (2011), p.10.
2) 経済産業省 (2015)。
3) WTO 貿易円滑化協定の主な内容は，インターネットでの貿易手続きの公表や輸入申告書類の事前受理など貿易手続の透明性の向上・迅速化，情報交換等を通じた税関当局間の協力，開発途上国及び後発開発途上国に対する優遇措置及び能力構築，WTO 紛争解決手続の適用など。
4) ASEAN Secretariat, "Joint Press Statement of the 16th Meeting of the ASEAN Free Trade Area (AFTA) Council," 11 September 2002.

5) 優先統合分野は，自動車，木製品，ゴム製品，繊維，農産物加工，漁業，電子，e-ASEAN，ヘルスケア，航空，観光の11業種。また関税撤廃対象は，航空，観光を除いた9業種。
6) 2008年8月12日付通商弘報「付加価値基準40％か関税番号変更基準かの選択制に―AFTAの原産地規則を8月から変更―」。
7) ASEAN Secretariat（2015），p.12.
8) http://agreement.asean.org/media/download/20140119015503.pdf
9) カンボジアは，商業省令（2015年8月13日付221号）により2015年8月17日から参加企業の募集を開始した。
10) http://agreement.asean.org/media/download/20140117162924.pdf
11) タイは2015年5月1日付で受諾書をASEAN事務局宛に寄託した。また，2015年4月30日，他の第2PP参加国からの自己証明を受け入れる通達を発出，正式に第2 PPに参加した。
12) ベトナムは，2014年12月19日付で受諾書をASEAN事務局宛に寄託した。その上で，2015年8月20日付商工省通達（28/2015/TT-BCT）で10月5日よりパイロットプロジェクトを開始すると発表した。ただし，参加出来る企業は現行のフォームDによる域内輸出額が年間1000万ドル以上の企業に限られるなど，限定的な形で実施している。
13) ASEAN物品貿易協定（ATIGA）Annex 8の運用上の証明手続き（OCP）では，原産地証明書の発給についてRule10-2で，「In exceptional cases where a Certificate of Origin（Form D）has not been issued at the time of exportation or no later than three（3）days from the declared shipment date」とされていたが，2014年1月の改正OCPでは，「Subject to the submission of all documentary requirements, the Certificate of Origin（Form D）shall be issued by the issuing authorities of the exporting Member State prior to or at the time of shipment or soon thereafter but should not be more than three（3）days from the declared shipment date」と改正された。
14) http://www.asean.org/?static_post=recommendations-of-the-high-level-task-force-on-asean-economic-integration
15) 次世代電子商取引推進協議会・(財)日本情報処理開発協会・電子商取引推進センター（平成18年3月）。
16) "Protocol to Establish and Implement ASEAN Single Window"（20 Dec, 2006）.
17) http://agreement.asean.org/media/download/20140119104138.pdf
18) 2011年11月18日付USAID プレスリリース "ASEAN Trade Pilot Program: Single Window"（https://www.usaid.gov/asia-regional/press-releases/asean-trade-pilot-program-single-window）
19) http://atr.asean.org/
20) http://agreement.asean.org/media/download/20141217102933.pdf
21) ASSISTでは労働紛争，加盟国で既に訴訟・調停が進められている案件，個別企業等に対する苦情，ビザ・居住権などは対象外。http://assist.asean.org/
22) ASEAN Secretariat（2015）.
23) ASEAN Secretariat（2015），p.18.

【参考文献】
（和文）
経済産業省（2015）「2015年版不公正貿易報告書」。
源新英明（2015）「WTO協定改正議定書（貿易円滑化協定）について」『ファイナンス』（財務省／2015年6月号） https://www.mof.go.jp/public_relations/finance/201506d.pdf
次世代電子商取引推進協議会・日本情報処理開発協会・電子商取引推進センター（平成18年3月）「平成17年度アジア産業基盤強化等事業　アセアン各国におけるICタグ（RFID）の活用可能性

調査 2」。

助川成也『ASEAN 経済相会議（AEM）で何が話されたか（上）』「ASEAN 経済統合の実像」（第 43 回）2015 年 8 月 21 日（時事速報）。

助川成也『ASEAN 経済相会議（AEM）で何が話されたか（中）』「ASEAN 経済統合の実像」（第 44 回）2015 年 9 月 4 日（時事速報）。

日本貿易関係手続簡易化協会（平成 24 年 10 月）「アセアン・シングルウィンドウ（ASW）構築計画に関する調査報告書」。

日本貿易振興機構（2015）「在アジア・オセアニア進出日系企業実態調査」。

箭内彰子（2002）「ASEAN における域内経済協力の深化と拡大」『日本とアジアの機械産業～競争力をつけたアジア諸国との共存に向けて』日本貿易振興会アジア経済研究所。

（英文）

ASEAN Secretariat（2011）, "A Blueprint for Growth: ASEAN Economic Community 2015: Progress and Key Achievements."

ASEAN Secretariat（2015）, "ASEAN Integration Report 2015."

ASEAN Secretariat（http://asw.asean.org/about-asw）.

Erlinda M. Medalla（2015）, "Toward an Enabling Set of Rules of Origin for the Regional Comprehensive Economic Partnership"（Philippine Institute for Development Studies）.

Jonathan KOH, Andrea Feldman（2013）, "Towards a Truly Seamless Single Windows and Trade Facilitation Regime in ASEAN Beyond 2015," ERIA, ERIA Discussion Paper Series.

World Bank（2015）, "Doing Business 2016," -Measuring Regulatory Quality and Efficiency.

Zulkifli Yahya（2013）, "ASEAN Single Window: the ASEAN Connectivity Towards ASEAN Economic Community"（http://www.wcoomd.org/en/events/event-history/2013/asia-and-the-pacific-and-the-americas/~/media/2A822B9C97BA4C879A3C3878ABE48345.ashx）.

第6章
サービス貿易の自由化に向けた ASEAN の取り組み

助川成也

はじめに

　ASEAN は 2007 年に策定した ASEAN 経済共同体（AEC）ブループリントの下，「単一の市場と生産基地」を実現する重要なファクターとして「サービスの自由化」を掲げている。サービスの自由化は，「サービスに関する枠組み協定（AFAS）」のもとで取り組んでいる。特に，サービス貿易の 4 態様のうち，第 1 モード（越境取引）や第 2 モード（国外消費）は，全ての加盟国による同意を条件に善意に基づく制限（公共の安全など）がある場合は例外とするものの，完全自由化を目指す。

　一方，サービス分野の投資にあたる第 3 モード，そして人の移動を意味する第 4 モードは，必ずしも完全自由化には踏み込んでいないが，最も ASEAN でのビジネスや競争環境を大きく変えるインパクトを持つ。

　本章では，ASEAN が進めるサービス貿易自由化の取り組みを概観するとともに，特にサービス分野の投資自由化（第 3 モード）に注目して，その自由化の実態と課題を明らかにする。第 1 節ではこれまでのサービス自由化の取り組みを振り返り，第 2 節では加盟国の自由化約束の状況を把握すべく，自由化の範囲，深さをについて加盟国間で比較する。

第 1 節　サービス自由化に向けた ASEAN のこれまでの歩み

1. サービス貿易自由化に向けた多国間交渉の現状

世界貿易機関（WTO）ではサービス貿易の自由化について，「世界貿易機関を設立するマラケシュ協定」を構成する1つとして1995年1月に「サービスの貿易に関する一般協定」（GATS: General Agreement on Trade in Services）を発効させている。GATSではサービス自由化を推進する2本柱としてi）市場アクセス，ii）内国民待遇，を掲げている。

GATS第16条「市場アクセス」では，自国の約束表で定めない限り，①サービス提供者の数の制限，②サービスの取引総額または取引資産の制限，③サービスの事業の総数または指定された数量単位によって表示されたサービスの産出量の制限，④サービス提供に必要であり且つサービス提供に直接関係する自然人の総数の制限，⑤サービスを提供する事業体の形態の制限，⑥外国資本の参加の制限，の6種類の措置を採ることが出来ないことが規定されている。WTO加盟国は，特定約束表にこれらの措置を採らない場合は「制限しない」，留保する場合はその内容について，それぞれ明記する。

サービス貿易自由化約束表において，何らかの制限を設けた上で限定的な自由化を約束している場合は，「分野横断的な約束」（Horizontal Commitment），または「分野毎の約束」（Sector-specific Commitments）において，具体的な制限事項が記載されている。それら6種類の措置を一切採らない場合，「制限しない」（None）と，自由化を一切約束しない場合は「約束しない」（Unbound）と，それぞれ記載される。

一方，内国民待遇について，他の加盟国のサービス及びサービス供給者について内国のサービス及びサービス供給者と比べ，不利でない待遇を付与しなければならない。

物品貿易に比べてGATSは比較的新しい協定と言われているものの，既に発効から20年以上が経過している。その間，インターネットの爆発的な普及や様々な技術革新によりサービス産業自体も格段に多様化し，GATSの範疇では収まり切れない業態が次々と登場しており，常に対象範囲の見直しやルールの改善が求められてきた。WTOはその意義や必要性は認めながらも，それらの交渉は一進一退を繰り返し，2016年8月現在も続いている。

これまでのWTOでの取り組みを振り返ると，サービス自由化交渉はドーハ開発アジェンダが立ち上がった2001年11月以前から，新ラウンドの立ち上げ

を待たずに交渉を行うとするビルト・イン・アジェンダ (BIT) に組み込まれ，2000年から交渉が開始された。2001年3月に「交渉のガイドライン」が策定され，交渉の目的，原則，範囲，方法等が決められ，リクエスト・オファー方式でサービス自由化交渉が行われた。しかし，オファーの提出期限が過ぎても開発途上国を中心に提出されず，交渉を先に進めることが出来なくなった。サービス分野では概して先進国の競争力が強く，特に先進国は第3モード（商業拠点の設立）の自由化に高い関心を有する。その一方，開発途上国側は概してサービス輸出力が乏しく，第4モード（人の移動）以外のメリットはなかなか見出しにくい。そのためサービス産業が未発達な開発途上国は，その自由化は自国に不利益を与えると考える場合が多い。

以降，2005年12月の香港での閣僚会議では，交渉形式を分野・モード別の複数国間（プルリ）交渉に移行したものの，サービス自由化は農業やNAMA (Non-Agricultural Market Access：非農産品市場アクセス交渉) など他の交渉分野と共に一括受諾（シングルアンダーテイキング）の対象であったことから，他の分野の交渉状況に引きずられる形で，幾度となく交渉は中断を余儀なくされてきた。

そうした中，2011年12月の第8回閣僚会議では，一括受諾方式を断念，部分合意など妥結可能な成果を積み上げる「新たなアプローチ」を試みることで合意し，サービス分野では有志国による新たな協定の策定に向け議論が開始された。この新たな協定はTiSA (Trade in Services Agreement) と呼ばれ，プルリのイニシアチブである。有志の交渉参加各国は新規の参加国を歓迎しているものの，参加国はEUを1地域と数えると，2016年7月時点でWTO加盟23カ国・地域である。ここには環太平洋経済連携協定 (TPP) 参加12カ国のうち8カ国がこのイニシアチブに参加している。つまり4カ国が未参加であるが，この4カ国全てがASEAN加盟国である。この4カ国を含め，TiSA交渉にはいずれのASEAN加盟国も参加していない。TiSAでは，現行のGATS以上のハイレベルなサービス貿易分野の自由化とこれまでのFTAの成果，現行のサービス業態を踏まえた21世紀に相応しい新協定の策定を目指している。

2. ASEANのサービス分野の自由化水準

　GATSは，全ての加盟国に対し共通の規定である「協定本文」，「付属書」に加え，加盟国毎に自由化約束を行う「特定約束表」から成る。1995年に策定されて以降，発足当時からWTOに参加していたASEAN先発加盟国からみれば，その約束は20年以上も前のものである。ASEAN加盟各国は，2000年以降，ASEANの枠組みで，または自らの通商戦略の一環でFTA構築に踏み出し，2000年代半ば以降，次々と発効している。

　Martin Roy（2011）はGATSにおけるWTO加盟国の自由化約束と，それら加盟国が締結している地域貿易協定におけるサービス分野の自由化約束の範囲・水準とを比較している[1]。この指数は155業種（サブセクター）における第1モードと第3モードの自由化約束について，加盟国のサービス自由化全体を0～100の指数で評価している。WTOに加盟している先進国がGATSで約束した自由化水準について，米国，EUが55.44，日本は52.89，豪州57.06，NZも54.42と，いずれも50台である。

　一方，ASEAN加盟国についてみれば，GATSでの約束水準は最も自由度が高いシンガポールで30台後半[2]，記載された7カ国で最も遅く2007年にWTOに加盟し，小売業や卸売業など多くの分野で自由化を求められたベトナムで30台半ばである。WTO発足当初から加盟しているASEAN先発加盟国については，マレーシアで20台後半，インドネシア，フィリピン，タイで10台後半とその自由化水準は低い。

　またASEANは2000年代後半，中国（2007年7月発効），韓国（2009年5月発効）とサービス貿易協定を，豪州・NZ（2010年1月発効）とは物品・サービス・投資等が含まれた包括的なFTAを締結している[3]。なお中国，韓国は物品貿易，サービス，投資は包括的経済協力枠組み協定の下，各々別の協定となっている。これらASEAN＋1FTAでの自由化水準は，GATSを上回る自由化，いわゆる「GATSプラス」であるものの，その水準は概して低いと言わざるを得ない。その中でも日本は二国間で自由化約束の深掘りを目指したことから，他のASEAN＋1FTAと比較すると，自由化水準は高い。このように，域外国とのFTAにおける自由化約束指数をみると，ASEAN各国のサービス自由化に対する姿勢は，相当ネガティブであることがわかる。

表6-1　ASEAN加盟国におけるFTA別サービス分野の自由化約束指数

	ブルネイ	インドネシア	マレーシア	フィリピン	シンガポール	タイ	ベトナム
GATS	7.99	17.26	27.47	16.41	37.59	19.39	34.18
AFAS第7パッケージ	30.78	41.58	43.39	34.95	42.03	37.86	38.27
ASEAN中国FTA	9.18	17.52	28.66	18.75	42.37	20.32	34.18
ASEAN韓国FTA	9.52	23.43	33.89	21.47	40.31	19.69	34.18
ASEAN豪州NZ FTA	10.2	22.3	32.36	21.47	40.31	19.69	34.35
日本の二国間EPA	11.73	n.a.	29.08	27.68	59.62	20.37	34.18

(注)　指標は各々の業種において0～100で表される。100は業種内横断的に「制限なし」を意味。また，GATSはGATS上の各国の約束表とドーハ開発アジェンダでの各国のオファーを反映している。また，指標はモード1とモード3で計測。詳しくは，Juan Marchetti, Martin Roy, Laura Zoratto（2012）参照のこと。
(資料)　Martin Roy（2011）をもとに作成。

　しかし，中でもASEANが取り組んでいるAFASのもとでの域内サービス自由化は，GATSや他のASEAN＋1FTAと比べ，より自由化水準が高い。ここで比較しているのは，2009年2月にタイ・チャアムで署名され，2009年5月に発効したASEANサービス枠組協定（AFAS）第7パッケージ[4]である。第7パッケージは，AFASで自由化を進める全128業種のうち約半分の65業種で自由化を約束したものであり，優先統合分野（e-ASEAN，ヘルスケア，観光）の29業種については，外資（ASEAN資本）出資比率を少なくとも51％，ロジスティクス分野の9業種，その他サービス分野の27業種については同49％を容認する内容である。それでもAFASの自由化約束指数は最も低いブルネイで30を上回り，その他の加盟国も30台半ばから40台前半を記録するなど，ASEANは域内でよりサービスの自由化の深掘りを進めていることがわかる。

　現在，AFASは第9パッケージが2015年11月に署名されている。外資出資（ASEAN資本）比率についても，全128業種のうち104業種で過半数以上を容認したものであり，特に優先統合分野の29業種，ロジスティクス分野の9業種で外資出資比率を少なくとも70％を，その他サービス分野の66業種で同51％を容認する。自由化の範囲や深さは各国の裁量に任されるものの，自由化

約束指数はパッケージの進展に伴い，更に高まっていることが推察できる。以降，AFASに焦点を当てて，その自由化に向けた交渉方法，自由化範囲や水準，その影響を概観する。

3. AFASのサービス分野の自由化方法

物流や通信などのサービス分野の自由化は物品貿易の自由化促進に不可欠な要素であるという認識のもと，ASEANは1995年にサービス枠組み協定 (ASEAN Framework Agreement on Services，以下AFAS) に署名し，自由化に歩を進めた[5]。

1995年に署名したAFASは，その前年の1994年にGATTウルグアイラウンドで妥結したGATSの条項をほぼ踏襲している。2003年の第2 ASEAN協和宣言（バリコンコードⅡ）においても，「サービスの自由な移動は，2020年に実現が構想されているASEAN経済共同体の構築に際し重要な要素である」とされた。AFASでは第1条に3つの目標が記載されている。具体的には，

i) ASEAN域内外のサービス提供者の，効率性と競争力，生産能力の多様化，そしてサービスの供給と流通を向上させるため，加盟国間でのサービス分野の協力を強化すること。

ii) 加盟国のサービス貿易の実質的な制限を除去すること。

iii) サービスにおける自由貿易地域を実現する目的で，GATSの下での加盟国の約束を超えて，自由化の深さと範囲を拡大することで，サービス貿易を自由化すること。

AFASはiii) で，いわゆる「GATSプラス」を目指すとしている。ASEANは，サービス産業をWTO事務局による分類表（MTN. GNS/W/120）[6]で12分野155業種（サブセクター）に分けている。更にGATSと同様，自由化を約束する分野を約束表に明示する「ポジティブリスト方式」[7]を採用している。同方式は，市場アクセスや内国民待遇など，サービス自由化の基本的義務を負う分野をリストに掲げるものである。ASEANは，交渉ラウンド毎にパッケージと呼ばれる自由化約束表の対象業種数を拡大したり，または自由化措置を拡充する。当時，優先すべき分野として，航空運送，ビジネスサービス，建設，金融サービス，海上輸送，通信，観光の7分野が指定されていた。これら自由化を

ASEAN サービス調整委員会（CCS）が担ってきた。

4. AFAS でのサービス貿易自由化交渉の形態

ASEAN は 1995 年の第 5 回 ASEAN 首脳会議で採択されたバンコクサミット宣言で，「ASEAN 加盟国は，全てのサービス分野および全ての供給モードで，市場アクセス，内国民待遇の特定の約束および追加的約束の交渉に入る」ことを表明した。

ASEAN のサービス貿易自由化交渉の第 1 ラウンドは 1996 年から 98 年末までの期間で行われることになった。このラウンドでの交渉は GATS と同じ「リクエスト・オファー方式」を採った。この方式は，まず他の加盟国に自由化を求める分野を特定し，相手国に要求する。要求を受けた加盟国は，自国の対応可能な範囲で自由化内容を提示するもの。

しかし，第 2 ラウンドでは，交渉方式を「共通業種方式」に変更，4 カ国以上の加盟国間で自由化を約束した分野・業種について，他の加盟国も同様に自由化していくものである。また，1999 年 6 月の非公式 ASEAN 経済相会議（AEM）では，一部サービス分野は AEM の管轄外であることから，金融サービスと航空運送サービスは各々財務相会議（AFM），交通相会議（ATM）の下で自由化を推進することにした[8]。また，農林業，水産業，鉱業，製造業等に付随するサービスは，ASEAN 投資地域（AIA）[9] 評議会のもとで自由化が推進される。

金融サービスの自由化を議論・推進する組織として，「AFAS の下での金融サービス自由化作業委員会」が 2000 年 3 月に設置された。この委員会での議論は，ASEAN 財務大臣・中銀総裁代理会議を通じて AFM の場で決定される。一方，航空運送サービスについては，航空運送作業部会（ATWG）の「航空運送分野交渉（ATSN）」から高級運輸事務レベル会議（STOM）を通じて ATM に提案される。ATSN は 1999 年 9 月の第 5 回 ATM 会議の指示に従い 2000 年 1 月に設置されたものである。

一方，経済閣僚で構成される AIA 評議会は，AIA 協定実施のため 1998 年 10 月に設置された。ASAEN 加盟国の投資誘致機関で構成される ASEAN 投資調整委員会（CCI）が同評議会を支える。2001 年に「AIA 枠組み協定修正議定書」

が署名されたことを機に，これまでCCIが製造業，農林業，水産業，鉱業分野の投資を所管していたこともあり，それら分野に関連するサービスもCCSからCCIに移管された。

2002年から始まった第3ラウンドでは，交渉実施に必要な加盟国数条件を3カ国に減らすことを通じて自由化対象分野の拡大を図るとともに，サービス貿易自由化交渉で初めて特定分野の自由化を期限前に加速化する「ASEANマイナスX」方式の導入を決めた[10]。同方式は，2003年9月にカンボジア・プノンペンで行われたASEAN経済相会議で署名されたAFAS修正議定書に盛り込まれた。この修正議定書では，第1条1項から3項，第2条1項について，解釈のための注釈が付されている。第1条1項では，サービス分野または業種の自由化の拡大・深化のため，2カ国またはそれ以上の加盟国が「共通業種アプローチ」を含む交渉を行うに際し，(交渉結果の)優遇措置を他の加盟国への適用が任意としている文言について，これは無条件かつ差別的でなく，互恵(相互主義)である必要はないと説明している。同修正議定書は翌2004年12月末に発効した。

この「ASEANマイナスX」方式を用いた2カ国間での協定は，2005年12月にマレーシアで署名されたラオスとシンガポール間の教育サービスに関する協定と，2014年9月にブルネイで署名されたブルネイとシンガポール間の電気通信サービスに関する協定の2つが結ばれている。

そして2005年から2007年までの第4ラウンドでは自由化方式を「交渉」によるものから「自らが提示」する形式に変えることで，これまでのラウンド以上のスピードで自由化を推し進めようとした。ここでは設定された特定の閾値水準を満たす業種リストから加盟国が自由化を約束する業種を抽出することになる。サービス分野の業種リストを，義務的自由化リストと加盟国が自由化分野を少なくとも5つ選択するリストとの2つで自由化を図る。ここでの特定閾値水準は，a) 第1モードおよび第2モードについては市場アクセスおよび内国民待遇で完全自由化，約束できない業種がある加盟国は正当な理由が必要，b) 外国資本規制の緩和を意味する第3モードは，優先統合(PIS)分野で49％，建設で51％，その他サービス分野で30％，であった。

2008年以降のサービス貿易の自由化は，AECブループリントで提示された

自由化業種数,スケジュールのもとで推進されることになった。AECブループリントの自由化方式は,各々のパッケージ毎に自由化する業種数を設定し,加盟各国はその数を満たす自由化業種を自ら選定,当該国の自由化約束として「パッケージ」に組み込む方式を採る。これは,国内での利害関係者との調整が最小限で済むため,時間的または物理的調整コストの削減が図れる。

ブループリントで当初,2015年まで隔年(2008年,2010年,2012年,2014年および2015年)ごとに交渉(ラウンド)を行うとし,ラウンドの進展に応じて自由化対象業種数を増やしていくアプローチを採った。しかし,特に外資出資比率を緩和するに際し,調整に時間を要する加盟国が散見されるようになり,想定していたスケジュール通りには進まなくなった。2010年10月に「AFAS第8パッケージ実施議定書」自体は署名されたが,自由化対象分野の選定作業は遅れ,署名時には肝心の加盟国の特定約束表はまとまらなかった。実際に第8パッケージにおける特定約束表の策定が完了したのは2年遅れの2012年になってからのことである。この遅延を受け,ASEANは2015年までの残り3年で当初予定していた3つのパッケージを新たにまとめるのは困難として,パッケージを2回に圧縮した。

しかし,各国が提示する自由化の中身や水準を巡り,不公平感が生じている。AECの下での自由化は,加盟国が自由化を行う範囲を前出の(MTN.GNS/W/120)に基づいた155業種[11]ではなく,その業種を更に細分化し,自由化する分野を細かく指定,提示することが容認されている。つまり,自由化の範囲や深さは各国の裁量に任されている。特定業種全体を自由化しても,また特定業種のうち極めて限定された狭い範囲のみの自由化でも,当該業種は「自由化が約束された業種」として扱われる。そのため加盟各国は,国内での反対勢力や自由化への影響が最小限に抑えられる分野を選定する誘因が働くようになった。その結果,サービス投資の自由化にネガティブな国ほど,自由化する業種をより細かく指定するようになった。AECのもとでのサービス自由化は,実体的にモラルハザードが起きるとともに,その結果,加盟国間でサービス投資の自由化水準で大きな格差が生じている。ASEANのサービス自由化が「見せかけ」と揶揄される理由である。

更に，AECブループリント策定後，2009年8月の第41回ASEAN経済相会議で「全般的な柔軟性」として自由化約束業種数ベースで全体の15%について柔軟性を持たせることで合意した。例えば，第9パッケージのもとでは104業種の自由化を目指すが，第1から第3までの3つのモードの15%となる最大36業種を柔軟措置のもと自由化対象の例外とすることが出来る。つまり各

表6-2　ASEANのサービス貿易自由化アプローチ

	サービス			航空運送サービス	金融サービス
	交渉ラウンド	交渉方式			
1996年	第1ラウンド（リクエスト・オファー方式）	リクエスト・オファー方式	第1パッケージ（AEM）		
97年					
98年			第2パッケージ		
99年	第2ラウンド	共通業種方式（分野は4カ国以上の合意）			
2000年					
01年			第3パッケージ		
02年	第3ラウンド	改定共通業種方式（分野は3カ国以上の合意/ASEAN－X方式導入）			第2パッケージ（AFM）
03年					
04年			第4パッケージ	第4パッケージ（ATM）	
05年	第4ラウンド	サブセクター2表方式（①義務的サブセクター，②+5サブセクター選択）			第3パッケージ
06年			第5パッケージ		
07年	AECラウンド（交渉ラウンドは2年毎）	AECブループリント準拠方式（自由化サブセクター数を規定）	第6パッケージ	第5パッケージ	
08年					第4パッケージ
09年			第7パッケージ	第6パッケージ	
10年			第8パッケージ		
11年				第7パッケージ	第5パッケージ
12年					
13年				第8パッケージ	
14年					
15年			第9パッケージ	第9パッケージ	第6パッケージ
16年			第10パッケージ（交渉中）	第10パッケージ（交渉中）	第7パッケージ
17年					

（注）AEMはASEAN経済相会議，AFMは同財務相会議，ATMは同運輸相会議。
（資料）ASEAN Integration in Services（ASEAN Secretariat）より著者が作成。

国が約束する自由化業種数は，パッケージ毎に規定された自由化業種数に満たなくても容認される。ただし，例えば第3モード等特定のモードに集中した柔軟措置適用は認められない。第9パッケージでは，各々のモード毎に例外扱いに出来るのは最大26業種とされている。

ブループリントでは他にも柔軟性として，加盟国が前回の交渉ラウンドで決定した約束を達成できない場合，次回の交渉ラウンドで遅延回復が可能なこと，自由化が合意された業種について約束出来ない加盟国は，他の分野で代替可能なことが明記され，各国事情に配慮した柔軟な自由化方式を採用している。その一方で，これら柔軟措置は自由化を期待する企業にとって分かりにくく，予見可能性を低下させるとの声もあがっている。

第2節　ASEANのサービス自由化の水準と状況

1. AFASの下でのサービス自由化

ASEANは当初，AECが完成する2015年末までに全155業種のうち経済相が所管するAFAS対象128業種の自由化を目指していた。サービス貿易はその形態によって大きく4つのモードに分類され，中でも先進各国や外国企業等の関心は，特に第3モード（商業拠点の設立）にある。AECブループリントではAFASのもと全てのサービス分野，形態について2015年までに完全な自由化を目指しているわけではない。第1，第2モードは完全自由化を目指すものの，第3モード，第4モードでは必ずしもそのレベルにまで踏み込んでいない。

第3モードについては，サービス分野を大きくi) 優先分野（e-ASEAN，観光，ヘルスケア），ii) ロジスティクス，iii) その他の全てのサービス，に分け，外資出資規制を緩和する。更に第3モードでは，外資出資規制緩和に加えて，2007年8月の第39回AEMでは市場アクセス制限のうち非資本部分を，また2010年8月の第42回AEMでは内国民待遇制限を，それぞれ段階的に撤廃することが決められている。

外国資本出資比率制限について，AFASが加盟各国に求めている最終目標は，

ASEAN加盟国企業に対する「出資比率70％以上」の容認である。この最終目標について，優先統合分野は2012年の第8パッケージで達成したものの，ロジスティクス分野は第9パッケージで，その他サービス分野は第10パッケージで，それぞれ実現を目指す。

全128業種のうち80業種以上で外資過半または70％超を求める第8パッケージは2012年8月に自由化約束表が出揃った。翌2013年に同104業種以上の自由化を約束する第9パッケージの署名を目指したが，特にフィリピンでこれら外資規制緩和が憲法や国内法に抵触する恐れがあり，どの業種を15％分の柔軟措置適用対象に振り向けるかなどの調整作業が難航した結果，同パッケージが署名されたのは，ASEAN共同体が2015年12月末に正式に設立されること

表6-3 ASEANのサービス貿易・第3モードの外資出資比率緩和スケジュール

パッケージ			第8パッケージ		第9パッケージ		第10パッケージ	
完了	当初目標		2010年経済相会議		2013年経済相会議		2015年経済相会議	
	自由化約束表		2012年8月完了報告		2015年11月末		（2017年中）	
自由化対象業種数			80		104		128	
第1モード			80		104		128	
第2モード			80		104		128	
第3モード	市場アクセス（外資比率）		業種数	外資比率	業種数	外資比率	業種数	外資比率
		優先統合分野	29	70％	29	70％	29	70％
		ロジスティクス分野	9	51％	9	70％	9	70％
		その他サービス	42	51％	66	51％	90	70％
	市場アクセス（制限）	優先統合分野	29	制限なし	29	制限なし	29	制限なし
		ロジスティクス分野	9	制限なし	9	制限なし	9	制限なし
		その他サービス	16	最大3つ	26	最大2つ	90	制限なし
			16	最大2つ	26	最大1つ		
	内国民待遇（制限）		最大4つ／業種（含分野横断的）		最大3つ／業種（含分野横断的）		最大1つ／業種（含分野横断的）	
柔軟性の容認	1～3モード計		36 (80*3*15%)		47 (104*3*15%)		58 (128*3*15%)	
	1モード最大		22 (47*60%)		26 (47*55%)		29 (58*50%)	

（注1）分野横断的制限も含む
（注2）優先分野は，e-ASEAN，観光，ヘルスケア
（注3）その他モード3における市場アクセス制限の除去は2015年迄に漸次実施。
（注4）サブセクターの一部のみの自由化であっても，「当該分野自由化済み」とカウント。
（資料）ASEAN Integration in Services（ASEAN Secretariat）

を宣言した首脳会議終了後（2015年11月末）のことである。

また，第8や第9など途中のパッケージでは，加盟国による市場アクセスの一部制限も認めている。これは，免許付与数の制限に代表されるサービス提供者数の制限やサービスの取引総額・資産の制限（例：外資系企業のシェアの制限），合弁や法人設立要求など事業形態の制限・要求などが事例としてあげられる。第9パッケージでは，優先統合分野，ロジスティクス分野を除き，全52業種で制限を課すことが容認されている。容認されている制限数は，半分の業種で最大2つまで，残りは最大1つである。一方，内国民待遇制限については，第9パッケージで業種ごとに最大3つ，第10パッケージで同最大1つに縮減される。

2. 第9パッケージに見るASEAN各国のサービス投資自由化

第1モード（越境取引）や第2モード（国外消費）は比較的自由化しやすいため，各々のパッケージ毎で比べればサービス産業での自由化が進展しているようにみえる。しかし，特定約束表でサービス分野の投資を意味する第3モードに注目すると，依然として自由化に後ろ向きの国が多いことがわかる。

ASEAN 6カ国（タイ，インドネシア，マレーシア，フィリピン，シンガポール，ベトナム）について，2015年11月末に署名されたAFAS第9パッケージの特定約束表をベースに第3モードの自由化状況を検証する。ここでは全155業種のうち経済相が所管するAFAS対象128業種について，その自由化対象業種数とその範囲を計測した。サービス貿易の特定約束表は「市場アクセス制限」と「内国民待遇制限」，そして「追加的約束」で構成されるが，今回，市場参入可能性を計る観点から，市場アクセス制限のうち「外資出資」に焦点をあて，ASEAN各国の自由化状況を検証する。

ASEANのサービス自由化では，自由化の範囲や深さは各国の裁量に任されていることを鑑み，第9パッケージでのASEAN 6カ国の約束状況について，i）自由化が当該業種に全てに及んでいる業種，ii）自由化が当該業種の一部のみの業種とに分け，更に各々，容認している外資出資比率をa）100％，b）70％以上100％未満，c）51％以上70％未満，の3つに分けた。AFAS第10パッケージでは最終的に全ての業種でa）またはb）に移行することが求められる。

表 6-4 ASEAN のサービス分野の投資自由化に関する各国の約束内容（第 9 パッケージ）

国名	パッケージ別自由化必要業種数	第9パッケージ自由化業種数	自由化は当該業種全て				自由化は当該業種の一部				備考
			100%	99〜70%	69〜51%		100%	99〜70%	69〜51%		
タイ	104（最大柔軟措置業種数：26）	109	16	0	15	1	93	0	86	7	
インドネシア		78	37	0	10	27	41	4	10	27	
マレーシア		89	44	9	18	17	45	8	10	27	
フィリピン		63	11	7	4	0	52	10	40	2	分野横断規定の外資規制が適用されないのは 10 業種
シンガポール		97	58	52	5	1	39	39	0	0	
ベトナム		92	68	36	16	16	24	18	3	3	

（注1） 各国とも15%は柔軟措置として例外としての取り扱いが可能。
（注2） WTO の GATS W/120 上サービス業種数は 155。本表では経済相会議管轄外の金融サービス、航空輸送サービス、農水鉱製造関連サービスを除く。
（資料） ASEAN 事務局 AFAS 第 9 パッケージをもとにカウント。

AFAS 第 9 パッケージにより，e-ASEAN やヘルスケア，観光の優先統合分野（29 業種）とロジスティクス（9 業種）の計 38 業種で少なくとも 70％以上，それ以外のサービス分野（66 業種）で 51％以上を，それぞれ ASEAN 企業に門戸の開放を求めている。

ASEAN 加盟国は第 9 パッケージ時点では少なくとも 104 業種の自由化が求められるが，外資出資過半を容認している分野は，タイの 109 業種を筆頭に，シンガポール（97 業種），ベトナム（92 業種），マレーシア（89 業種），インドネシア（78 業種），フィリピン（63 業種）であった。前述の通り，第 9 パッケージでは最大 26 業種分の柔軟性が容認される。つまり，少なくとも 78 業種で何らかの自由化を約束する必要がある。既に実態として相当程度の自由化が進展しているシンガポールを除き，ASEAN 6 カ国のサービス分野の外資参入規制の状況と AFAS 第 9 パッケージの自由化約束状況を詳しく見ていきたい。

（タイ）

タイは外国人や外国企業（外国資本 50％以上）の出資について，外国人事

業法[12]（Foreign Business Act）に基づき全43業種を3表に分け，いわゆるネガティブリスト方式で制限している。これら業種は，特別な許可を得ない限り，外資過半での参入が制限されている。サービス分野に該当する業種は，同法の下，ほぼ漏れなく規制対象業種[13]である。第1表は外国企業の参入が禁止されている9業種，第2表は国家安全保障または文化，伝統，地場工芸，天然資源・環境に影響を及ぼすとして禁止されている13業種，第3表は外国企業に対し競争力が不十分として参入が禁止されている21業種，である。

　既に述べた通り，ネガティブリスト方式による参入規制は，自由化義務の例外分野を特定しており，ポジティブリスト方式に比べ，一般的に自由化の範囲が広いと言われる。しかし，第3表で21番目の規制業種「その他サービス」によって，省令で定めるものを除き，サービス業はほぼ漏れなく参入が制限されている[14]。ただし，タイ投資委員会（BOI）の奨励事業やタイ米友好経済関係条約，タイ豪州FTA，日本タイ経済連携協定（JTEPA），そしてAECを利用した投資は，外国人事業法の対象外となる。このうちFTAやEPAで出資規制が緩和されている業種はごくわずかであるが，1966年にタイが米国と結んだ「タイ米友好経済関係条約」では，タイは米国に対し一部業種[15]を除き，外資出資規制を撤廃するとともに，タイ国民と同等の待遇を付与する内国民待遇が約束されている。

　タイは第9パッケージで外資出資過半を109業種で認める。しかし，当該業種全体で自由化を約束しているのはわずか16業種，うち15業種は外資出資比率70％以上を容認している。残り93業種は当該業種を細分化し，その一部を自由化する。うち86業種で同70％以上を容認している。業種全体を自由化しているのは，自由職業サービスのうち助産婦，看護婦，理学療法士及び準医療に従事する者により提供されるサービス，運送サービス分野では，乗組員を伴う船舶の賃貸，船舶の保守及び修理（10万DWT以上），鉄道運送機器の保守及び修理のサービス等がその事例としてあげられる。

（インドネシア）

　これまでインドネシアはASEANの中でも「保護主義的」と見做される場面が多かったが，2014年10月にジョコ・ウィドド大統領が就任して以降，その

姿勢に変化が見られる。これまでインドネシアはFTAについては後ろ向きの印象が強かったが，環太平洋経済連携協定（TPP）大筋合意直後の2015年10月，ジョコ大統領は米オバマ大統領との会談で，TPPへの参加に強い意欲を示すなど，通商自由化に積極姿勢を見せている。

　ジョコ政権は2015年9月以降，産業競争力強化に資する規制緩和や各種手続きの簡素化などを「経済政策パッケージ」として次々と発表している。経済政策パッケージのうち，2016年2月に発表された第10弾は，投資規制業種リスト，いわゆるネガティブリストの見直しに関するものである。卸売・倉庫業やスポーツ施設，レストラン業など計64業種で外資出資比率上限を緩和することが発表された。これは2016年5月12日付大統領規程2016年第44号として運用が開始されているが，AFASを強く意識したものである[16]。そのため，同ネガティブリストでは，特定の条件付きで開放されている事業分野を掲げるが，ここでは，i) 外資比率制限，ii) 特定の場所，iii) 特別許可，iv) 内資100％，および／あるいは，v) ASEAN協力の枠組みにおける資本比率制限，とに分けられ，ASEAN企業を対象に出資比率を緩和している業種も少なくない。

　インドネシアは第9パッケージで，柔軟性を鑑み，78業種で外資出資過半を認める。このうち，当該業種全体で自由化を約束しているのは約半数の37業種，うち10業種は外資出資比率70％以上を容認する。残り41業種は当該業種を細分化し，その一部のみを自由化する。うち16業種で同70％以上を容認する。また，他の加盟国ではほぼ見られないインドネシアの自由化約束表での特徴として，一部業種で地方部に限り外資出資規制を緩和している。例えば，病院で提供される専門医療や専門歯科医療について，インドネシア東部州の州都に限って外資出資比率70％まで開放する。

　しかし第9パッケージは，ユドヨノ前政権時代に取りまとめられたものであり，自由化は必要最小限に抑えられるなど，ジョコ政権の自由化に対する姿勢がここに表れているわけではない。インドネシアが外資出資比率70％以上を容認した業種は，こん包サービス，エンジニアリングに関するアドバイザリー・諮問サービス，工業工程・生産のエンジニアリング・デザイン・サービス，鉄道による冷凍・冷蔵品の輸送サービス等であり，前回の第8パッケージ

時から，外資出資容認または出資比率をより緩和した。現在，取りまとめが行われている次の第10パッケージで，ジョコ大統領のイニシアチブにより自由化対象範囲の拡大や更なる深掘りが期待される。

(マレーシア)

　マレーシアは2009年にナジブ首相が登場して以降，ASEANの中でもサービス産業自由化の旗振り役を担ってきた。同政権はサービス産業の自由化が経済活性化の鍵と位置付けてきた。これまでサービス産業の多くで最低30％のブミプトラ[17]資本の保有を求めてきたが，2009年4月には27業種で同規定を撤廃，自由化した。流通分野では，2010年5月の「流通取引・サービスへの外国資本参入に関するガイドライン」により，ハイパーマーケット，デパート，スーパーストア，専門店，その他の様々な販売形態の計5分野のうち，ハイパーマーケット，スーパーストアを除き，最低ブミプトラ資本30％の要件を撤廃，100％での外資参入が可能になった。

　また，2012年1月以降，サービス18業種の自由化を進めている。同月には，技能訓練サービス，私立病院サービス，経理・税務サービス，デパート・専門店，宅配サービス，インターナショナルスクールなどが自由化された。14年7月に高等教育サービス，15年7月にエンジニアリングサービス，今後，関連法令の改定を待って建築サービス，積算士サービスなどが自由化される。

　2015年5月には国家5カ年計画「第11次マレーシア計画」(2016～20年) を発表したが，6つの戦略のうち「一層の繁栄に向けた成長の再構築」で，ハラール産業の拡大や医療観光の充実などサービス産業の高度化に焦点を当てている。

　AFAS第9パッケージで，マレーシアは89業種について外資出資過半を容認した。このうち当該業種全体で自由化を約束しているのは，ほぼ半分の44業種，うち9業種は外資出資比率100％を，18業種は同70％以上を容認した。外資出資比率100％を容認する業種として，法律サービス，会計・監査及び簿記サービス，税務サービスなど自由職業サービスに加え，ハードウェア設置に関連する相談サービスなどの電子計算機及び関連サービスなどがあげられる。

　また，当該業種を細分化し，その一部のみを自由化するのは45業種。うち

8業種で同100%を，10業種で同70%以上を容認する。同100%を容認する細分化業種は，医学・薬学に関する研究及び開発サービス，居住用不動産サービス，国際船舶のための貨物船（操舵士なし）の賃貸サービス，経営統括本部（OHQ），国際調達センター（IPC），地域物流センター（RDC），スポーツイベント運営管理サービス，海上運送代理店サービス（市場調査，販売他）などである。

第9パッケージではロジスティクス分野について少なくとも外資出資比率70％の自由化が求められている。海上・鉄道・道路における貨物運送について，前パッケージは同51%であったが，70％へと引き上げた。また，鉄道運送では，旅客運送，押し列車及び引き列車のサービスで同70％まで外資を容認する。

しかし，マレーシアはロジスティクス分野で「柔軟措置」を積極的に活用している。第9パッケージで，内陸水路における旅客や貨物輸送，船舶の賃貸や保守・修理等や，道路運送サービスの旅客運送や運転者を伴う業務用車両の賃貸，パイプライン輸送などについては一切，自由化を約束していない。同国にとってロジスティクス分野はセンシティブであることが容易に想像できる。

マレーシアは，物流関連分野を大きく，陸運，海運，空運，倉庫，その他，の計5分野に分け，各々ライセンス取得を求めている。外資出資については，空運では外資出資制限はないものの，陸運では会社所有物品の輸送については外資100％での参入が認められている一方で，通常の貨物輸送では，外資出資過半は認めていない。海運の場合，マレーシア船籍で最大2年のライセンスが取得可能であるが，その場合，最低30％のブミプトラ資本が求められる。倉庫業の場合，自社のために所有する私設保税倉庫に限り外資出資制限はない。一方，一般保税倉庫の場合，最低30％のブミプトラ資本が求められる。

（フィリピン）

フィリピンはASEANの中でも最もサービス分野の自由化が難しい国の1つである。ASEANがAFAS第9パッケージに署名し，約束表を公開したのは2015年11月末であるが，実際には1年3カ月前の2014年8月に開催されたミャンマーでの経済相会議で，フィリピンを除くASEAN9カ国は同パッケー

ジに合意,署名を完了させていた。そのため,14年時点で第9パッケージの協定本文は公開されたものの,各国が自由化業種を明示する特定約束表が公表されたのは,フィリピンが署名した2015年11月になってからのことである。フィリピンはどの業種で柔軟措置を適用するか,慎重に検討を重ねてきたとみられる。

フィリピンでは1991年外国投資法(1996年改正)に従い,「外国投資ネガティブリスト」が設けられている[18]。ここでは,外国資本の参入や外国人の就業が一切認められない業種に加え,外国資本を20%,25%,30%,40%以下に各々制限する業種を明示している。

ただし,サービス業の外資参入を規制するのは同リストのみではない。フィリピンでは憲法でも一部のサービス分野で外資参入を制限している。フィリピンで現在,運用されている憲法は,マルコス大統領を米国ハワイへの亡命に追い込んだピープルパワー革命後に策定された1987年憲法である。同憲法では,12条で国家の経済と財産について,14条で教育,科学・技術,芸術,文化,スポーツ等について,16条で一般規定について,それぞれ外資参入について規定されている。特に,サービス分野の自由化の足枷となっているのは,14条と16条。具体的に,例えば14条で,教育機関はフィリピン国民またはフィリピン人の出資比率が60%以上の法人のみが経営出来,議会にはフィリピン人出資比率をさらに高めることができる権限を付与している。また,16条では,マスメディアの経営と所有はフィリピン人に限定されること,広告業は外資比率30%以下で,且つ役員会構成も同じ比率とすることが明記されている。

一方,AFAS第9パッケージでは,柔軟措置を考慮しても全128業種のうち少なくとも78業種で外資過半を容認する必要がある。しかし,フィリピンの特定約束表での自由化約束業種は63業種のみ。ただし,建設サービス及び関連のエンジニアリングサービス,病院サービス,廃棄物処理サービス等10業種は,具体的な外資出資比率の記載はないものの,「分野横断的な約束における外資出資制限は適用されない」[19]とされ,解釈の余地を残している。それでも第9パッケージで規定する78業種には届かない。AECブループリントに明記された柔軟措置,具体的には,加盟国が前回の交渉ラウンドで決定した約束

を達成できない場合，次ラウンドで遅延回復が可能なこと，合意された業種での自由化が出来ない場合，他の分野での代替を認めていること，等を活用しているとみられる。

フィリピンが外資出資過半を当該業種全体で約束しているのは 11 業種のみで，ほとんどが業種を細分化し，部分的な自由化にとどめるなど，自由化業種は相当慎重に選んだことが想像できる。業種全体を完全に自由化したのは，電子計算機及び関連サービス分野の全業種，クーリエサービス，旅行業サービス，鉄道運送機器の保守及び修理のサービスである。梱包サービスや印刷及び出版，フランチャイズは 70% である。一方，業種横断的に全く自由化約束をしなかった分野は，電気通信サービス，内陸水路における運送サービスである。

現在，ASEAN は第 10 パッケージの自由化約束表を取りまとめているが，今後もフィリピンが ASEAN の自由化約束を履行していくためには，憲法改正を念頭に置く必要に迫られるなど，そのハードルは非常に高い。しかし，それが果たされなければ，他の ASEAN 加盟国は自由化を進める過程で再びフィリピンに足を引っ張られることになる。

(ベトナム)

多角的貿易交渉 GATT（関税と貿易に関する一般協定）ウルグアイ・ラウンド（1986 年～94 年）において，GATT は WTO に発展改組されることが決定され，WTO が 1995 年 1 月に発足した。ベトナムは WTO 発足と同時に加盟を申請，その後 10 年以上に亘る二国間および多国間協議を経て，2007 年 1 月にようやく念願であった WTO 加盟を果たした。

しかし，ベトナムは長年にわたる WTO 加盟交渉を通じ，既 WTO 加盟国からサービス業の自由化を強く求められ，サービス分野全 155 業種のうち 110 業種について，多くは条件付きながらも自由化を約束した。特に，金融・商業・運輸などの分野の多くが，加盟後 5 年以内に開放されることになった。小売業は 2009 年より外資 100% の開放を約束している。そのためベトナムは，GATT 時代から参加している ASEAN 先発加盟国に比べ，サービス業の参入障壁はより低くなっている。

AFAS 第 9 パッケージで自由化対象となる全 128 業種のうち 92 業種につい

て外資出資過半を容認した。このうち当該業種全体で自由化を約束しているのは68業種，残る24業種は業種を細分化し，部分的に自由化を容認している。このうちベトナムが業種を細分化せずに新たに外資100％を容認したのは36業種あり，第8パッケージに比べ3業種上積みしたが，これは初等教育サービス，鉄道貨物運送サービス，倉庫サービスである。ASEAN先発加盟国のマレーシア，フィリピンで同業種数は1桁台，タイ，インドネシアで「ゼロ」であるのに対し，ベトナムの自由化業種数の多さは際立っている。

一方，当該業種の一部で外資100％の自由化約束を行った業種は，家具及びその他家電のリース・レンタルサービス，工業団地・EPZ内消毒・駆除サービスおよび窓ガラス清掃サービス，海上運送における税関手続きサービスおよびコンテナ蔵置場サービス，陸上輸送を除く貨物運送代理店サービス，洗濯物回収・ドライクリーニング・アイロンサービスである。

ベトナムはWTO加盟時に多くの自由化を約束していたことから，AFASの下での自由化水準も高く，ASEANが現在行っている第10パッケージの策定作業において自由化を牽引する役割が期待される。またASEAN加盟国には，製造業ばかりを自由化し投資促進を図る一方，サービス自由化には慎重な国が少なくない。その中でベトナムは，製造業とそれを支えるサービス分野でも自由化が進展している。両分野を有機的に結びつけることでシナジー効果が生まれ，ベトナム全体の国際競争力が向上されれば，それに刺激を受けた国々が追随する可能性がある。

3．ASEANのサービス自由化水準

これまでASEAN各国のサービス自由化約束状況を見てきたが，前述の通りRoy（2011）はサービス分野の第1モードと第3モードの自由化約束の範囲・水準とを指数化して比較した。本項では，AFAS第9パッケージの第3モードの「外資比率」に絞って自由度を数値化し，ASEAN加盟国間の比較を試みる。

数値化は，当該業種全体で自由化を約束している業種について，外資100％を容認した場合は「1.0ポイント」，外資70％以上100％未満で「0.7ポイント」，51％以上70％未満で「0.5ポイント」とした。また，当該業種の一部について

表6-5 AFAS第9パッケージにおけるASEAN各国の第3モード自由化インデックス

(単位：ポイント)

満点	タイ	マレーシア	インドネシア	フィリピン	シンガポール	ベトナム
128.00	42.85	43.65	32.95	28.8	75.50	66.00

(注) 指標は各々の業種において0～1で表される。当該業種全体で自由化を約束している業種について、外資100％を容認した場合は「1.0」、外資70％以上100％未満で「0.7」、51％以上70％未満で「0.5」で点数化。また、当該業種の一部について自由化を約束している業種について、外資100％を容認した場合は「0.5」、外資70％以上100％未満で「0.35」、51％以上70％未満で「0.25」とした。

(資料) AFAS第9パッケージをもとに著者が作成。

自由化を約束している業種について、外資100％を容認した場合は「0.5ポイント」、外資70％以上100％未満で「0.35ポイント」、51％以上70％未満で「0.25ポイント」とした。

全128業種全てで外資出資規制がない場合、最大の128ポイントとなる。ASEANは第9パッケージでは、104業種のうち優先統合分野29業種およびロジスティクス分野9業種で外資出資比率70％、その他サービス分野66業種で同51％の緩和が求められている。当該業種全体でこの約束を履行している場合は59.6ポイントになる。しかし、当該業種の一部のみで約束を履行した場合、29.8ポイントとなる。

これをASEAN加盟各国の第9パッケージ特定約束表に当てはめた場合、最も自由度が高いのはシンガポールで75.5ポイント、これに続くベトナムが66.0で、同パッケージを完全に履行した場合の59.6ポイントを大きく上回る自由化を達成している。その一方、フィリピン、インドネシアで同インデックスは30ポイント前後にとどまっている。特にフィリピンは、104業種全てで一部のみの自由化を行う29.8ポイントを下回っている。ただし、フィリピンの場合、建設サービス及び関連のエンジニアリングサービス、病院サービス、廃棄物処理サービス等10業種は、具体的な外資出資比率の記載はないものの、「分野横断的な約束における外資出資制限は適用されない」とされ、解釈の余地を残しており、これらを加味すれば下限を上回る。

サービス12分野について、ASEAN加盟国はどの分野で外資参入にセンシティブなのかその特徴を見る。サービス全12分野について、各々の分野の業種平均の自由化インデックスを算出した。比較的自由化が進展している分野

表6-6 AFAS第9パッケージにおける国・分野別第3モード自由化インデックス

サービスの種類	タイ	マレーシア	インドネシア	フィリピン	シンガポール	ベトナム	平均
1. 実務サービス	0.37	0.42	0.19	0.32	0.70	0.55	0.43
2. 通信サービス	0.39	0.37	0.33	0.11	0.75	0.44	0.40
3. 建設サービス及び関連のエンジニアリング・サービス	0.35	0.45	0.50	0.00	1.00	1.00	0.55
4. 流通サービス	0.35	0.35	0.10	0.35	0.50	0.80	0.41
5. 教育サービス	0.32	0.35	0.15	0.21	0.80	0.80	0.44
6. 環境サービス	0.35	0.19	0.31	0.15	0.50	0.88	0.40
7. 金融サービス	–	–	–	–	–	–	–
8. 健康に関連するサービス及び社会事業サービス	0.35	0.24	0.30	0.18	0.25	0.48	0.30
9. 観光サービス及び旅行に関連するサービス	0.26	0.18	0.21	0.39	0.75	0.46	0.38
10. 娯楽，文化及びスポーツのサービス	0.35	0.22	0.25	0.28	0.40	0.00	0.25
11. 運送サービス	0.23	0.25	0.28	0.17	0.27	0.38	0.26
12. いずれにも含まれないその他のサービス	0.35	0.35	0.25	0.50	0.50	0.50	0.41

(注) 自由度が低い（0.3ポイント以下）分野は薄い灰色，0.5以上は濃い灰色で色を付けた。
(資料) AFAS第9パッケージをもとに著者が作成。

は，「建設サービス及び関連のエンジニアリングサービス」である。フィリピンは自由化を全く認めていない一方で，シンガポール，ベトナムは完全自由化を果たしている。

一方，ASEAN加盟国が比較的自由化に後ろ向きな分野は，「娯楽，文化及びスポーツのサービス」，「運送サービス」，そして「健康に関連するサービスおよび社会奉仕サービス」である。特に運送サービスについては，ベトナムを除き全て自由度が低い。

また国別では，特にインドネシア，フィリピンが分野横断的に自由度が低い。一方，シンガポール，ベトナムは他の加盟国に比べ自由度が高いことが確認出来る。

4. サービス分野の投資自由化に向けた課題

ASEANは2015年末を期限としたAEC設立までにAFAS第10パッケージをまとめる予定であったが，交渉や国内調整が難航，同パッケージを期限までに取りまとめることは出来なかった。そのためASEANは2017年夏のASEAN経済相会議での署名実現を目標に，調整を進めている。第10パッケージの早

表6-7 AFASの7～9パッケージにおけるASEAN各国の準備状況

	第7パッケージ	第8パッケージ	第9パッケージ
署名日	2009/2/26	2010/10/28	2015/11/27
発効日	2009/5/26	2011/1/28	2016/5/25
発効条件	署名後90日後	署名後90日後	署名後180日後
ブルネイ	n.a.	2012/9/24	2016/3/4
カンボジア	2014/3/26	2014/3/26	―
インドネシア	2012/2/23	2014/7/7	―
ラオス	2010/1/20	2015/12/4	2015/12/4
マレーシア	2009/6/17	―	2016/5/27
ミャンマー	n.a.	n.a.	2016/3/17
フィリピン	―	―	―
シンガポール	2009/4/2	2011/9/13	2016/3/16
タイ	n.a.	2013/3/8	2016/4/1
ベトナム	n.a.	2012/7/18	―

(注1) n.a.は次のパッケージでは通告しているため，手続きは終了し，発効しているとみられるが，通告がASEAN事務局側発表では確認できていない。
(注2) 発効日までに国内手続きが間に合わない加盟国は，ASEAN事務局に通報後，権利と義務が発生する。
(資料) ASEAN事務局ウェブサイトより作成。

期実施には，前パッケージで足を引っ張った形となっているフィリピンの国内調整の進展状況に大きく左右される可能性がある。2016年6月に就任したロドリゴ・ドゥテルテ大統領は，8項目の経済政策の中に外資規制の緩和を挙げている。同大統領は憲法改正を進める考えを示しており，同氏の実行力が良い意味で発揮されれば，フィリピンに新たな扉が開かれる可能性がある。

第9パッケージは2015年11月に10番目の国としてフィリピンの署名手続きが完了し，準備が整った加盟国により180日後の翌2016年5月に発効した。この時までに国内手続きが終了していない加盟国は，国内手続きが完了後，ASEAN事務局にその旨を通告する。2016年8月時点でASEAN事務局に国内手続きの完了を通知したのは6カ国である。通告した時点で，第9パッケージの権利と義務が生じることになる。

今後は第9パッケージで約束された自由化約束を，実際にASEAN企業が活用するステップに入る。外国企業の参入には，外資法に加え業法により出資比率規制，役員等の国籍条項を通じて，重層的に外資参入が制限されている場合

もある。AFASで求めるサービス分野の真の投資自由化には，外資法に加え，これら業法の改正が必要となり，それら改正を着実に進めることが不可欠である。

　また，AFASの対象となる「ASEAN企業」とは何を指すのかについては明確な記載はなく，国毎に基準が異なる可能性も否めない。ASEANにおけるサービス分野の投資自由化の恩恵は，投資を受け入れる側のASEAN加盟各国の法令に基づき「地場（内資）企業」と規定される企業が対象である。AFASで関係する規定は，第6条「利益の否認」で，非加盟国の自然人や加盟国の法令の下で規定される非加盟国民に保有・支配される法人は対象とはならないことが記されているのみである。加盟国毎に「地場企業」の定義は異なるため，事実上，各国政府の判断に委ねられている。AFAS第9パッケージでは，特に優先統合分野の29業種，ロジスティクス分野の9業種については，ASEAN企業に対し外資出資比率制限を少なくとも70％まで緩和することが約束されていることから，今後，具体的な事例が出てくれば，各国の運用状況が自ずと明らかになってくるであろう。しかし，運用次第では参入障壁になる可能性がある。そのため，AFASの改正のタイミングを捉えて，「ASEAN企業」とは何を指すかを，より明確に規定する必要がある。

　2013年8月に開催されたASEAN経済相会議では，AFASの強化に向け準備が進められていることが報告された。具体的には，AFTA-CEPT（ASEAN自由貿易地域のための共通効果特恵関税協定）をASEAN物品貿易協定（ATIGA）へと強化したと同様，AFASを改訂し，ASEANサービス貿易協定（ATISA）へと強化する。ATISAは，ASEANをグローバルサプライチェーンに統合させ，またASEAN域内統合をより広範囲且つ深化させる目的で，包括的かつ進歩的なものにするという。現在，AFASが抱えるこれら課題について，ATISAが解決策を提供することが期待される。

　その一方，ATISA策定に懸念も付きまとう。ASEANはAFAS協定をベースに，ラウンド（交渉）を積み重ね，パッケージ毎に自由化を進展させてきた。しかし，ベースとなるAFAS協定自体はWTOが発足した1995年12月に署名（発効は1998年8月）され，既に策定から20年以上の月日が経過している。AFASは，特定約束表以外で内国民待遇の取り決めはなく，また，国内規制，

透明性，支払い及び資金の移動の自由化についても協定に記載がない。一方，2000年代後半以降，ASEANが域外国と締結したサービス貿易協定，例えば中国や韓国，豪州・NZとの間の協定では，それらが明記されるなど，AFAS自体が時代遅れになっている。

現在，WTOの下，有志国は21世紀を見据え，GATSに変わるTiSAの策定作業を進めている。この有志国にはASEAN加盟国はどこも入っておらず，次世代の世界のサービス貿易を支えるTiSAと，現在ASEANが策定作業を進めているATISAとで，整合性がとれたものになるか注視する必要がある。

【注】

1) Martin RoyはGATSと地域貿易協定の自由化約束を比較し，その自由度を以下でスコア化し比較している。点数化は「制限なし」（市場アクセス，または内国民待遇の制限なし）の場合は1を，「約束しない」は0，「部分的に約束」は0.5。https://www.wto.org/english/tratop_e/serv_e/dataset_e/index_per_agreement_e.xls（2016年5月8日閲覧）。
2) ただし，GATSでの自由化約束は実際のWTO加盟各国の自由化を表しているとは限らない。
3) 日本とASEANとの間では，日ASEAN包括的経済連携協定（AJCEP）が締結されているものの，物品貿易分野のみ。サービス貿易協定の締結交渉は行われているものの，2016年5月時点で署名に至っていない。ただし，日本はASEAN先発加盟国及びベトナムとの間で二国間EPAを締結し，その中に「サービス貿易章」がある。
4) 第8パッケージは2010年10月にベトナム・ハノイで署名され，2011年1月に発効している。一方，続く第9パッケージは2015年11月に署名し，2016年5月に一部の国で発効した。同月現在，ラオス，ブルネイ，シンガポール，ミャンマー，タイ，マレーシアの6カ国が国内手続きの終了をASEAN事務局に通知している。
5) Severino, 2006.
6) 国連作成の暫定中央生産物分類（CPCリスト）をもとにGATTウルグアイラウンド時に作成。分類表上もCPCコードが参照されているが，約束表に明記された各分野の具体的範囲や内容は，約束を行った加盟国の判断に委ねられている。
7) 自由化義務の例外分野を特定するネガティブリスト方式に比べ，ポジティブリスト方式は一般的に自由化の範囲が限定的と言われる。
8) 金融サービスは第5パッケージから，また航空輸送サービスは第7パッケージから，これまでの交渉の成果であるAFASやGATSにおける約束を（MTN.GNS/W/120）に入れ込み，単一の包括的約束表を作成している。
9) 2009年にはAIAとASEAN投資保護促進協定（AIGA）とを統合し，包括的な投資協定「ASEAN包括的投資協定」（ACIA）が策定された。同協定の適用範囲は，製造業，農業，漁業，林業，鉱業，これら分野に付随するサービス業，全加盟国が合意したその他の産業。これら分野で内国民待遇，経営幹部や取締役の国籍要件等について，ASEAN加盟国が留保表に記載しない限り自由化が約束される。
10) サービス貿易でのASEANマイナスX方式は，2002年7月に開催された非公式ASEAN経済相会議（於：マレーシア）で，議長国のマレーシアが「10マイナスX原則」をサービス交渉に適用すべきと提案したことに始まる。後に「ASEANマイナスX」方式と呼ばれるようになった。

11) ASEAN 経済相（AEM）のもと自由化交渉が行われるのは，金融サービス，航空運送サービスを除く 128 サブセクター。
12) 現在運用されている外国人事業法は，1999 年に改正され，2000 年 3 月に施行されたもの。
13) ここでの業種は WTO 事務局分類表（W/120）とは異なる。
14) ただし，商業銀行や外資銀行の駐在員事務所，生命保険・損害保険等の一部サービス業については，別途，特別法で規制されているため，16 年 2 月 11 日付で規制事業リストから外された。
15) 米国企業でも参入が制限されているのは，運輸，通信，信託機能，預金機能を含む銀行業務，土地およびその他天然資源開発，国産農業製品の国内取引，の計 6 分野。
16) 大統領規程 2016 年第 44 号では，「開発の加速化のために，中小零細企業，協同組合，国内の各種戦略的セクターの保護を強化しつつ，国内外からの投資活動をさらに増加させ，ASEAN 経済共同体（AEC）と経済のグローバリゼーションのダイナミズムに対応すべく経済競争力を高めるために，投資分野において閉鎖されている事業分野及び条件付きで開放されている事業分野リストに関する規定を改正する必要があるとみなされる」と明記されている。
17) マレー人および先住民族の総称。国策としてブミプトラに対し優遇政策を掲げる。
18) 現行の第 10 次ネガティブリストは，2015 年 5 月に大統領が署名，同年 6 月に発効している。
19) フィリピンの分野横断的約束で，「フィリピンの法令によって留保された活動について外国資本比率は制限を受ける」とされ，「即ち，少数株主に制限される」と明記されている。

【参考文献】
（和文）
経済産業省（2015）『2015 年版不公正貿易報告書』経済産業省通商政策局編。
石川幸一・清水一史・助川成也（2013）『ASEAN 経済共同体と日本』文眞堂。
石川幸一・清水一史・助川成也（2009）『ASEAN 経済共同体』ジェトロ。
助川成也・高橋俊樹（2016）『日本企業のアジア FTA 活用戦略～TPP 時代の FTA 活用に向けた指針～』文眞堂。
助川成也（2016）「タイの FTA 戦略と近年の動向」『(アジア研究所・アジア研究シリーズ No. 89）東南アジアのグローバル化とリージョナル化Ⅳ』(2016 年 1 月／亜細亜大学アジア研究所）。
中富道隆（2014）「サービス交渉とプルリ合意－TISA とセクターアプローチ」（RIETI Policy Discussion Paper Series 14-P-002，経済産業研究所）。
深沢淳一・助川成也著（2014）『ASEAN 大市場統合と日本』文眞堂。

（英文）
ASEAN Secretariat（2015），"ASEAN Integration in Services".
ASEAN Secretariat and the World Bank（2013），"ASEAN Integration Monitoring Report".
Denis Hew（2007），Brick by Brick : The Building of an ASEAN Economic Community, ISEAS Singapore.
Juan Marchetti, Martin Roy, Laura Zoratto（2012），"Is there Reciprocity in Preferential Trade Agreements on Services?"（World Trade Organization）.
Martin Roy（2011），"Services Commitments in Preferential Trade Agreements: An Expanded Dataset"（World Trade Organization）.
Rodolfo C. Severino（2006），"Southeast Asia in search of an ASEAN COMMUNITY," Insight from the former ASEAN Secretary-General: Institute of South East Asia Studies, Singapore（ISEAS）.
Tan Tai Hiong（2011），"ASEAN Integration in Trade in Service" Development, Challenges, and Way Forward, ADBI-PECC Conference on Trade & Investment in Services, Hong Kong, 1-3 June 2011（http://www.pecc.org/resources/doc_view/1716-asean-integration-in-trade-in-services-development-challenges-and-

way-forward-presentation）2013 年 10 月 8 日閲覧。

第7章

ASEAN 経済共同体における人の移動

福永佳史

はじめに

　人の移動に着目すると，ASEAN には送出国と受入国とが共存するという特徴がある。特に，フィリピンは ASEAN 域内のみならず，世界中に多くの移民を送り出していることで有名である一方で，シンガポールには欧米からも多数の移民が存在する。ASEAN 域内の動きに着目しても，非常に多くの人の移動があることが知られている。例えば，ASEAN 諸国が送り出す移民のうち，34％にあたる 650 万人余りが ASEAN 域内に移住している。この人数は，ASEAN 諸国が受け入れる移民の 69％に相当する（山田 2015b）。こうした移民の多くは非熟練労働者である[1]。

　ASEAN 域内の教育環境，専門家の能力に大きな差異がある中，人の移動が円滑化させることは，人材の最適配置を進め，経済発展にも資することとなる。他方，移民問題は多くの国にとって政治的に難しい国内問題であり，国際協力によって前進させることは容易ではない。

　こうした中，上記のような人の移動を支えているのは，各国の国内法，さらには法律の枠を越えた不法移民を認める実態である。ASEAN は，様々な形で人の移動を支える地域枠組みの構築を目指しているが，その内容は，経済共同体，社会文化共同体，政治安全保障共同体に分散していることに加え，地域協定等に記載されている内容と実態との間に差があることから，全容を理解するのは容易でない。

　本章ではまず，ごく簡単に，ASEAN 共同体における人の移動に関する取組について紹介する（第1節）。そのうえで，本書の趣旨から，特に ASEAN 経済共同体 2015 における「自由な人の移動」（＝熟練労働者の移動の円滑化）に

向けた取組について概説する（第2節）。最後に，ASEAN経済共同体2025における，人の移動の扱いについて検討する（第3節）。

第1節　ASEAN共同体2015と人の移動

EUとASEANとの大きな差のひとつは，自然人の移動の自由度にある[2]。欧州経済統合では，マーストリヒト条約において，EU市民権を権利として認め，EU各国の国民の移動の自由が認められている。また，1985年に当時のEU加盟国の間でシェンゲン協定が締結され，その後のEU加盟国拡大及び欧州自由貿易連合（EFTA）のシェンゲン体制参加に伴い，26カ国の間で，パスポート審査の廃止を含む，自然人の移動の自由が実現している。

2009年3月の第14回のASEAN首脳会議で採択された「ASEAN共同体ブループリント」（以下，便宜上，「ASEAN共同体2015」とする）(ASEAN, 2009)は，政治安全保障，経済，社会文化の3つの共同体の構築に向けた道筋を示した文書であった。人の移動の分野は，同ブループリントに示された3つの共同体のそれぞれで扱われている。

第1に，政治安全保障共同体（ASEAN Political Security Community）では，越境犯罪への対応にむけた協力の強化を謳う中で，人身売買対策及び密入国が取り扱われている。人身売買については，人身売買に関するASEAN宣言や他の国際条約等に則り，人身売買に対する刑事司法的な対応を強化するとされた。また，密入国の撲滅に向けた協力を強化することが合意されている。

第2に，経済共同体（ASEAN Economic Community）は，その第1の柱である「単一市場及び生産基地」の一環として，「熟練労働者の自由な移動」(free flow of skilled labor)に取り組んでいる。この点については，第2節以降において詳述する。

第3に，社会文化共同体（ASEAN Socio-Cultural Community）は，「移民労働者」(migrant workers)について取り扱う。移民労働者には，論理的には熟練労働者も含みうるが，社会文化共同体の文脈で念頭におかれているのは非熟練労働者であると考えられる。他方，非熟練労働者であっても，不法移民労働

者は，保護の対象とならない（鈴木 2012）。移民労働者（＝非熟練労働者）については，その権利の保護促進が課題となる[3]。2007年1月の第12回 ASEAN 首脳会議において「移民労働者の権利保護と促進に関する宣言」が採択された。同宣言は，移民の送出国・受入国の双方の義務を一般的かつ非拘束的な形で規定している。2008年9月には，同宣言の実施のために移民労働者に関する ASEAN 委員会が設置され，同宣言の実施に関する作業計画が策定された。同作業計画は，① 搾取や差別に対する労働者の権利保護と促進，② 移民労働者行政，③ 人身取引対策，④ 移民労働者の権利保護と促進のための ASEAN のルールの策定，の4つの施策を規定した。2009年4月に採択された ASEAN 社会文化共同体ブループリント（ASEAN, 2009）[4]は，このような背景を元に，同委員会の活動を中心に，協力的な施策を掲載しているが，送出国・受入国の間の利害対立，一部の送出国の国内人権問題などを背景に，議論は停滞している。

第2節 「ASEAN 経済共同体 2015」と熟練労働者の移動[5]

「熟練労働者の自由な移動」について，ASEAN 経済共同体ブループリント（ASEAN, 2009）が規定する具体的な内容は以下のとおりである。第1に，専門家及び熟練労働者に対する査証及び雇用許可証の発行の円滑化が規定される。しかしながら，同時に「管理された移動性」（managed mobility）と「円滑な入国」（facilitated entry）という文言が使われており，自由な移動に対する慎重な姿勢が窺える。第2に，自然人の移動がサービス貿易の1形態（第4モード：人の移動）であることから，サービス自由化の一環として自然人の移動を推進することが謳われている。具体的には，① ASEAN 大学ネットワーク（AUN）加盟大学の学生・職員の移動を増加させるために協力を進めること，②（専門家）サービスに求められる能力・資格要件等を開発すること（優先統合分野については 2009 年まで，その他のサービスについて 2015 年まで），③ 技術促進，就職斡旋および ASEAN 加盟国間の労働市場情報ネットワークに関する調査能力を向上させること，が規定されている。しかしながら，その内容

は一見して明らかではない。

こうした中，実際に取組みが進んでいるのは，① 専門家資格の相互承認（MRA），② 2013 年の「自然人移動協定」（MNP 協定）の締結である。また，近年の興味深い取り組みとして，ASEAN 資格参照枠組み（AQRF）が挙げられる。本節では，この 3 つの取組について，現状と課題を論ずる。

1. 専門家資格の相互承認（MRA）[6]

第 1 に，8 つの専門家資格の MRA に向けた枠組みが形成されている。8 つの専門家資格とは，エンジニア，建築士，会計士，医師，歯科医師，看護士，測量士，観光専門家である[7]。

これらの MRA は，進捗状況から，以下の 4 分類に分けることができる。
(1) エンジニア・建築士・会計士
(2) 医師・歯科医師・看護士
(3) 測量士
(4) 観光専門家

表 7-1　ASEAN における MRA

協定名	署名年月日	地域登録制度の有無
エンジニアリング・サービスの相互認証に関する ASEAN 取極め	2005/12/9	有り
看護サービスに関する ASEAN 取極め	2006/12/8	無し
建築士サービスの相互認証に関する ASEAN 取極め	2007/11/19	有り
測量士資格の相互認証に関する ASEAN 枠組み取極め	2007/11/19	無し
会計サービスの相互認証に関する ASEAN 取極めの枠組み	2009/2/26	無し
→会計サービスの相互認証に関する ASEAN 取極め	2014/11/13	有り（準備中）
医療従事者の相互認証に関する ASEAN 取極め	2009/2/26	無し
歯科従事者の相互認証に関する ASEAN 取極め	2009/2/26	無し
観光専門家の相互認証に関する ASEAN 取極め	2012/11/9	有り

（出典）　各種協定から著者作成。

(1) エンジニア・建築士・会計士

エンジニアについては，他の MRA 枠組みに先駆けて 2005 年 12 月に「エンジニアリング・サービスの相互承認に関する ASEAN 取極め」[8] が署名され，

既に発効している。相互承認といっても，その手続きはやや複雑である。一国においてエンジニアとして必要な資格を満たす教育を受け，エンジニアの資格を得た上で7年以上の経験を経た者が，当該国の ASEAN 認証エンジニア専門家（ASEAN Chartered Professional Engineer: ACPE）として登録することができる（3条）。国毎のエンジニア資格の差異が問題となる場合が考えられるため，別表2において，ACPE として認められるための要件が，追加的にガイドラインとして規定されている。しかし，ACPE として認められるだけでは，外国においてエンジニアとして活動することができない。外国で活動するためには，更に各国の規制当局（Professional Regulatory Authority: PRA）[9]に対し出願し，登録外国人エンジニア専門家（Registered Foreign Professional Engineer: RFPE）として登録を受けなければならない（4条1項）。ASEAN 地域レベルでは，ACPE 調整委員会及び同事務局が設置され，ACPE 制度の円滑化・振興，モニタリング等の機能を担う（4条3項）。

　ACPE 調整委員会事務局によれば，1982人が ACPE として登録されている[10]。登録数は多い順に，インドネシア（746人），マレーシア（261人），シンガポール（235人），ミャンマー（200人），ベトナム（196人），フィリピン（174人），タイ（123人），カンボジア（30人），ラオス（11人），ブルネイ（6人）となっている。2年前までは，登録人数がゼロであったブルネイ・カンボジア・ラオス・タイも登録を始めているなど，順調に進捗しているといえよう。ACPE として登録されている専門領域としては，土木，電子，機械，化学が多いようである。他方，本国以外で専門家として資格を行使するためには，ACPE として登録することに加え，RFPE として登録する必要がある。RFPE として登録されているエンジニアの数は，多少古い情報が掲載されているが，ASEAN 全域で10人に満たない[11]。

　それなりの実績を挙げているように見えるエンジニアの相互承認制度であるが，いくつかの大きな問題を抱えている。第1に，言うまでもなく登録手続きが煩雑である。実際に外国で専門サービスを提供するためには，3段階の登録が必要とされる。第2に，仮に RFPE として登録された場合でも，独立して業務を行うことは認められておらず，あくまでも現地のエンジニア専門家との協力の下に業務を実施できるに過ぎない（4条1項1号）。但し，関係国が合意

すれば例外を認めることもできる（5条2項）。第3に，仮にREPEとして登録された場合でも，入国や移民労働を保証する旨の規定はなく，① 出張によってサービスを提供する場合には短期商用査証，② 居住する場合には，居住許可・労働許可等を取得する必要があるものと考えられる。

　建築士MRAは，基本的にエンジニアMRAと同様の構造をとっている。すなわち，本国において専門家資格を有する者は，まず本国において「ASEAN建築士」（ASEAN Architect: AA）として登録したうえで，受入国で「登録外国建築士」（Registered Foreign Architect: RFA）として登録する必要がある。エンジニアMRAとの大きな違いとしては，RFAに対して独立した事務実施（independent practice）を認める可能性がある。AAは，インドネシアの90人，シンガポールの74人など，ASEAN10カ国すべてからの登録があり，合計で308人である。RFAとして登録されている人数は不明である。

　エンジニアMRA及び建築士MRAは，実際に地域で登録されている人数が多いという意味で，最も進んでいるMRA枠組みである。しかし，実際にASEAN域内の外国において，RFPEやRFAとして登録されている人数は極めて少なく，その実効性には大きな疑問が湧く。このような事態が生じている背景には，いくつかの要因が考えられる。しばしば，国内実施の遅れが重要な要因として指摘されるが，より本質的な問題が内在している可能性がある。第1に，RFPEやRFAとして登録するために要する時間的・経済的負担が存在する。既に述べたとおり，エンジニアMRA及び建築士MRAは，3段階（本国，ASEAN地域，勤務を希望する国）の登録が求められている。第2に，RFPEやRFAとして登録した場合のメリットが必ずしも判然としない。RFPEであるからといって自動的に就労ビザが出るわけでもなく，また，就労ビザが出たとしても独立した実務が認められるとは限らない。第3に，代替的な措置の存在も意識しなければならない。例えば，マレーシアは，ASEAN域内外を問わず，外国人エンジニアの就労を認めるための暫定的エンジニア登録制度（TER: temporary engineer registration）を有している。受入国の立場からすれば，エンジニア人材が不足しており，外国人労働を認める場合に，ASEAN域内からの人材に限る必要はなく，マレーシアのように，域外の専門家に対してもオープンなシステムとすることが合理的である。ASEAN諸国の国籍を有するエン

ジニアは，RFPE を利用するのか，TER を利用するのか，選択することとなる。第4に，そもそもエンジニア・建築士の資格がどのような法的意味を持つのかにも留意しなければならない。建築士を例にとれば，資格が持つ最も重要な価値は，現地の建築基準法に整合的な設計であることを担保する書面に署名することであろう。逆に言えば，建築物の設計をすること自体には，必ずしも資格は要らない。東南アジアに所在する日系建設会社の社員が日本の建築士である場合も多いが，任国における建築士資格を有する人は少ない[12]。このように，エンジニア・建築士の MRA は，一見，前進しているように見えるが，非常に多くの課題が存在する。

最後に，会計士 MRA について付言したい。会計士については，2009年に相互認証に関する「枠組み」が合意されていたが，あくまで枠組みに過ぎず，実際の資格相互認証ができる体制になかった。その後，2014年11月に相互認証取極めが署名され，即日発効した。会計士 MRA の基本構造は，エンジニア・建築士と同様である。本国において会計士資格を有する者は，取極めが規定する要件（例えば，3年以上の実務経験）を満たした場合，ASEAN 認証専門会計士（ACPA: ASEAN Chartered Professional Accountant）として登録することができる。ACPA は，希望する ASEAN 諸国において，登録外国人会計士専門家（RFPA: Registered Foreign Professional Accountant）としての登録を申請することができる。RFPA，現地資格を有する専門家と共同で事務実施することが求められる。但し，協定は発効しているものの，ACPA の登録制度が実際に始動しているのか，確認できないことから，ACPA 登録制度の準備を進めている段階であると考えられる。

(2) 医師・歯科医師・看護士

MRA に関する第2のカテゴリーが，医療関係資格である。それぞれ，2006年（看護士），2009年（医師，歯科医師）に ASEAN 取極めが署名されている。エンジニア・建築士との最大の違いは，ASEAN 地域での登録制度が存在しないことである。したがって，本国において資格を有する看護士は，取極めが規定する要件を満たせば，ASEAN 域内の他国において「外国人看護士」(Foreign Nurse) として登録することができる。このため，登録手続きがより簡便に

なっているが，逆に MRA の利用実態など，全容を把握するのが困難になっている。

　医療関連資格については，有資格者による職能集団が存在することが多く，また規制当局の関係者も有資格者であることが多いことから，政治的な反対が根強く存在する。こうしたことから，国内実施の遅れ（そもそも関連する国内規制が存在しない場合を含む）を指摘する声もある。しかし，徐々にではあるが，看護士 MRA の国内実施は進んでいるようである。Fukunaga（2015）によれば，例えば，ブルネイでは，他の ASEAN 諸国から 50 人の「外国人看護士」を受け入れているなど，ASEAN 枠組みが活用されている事例がみられる。他方，エンジニア・建築士と同様に，代替的な制度の存在にも留意する必要がある。マレーシアでは，国籍を問わず，暫定的業務免許（temporary practice certificate）を取得すれば，ASEAN MRA を活用せずに，看護士業に就くことができる。同様に，インドネシアでは，ASEAN MRA を通じずとも，能力証明書（certificate of competency）と就労許可があれば，外国人が看護士として勤務することも可能である（但し，実務上は特定分野での専門性の高い看護士に限られる）。受入国にとっては，専門性があれば，ASEAN から来る看護士でも，欧米から来る看護士でも構わないのであり，地域に閉じた枠組みを構築する必要はない。では，地域枠組みが，こうした代替的な制度に比して，何らかの付加価値（例えば，登録の容易さ，登録にかかる経済的負担の免除）を提供しているかといえば，定かではない。結果として，現行枠組みが継続したとしても，実際に，ASEAN MRA が規定するところの「外国人看護士」となる専門家が増えるとは限らないのではないか。

　なお，医師・歯科医師にかかる MRA の利用実態については先行研究がなく，今後の研究を待つ必要がある。

(3)　測量士

　測量士については，2007 年 11 月に，「測量士資格の相互認証に関する ASEAN 枠組み取極め」が署名された。同取極めは，名前のとおり，あくまでも相互認証に向けた枠組みを規定するものであり，実際に相互認証を行う制度は設けられていない。

(4) 観光専門家

　観光専門家に関するMRAは，ASEAN経済共同体ブループリント採択より遅れ，2012年に署名された。観光専門家MRAの最大の特徴は，法的資格を対象としていない点にある。観光分野では，典型的にはツアー・ガイドが法定の専門家資格となっており，各国とも歴史・文化の保護などを理由に，外国人による就業を制約しているが，ASEANにおける観光専門家MRAでは，意図的にツアー・ガイドを対象外としている。それでは，どのような「専門家」が対象となっているかといえば，例えば，ホテルのフロント従業員，レストラン従業員など，32の職業を対象としている。法定資格でない以上，そもそも，当該職種に就くに際し，資格を保有していることは要件とならないが，ASEAN域内で国横断的な資格を用意することで，域内外国人を雇用する場合に一定の質を担保することが可能となる。このため，観光専門家MRAでは，共通カリキュラムを作成し，認定研修機関が実施する研修を受けた場合に専門家として登録される仕組みとなっている。観光専門家として登録された場合，インターネット上のサービスにより，専門家の雇用に関心を持つ観光事業者とのジョブ・マッチングを受けることが可能となる。既に，こうしたウェブ・サイトが立ち上がっているが，登録人数は不明である[13]。

2. 自然人移動協定（MNP協定）[14]

　専門家資格のMRA制度の欠点を補完する可能性を秘めているのが，2012年11月に署名されたMNP協定である。1995年に世界貿易機関（WTO）の協定として発効したサービス貿易に関する一般協定（GATS）は，第4モードとしてサービス提供者が国境を越える類型を盛り込んだ。1995年に締結されたASEANサービス枠組み協定は，GATS第5条の定めるサービス自由貿易協定（サービスFTA）の一類型であることから，当初から，自然人の移動を扱う素地があった。しかし，各国は実質的な約束を行うことに消極的であり，2007年に採択されたASEAN経済共同体ブループリントでは，AFASの他のモードの自由化に向けた具体的な数値目標（たとえば，第3モードの外資出資規制について，「2015年までに原則として全セクターで70％以上の出資を認める」といった目標）が導入されたのに対し，第4モードについては，数値目標が導入

されることはなかった。

　このような状況から，ASEAN が MNP 協定の交渉へと方針転換した契機となったのは，ASEAN オーストラリア・ニュージーランド FTA（AANZFTA）であると考えられる[15]。ASEAN は，2004 年以降，主要域外国との間で「ASEAN＋1 FTA」と呼ばれる 5 つの FTA を締結してきたが，その中で唯一，独立した自然人移動章（9 章）を盛り込んだのが AANZFTA であった[16]。自国のビジネス・サービス専門職などの自然人の移動に関心の強いオーストラリア，ニュージーランドは，自然人移動においてハイレベルの約束が実現することに関心を持っていた。AANZFTA は，ASEAN とオーストラリア・ニュージーランドとの FTA であると同時に，ASEAN 加盟国同士の FTA という側面を併せ持つ。したがって，AANZFTA 自然人移動章は，実質的に，ASEAN 域内の初めての自然人移動協定であったと理解することができる。しかしながら，AANZFTA という枠組みでは，ASEAN 加盟国同士の追加的な約束（逆に言えば，オーストラリア・ニュージーランドに均霑させたくない約束）をすることはできない。このため，ASEAN 内部の協定として，新たに MNP 協定を交渉・署名したものと考えられる（2016 年 6 月 14 日に 10 カ国の締結行為が完了し，発効）。

　東條（2006）は，FTA における自然人の移動について分析した結果，その中身に応じて，4 段階に分類した。ASEAN サービス枠組み協定は，第 3 類型（GATS 第 4 モードタイプのみ認めるもの）と位置付けていたが，MNP 協定の署名により，第 2 類型（貿易・投資関連活動等の特定カテゴリーの人の移動について規定をもつもの，及び，人の移動に独立の章を設けるもの）へと一段進んだ内容になったものと考えられる。

　さて，その内容であるが，まず，目的規定（1 条）において，① AFAS 等の定める範囲を超える権利・義務を規定すること，② 加盟国間の財・サービスの貿易，投資に従事する自然人の移動を円滑化すること，③ 自然人による一時的な入国・滞在のための入国申請のための効率的で透明性のある手続きを確立すること，が謳われる。他方，同条の中に，④ 加盟国の国境の完全性，加盟国国内の労働力及び常用雇用を保護することが規定される。また，協定の範囲について，他の ASEAN 加盟国の雇用市場へのアクセスを求める措置，又は

市民権，居住，又は常用雇用を求める措置には適用されない旨が明記される（2条2項）。ここから明らかなように，MNP 協定はあくまでも，常用雇用を伴わない短期的な滞在を円滑化・自由化する協定である。

協定の対象となるのは，① 商用訪問者，② 企業内転勤者，③ 契約で合意したサービス供給者，④ その他，約束表に規定する者，である（2条1項）。第1に，商用訪問者については，a. 物品サービス貿易に係る事前交渉を行う者，b. 投資や商業拠点を設立する目的で訪問する者，c. ビジネス交渉や会議のために訪問する者等を規定する。第2に，企業内転勤者については，取締役，管理職，スペシャリストの3類型が規定される。第3に，サービス提供者については，一時入境であることに加え，a. 当該加盟国において商業拠点を有しないこと，b. 企業の取締役・管理職・スペシャリストに該当し，給与が本国（派遣国）企業から支払われていること，c. 適切な教育及び資格を有すること，d. 法人の被用者であることといった条件が付けられている（3条各項）。また，自然人は ASEAN 加盟国の国民である必要があり，ブルネイを除くほか，永住権保有者には適用されない（3条 g 項）。

本協定はいわゆるポジティブ・リスト方式を取っている。このため，実際には，各国の約束表を参照する必要がある。国によっては，①−③の類型の一部についてのみ約束する場合や，各項目に条件を付加し，又は明確化する場合（たとえば，スペシャリストの定義）がある。また，国別約束表において，水平的約束（分野横断的約束）のみを規定する国と，個別のサービスセクターごとに約束の有無を明確化する国とが混在する。詳細な約束表であっても，各項目の内容が「拘束されない」（unbound）と書かれている場合もある。さらに，たとえば，初回の滞在日数上限にも幅がある。たとえば，企業内転勤者について，ブルネイは3年以内であるのに対し，ラオスは，初回の査証の期限は1カ月とした上で，最大1年までの査証に切り替えることを認めている。

MNP 協定の最大の課題は，製造業がカバーされていない点にある。MNP 協定は，その対象業種がサービス業に限られるとは記載していないものの，約束表の内容を見れば，サービス業に限定されているのは明らかである。製造業においても，域内の生産ネットワークが高度化する中で，例えばタイ人のライン長がカンボジア工場において技術指導するなど，域内での熟練労働者の移動が

表 7-2 MNP 協定の概要

	商用訪問者			社内転勤者			サービス提供者		
	約束表に掲載された分野数	カバー率	初回の滞在可能日数	約束表に掲載された分野数	カバー率	初回の滞在可能日数	約束表に掲載された分野数	カバー率	初回の滞在可能日数
ブルネイ	0	0.0%	−	153	99.4%	3年	0	0.0%	−
カンボジア	153	99.4%	30日	153	99.4%	2年	153	99.4%	2年
インドネシア	94	61.0%	60日	94	61.0%	2年	0	0.0%	−
ラオス	106	68.8%	30日	106	68.8%	1ヶ月	0	0.0%	−
マレーシア	109	70.8%	90日	109	70.8%	※	0	0.0%	−
ミャンマー	0	0.0%	−	59	38.3%	1年	0	0.0%	−
フィリピン	91	59.1%	59日	91	59.1%	1年	91	59.1%	1年
シンガポール	0	0.0%	−	152	98.7%	2年	0	0.0%	−
タイ	85	55.2%	90日	85	55.2%	1年	0	0.0%	−
ベトナム	108	70.1%	90日	108	70.1%	3年	108	70.1%	90日

(注) 企業内転勤者にかかるマレーシアの約束表には，「10年を越えない範囲」と記載されている。実務上は2年程度になっている。
(出典) Fukunaga and Ishido (2015)。

大きな役割を果たしている。しかし，製造業の人の移動を円滑化するための協定は一切存在しない。

他方，MNP協定が持つ潜在的な可能性は大きい。従来から，ASEANサービス枠組み協定の第4モードとして，自然人の移動を扱うことが可能であったにも関わらず，敢えて新規の独立した協定としてMNP協定を妥結したことは，ASEANが中期的に熟練労働者の移動の自由度を高めていく考えを持っていることを示唆する。

3. ASEAN 資格参照枠組み（AQRF）[17]

熟練労働者の移動に関する新たな取組として，ASEAN資格参照枠組み（AQRF）がある。ASEAN MRAを実施する過程で明らかになった課題の1つは，各国の教育制度・資格制度の根本的な違いであった。例えば，初等教育・中等教育の12年教育を終えた後に，看護士としての専門教育を受けることが多いが，マレーシアの場合，11年教育を終えたタイミングで専門教育に進む制度となっている。フィリピンの場合には，より大きな違いがあり，数年前ま

で，中等教育が4年制（日本であれば中高の6年制）であり，16歳から18歳までの間，教育を受けないのが一般的であった（目下，6年制への移行中）。このように，専門家資格の背景となる教育制度・専門家訓練制度に根本的な差が存在する場合，相互認証を行うことは非常に難しくなる。他方，専門家資格の相互認証のために教育制度自体を変革することは容易ではない。

　こうした現実を踏まえ，ASEAN は，「資格」の相互参照を円滑化するために，ASEAN 資格参照枠組みを構築した。ここでは，免許制度などがあるいわゆる専門家資格ではなく，学校教育など，より広い意味で用いられている点に留意が必要である。AQRF では，ある国における「A」という資格は，別の国における「B」の資格に相当する，といった資格の関係性を整理している。専門家資格の相互認証に比して，非常にソフトな手法ではあるが，中長期的には，こうした地道な取組が有効性を持つのかもしれない。

第3節　「ASEAN 共同体 2025」と人の移動

　ASEAN 共同体の目標年であった 2015 年末を控えた第 27 回 ASEAN 首脳会議（2015 年 11 月）は，ASEAN 共同体に関する新たなブループリント（ASEAN, 2015）を採択した。共同体の枠組みは，政治安全保障，経済，社会文化の3つが維持されている。

　熟練労働者の移動は，引き続き，ASEAN 経済共同体の中で扱われており，「熟練労働者及び商用訪問者の移動の円滑化」（Facilitating Movement of Skilled Labor and Business Visitors）という柱が立てられている[18]。従来の「熟練労働者の自由な移動」（Free Flow of Skilled Labor）と比較した場合，以下の点が指摘できる。第1に，MNP 協定において，商用訪問者をカバーするようになったことを背景として，施策の対象に「商用訪問者」が追加された。第2に，「自由な移動」という表現から，「移動の円滑化」という現実的な表現に改められている。これは，施策の後退というよりは，現実に合わせた表現の修正であると言えよう。

　施策の内容としては，以下の3点が盛り込まれた。

① 適切な場合には，MNP 協定における約束の内容を拡充，深化させる。
② （人の移動に係る）書類を，標準化させ，又は減少させる。
③ 必要な場合には，既存の MRA の更なる改善や追加的で新たな MRA の実現可能性を検討する。

まず，①については改善の余地が大きく，重要な施策である。他方，拡充・深化の内容は全く明らかにされておらず，今後の検討に委ねられている。②については，ASEAN 経済共同体全体に共通する手続簡素化の流れであるが，こちらも具体的な施策は一切記載されていない。MRA については，さらに慎重である。「必要な場合には」という条件を付すだけに留まらず，「実現可能性を検討する」という表現が用いられていることから，短期的には，新たな専門家資格に関する MRA が実現するには，相当の時間を要するものと考えられる。

【注】
1) 移民労働者以外にも，観光客，留学生など，多くの人の移動が存在する。たとえば，ASEAN 諸国に入国した観光客の 4 割が，他の ASEAN 域内からの観光客である（可部 2014）。
2) 従来，人の移動の自由は，欧州における経済統合の主要な要素の 1 つと認識されていたが，近年の EU 域外からの移民（難民を含む）の増加や，これに伴う安全保障面や社会保障面での課題により，大きな困難に直面している。英国の EU 脱退にかかわる最大の論点の 1 つともなっており，EU の存在自体に対する挑戦となっているともいえる。
3) 非熟練労働者の移動に関する ASEAN の取組については，鈴木（2012），山田（2014，2015a，2015b）を参照。
4) ASEAN 社会文化共同体ブループリント 2015（ASEAN, 2009）では，「移民労働者の権利の保護と振興」という政策項目が立てられている。
5) ASEAN 経済共同体のコンテクストでは，朝倉・助川（2009），助川（2013），助川（2015）が MRA 及び MNP 協定について簡略に記述している。本章のうち，経済共同体に関する記述は，福永（2014）を大幅に加筆修正したものである。
6) MRA に関する記述は，Fukunaga（2015）を参照している。
7) AEC ブループリントに記載がある 7 つの専門資格は，いずれも，サービス調整委員会（CCS）が所管するものである。このほかに，ASEAN 観光大臣会合のプロセスにおいて観光サービス専門家の MRA が実現している。また，ASEAN 連結性マスタープランにおいて，2015 年までに ICT 技術者に関する相互承認協定を確立することとされている。
8) ASEAN Mutual Recognition Arrangement on Engineering Services (http://www.asean.org/communities/asean-economic-community/item/asean-mutual-recognition-arrangement-on-engineering-services-kuala-lumpur-9-december-2005-2).
9) 各国の PRA は別表 1 に掲載されている。ベトナムのように官庁が掲載されている国と，マレーシアのように専門家団体が掲載されている国とがある。
10) ACPE 調整委員会事務局ホームページ（http://acpecc.net/v2/）［最終アクセス 2016 年 6 月 26 日］。
11) 情報の日付は記載されていないが，ACPE 調整委員会事務局ホームページ［最終アクセス 2016 年 6 月 26 日］によれば，マレーシア人の ACPE 1 名がシンガポールで，シンガポール人 ACPE が

マレーシアで4名，フィリピン人 ACPE がマレーシアで1名，シンガポールで1名登録されている．
12) 筆者が知人の日本人建築士に聴いたところ，「日系企業に雇われている限り，現地の資格を有する必要はない．寧ろ，現地法に基づく法的責任を問われるリスクがあることから，独立した現地の専門家による確認を得ることが合理的である．他方，日本における有資格者であることは，現地の建築士との交渉において一定の専門的知識があることの証明となり，交渉を進めやすくなるため，有意義である」との話であった．
13) ASEAN 観光専門家登録システム：http://atprs.staging.netreturnconsulting.com.au/?state=account ［最終アクセス 2016 年 6 月 26 日］．
14) MNP 協定に関する記述は，Fukunaga and Ishido（2015）を参照している．
15) AANZFTA 自然人移動章の影響は，MNP 協定の約束表にもみられる．たとえば，フィリピンは，「AANZFTA におけるフィリピンの約束表に規定するセクターに限る」といった表現を頻繁に用いている．
16) 但し，日本が一部の ASEAN 諸国と締結した二国間 FTA において自然人移動章を設けた事例はある．たとえば，日シンガポール経済協力協定第 9 章．また，フィリピン人看護師・介護士，インドネシア人看護師における受け入れ枠の設定や新たな試験・研修制度の設立など，踏み込んだ内容を盛り込んだものも存在していた．
17) AQRF に関する記述は，Fukunaga（2015）を参照している．
18) 非熟練労働者の移動，移民の権利保護，人身売買についても，引き続き，政治安全保障共同体及び社会文化共同体の中で扱われているが，具体性に乏しい．

【参考文献】

(和文)

朝倉啓介・助川成也（2009）「ASEAN のサービス，投資，熟練労働者の自由な移動と相互承認」石川幸一・清水一史・助川成也編『ASEAN 経済共同体』ジェトロ．

可部繁三郎（2014）「ASEAN 域内のサービス分野の人の移動」浦田秀次郎・牛山隆一・可部繁三郎編『ASEAN 経済統合の実態』文眞堂．

鈴木早苗（2012）「移民労働者問題をめぐる ASEAN のジレンマ」『アジ研ワールド・トレンド 2012 年 10 月号（No. 205）』アジア経済研究所．

助川成也（2013）「貿易および投資，人の移動の自由化に向けた取り組み」石川幸一・清水一史・助川成也編『ASEAN 経済共同体と日本』文眞堂．

助川成也（2015）「ASEAN 経済統合の実像～経済共同体の進捗と課題（その 4）」時事通信．

東條吉純（2006）「地域経済統合における「人の移動」の自由化―越境労働力移動に対する新たな国際的取組の形―」，RIETI Discussion Paper Series 07-J-008，経済産業研究所．

福永佳史（2014）「ASEAN 経済共同体における非関税措置・熟練労働者の移動と自動車部品産業」『早稲田大学自動車部品産業研究所紀要第 12 号』，45-62 頁．

山田美和編（2014）『東アジアにおける移民労働者の法制度―送出国と受入国の共通基盤の構築に向けて―』アジア経済研究所．

山田美和（2015a）「ASEAN 域内の労働者移動の現状」浦田秀次郎・牛山隆一・可部繁三郎編『ASEAN 経済統合の実態』文眞堂．

山田美和（2015b）「ASEAN における労働者の移動―2015 年に受入国と送出国は合意できるのか」『アジ研ワールド・トレンド No.242』アジア経済研究所．

(英文)

ASEAN（2009），*Roadmap for an ASEAN Community 2009-2015*, Jakarta: ASEAN Secretariat.

ASEAN (2015), *ASEAN 2025: Forging Ahead Together*, Jakarta: ASEAN Secretariat.

Fukunaga, Yoshifumi (2015), "Assessing the Progress of ASEAN MRAs on Professional Services," *ERIA Discussion Paper* 2015-21, Jakarta: Economic Research Institute for ASEAN and East Asia.

Fukunaga, Yoshifumi and Ishido, Hikari (2015), "Value and Limitations of the ASEAN Agreement on the Movement of Natural Persons," *ERIA Discussion Pape*r 2015-20, Jakarta: Economic Research Institute for ASEAN and East Asia.

第 8 章

金融サービスと資本市場の統合

赤羽 裕

はじめに

　本章では，ASEAN 経済共同体（以下，AEC という）における金融・資本分野を取り上げる。2015 年末に設立された AEC において，当該分野は，当初より目標を 2020 年においている項目を含むなど，全項目の完成を目指していたものではない。これは，域内の金融サービスや資本取引に関する発展段階に大きな差異があること。くわえて，金融サービスの自由化や域内の資本フローの自由化が，マクロ経済面に対して大きな影響を持つこともあり，慎重に進めるべき分野であるとの共通認識を ASEAN 各国が共有していたことによると考えられる。

　そこで，本章では，まず，2015 年末時点での AEC の進捗を詳細に記した「ASEAN Integration Report 2015（以下，統合レポートという）」および「ASEAN Economic Community Blueprint2025（以下，ブループリント 2025 という）」から，ASEAN による AEC の進捗状況と今後の計画を確認する。つづいて，複数の外部機関による AEC への評価を概観する。そのうえで，AEC の金融・資本分野の現状と課題を示し，ASEAN としての，今後の展望を考えたい。展望の検討にあたっては，2016 年の 4 月に採択された金融統合に関わる「戦略行動計画」の内容も確認のうえ，日本の関わりかたの視点も加えることとする。

第1節　AECにおける金融・資本分野の取組

1. ブループリントにおける位置づけと2015年末までの実績

　2015年末に実現されたAECに関する具体的な取組と工程表は，2007年のシンガポールにおける首脳会議で承認された「ブループリント」で示された。本章で取り上げる金融・資本分野についても，そこで規定されていた。2015年末時点での進捗結果については，統合レポートにおいて，基本的にブループリントで掲げられた項目に関して述べられており，本節では，まず，その概要を確認する。

　AECブループリントは，以下の4点を具体的な取組として掲げている。
① 単一の市場と生産基地
② 競争力のある経済地域
③ 公平な経済発展
④ グローバル経済への統合

　4点のうち，金融・資本分野については，①の「単一の市場と生産基地」の中に，包含されている。なお，ブループリントでは，①の中で「サービスの自由な移動」の項目として包含されていた「金融サービス」は，統合レポートにおいては，①の中の「資本の自由な移動」の一項目として区分されている。

　ASEANの金融統合に関しては，① 金融サービスの自由化，② 資本市場の発展，③ 資本取引の自由化，の3分野が中心に据えられ，進められてきた。以下，各分野の進捗結果を統合レポートの記載を中心に確認したい。

「金融サービスの自由化」
・金融サービスの自由化は，ASEAN域内の銀行，証券会社，保険会社といった金融機関が，徐々に域内他国での活動を可能とするための規制緩和を目指す。
・ASEANにおける金融は銀行が中心であるため，域内の自由化に関するペースを保ち，持続可能な金融システムとしていくことが重要である。銀行分野の重要性をふまえ，ASEAN銀行統合枠組（ASEAN Banking

Integration Framework: ABIF）は，平等なアクセス，平等な待遇，平等な環境を銀行業界に適用する原則を求め，それを2014年12月の中央銀行総裁会議で認めた ABIF の主要な目的は，適格 ASEAN 銀行のネットワークを中心に支えられる進化した地域統合のなされた銀行セクターである。それは，市場アクセスやオペレーションの自由度が各国の国内銀行のそれと整合性のある内容で与えられるものである。これにより，ASEAN 域内の貿易や投資の進化に適格 ASEAN 銀行が更なる役割を果たすことが望まれる。適格 ASEAN 銀行への効果的な管理・監督を支えるため，各国の管理監督機関の協力体制も ABIF と並行して強化される。あわせて，ASEAN 各国が，その枠組に合うように各国の能力強化のためのプログラムに取組む。
・ASEAN 保険統合枠組（ASEAN Insurance Integration Framework: AIIF）は，プラットフォームとして保険業界の自由化を進め，競わせて消費者にはもっと多くの選択肢を提供することを目指す。現在は，海上保険，航空保険，運送保険の分野が，ASEAN 保険業界の自由化への主要な対象と考えられている。災害保険や再保険は，自由化の優先度としては他の分野とされている。
・各金融サービス分野における自由化につき ASEAN 各国が進めているコミットメントは，AFAS（＝ ASEAN Framework Agreement on Services）にて正式化されている。今日まで，自由化に関する交渉の第6ラウンドまでが完了。2015年3月に，ASEAN 財務大臣会合で AFAS 下における金融サービス自由化の第6パッケージ実行に関する協定に署名がなされた。ABIF の運用に道筋を付け，履行するための実施規定が，第6パッケージに含まれている。
・第7ラウンドの交渉は，2014年9月の第41回の金融サービス自由化会合の作業部会にて開始された。第7パッケージは2016年中の完了を目指している。これは，作業部会メンバー間で，金融サービスの AFAS における自由化周期を3年から2年に短縮することに合意したことに沿う。同時に，作業部会は，ATISA（＝ ASEAN Trade in Services Agreement）の条項に合う形式で，AFAS 下の金融サービスに関わる義務をレビュするための交渉を進めている。

（出所）　ASEAN（2015a）翻訳は，筆者による。

上記のうち，ASEAN の銀行中心の金融システムを考えると，ABIF における適格 ASEAN 銀行の取組が重要性を持つと考えられる。その概要は，表 8-1 のとおりだが，具体的な銀行の指定はこれからの段階。ABIF の枠組に関しては，2014 年末に，マレーシアとインドネシアの中央銀行間で契約がなされた。つづいて，2016 年 3 月にはマレーシア，タイ，フィリピンでも同様に中央銀行間の契約がなされた。当面は，こうした 2 カ国間の合意に基づき，数は限定的ながら相手国の銀行の自国での活動を認め，そうした銀行がいずれ適格 ASEAN 銀行に指定されていくことが予想される。

表 8-1　適格 ASEAN 銀行の資格要件

概要	
ASEAN 各国で合意された基準にもとづき認定。認定後は，各国で当該国の国内銀行と同様に参入が可能。	
基準として含まれるべき項目	(1) 自己資本基準
	(2) 統合された規制および統合された監督権限
	(3) 大規模なエクスポージャー
	(4) 会計および透明性の要件

（出所）　ADB（2013）より筆者作成。

「資本取引の自由化」
・資本取引の自由化の分野では，その目的は，域内国間で徐々に規制緩和を行い，経常取引，海外直接投資，証券投資や他の資金フローなど，資本移動のさらなる自由化を達成することである。域内各国は，こうした金融取引にかかわる多様な資金フローに関するルールにつき，評価と確認の段階は終了した。そして，各国の「資本取引自由化ヒートマップ[1]」（以下，「ヒートマップ」という。）が作成され，域内各国の資本取引制度の開放性レベルを評価するのに利用可能となった。ヒートマップは，域内各国の資本取引制度の発展状況をモニターするため，定期的にメンバー各国により更改される。今日まで，域内各国は，ヒートマップの更なる改善を進めることにつき，合意している。そのため，採用されたさまざま基準に関するより詳細な情報を提供し，より客観的な評価手法を採用し，資本取引制度の現実の発展段階を反映させることを行っている。
・域内各国は，合わせて，各国別の目標達成計画，あるいは評価手段を作成

している。これらは，以下のようなものを評価するために利用される。(i) 各国別の目標達成状況や資本取引自由化実現に関わる固有の前提条件の存在，(ii) 目標達成計画の達成状況に沿ったヒートマップの更改，(iii) 自由化目標レベルへの各国の状況やその差異の評価（さらに何をすべきかなど）。
・ほぼすべての域内各国は，IMF協定第8条[2]が適用されており，ミャンマーも2015年までに適用が期待される。現在，ミャンマーの適切な法令上および規制上の枠組が，IMFの条項の義務に準拠可能な内容で起草されている。
・AECのブループリントの原則に沿い，自由化過程において発生し得る潜在的なマクロ経済の不安定化やシステミックリスクに備えるためのセーフガード措置を許容したうえで，域内各国は資本取引自由化に対するセーフガードの仕組検討の政策協議を立ち上げた。当該協議により，域内各国の資本フローの傾向をモニターし，資本フロー管理の経験を共有するなどのプラットフォームを提供する。目的は，各国の資本取引自由化段階において，セーフガード基準の関連政策を制定することにつき，域内各国を支援すること。今日まで，4件の政策協議がなされた。直近のものは，第30回の資本取引自由化に関する作業部会の際，2015年8月21日に開催された。

（出所）ASEAN（2015a）翻訳は，筆者による。

「資本取引の自由化」の中で注目できるのは，「資本取引自由化ヒートマップ」と考えられる。これが，各国別の目標達成計画の進捗とともに更改される枠組であり，今後の進捗状況の「見える化」がなされたこととなる。

表8-2　資本取引自由化ヒートマップ補足

概要	
ASEAN各国の資本取引自由化への取組や開放性を示し，各国の目標達成計画の基本となっている。	
指標として含まれる項目	(1) 証券投資および他項目の流入資本フロー
	(2) 証券投資および他項目の流出資本フロー
	(3) 対内および対外の直接投資

（出所）ADB（2015a）より，筆者作成。

「資本市場の発展」
・資本市場の発展への取組は，ASEANの資本市場の発展のための能力開発

とインフラ整備に主眼を置く。合わせて，長期目標としての，ASEAN のさまざまな資本市場間でのクロスボーダーの協力実現を目指す。他には，相互認証やルールおよび規制の調和ならびに市場インフラのリンケージを通じて進められる。

・2004 年には，ASEAN Capital Markets Forum（ACMF）が，域内各国の資本市場の監督機関のトップを構成メンバーとして，創設された。2008 年には，ACMF が 2015 年までのブループリントの目標を果たすため，ASEAN の資本市場統合の進展を促進するための実施計画（The Implementation Plan）を提示し，2009 年の ASEAN 財務大臣会合で承認を受けた。The Implementation Plan は，以下のような包括的な手法を提示している。(i) 戦略的な取組と段階的な計画を持った，統合された地域資本市場の創設，(ii) 金融仲介機能の強化，(iii) 能力強化，そして(iv) 国と地域の成長を支援するためのリスク管理。

・ACMF は，資本市場発展の作業部会，資本取引自由化の作業部会，資金決済システム作業部会と協力し，第 17 回の ASEAN 財務大臣会議によって，ASEAN 資本市場における清算・決済・保管機能の統合のための，「ASEAN 資本市場インフラ（ASEAN Capital Market Infrastructure（ACMI））ブループリント」を委託された。ACMI ブループリントは，2014 年の第 18 回 ASEAN 財務大臣会議にて完成・報告がなされた。ACMI タスク・フォースは，すべての域内国が連結性の利点を共有し，取引約定後のプロセスの統合に向けて，可能な手法を現在，検討中である。

・アセットクラスとして ASEAN の認知度や知名度を高めるための ASEAN 証券取引所の連携の一部として，3 つの主要な計画は実現した。一つめは，ASEAN 取引所の独自ブランドとして，ASEAN 取引所のウェブサイトと ASEAN Stars Index（ASEAN の上位 180 ブルーチップ銘柄）が，2011 年 4 月のバリでの ASEAN 財務大臣会議の際に，立ち上げられ，開始が決定された。続いて，FTSE ASEAN の分析が ASEAN Stars につき作成された。最後に，ASEAN Trading Link が，2012 年 9 月に開始された。それは，マレーシア，シンガポール，タイの証券取引所を電子的につなぎ，投資家が 1 カ所からこれらの市場にたやすく，シームレスにアクセス可能と

した。その Link は ACMI のブループリントの推進においてもさらに進められることとなっており，取引約定後のプロセスの統合を通じて，ASEAN 資本市場の連結性をさらに高める。
・ASEAN 域内の上場企業のコーポレートガバナンスの基準と行動を高める努力の中で，ACMF は 2011 年に ASEAN Corporate Governance Scorecard を開始した。そのスコアカードは，OECD のコーポレートガバナンス基準に準拠している。それは，ガバナンスの効いた ASEAN 上場企業の知名度を高め，国際的に ASEAN をアセットクラスとして高めることが期待される。
・ACMF は，国内の調整を経てベスト・プラクティスのガイドラインと枠組を整えた。この目的は，投資家が他の域内国の有資格者や企業に投資を行なったり，そこからサービスを受ける際に，自国市場で投資するときと同様の保護を得られるようにするためである。
・ACMF は，ASEAN Collective Investment Schemes（CIS）枠組をクロスボーダーの販売のために開始した。この枠組は，2014 年 8 月以来，マレーシア，シンガポール，タイで運用されている。2015 年 8 月現在では，11 の適格ファンドがこの 3 カ国で個人投資家向けの販売が認められている。
・ACMF は株式と通常の債券の複数国管轄下の販売要件を詰めている。セカンダリー上場[3]の迅速な登録に関する覚書が，2012 年にマレーシア，タイ，シンガポールの規制当局と証券取引所で交わされた。これにより，参加国でセカンダリー上場に関する手続期間を 16 週から 35 営業日まで大幅に短縮することとなった。目論見書に関する開示基準も，2013 年にベンチマークとして，証券監督者国際機構のクロスボーダーの販売に関する開示基準に拠ることとなった。加えて，国際財務報告基準と国際監査基準を採用した。ASEAN の共通目論見書の簡素化に向けたレビューの枠組は，2015 年 3 月 2 日の覚書調印に続き，同年 9 月 2 日に施行された。枠組の実務的な面の詳細を記したハンドブックが発行された。これは，ASEAN 内複数国管轄下の販売を進め，短期間で，その枠組に署名した国々の資本市場への迅速なアクセスを可能とする。こうした基準は，起債市場としての地域の魅力を高めることが期待される。
・ASEAN 債券市場の発展，開放度，流動性の進捗状況は，資本市場発展の

作業部会が,「債券市場発展スコアカード」を利用してモニターしている。発展のモニタリングの改善およびさらなる明確化と指導のため,ASEANはスコアカードの変数を継続的に改善している。

(出所) ASEAN (2015a) 翻訳は,筆者による。

この分野では,ACMF での取組が中心と考えられる。その具体的な取組は,表 8-3 に記載のとおり。マレーシア・シンガポール・タイの 3 カ国が先行して進めている項目が多くみられるが,前述の 2 分野に比較すると,具体的な成果が多く確認できる点に特徴があるといえる。

表 8-3　ACMF による取組概要

実施計画内容		対応する ACMF 個別施策	概要
分野	項目		
<地域統合を可能とする環境整備(および,その具体策または対象)>	①相互承認の枠組 ・クロスボーダーでの起債 ・金融商品販売 ・ASEAN 域内でのクロスボーダーでの投資 ・金融仲介機関のマーケットアクセス	NO.1 ASEAN Disclosure Standards Scheme (2009 年開始の ASEAN and Plus Standards から発展)	2008 年にできあがった,ASEAN 域内でのクロスボーダーでの株式・債券発行を容易にするため,情報開示基準や会計基準を共通化する施策。証券発行時には,ASEAN 共通基準 (ASEAN Standards) をベースに,限定的に各国で要請される追加基準 (Plus Standards) を満たせばよい。2009 年 6 月より,マレーシア,シンガポール,タイで先行して開始。2013 年 4 月には,共通の開示基準を満たす目論見書で株式と債券の発行が可能となり,現行名となった。
		NO.2 Cross-Recognition of Qualifications on Education and Experience of Market Professionals	ASEAN 域内のクロスボーダーでの証券投資を促進するため,他国の証券取引所において「プロフェッショナル」と承認を受けた業者が,域内他国の証券取引所にも,当該国で承認を受けたことと扱う制度。将来的に域内の証券取引所の統合が進み,域内証券をクロスボーダーでも自由に取り扱えることに備えた措置。2007 年には,シンガポールとタイの間で本件に関する覚書が調印されている。
<市場インフラ,地域に特化した商品,仲介機関の整備>	② ASEAN 域内の証券取引所の連携と管理の枠組 ・証券取引所のリンケージと ASEAN 取引所設立 ・ガバナンス強化,取引効率化とコスト削減 ・証券取引の清算,預託,決済のリンケージ ・マーケティングと投資家教育	NO.3 Expedited Review Framework For Secondary Listings	ASEAN 域内で,企業が複数国で上場する際のプロセスを短縮化し,相互上場を促進する措置。2012 年 3 月にマレーシア,シンガポール,タイの証券当局・証券取引所間で覚書が調印されている。
		NO.4 ASEAN Corporate Governance Scorecard	ASEAN 域内の上場企業のコーポレートガバナンス向上を狙い,各企業のコーポレートガバナンスを評価する施策。評価は 2 段階で,OECD 基準 5 分野 193 項目に基づくものと加点・減点の 2 分野 29 項目によってなされる。2012 年 3 月より開始された。

第 8 章　金融サービスと資本市場の統合　177

<市場インフラ，地域に特化した商品，仲介機関の整備>	③新商品の普及とアセットクラスとしての「ASEAN」の確立 ・域内金融商品開発に関する民間への働きかけ ・ASEAN 取引所上場に関する一流企業への働きかけ	NO.5　ASEAN Exchanges	「ASEAN」というブランドの確立とマーケティングを目的とし，域内企業への投資機会を増やすために域内の 6 カ国 7 証券取引所が連携して取組んでいる施策。協同して ASEAN Exchange のウェブサイトを立ち上げ，域内証券取引所関連ニュースの発信，ASEAN Stars（180 銘柄）の株価や取引量などの情報を提供。合わせて，域内取引所をネットワークで結び，投資家が上場株式を容易に売買できる仕組として ASEAN Trading Link を創設した。2012 年にマレーシアとシンガポールの取引所が導入し，同年タイ取引所も参加した。 2014 年 に は，FTSE ASEAN All-Share index，FTSE ASEAN Stars Indexe，ASEAN All-Share Ex-Developed Index の 3 つの指数を導入。
		NO.6　Frameworrk for the Cross-Border Offering of ASEAN CIS	域内で共通の基準を満たしたファンドのクロスボーダーでの販売を認める枠組み。2014 年 8 月以来，マレーシア，シンガポール，タイで運用中。2015 年 8 月現在で，11 の適格ファンドが同 3 カ国で個人投資家向けの販売が認められている。
	④債券市場の強化 ・債券発行，上場，販売に関する取組の改革推進 ・域内格付けの比較を可能とする戦略立案 ・流動性向上，清算・決済のリンケージ改善		
<推進強化>	⑤域内統合を支えるための各国国内資本市場発展計画の調整 ・域内市場統合のため，各国国内市場発展施策の調整 ・国内市場の状況に応じて，自由化に向けた段階的な手法の採用	上記のうち関連するものもあり。また，ASEAN としては進めているが，ACMF 個別施策との紐付けが困難なものもあり，記載は省略。	
	⑥ASEAN の活動の強化 ・本プランのモニター，調整，報告，問題提起を実施		

（出所）　ACMF および ASEAN Exchange ウエブページより筆者作成。

　以上が，統合レポートにおける「資本の自由な移動」の主要な 3 施策の記載となる。他には，以下の 3 項目（概要は下記）に関する説明と金融統合の状況と提言が記述されている。

> ・資金決済システム
>   ASEAN の金融統合において，資金決済システムは重要。そのために主要な5分野のシステム改善を目指している。5分野は，為替取引，送金，小口決済，資本市場，標準化。成果としては，2015年1月27日に，クロスボーダーの為替取引の手数料とサービスに関する透明性と開示に関する原則が，マレーシア，フィリピン，シンガポール，タイの間で採用された。
> ・ASEAN インフラファンド
>   域内の巨額のインフラ整備資金ニーズに対応し，ASEAN Infrastructure Fund（AIF）が組成された。現在は，485.3百万ドルの規模で，うち335.3百万ドルが域内国による出資，残りの150百万ドルがアジア開発銀行によるもの。
> ・ASEAN 金融協力
>   保険分野（災害リスク関連），税制分野，関税分野でも，進められている。

（出所）ASEAN（2015a）より抜粋し，筆者作成。

2．2025 年に向けての計画

つづいて，ASEAN Economic Community Blueprint 2025 により，今後の10年の当該分野に関する計画を確認したい。ブループリント 2025 では，これまでと異なる表現で，以下の5テーマを具体的な取組として掲げている。

① 高度に統合された経済
② 競争力のある，革新的，ダイナミックな ASEAN
③ 連結性強化とセクター別協力
④ 強靭かつ包摂的，人間志向，人間中心の ASEAN
⑤ グローバル ASEAN

5点のうち，金融・資本分野については，①の「高度に統合された経済」の中に含まれ，「金融統合，金融包摂，金融安定化」と題され，取組項目が示されている。

> 16．金融セクターを包括的かつ安定的にすることは，地域の経済統合にあたっての鍵となる目標のひとつである。2025 年に向けた金融セクターの統

合ビジョンは，3つの戦略的な目的を含んでいる。それは，金融統合，金融包摂，金融安定化と題し，分野横断的な3つの分野を含む。（資本取引の自由化，資金決済システム，能力開発）

17. 以下を含む戦略的な方法
ⅰ．ASEAN 域内の銀行の役割を増し，保険市場の統合をより進め，資本市場の連結性をより高めることにより，域内の貿易取引や投資を促進するための連結性をより高めることにより，域内の貿易取引や投資を促進するための金融統合の強化。これらは，安全で，コスト効率的で，連結性のより高い，強固な金融市場インフラにより支えられる。金融自由化は，コスト削減に資するとともに健全な，最低限の規制やコンプライアンスを満たす内容で，規制の統一化も必要となる。鍵となる手段は以下。

 a．ATISA を通じた金融サービスセクターの自由化への更なる約束
 b．各国の準備と互恵的となることを基本とした ABIF における適格 ASEAN 銀行向け市場整備
 c．AIIF に沿った保険セクターの改善・強化
 d．清算，決済，保管のリンク・連結性強化など，ACMI ブループリントに沿った ASEAN 資本市場の効率化とその便益の ASEAN 各国での共有
 e．社債発行と合わせた国債市場の発展，銀行システムのリスク分散，預金者への投資機会の拡大

ⅱ．中小企業など，金融商品やサービスを，十分に受けていない層など，より広い社会に行き渡らせるように，金融包摂を高める。これは，いくつかの国が高齢化社会になる中，地域の不公平な情報格差問題に取り組み，民主的な仕組での変化を反映する。鍵となる手段は以下。

 a．零細・中小企業への便益を図る地域内の金融強化（信用補完策・再生可能企業の支援策など）
 b．金融アクセスとともに金融リテラシー改善。ASEAN 内の情報交換と協力強化。
 c．金融教育プログラムの推進・消費者保護の仕組の強化・金融の経営管理能力引き上げ
 d．金融アクセスの改善とコスト削減の手段の拡充

ⅲ．地域のインフラを，とくに地域の緊張が高まったときに備え，継続的に強化することを通じ，金融の安定化を確かなものにする。鍵となる手段は以下。
  a．金融システムリスクと脆弱性の認識・マクロ経済と金融のサーベイランスの仕組の強化
  b．ABIF を進めるにあたり，クロスボーダーの協力体制を強化。（既存の枠組を活用）
  c．統一性もあり，かつ国際基準に見合う健全性規制の構築
18．3つの鍵となる分野横断的な領域に関する方法は以下
ⅰ．ASEAN 域内のクロスボーダーの投資や貸出を伸ばすために，域内の資本フローを促進する資本取引の自由化を，以下の原則をふまえながら，強化する。
  a．ASEAN 各国の課題や経済的な準備態勢と調和の取れた，秩序だった資本取引の自由化の推進
  b．自由化過程における潜在的マクロ経済不安定やシステミックリスクへのセーフガード手段
  c．自由化による便益をすべての ASEAN 諸国で共有。ASEAN は，「資本取引自由化ヒートマップ」と各国別の目標達成計画を活用して，各国の資本取引自由化の進展を継続的にモニター。
ⅱ．資金決済システムについては，以下のような分野でさらなる改善がなされる。クロスボーダーの為替取引，送金，小口決済システムや資本市場のための標準化や決済インフラの改善。これは，域内連携や安全で，効率的で，競争力のある決済システムを促進・強化するための環境整備に資する。さらに，これは，ISO20022 などのような国際的なベストプラクティスにもとづき，一定レベルの標準化や市場慣行の調和を求める。これは，地域内外での安定性と効率性を求めるためのものである。
ⅲ．能力開発は，地域内の金融発展段階の格差を縮小することを支える。これは，学習プログラムと知識と経験の共有の実行とともに，域内の金融統合や発展に関するベストプラクティス，つまり，金融の管理監督，金融包摂，資金決済システムなどを通じて，実現される。

（出所）　ASEAN（2015a）翻訳は，筆者による。

以上のブループリント 2025 の記載をみるかぎり，当該分野については，これまでの取組項目を着実に進めていこうとする ASEAN の姿勢が読み取れる。域内各国の経済発展段階の違いが，金融面にも大きく存在していることから，各国の状況をふまえ，慎重な対応を重視していると判断できる。

第 2 節　金融・資本分野統合への評価

慎重な対応と考えられる金融・資本分野の統合について，ASEAN の外部からは，どのように評価されているのかを，本節では確認したい。

1. ERIA による評価

AEC の進捗に関して，外部機関として継続的に評価をしてきた ERIA（東アジア・ASEAN 研究センター；Economic Research Institution for ASEAN and East Asia）が，金融統合に関するレポート（ERIA 2014）を公表しており，その評価を確認したい。

ここでは，ASEAN の金融セクターは，銀行が中心であるため，前述の ABIF に関する評価・コメントが中心となっている。ABIF による，域内金融の安定化と 2020 年までの銀行セクターの多国間の自由化の進展について，ゆっくりだが着実に進んでいると評している。一方で，ASEAN 各国間で，金融市場の発展段階，経済構造ならびに優先度がさまざまであることをふまえ，前提条件を整えるのはチャレンジングであるとの見方である。

ABIF については，ASEAN 域内で先行する ASEAN5（シンガポール，マレーシア，タイ，フィリピン，インドネシア）と BCLMV（ブルネイ，カンボジア，ラオス，ミャンマー，ベトナム）との間で，国内銀行への規制や金融安定化のためのインフラを含めて，差異があることを指摘している。最大の課題としては，① プルーデンス規制の調和をとった原則と ② ASEAN5 と BCLMV 間の，マクロプルーデンス政策と危機管理時の手順など，金融安定のためのインフラの差異を埋めることと評している。

① については，以下の 5 点を指摘。(1) 銀行の会計原則と開示基準，(2)

最低資本金規制，(3) 破綻銀行の整理のための早期是正措置と手法，(4) 大口エクスポージャー規制，(5) マネーロンダリング防止と消費者保護規制。

こうした具体的な項目について，域内の金融安定化を妨げないようにプルーデンス規制基準を下げず，かつ，これまで，より低い基準を採用していた国々には不適切とならないような内容で，調和させていくことの難しさを指摘している。

②については，金融安定化のためのインフラの整備は，危機防止の不可欠な手段であるとしている。しかし，いわゆるマクロプルーデンス政策は，BCLMVの国々は，未整備。そのため，そうしたインフラを各国別に整備することから始めるべきであり，合わせて，域内のマクロ経済のモニタリングやサーベイランスも必要としている。その実施は，AMRO（= ASEAN + 3 Macroeconomic Research Office）の下を想定。合わせて，域内の危機管理時の手順や資金決済インフラ，チェンマイ・イニシアティブ[4]下を想定したセーフティーネットの必要性を指摘している。

そのうえで，①・②については各国の国内情勢との関係もあり，時間を要していると評価。一方で，能力開発分野と適格ASEAN銀行の作業部会は順調とみている。また，ABIFへの取組は，ASEAN5の中でも一様ではなく，例示として，国内マーケットの余地の違いもあり，自由化により積極的なマレーシアと，便益が費用を上回るか否かの議論を行い慎重なインドネシアを比較対照している。銀行統合のリスクを勘案して，慎重姿勢がある点には理解を示している。

ERIAの当該レポートでは，ギリシャ危機以降のEUでの銀行同盟などの取組をふまえ，下記の2点をASEANでも検討すべきとして提言している。

(1) 銀行整理機関，クロスボーダー取引の監督機関，預金保険制度などが，銀行の破綻発生時等のために必要。
(2) ひとつの中央銀行的な監督機関をつくり，ソブリン問題を銀行に影響させず，銀行問題を国に影響させないような，仕組が大切。

まとめとしては，銀行統合の複雑さや難しさをふまえ，EUとは違い，超国家的な機関を有しないこともあり，「ASEAN Way」で時間をかけて，着実に進めていくことの重要性をあげている。

2. IMF による評価

 IMF も ASEAN の金融統合に関しては，ワーキングペーパーを 2015 年 2 月にまとめており，その評価や論点も確認したい。

 IMF は，ASEAN における金融・資本分野の統合への取組を，地域の経済成長や 1 人あたりの所得増にもつながるものとして，肯定的に捉えている。また，ERIA 同様，「ASEAN Way」で，各国の経済発展段階の違いやそれに伴う意向を尊重して，徐々に時間をかけて進めていくことにも，理解を示している。

 金融・資本分野の統合レベルに関しては，ASEAN の直接投資の状況に着目している。資本フローの中でも，技術や生産性向上にも資するものとして，直接投資を評価している。ASEAN 向けの投資は，日本・中国・韓国・アメリカからとともに，シンガポール・マレーシアの 2 カ国からの域内投資がみられる。また，ASEAN における外資系企業に対する国内企業への出資制限，とくにサービス業に関するものは，まだよく見られるとの指摘があり，こうした規制の緩和は，域内国の生産性向上に資するであろうと評価している。

 銀行業に関する統合状況としては，進捗しているものの，進出している銀行は，ASEAN 域内よりも，国際的な銀行の進出のほうが多いとしている。ASEAN 国同志でみても低い。アジア開発銀行によれば，2009 年時点でのマレーシア，フィリピン，タイにおける商業銀行の総資産に占める外国銀行の割合は 18％に止まっている。そのうち ASEAN ベースの銀行の割合は最も高いマレーシアで 8.5％。フィリピンは 0.4％，タイは 3.7％にとどまる。

 資本市場に関しては，アジア地域への証券投資は，香港・シンガポールを除くと，地域外からの投資が多く，域内からの投資の大きいユーロ圏とは対照をなしている。ただし，こうした流れも世界危機後の 2010 年から 2012 年までで，2013 年後半以降，米国の量的金融緩和の縮小が示唆されてからは，資金流出が ASEAN5 でもみられた。また，価格に関する要素で ASEAN の金融統合の進展を示すものとして，クロスボーダーでの金利と債券利回りの違いの縮小をあげている。2 者の相関は，グローバルな市場との相関やファンダメンタルズの改善との相関による部分もある。株式市場の利益率の相関は，資金市場や債券市場以上に株式市場の統合がより進んでいると評価している。

一方で，資本市場の開放性については，金融市場の自由化度を指数化した「Chinn-Ito Index」を利用した先行研究を示し，国ごとの評価を行っている。全体としては，シンガポールは高い開放性を維持しているものの，他のASEAN5 の 4 カ国（インドネシア，マレーシア，フィリピン，タイ）は，高い開放性を示していた時期もあるが，1997 年のアジア通貨危機や 2008 年の世界経済危機を受け，開放性は低下したままと評している。BCLMV のうち，カンボジアは指数では開放度が高いが，直接投資と公的援助の割合が高く，証券投資は限定的。ラオス，ベトナム，ミャンマーについても，相対的には低い開放度とみている。

　以上のような分野ごとの評価の総括として，IMF は，ASEAN の金融・資本分野の統合は，世界の他地域と比較して遅れており，さらなる自由化が大切と評している。ASEAN の単一市場化のためには，当該分野は重要な役割を果たすものであるが，金融の脆弱さへの注意も必要としている。そのために，ERIA と同様に，AMRO など国を超えて ASEAN の金融・資本市場をモニターする枠組とチェンマイ・イニシアティブのようなセーフティーネットの必要性も説いている。また，そうした取組に対する IMF の支援・協力姿勢も示されている。

第 3 節　ASEAN 金融・資本分野の課題と展望

1. AEC 金融・資本分野の現状と課題

　前節までで，AEC の金融・資本分野に関する ASEAN の取組状況及び 2025 年に向けた計画，それに対する ERIA および IMF の評価，それぞれの内容の確認を行った。全体の取組は図 8-1 のとおりであり，留意事項としては，さらに当該分野の自由化が進んだ際に備え，モニタリング機能を含めたマクロプルーデンスへの取組や危機発生時に備えたセーフティーネットの構築が重要，といった整理となる。こうした点は，神尾・中田（2015）をはじめとした参考文献で，これまでも述べられてきたものだが，AEC が実際に設立された現在でも，大きな変化はないと考えられる。

図8-1　ASEANの金融統合イメージ

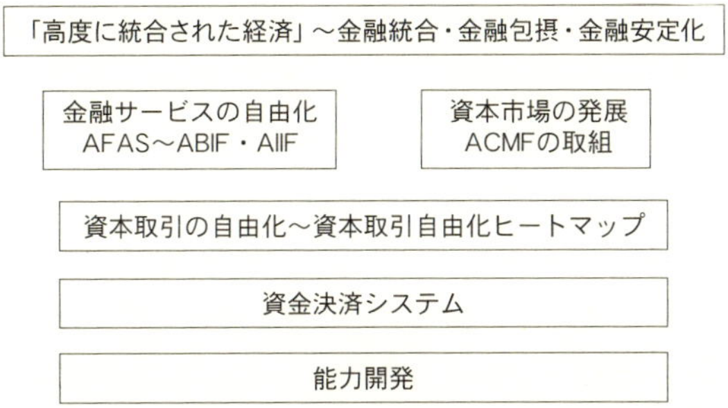

```
┌─────────────────────────────────────────────┐
│「高度に統合された経済」～金融統合・金融包摂・金融安定化│
└─────────────────────────────────────────────┘

┌───────────────────┐  ┌───────────────────┐
│ 金融サービスの自由化 │  │  資本市場の発展    │
│ AFAS～ABIF・AIIF  │  │  ACMFの取組       │
└───────────────────┘  └───────────────────┘

┌─────────────────────────────────────────────┐
│ 資本取引の自由化～資本取引自由化ヒートマップ │
└─────────────────────────────────────────────┘

┌─────────────────────────────────────────────┐
│           資金決済システム                   │
└─────────────────────────────────────────────┘

┌─────────────────────────────────────────────┐
│              能力開発                        │
└─────────────────────────────────────────────┘
```

(出所) ASEAN (2015a), ASEAN (2015b) 等から筆者作成。

そこで，本節では，今後の課題を2点述べたい。ひとつは，「資本取引の自由化にかかわる「資本取引自由化ヒートマップ」についてである。直近で入手した2015年のスコア（表8-4）をみるかぎり，ラオス・ミャンマーを除き各国とも自由化が相応に進捗しているように見えるが，おそらく各国ごとの自己評価と想定される。そのため，今後はASEAN共通での評価基準の明示，客観

表8-4　CAL Heat Map Score Self Assesment (2015)

国名	経常取引	直接投資		証券投資		その他資本フロー	
		対内	対外	対内	対外	対内	対外
ブルネイ	92	100	100	100	100	92	88
カンボジア	100	100	100	100	100	100	100
インドネシア	98	100	100	100	88	93→93.8	92→92.8
ラオス	96	90	65	74	60	82	54
マレーシア	100	100	98	99	85	97	93
ミャンマー	20	100	100	40	40	64	32
フィリピン	100	100	95	95	90	94	87
シンガポール	100	100	100	100	100	100	99
タイ	94	91	100	90	88	92	79→80
ベトナム	96	95	83	90	72	94→99	81

(注) ①→表示は，アップデートされたスコア，②80点未満を白表示とした。
(出所) 2016年3月3日・4日 IMF・一橋大学共催セミナー 'Advances and Challenges in Regional Integration' における Bank Indonesia 資料より作成。

的なスコアリングが，投資受入・増加にあたっては必要となると考えられる。

　もう1点は，ADBが2013年に作成したThe Road to ASEAN Financial Integration（ADB（2013））に記載された項目で，金融分野で将来的な課題となる可能性の高い点につき，検討を加えたい。

　ADB（2013）の終章には，金融サービスの自由化や資本フローの自由化を実現した後，ASEANの将来像として，留意すべき点が述べられている。それは，各国が独立した金融政策を維持することを前提とするなら，域内通貨間の為替レートの，より柔軟な変動を許容する必要がある点である。「単一の市場と生産基地」を実現し，金融サービスや資本移動の自由化が進捗するならば，域内通貨間の為替相場の安定性には圧力となり，大きな変動を覚悟する必要があることを指摘している。

　いわゆる「国際金融のトリレンマ」の理論では，「A. 独立した金融政策」，「B. 安定した為替レート」，「C. 自由な資本移動」の同時達成はできない。ASEANも，域内の経済統合を進め，また，金融・資本分野でのASEANブランドの確立を目指す場合，AとCを重視して進めれば，域内通貨間の為替レートの安定が脅かされることとなる。これは，平時のみならず，とくに外的ショックが発生した場合に，為替レートに対する影響の違いが各国・各通貨で生じることとなる。

　日系企業をはじめとして，ASEAN内で生産ネットワークを構築した域外企業のさらなる進出や投資呼び込みの際に，この点は将来的には大きな問題となり得る。1国で巨大な市場規模を有する中国に関しては，進出した企業は人民元の為替レートの変動を考慮すればよい。現状はまだ制約はあるものの，為替リスクヘッジを人民元に対して行えばよいといえる。しかし，10カ国が各国の通貨を有するASEANの場合，域外企業は10通貨すべてではなくても，複数通貨の為替リスクを考慮する必要が生じる。ASEAN域内企業についても，自国以外の通貨との為替変動を，ドル・ユーロ・人民元・円などの域外の主要通貨との関係に加えて，ASEAN域内他通貨に対しても考慮する必要が生じる。

　こうした視点で考えると，現在は，通貨に関してはまだASEAN域内での共通通貨や為替レートの安定といった議論は多くないが，今後は，検討する必要性が出てくるのではないだろうか。欧州のユーロのような共通通貨までは想定

せずとも，域内通貨間の為替レートの安定に関する整理・検討は将来的な課題と考えられる。

2. ASEAN の金融・資本分野の統合に関する展望

　ブループリント 2025 もふまえ，本章の最後に AEC も含めた ASEAN の金融・資本分野の今後の展望を試みたい。合わせて，日本の関わりかたについても検討を加えたい。

　まず，ブループリント 2025 を，これまでのブループリントと比較してみると，自由化や統合を着実にすすめることは，これまでの路線の踏襲と考えられる。一方で，前向きな計画の進捗に伴い，潜在的なリスクへの備えに関する留意事項や，そうしたリスク管理への協力体制構築，インフラ面の整備の重要性が説かれている点に特徴があると思われる。

　本章をまとめていた，2016 年 2 月の後半，シンガポールで国際機関や銀行，研究機関，マスコミなど，現地で勤務をされている識者にお会いする機会を得た。そこで，それぞれの立場での ASEAN の金融分野に関するご認識やご意見をうかがった。それぞれ，個人的な見解ではあるものの，現地での肌感覚もふまえたものであり，参考になった点が多く，以下，いくつかの点を記したい。

① 正確にはデータの確認が必要ながら，アジアにおける ASEAN の貿易等のシェアは，まだ低いのが現実ではないか。
② 当該分野は，ASEAN 各国のバラツキがまだまだ大き過ぎるのではないか。そのため，インドネシアあたりは AEC には慎重ではないか。逆に，証券関連分野で，シンガポール・タイ・マレーシアの 3 カ国で進捗している印象。
③ CLMV 等の後発 ASEAN については，マクロ経済のモニタリングに必要なデータ整備，そのための技術支援がまだまだ必要。
④ フィリピンの銀行がシンガポールに出店をしているが，シンガポールに出稼ぎに来ている母国出身者向けのサービスの色彩が強い印象。域内では，邦銀の活動のほうが目につく。
⑤ AEC に関しては，TPP との関係にも留意要。(＝ 10 カ国のうち，4 カ国が

参加)
⑥ シンガポールの大手行では,AEC が 2015 年末に設立されたからといって,域内他国への店舗展開がすぐに進むといった変化は期待していない印象。
⑦ 域内証券取引所の連携に関しては,取引はまだ,ほとんどないのではないか。
⑧ シンガポール国内での不動産など,国内向け投資に必要な資金はシンガポールドル。(国際金融センターのシンガポールでも,国内資金需要にはやはり自国通貨を必要とする。)

　以上のコメントは,前述の AEC の現状や課題とそれぞれ整合的であり,当該分野の AEC の取組はやはり「ASEAN WAY」で進んでいくものと感じられる。
　2016 年 4 月には ASEAN 財務省・中央銀行総裁会議において,金融統合に関する戦略行動計画が工程表とともに採択された。金融統合 9 項目,金融包摂 4 項目,金融安定化 6 項目の最終目標を掲げ,各項目に対して 1 ～ 2 件の政策的なアクションおよび今後 10 年間の期間ごとの目標やマイルストーンを示した。内容を概観すると,適格 ASEAN 銀行や証券取引所接続など,数値的なマイルストーンを示している点が ASEAN の意思の表れと感じられる。(表 8-5) スピード感があるとは言えないものの,慎重に進めるべき分野でもあり,計画的に,域内のコンセンサスを得ながら進めていく姿勢は評価できる。また,金融統合とともに,金融包摂・金融安定化に目配りを行っている点も重要な点であろう。

表 8-5　ASEAN 金融統合に向けた戦略行動計画（抜粋）

	最終目標	政策的なアクション	2016-2017	2018-2019	2020-2021	2022-2025
			主要な目標とマイルストーン			
金融統合	ASEAN 域内の貿易・投資の促進に関する適格 ASEAN 銀行の役割強化	ASEAN 銀行枠組（ABIF）下の契約書※完成 ※中央銀行間の契約と考えられる	ABIF 下の取組の進捗のモニタリングと報告に関するガイドライン	最低 2 件の ABIF の設定完了と最低 2 行の適格 ASEAN 銀行の認証	ABIF のガイドラインに沿って最低 2 件の追加的な協議開始	
	ASEAN 株式市場の相互接続	さらなるクロスボーダー取引支援に資する ASEAN 株式市場の接続強化	少なくとも 3 カ国の取引所接続（現状）	少なくとも 3 カ国の取引所接続継続	少なくとも他の 1 カ国が取引所接続に関する議論に参加中	少なくとも 4 カ国の取引所接続

金融統合	深みがあり流動性の高い資本市場	さらなるクロスボーダー取引支援に資するASEAN取引所の接続強化 ① 基準期間ごとのベンチマーク設定 ② 債券価格の取引後価格または終値の公示 ③ 債券に関わるASEAN情報開示基準の採用 ④ 中央銀行の流動性供給に適格な幅広い証券の品揃え	① 6カ国が設定 ② 最低2カ国が公示 ③ 最低3カ国が採用 ④ 最低3カ国が整備	① 最低7カ国が設定 ② 最低3カ国が開示 ③ 最低4カ国が採用 ④ 最低4カ国が整備	① 最低7カ国が設定 ② 最低5カ国が開示 ③ 最低6カ国が採用 ④ 最低6カ国が整備	① 最低8カ国が設定 ② 最低8カ国が開示 ③ 最低8カ国が採用 ④ 最低8カ国が整備
	ASEAN決済システムを安全に,革新的に,競争力のある,効率的で,より相互接続させる	ASEAN内の二国間/多国間のリンクのために,国内決済システムへの国際基準(例.ISO20022)の採用		二国間/多国間の接続を,国の準備とビジネス上のニーズにもとづき進める ・ASEAN Large Value Payment Systems（LVPS） ・ASEAN domestic Retail Payment Systems（RPS）			
	ASEAN各国の資本取引に関する実体的な自由化	① モニタリング手段としての「資本取引自由化ヒートマップ」の強化 ② 資本取引自由化への継続的な取組	「資本取引自由化ヒートマップ」手法の完成	「資本取引自由化ヒートマップ」手法の施行			
金融包摂	債券市場へのアクセス層拡大	① 一般投資家の国債購入体制整備 ② 一般投資家の社債購入体制整備	① 最低2カ国が整備 ② 条件つきで,社債取引単位の小口化への国際的な経験の共有	① 最低5カ国が整備 ② 社債取引単位の小口化への国際的な経験の共有	① 最低7カ国が整備	① 最低8カ国が整備 ② 最低5カ国で整備(条件付き)
金融安定化	金融安定化協調の推進	継続的な金融セーフガード基準の公開	各国の金融サービスに関するセーフガード基準のリストの発刊 金融自由化と金融安定化の関係に関する研究をASEAN Integration Monitoring Office（AIMO）ほか関係機関と協力して進める				
	金融安定の維持と債券市場の拡充	リスク管理メカニズムの共有	1カ国でリスク管理メカニズム・手法を把握。	最低3カ国でリスク管理メカニズム・手法を共有。	最低5カ国でリスク管理メカニズム・手法を共有。	最低8カ国でリスク管理メカニズム・手法を共有。

(出所) 掲題資料を抜粋・要約。

　以上を勘案した場合,今後の展望としては下記のように整理できると考える。

> ① ASEAN WAY で「ASEAN」ブランド化と自由化・統合を進める。
> 　（補足）中国やインドと比較すれば，インドネシアも含め，ASEAN は 1 国での経済規模は大きくない。そのため，ASEAN としての協力・連携は大切。2020 年・2025 年にはこだわらず，進める。
> ② 適格 ASEAN 銀行の枠組を監督機関も含めて整備する。
> 　（補足）域内の膨大なインフラ整備のため，適格 ASEAN 銀行の枠組に期待。合わせて，資金調達およびマクロ経済モニタリングにあたって，ASEAN ＋ 3[5)] の枠組での諸施策，AMRO，ADB や AIIB などの機関との連携・協力も重要。
> ③ 域内国通貨間での為替レートの安定化策の必要性の検討と対応
> 　（補足）アジア通貨危機時の原因といわれる，ダブルミスマッチ[6)] の構造は，いまだに残存。域内国間でも，同様の構造が生まれる得る可能性がある。「単一の市場と生産基地」内に，各国通貨が存在する将来像に留意要。

　最後となるが，こうした ASEAN の取組への日本の関わりかたを考えたい。アジア通貨危機以来，ASEAN ＋ 3 の枠組で進めてきた，域内の通貨・金融協力を中心に今後も ASEAN を支援していくのが基本となるであろう。AMRO が創設された現在は，AMRO を通じた人的資源貢献も含め，BCLMV などへの技術支援や域内決済インフラ整備への協力が期待される。また，民間ベースでは，ミャンマーでの 3 メガバンクの支店設立，日本取引所グループと大和総研が協力した同国の証券取引所開設，AMBIF[7)] の枠組で初となる債券発行となった，昨年（2015 年）のみずほ銀行の東京プロボンド市場におけるタイバーツ建て債券発行など，種々の取組が行われている。こうした官民それぞれの，また分野によっては連携した ASEAN への協力・働きかけが今後も継続されることを期待したい。

【注】
1) CAL（＝ Capital Account Liberalisation）Heat Map。資本取引の自由化レベルを域内各国が評価したもの。本説明によれば，域内各国の資本取引制度の開放性レベルを評価する手段であり，定期的に更改される予定。2016 年 4 月採択の工程表でも，その完成・活用が言及されている。
2) IMF 協定の条項。規定された義務の内容は，① 経常取引における支払に対する制限の回避，② 差別的通貨措置の回避，③ 他国保有の自国通貨残高の交換性維持。

第 8 章　金融サービスと資本市場の統合　191

3) 既に他の証券取引所に上場している企業が別の証券取引所にも上場すること。本件の場合は，ASEAN 内他国証券取引所への上場を意味する。
4) 「ASEAN＋3」（下記「4」参照）が最初に取組んだ域内国間での外貨融通の仕組。アジア通貨危機の際に，域内各国の通貨が市場で売り込まれ暴落したことをふまえ，そうした際に各国通貨当局が自国通貨を市場介入により，買い支える（自国通貨『買い』，外貨（主に米ドル）『売り』）ための資金を供給するのが目的。そのための資金を，各国が通貨スワップの形式で米ドルを必要とする国に対して，当該国通貨とのスワップ契約で資金を提供する。2000 年 5 月に，タイのチェンマイで合意したのが契機。2010 年にはマルチ契約化され，2012 年には金額も総額 2400 億円へと増額されている。
5) アジア通貨危機への反省から，東アジアの通貨・金融問題を議論するために，1999 年から毎年開催されている，財務大臣会議を中心とした ASEAN10 カ国と日本・中国・韓国の通貨・金融協力の枠組。2012 年からは，同会議に中央銀行総裁も参加する枠組みに変更されている。
6) 「通貨」・「期間」のミスマッチ。1997 年に発生したアジア通貨危機の原因とされる，当時のアジア諸国の資金の調達構造を指す。インフラ整備等に充てるため，「長期・自国通貨建て」の資金が必要だったにもかかわらず，「短期・外貨（主に米ドル）建て」の資金調達が主だった。
7) AMBIF ASEAN+3 Multi-currency Bond Issuance Framework（ASEAN＋3 債券発行共通フレームワーク）。ASEAN＋3 各国の財務省・中央銀行が共同で立ち上げた「アジア債券市場育成イニシアティブ」の取組のひとつとして，クロスボーダー債券取引を促進するため，域内の債券発行に関わる手続を共通化する取組。

【参考文献】
（和文）
赤羽 裕（2013）「ASEAN 経済共同体における金融サービス・資本市場の連携・統合」石川幸一・清水一史・助川成也編著『ASEAN 経済共同体と日本―巨大統合市場の誕生』第 7 章，文眞堂。
石川幸一・清水一史・助川成也編著（2009）『ASEAN 経済共同体』JETRO。
江崎和子（2014）「ASEAN 統合で金融は変わるか」『月刊資本市場』2014.08（No.348）。
神尾篤史・中田理恵（2015）「アジア金融資本市場で生じる構造変化」『大和総研調査季報』2015 年新春号 Vol.17。
五味祐子（2015）「ASEAN 経済共同体の進捗状況～銀行セクター統合の最近の取り組みを中心に～」『News Letter』2015.7.14. 国際通貨研究所。
清水 聡（2015）「ASEAN 金融統合に向けた金融セクター動向」『海外投融資』2015 年 11 月号，一般財団法人海外投融資情報財団。
林 宏美（2013）「アセアンの域内金融統合に向けて―公表されたブループリント『アセアン金融統合への道筋』―」『野村資本市場クォータリー』2013 Summer，野村資本市場研究所。

（英文）
Asian Development Bank（ADB）（2013），*The Road to ASEAN Financial Integration, A Combined Study on Assessing the Financial Landscape and Formulating Milestones for Monetary and Financial Integration in ASEAN*.
ASEAN Secretariat（2015a），*ASEAN Integration Report 2015*.
ASEAN Secretariat（2015b），*ASEAN Economic Community Blueprint 2025*.
Economic Research Institute for ASEAN and East Asia（ERIA）by Maria Monica Wihardja（2014），*Financial Integration Challenges in ASEAN Beyond 2015*, "Policy Brief" NO.2014-08, August 2014.
IMF by Greet Almekinders, Satoshi Fukuda, Alex Mourmouras, Jianping Zhou（2015），*ASEAN Financial*

Integration, "IMF Working paper" WP/15/34 February 2015.

<参考ウェブサイト>
ASEAN　http://www.aseansec.org/
ACMF　http://www.theacmf.org/ACMF/index.php
ASEAN Exchange　http://www.aseanexchanges.org/Default.aspx

第9章
投資の自由化

石川幸一

はじめに

　ASEAN の経済発展における外国直接投資の役割は極めて大きい。とくに工業化は外国直接投資が主導したといって過言ではない。外国投資政策は，ASEAN 各国が独自に（ユニラテラル）に実施するとともに 1980 年代以降 ASEAN として地域（リージョナル）投資政策を策定してきた。域外国からの投資誘致とともに域内投資の促進が目的となっている。
　ASEAN 自由貿易地域（AFTA）の目的の 1 つは外国投資先として台頭した中国に対抗しての外国投資誘致だった。ASEAN 経済共同体（AEC）も外国投資誘致が目的の 1 つとなっている。AEC ブループリントでは，投資の自由化は「単一の市場と生産基地」の中で物品，サービスの自由化と並ぶ重要な構成要素である。
　AEC2015 における投資自由化の成果は，ASEAN 包括的投資協定（ACIA）の締結・発効である。ACIA では「最小限の規制」を残して域内投資を自由化することになっている。最小限の規制は留保表（ネガティブ・リスト）で例外分野として示されており，例外分野の自由化が AEC2025 の課題となっている。
　本章では，ASEAN として取組んできた投資自由化，投資保護など地域投資政策を取り上げている。第 1 節で AEC における投資自由化への行動計画を概観するとともに，第 2 節で成果である ACIA の内容を検討している。第 3 節では，2015 年末の投資自由化の例外分野を示す留保表の内容を分析し，第 4 節で ASEAN の外国直接投資の現状を概観し，最後に AEC2025 について言及しながら課題について論じている。

第 1 節　AEC における投資自由化

　外国投資誘致を目的とする投資自由化および投資保護は，各国が投資委員会など投資政策実施機関を設立し実施してきた。ASEAN としての投資自由化への取組みは，1998 年に締結され 99 年に発効した ASEAN 投資地域枠組み協定（ASEAN Framework Agreement on the ASEAN Investment Area：AIA）である[1]。AIA 協定は，2010 年までに ASEAN 域内投資，2020 年までに ASEAN 域外からの投資に対し全産業（農業，水産業，林業，鉱業，製造業とこれら 5 産業に付随するサービス業）を開放し，投資家に設立前と設立後の内国民待遇を与えるとしている[2]。ただし，一時的除外リスト（Temporary Exclusion List：TEL），センシティブリスト（Sensitive List：SL），一般除外リスト（General Exclusion List：GEL）で指定された産業を例外としている。TEL は段階的に削減することにしており，2001 年の AIA 協定改定議定書で ASEAN6 は 2003 年 1 月，CLMV は 2010 年までに製造業を TEL から除外することを決定している。投資保護は，1988 年に締結された ASEAN 投資促進保護協定（ASEAN Agreement for the Promotion and Protection of Investment：AIGA）で規定されている[3]。AIGA は，全体で 14 条の短い協定であり，締約国からの投資への公正かつ衡平な待遇，投資の保護，収用および補償，締約国と投資家間の紛争の解決などについて規定している。

　AEC に向けては，2004 年のビエンチャン行動計画で自由化，円滑化，促進の行動計画を定め，優先分野統合枠組み協定で 11 優先分野を対象に AIA の SL の TEL への移管，TEL の投資制限措置の削減などを規定した[4]。AEC 創設に向けての包括的な行動計画は AEC ブループリントが 2007 年に公表され，第 1 の柱（戦略目標）の「単一の市場と生産基地」の 7 つのコアエレメントの中で 3 番目の「投資の自由な移動」の中で投資自由化の行動計画が示されている。まず，目標として ASEAN 域内投資と域外からの投資誘致のために自由で開放された投資制度を構築することを掲げている。そのため，最初に AIA と AIGA の 2 つの投資関連協定を統合した ASEAN 包括的投資協定（ASEAN

Comprehensive Investment Agreement：ACIA) を 2008 年～ 09 年に策定することを目標として掲げている。投資自由化では，最小限の規制を除き内国民待遇と最恵国待遇を含む無差別待遇を ASEAN の投資家に与え，投資制限措置とパフォーマンス要求を削減することを明記している。ほかに，投資保護では，投資家と国家の紛争解決メカニズム，資本，利益などの自由な移動，収用と補償の範囲の透明化などを目標とし，投資円滑化と協力，投資促進についても行動計画を定めている。

ASEAN 域外からの投資誘致を ASEAN として行なう枠組みは，域外国と ASEAN の FTA あるいは投資協定である。AEC では，第 4 の柱である「グローバル経済への統合」に含まれる。

第 2 節　AEC2015 の成果

1. ACIA の策定

(1) ACIA の構成

AEC の「投資の自由な移動」の成果は，ASEAN 包括的投資協定（ACIA）の締結・発効である[5]。ACIA は 2009 年 2 月の首脳会議で署名され，2012 年 3 月に発効した。投資協定は，投資保護を目的とした協定から，自由化，円滑化をも目的とする協定に変容してきており，ACIA も投資の保護だけでなく自由化，円滑化を目的とする，文字通り，包括的な協定となっている。

ACIA は，投資の保護と自由化を規定したセクション A，投資家と国の投資紛争に関するセクション B，制度的な取極めなどに関するセクション C の 3 部で構成され，全体で 49 条となっている（表 9-1）。NAFTA や日本の EPA の投資に関する規定と比べても遜色のない包括的な規定となっている。

表 9-1 ACIA の構成

セクションA	投資自由化と保護				
第1条	目的	第21条	情報開示 透明性	第36条	仲裁行為
第2条	原則	第22条	投資家と経営幹部の入国，一時滞在，就労	第37条	請求の併合
第3条	適用範囲			第37条	請求の併合
第4条	定義			第38条	専門家の報告
第5条	内国民待遇	第23条	新規加盟国への特別かつ異なった待遇	第39条	仲裁手続きの透明性
第6条	最恵国待遇			第40条	準拠法
第7条	パフォーマンス要求の禁止	第24条	投資促進	第41条	裁定
		第25条	投資円滑化	セクションC	
第8条	上級役員と取締役	第26条	ASEAN統合の推進	第42条	制度的取決め
第9条	留保	第27条	加盟国間の紛争	第43条	加盟国による協議
第10条	約束の修正	セクションB	投資家と加盟国の投資紛争	第44条	その他の協定との関係
第11条	投資の取扱い				
第12条	争乱の場合の補償	第28条	定義	第45条	付属書，スケジュール，将来の規則
第13条	資金の移転	第29条	対象範囲		
第14条	収用と補償	第30条	調停	第46条	改定
第15条	代位	第31条	協議	第47条	IGAおよびAIA協定に関する移行取決め
第16章	国際収支擁護のための措置	第32条	加盟国投資家による仲裁の請求		
第17条	一般的例外	第33条	請求の付託	第48条	発効
第18条	安全保障例外	第34条	請求の付託の条件と制限	第49条	寄託
第19条	利益の否認			付属書1	書面による承認
第20条	特別手続きおよび	第35条	仲裁人の選定	付属書2	収用と補償

（出所） ACIA協定文。

(2) ACIAの主要規定

ACIAが対象とする産業は，製造業，農業，漁業，林業，鉱業・採石業，製造業および農業，漁業，林業，鉱業・採石業，製造業に付随するサービス業に適用される。その他のサービス業の投資は，ASEANサービス枠組み協定（AFAS）が適用される。ただし，その他のサービス業の投資（AFASの第3モード）についても投資保護に関する規定（11条，12条，13条，14条，15条）と投資家と国家の紛争に関する規定（セクションB）は適用される。つまり，全てのサービス業の投資の保護および投資家と国家の紛争解決についてはACIAが適用される。

投資自由化の主要な規定は，設立段階を含む内国民待遇，最恵国待遇，パ

表9-2 サービス業の投資に関する規定

対象分野	適用される協定
農業，漁業，林業，鉱業・採石業，製造業に付随するサービス業	ACIA
上記以外のサービス業の投資	AFAS
全てのサービス業の投資の保護および投資家と国家の紛争解決	AICA

（出所）　執筆者が作成。

フォーマンス要求の禁止，経営幹部および取締役の国籍要求の禁止である。パフォーマンス要求の禁止はWTOの貿易関連投資措置（TRIMs）協定の規定が必要な変更を加えて適用される。パフォーマンス要求の禁止は，AIGA，AIAになかった新しい規定である。ただし，対象となる要求は，WTOの投資関連貿易措置（TRIMs）協定で明示されている措置とされている。TRIMs協定で，禁止されているのは，ローカルコンテント要求，輸出入均衡要求，為替制限，輸出制限の4つの措置である。第8条として別に規定されている経営幹部の国籍要求禁止は，パフォーマンス要求の1つであり，実質的にはTRIMs協定を超える規定となっている。

自由化の例外（留保）は第9条で規定されている。内国民待遇と経営幹部の国籍要求の禁止が，付属書の留保表（ネガティブリスト）に記載された措置については適用除外（自由化の例外）となるとしている[6]。留保については，2014年8月に締結されたACIA修正議定書で，留保分野の更新と承認および付属書3が追加され，留保分野の縮小，撤廃を行なうことが規定された。

投資の保護については，公正かつ衡平な待遇と十分な保護および保障，争乱の場合の補償，資金移転の自由，収用と補償，代位などが規定されている。公正かつ衡平な待遇は，加盟国に適正な法的手続きの原則に従い法的あるいは行政的な手続きにおいて公正を否認しないことを要求することである。争乱の場合の補償は，AIGAにはない新たな規定であるが，基本的な投資保護規定であり，投資協定あるいはFTAの投資に関する規定に含まれている。投資に関連した全ての資金の移転が自由かつ遅滞なく行われることを認めているが，資本移動が当該国に深刻な経済および金融混乱を引き起こす，あるいは引き起こす懸念がある場合は，資本取引を制限できるとしている。

収用と補償は投資協定の投資保護に関する基本的な規定であり，公共目的，無差別，迅速，適切かつ効果的な補償の支払い，正当な法手続きに従う場合を除き，収用もしくは国有化と同等の措置を通じて収用を行ってはならないと規定している。収用もしくは国有化と同等の措置は，投資資産を実体上損なうような措置を指し，間接収用と呼ばれている[7]。

代位は，国またはその指定する機関に対して，投資家の権利または請求権を譲渡し，国または機関がその権利，請求権を行使できるようにするための規定であり，海外投資に公的機関が保険を付保し，損害が生じ保険金が支払われた場合にその機関が投資家の権利あるいは請求権を行使できるようにする規定である。

（利益の否認）

ACIA の自由化の利益を受けられるのは，ASEAN の投資家である。利益の否認は，どのような場合，ACIA の自由化の利益を受けられないかについての規定である。利益の否認の対象となるのは，① 非加盟国の投資家が法人を所有・支配し，その法人が加盟国で実質的な事業活動を行っていない場合の他の加盟国の法人である投資家と投資，② 利益の否認を行う加盟国の投資家が法人を所有・支配し，その法人が加盟国で実質的な事業活動を行っていない場合の他の加盟国の法人である投資家，③ 非加盟国の投資家が法人を所有・支配し，否認する加盟国がその非加盟国と外交関係を有していない場合の加盟国の法人である投資家と投資である。法人は加盟国の法令と国家政策に従い投資家に「所有」されており，投資家が取締役の過半を任命あるいは法的に措置を命ずる権限を有する場合「支配」されているとする。

非加盟国企業が所有・支配している実質的に事業を行っていない企業（ペーパーカンパニー），加盟国企業であっても同様なペーパーカンパニーおよび外交関係を有していない国の投資家が所有・支配している企業がその対象となる。日系企業を含む外資企業は実質的な事業を行なっていれば ACIA の恩恵を受けることができる[8]。利益の否認は AIGA，AIA 協定には含まれていなかった新しい規定である。AIA は 2020 年までに全ての投資家に対して内国民待遇と投資分野の開放を適用するとなっていたが，ACIA は利益の否認規定（第 19 条）があり，AIA とは異なった規定となっている。

（投資家対国の紛争解決規定）

投資家対国の紛争解決（Investor State Dispute Settlement : ISDS）は AIGA では，第10条（仲裁）の1条のみだった。ACIA は，セクション B として14条の詳細な規定を設けている。国際仲裁廷に申し立てを認めた紛争処理手続きは，近年の投資協定あるいは FTA の投資章での規定と共通したものである。

対象となる投資紛争は，加盟国とこの協定の投資に関連する権利の不履行を理由として損失を被ったと申立てる他の加盟国の投資家の紛争である。自国に対して申立てはできない。投資紛争が起きた場合，まず協議により解決を目指す。協議開始後180日以内で解決できない場合，仲裁に付託できる。仲裁に付託できるのは，内国民待遇，最恵国待遇，経営幹部，投資の待遇，紛争の場合の補償，資金の移転，収用と補償に規定されている義務に違反したことおよび違反により投資家が当該投資に関して損失を被っていること，である。

仲裁の付託先は，①紛争当事加盟国の請求に対して裁判権を有する司法裁判所または行政裁判所，② ICSID（紛争解決国際センター），③ UNCITRAL（国連国際商取引法委員会）仲裁規則，④クアラルンプールの地域仲裁センターあるいは ASEAN のその他の地域仲裁センター，⑤紛争当事者が合意した場合，その他の仲裁機関である。

仲裁廷は，仲裁当事者が各々任命する各1人の仲裁人と当事者の合意により任命され裁判長となる第3の仲裁人の3人の仲裁人で構成される。第3の仲裁人は，紛争当事国と非当事国と外交関係を有する非加盟国の国民であり，当事国と非当事国に恒久的な住居を有していないことが条件である。裁判は多数決で決定を行い，決定は拘束力を持つ。

(3) ACIA の意義

ASEAN は，創設以降，法制面では整備が不十分であったが，経済共同体創設に向けてブループリントでは，「法とルールに基づくこと，透明性，多国間ルールや国際基準の採用」などにより，法的な基盤の整備を進めている。ACIA はその一環としての外国投資分野での法制整備であり，貿易自由化のための ATIGA，サービス貿易自由化のための AFAS とともに ASEAN 経済共同体創設の最重要な構成要素（ビルディング・ブロック）となっている[9]。第3に他の投資協定あるいは FTA の投資規定と比べて遜色のない包括的な内容で

あり国際水準の投資協定になっていることである。日本マレーシアEPAの投資に関する規定（投資章）は21条，NAFTAの投資についての規定は39条あるのに対しACIAは49条あり，投資協定に通常盛り込まれる規定はほぼ全て含まれている。

　ACIAの特徴は次のようにまとめられる。①投資家対国の紛争解決（ISDS）についての詳細な規定が置かれたこと，②AIGA，AIA協定になかったパフォーマンス要求の禁止が規定されたこと。ただし，雇用要求，技術移転要求，拠点設置要求，開発研究要求などの禁止は含まれていない。③AIGA，AIA協定になかった新たな規定として利益の否認，投資家の移動が含まれたこと。④AFASとの関係を整理したこと。

　ACIAが投資保護，自由化，円滑化，紛争解決の分野で国際水準の包括的な規定の協定となったのは，ASEAN加盟国が域外国と広範囲の規定を含む投資章を含むFTAあるいはEPAを締結したことが影響を及ぼしている。域外国の投資家に国際水準の保護，自由化，円滑化を与えており，ASEAN域内国の投資家に対して同等の待遇を与えることは最恵国待遇の点から当然だからである。なお，ASEANが締結したFTAの投資章あるいは投資協定では，中国との投資協定が設立段階の内国民待遇，パフォーマンス要求の禁止を規定しておら

表9-3　ASEANと域外のFTA投資章および投資協定の要素

	AKFTA投資章	ASEAN中国投資協定	AANZFTA投資章	ASEANインド投資協定
内国民待遇	○	設立時は×，設立後○	○	○（非適合措置は適用外）
最恵国待遇	○	○（広範な例外）	×（継続協議）	○
パフォーマンス要求（PR）禁止	○	×（役員国籍要求の禁止あり）	○	×
公平衡平待遇	○	○	○	○
収用と補償	○	○	○	○
争乱時の補償	○	○	○	○
送金の自由	○	○	○	○
ISDS	○（PR除外）	○（PR除外）	○（PR除外）	○（PR除外）

（注）　AKFTAはASEAN韓国FTA，AANZFTAはASEAN豪州ニュージーランドFTA。
（出所）　AKFTA，ASEAN中国投資協定，AANZFTAは経済産業省（2015）『不公正貿易報告書2015』，ASEANインド投資協定は協定文により作成。

ず，インドとの投資協定では最恵国待遇およびパフォーマンス要求の禁止が規定されていない（表9-3）。韓国，豪州・ニュージーランドとはFTAの投資章で規定し，中国，インドとは投資協定が締結されている。日ASEAN包括的経済連携協定（AJCEP）のサービス貿易章と投資章は2010年10月より交渉されており，2013年12月にルール部分について実質合意に達している。日本とCLM以外の7カ国とは2国間FTAの投資章，カンボジア，ラオス，ミャンマーとは投資協定が締結されている。

第3節　自由化例外分野：ACIAの留保表

　外国投資は最小限の規制を除いて自由化することが目標である。最小限の規制（投資自由化の例外分野）はACIAの留保表（ネガティブリスト）で示される。留保表で示された分野は，内国民待遇（NT：ACIA 5条）と経営幹部・取締役の国籍要求の禁止（SMBD：ACIA 8条）が適用されない。内国民待遇が適用されないということは外国投資に対する差別（たとえば投資の禁止）が認められることを意味する。留保分野は，前述のように今後段階的に削減して行く。

　留保表は，全業種に適用される分野横断的措置と業種別措置に分かれており，業種名，どの政府機関の措置か，NT・SMBDの区分（両方の場合もある），措置の内容，根拠法が明示されている。たとえば，「土地の取得・保有などについて内国民待遇（NT）の適用を留保する」とは，外国投資家（外資企業）は土地の取得や保有について禁止や制限など国内企業とは違った待遇を受けることを示している。留保表で掲げられている措置・分野は，必ずしも外資の禁止を示しているのではなく，禁止や制限を含めたNTとSMBDの適用外となる措置・分野を示している。

　分野横断的措置では，土地に関連した措置がタイを除く9カ国でNTの適用外として示されている。天然資源と不可分の土地を含めている国も多い。規制の内容は国により多様である。事業の許認可・登録を対象としている国は8カ国ある。外国投資は国内投資とは異なった手続きや許認可を必要とすることを

表 9-4　留保表の例

マレーシア
業種：全業種。
政府レベル：中央政府と地方政府。
対象となる義務：内国民待遇（NT）と経営幹部と取締役の国籍要求（SMBD）。
措置：NT と SMBD は，ブミプトラおよびブミプトラステータス企業，信託会社と機関に特別な優遇を与える措置に適用されない。
根拠：連邦憲法，1954 年 Aboriginal People Act，新経済政策　など。

（出所）　ACIA 留保表により作成。

示している。ほかには，従業員雇用・外国人雇用に関する措置，民営化・国有資産の売却に関する措置も比較的多くの国があげている。通貨取引・外貨取引については，通貨投機を防止することが目標となっている。なお，分野横断的措置で示されていなくても業種別の措置で特定業種を対象に外国投資の禁止，制限，規制（出資比率など）が行なわれているので留意が必要である。

　根拠法は，外国投資関連法だけでなく，憲法，土地法，森林法など多くの法律が挙げられており，自由化には多くの手続きと時間が必要な措置が少なくないことを示している。

　業種別の措置は国により内容が異なっている。農林水産業，鉱業と付随サービスでは，資源の保護を目的とする外資の制限や規制が多い。たとえば，シンガポールでも採石は禁止となっている。製造業・付随サービスでは，伝統的な産業（バティックなど）や危険物を扱う産業（武器や爆薬など）などが多く，印刷や出版，新聞印刷・発行を外資禁止とする国もある。国別に見るとインドネシアとベトナムで規制される業種が多い。ベトナムでは，比較的多くの製造業で外資禁止，国内投資の優先や出資比率規制などの外資規制を行なっている。

　なお，2015 年 11 月に公表された ASEAN 統合報告（ASEAN Integration Report 2015）によると，ブルネイ，ラオス，ミャンマーがすでに留保リストの削減を行なっている[10]。たとえば，ラオスは製造業を除外している。

表 9-5 ACIA留保表の分野横断的事項

NTおよび/あるいはSMBDの適用を留保する措置	インドネシア	マレーシア	フィリピン	シンガポール	タイ	ブルネイ	カンボジア	ラオス	ミャンマー	ベトナム
①土地（天然資源と不可分の土地を含む）の取得・保有・利用・取引など	○	○	○	○		○	○	○	○	○
②取締役の国籍，居住義務など		○	○							
③従業員雇用・外国人雇用		○	○	○	○		○			○
④事業許認可・登録	○	○		○			○	○		
⑥外資の企業形態	○							○		
⑦外資出資比率，出資額など	○				○					○
⑧民営化・国有資産の売却など	○	○	○							○
⑨ポートフォリオ投資	○			○		○	○			
⑩食糧安全保障										○
⑪通貨取引・外貨取引				○	○					
⑫天然資源開発						○				
⑬零細企業，中小企業，協同組合などに対する措置	○		○		○					○
⑭その他の措置		○		○		○	○			

（注）① 食糧安全保障は，インドネシアとフィリピンでは農水産業で挙げられている。② マレーシアのその他の措置には，ブミプトラおよびブミプトラ優遇政策に関連する措置が含まれる。③ フィリピンでは，憲法およびフィリピンの法律でフィリピン企業と国民に留保された権利，事業があげられ，タイではタイ国民に留保されていない職業に外国人は就業できるとされている，④ タイでは外国人はコンドミニアム以外の住居の保有を禁止されている。その他，上記表でカバーされていない措置があるので，正確には原資料を参照願う。

（資料）ASEAN事務局，ACIA留保表（Schedule to ASEAN Comprehensive Investment Agreement）により作成。

第4節　ASEANの外国直接投資の現状

　ASEANへの外国直接投資は，世界金融危機の起きた2008年と2009年に減少したが，2010年に急回復し，タイで大洪水が起きた2011年に若干減少したものの，着実に増加している（図9-1）。2014年は1361億ドルと前年に続き過去最高を記録し，AECブループリントの開始された2008年の2.7倍となっている。また，投資誘致のライバルである中国への投資額を2013年，2014年と

図 9-1 ASEAN の域外および域内の対内直接投資推移

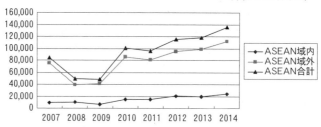

(単位：100 万ドル)

(出所) ASEAN Secretariat (2015), ASEAN Integration Report 2015 により作成。

も上回っており，ASEAN への外国直接投資額が世界の外国直接投資額に占めるシェアは 2014 年に 10.8% と過去最高に達した[11]。ASEAN への外国直接投資動向は域外からの投資（域外投資）の動きに大きな影響を受けており，2008 年の減少は ASEAN 域外からの投資がほぼ半減したことが原因となった。域外投資は 2010 年には，106% 増と回復している。その後は，2011 年を除き域内，域外とも順調に増加している。域内投資のシェアは，域外投資が急減した 2008 年は 20% を超えたが，他の年は 10% 台である。ただし，緩やかに上昇しており，2014 年は 17.9% となった（表 9-7）。また，域内投資額を域外からの投資と比較すると 2014 年には EU に次ぐ金額となっており，ASEAN 各国は域内への投資国として重要性を増している（表 9-7）[12]。

ASEAN の対内外国直接投資は，シンガポールが最大の受入国である（表 9-6）。2008 年は 111 億 1500 万ドルで前年比 76% と大幅減少しシェアが 22.4% に落ちたものの，その後は 50% 前後のシェアを維持しており，2014 年は 720 億 9800 万ドルでシェアは 52.9% だった。2010 年以降はインドネシアの伸長が著しく，2014 年は 222 億 7600 万ドルでシェアは 16.3% だった。続いて，タイ，マレーシアが主要対内投資国である。また，ベトナムへの投資も 80-90 億ドルの水準を維持しており，CLM は合計しても 35 億ドル（2014 年）と大きな差がある。

ASEAN 域外では，2012 年を除いて EU が最大の投資国・地域である（表 9-7）。続いて，日本あるいは米国となっており，2014 年は日本が 133 億 8100 万ドルで第 2 位だった。投資額の増加が目立つのは中国で 2007 年の 21 億

2900万ドルから2014年には88億6900万ドルと4倍を超える増加となり，ASEANへの投資国として重要性を増している。

ASEANの域内投資は，投資国も投資先国もASEAN6のシェアが圧倒的に大

表9-6 ASEANの対内外国投資額の推移

(単位：100万ドル)

	2007	2008	2009	2010	2011	2012	2013	2014
ブルネイ	260.2	330.1	371.4	625.4	1,208.30	864.8	725.5	568.2
インドネシア	6,928.3	9,318.1	4,876.8	13,770.9	19,241.6	19,137.9	18,443.8	22,276.3
マレーシア	8,538.4	7,248.4	1,405.1	9,155.9	12,000.9	9,400.0	12,297.4	10,714.0
フィリピン	2,916.0	1,544.0	1,963.0	1,298.0	1,815.9	2,797.0	3,859.0	6,200.5
シンガポール	46,338.8	11,115.4	25,036.4	55,034.5	46,774.3	60,980.3	56,138.3	72,098.3
タイ	11,330.2	8,539.5	4,853.5	9,111.6	3,861.1	10,699.2	12,999.8	11,537.9
カンボジア	867.3	815.2	539.0	782.6	891.7	1,557.1	1,279.4	1,726.5
ラオス	323.5	227.8	318.6	332.6	466.8	294.4	426.7	913.2
ミャンマー	714.8	975.6	963.3	2,248.8	2,058.2	1,354.2	2,620.9	946.2
ベトナム	6,700.0	9,579.0	7,600.0	8,000.0	7,519.0	8,368.0	8,900.0	9,200.1
ASEAN	84,916.5	49,692.9	47,927.0	100,360.1	95,837.9	115,452.8	117,687.0	136,181.4
増加率（%）	32.9	-41.5	-3.6	109.4	-4.5	20.5	1.9	15.7

(出所) ASEAN Secretariat (2015), ASEAN Integration Report 2015 により作成。

表9-7 ASEANの域外および域内からの対内投資額の推移

	2007	2008	2009	2010	2011	2012	2013	2014
日本	8,801.4	4,285.5	3,919.3	11,171.1	8,790.5	21,206.1	21,766.0	13,381.1
中国	2,129.6	946.8	1,965.5	4,052.3	7,860.2	5,718.1	6,778.5	8,869.4
韓国	2,439.1	1,533.6	1,798.6	4,298.8	1,557.3	1,557.0	3,652.4	4,468.9
EU	22,065.2	9,448.8	8,598.1	19,017.7	30,166.9	6,542.3	22,255.7	29,268.5
米国	10,803.4	3,118.7	5,214.6	12,285.3	9,375.4	14,395.7	4,913.3	13,042.3
その他	29,043.8	19,910.8	19,758.4	34,334.5	23,527.8	45,484.9	38,921.6	42,773.7
域外合計	75,282.5	39,244.2	41,254.5	85,159.7	81,278.1	94,904.1	98,287.5	111,803.9
域内	9,634.0	10,488.8	6,672.5	15,200.4	14,559.8	20,548.0	19,399.6	24,377.4
域内投資シェア（%）	11.3%	21.0%	13.9%	15.1%	15.2%	17.8%	16.5%	17.9%

(出所) ASEAN Secretariat (2015), ASEAN Integration Report 2015 により作成。

表 9-8 ASEAN 域内投資シェア（対外投資）

	2001-2007 平均	2008-2014 平均
ASEAN6	99.1	97.6
インドネシア	8.3	12.5
マレーシア	18.9	21.8
シンガポール	64.4	58.1
タイ	4.6	4.3
CLMV	0.9	2.4

（出所）ASEAN Secretariat (2015), ASEAN Integration Report 2015 により作成。

表 9-9 ASEAN の域内投資（対内投資）

	2001-2007 平均	2008-2014 平均
ASEAN6	91.9	84.9
インドネシア	13.4	40.9
マレーシア	14.8	10.4
シンガポール	21.2	26.9
タイ	39.2	6.0
CLMV	8.1	15.1
ベトナム	5.3	10.6

（出所）ASEAN Secretariat (2015), ASEAN Integration Report 2015 により作成。

きい（表 9-8, 表 9-9）。ただし，対内投資ではCLMV，とくにベトナムのシェアが増している（表 9-9）。対外投資ではシンガポールが5割を超えるシェアを持つ最大の対外域内投資であり，マレーシアが約2割のシェアを有している。対内投資では2001年－07年の平均ではタイが39.1%と最大だったが，2008－14年ではタイのシェアは6%に激減し，インドネシアが40.9%を占める最大の域内対内投資国となった。小林（2015）によると，主要4カ国（インドネシア，マレーシア，シンガポール，タイ）の相互の投資がコアとなるとともにミャンマーとベトナムに対し少額ながら域内投資が行なわれている[13]。

なお，域内対内投資を産業別にみると（2008年－14年），製造業が最大で26.6%，続いて不動産が25.1%，金融が20.0%となっており，その他のサービス業を含めると61.5%を占め最大である[14]。2001－07年と比較すると製造業が29.5%から低下する一方でサービス業は47.6%から拡大している。

おわりに

AECブループリント2025では，第1の柱の「高度に統合され結合した経済」の「3. 投資環境」の中でACIAにより開放され透明で予測可能な投資レジームを設立することによりグローバルな投資先としての魅力を高めることを目標としている。具体的な措置は，① 投資制限と障壁の除去についてのモダリティ

の実施（投資ピアレビューメカニズム）によりACIAのビルトインアジェンダを完了する[15]，②ACIA留保表の削減の適切なアプローチあるいはメカニズムを見つける，③投資調整委員会（Coordinating Committee on Investment）のピアレビューメカニズムの強化などが挙げられている。ACIAの投資自由化例外分野の自由化が最大の課題となっている。

ジェトロの日系企業調査では，外資規制が問題であると回答した企業の割合が多いのは，ミャンマー（30.8％），インドネシア（19.9％），フィリピン（18.6％），タイ（17.8％），マレーシア（14.9％），ラオス（8.7％），シンガポール（6.1％），カンボジア（0.0％）となっている[16]。OECDの外国直接投資規制指数（FDI Restrictiveness Index）では，フィリピン（0.425），インドネシア（0.324），ミャンマー（0.356）で規制が多く，シンガポール（0.047），カンボジア（0.049）が少ないというほぼ同じ結果となっている[17]。一部の国では依然として投資規制が多く，投資の障害として企業に認識されており，自由化の着実な実施が求められる。

AECの設立の理由の1つは外国投資の誘致であり，ASEAN域内投資の自由な移動とともに域外からの投資誘致が重要であることは2016年以降も変わらない。外国投資誘致は，①各国独自の投資誘致と②ASEANとしての投資自由化の2つの面で実施されている。投資誘致には投資自由化などASEANとしての投資政策だけでなく，貿易自由化による市場統合，越境インフラの整備などAEC2025に向けた行動計画の着実な実施とともに安定した経済成長が不可欠である。

【注】
1) AIA協定の正式名称は，ASEAN Framework Agreement on the ASEAN Investment Area。
2) 製造業など5産業に付随するサービス業を含めることは2003年の改定議定書できめられた。サービス業の投資はサービス貿易の第3モードに分類されており，付随サービス以外のサービス業の投資自由化はASEANサービス枠組み協定（AFAS）で規定されている。
3) ASEAN投資促進保護協定は，ASEAN投資保証協定（ASEAN Investment Guarantee Agreement：AIGA）と通称されている。
4) 優先分野は，農産物加工，空運，自動車，e-ASEAN，エレクトロニクス，漁業，ヘルスケア，ゴム製品，繊維・アパレル，観光，木製品の11業種であり，2006年にロジスティクスが追加された。
5) ACIAの原文は，下記を参照。http://agreement.asean.org/media/download/20140119035519.pdf#search=Schedule+to+ASEAN+Comprehensive+Investment+Agreement

6) Schedule to the ASEAN Comprehensive Investment Agreement （http:// http://www.asean.org/storage/ images/2012/Economic/AIA/Agreement/01%20-%20Headnote%20-%20Final%20 （2nd%20Special%20 CCI,%20Sept%202010）.pdf#search=Schedule+to+ASEAN+Comprehensive+Investment+Agreement）
7) 渡邊頼純監修，外務省経済局 EPA 交渉チーム編（2007）「解説　FTA・EPA 交渉」，231 頁。
8) 実質的に事業を行なっている要件については，明らかになっていない。
9) AFAS を改定して ATISA（ASEAN サービス貿易協定）を作成する作業が進められている。
10) ASEAN Secretariat（2015），*ASEAN Integration Report 2015*, p.36.
11) 中国の対内外国直接投資額は，2013 年 1239 億ドル，2014 年 1285 億ドルである（ジェトロ（2015））。
12) シンガポール，マレーシアは対外投資が対内投資を上回っている。ジェトロ（2015）『世界貿易投資報告書 2015』によると，2014 年のシンガポールは，対内投資 675 億ドル，対外投資 4066 億ドル，マレーシアは同じく 108 億ドルと 164 億ドルだった。
13) 小林（2015），82-83 ページ。
14) ASEAN Secretariat（2015），*ASEAN Integration Report 2015*, p.46.
15) 投資ピアレビューメカニズムでは，各国が自由化，投資法令の変更について報告を行なうことになっており，最近では 2015 年 8 月に AIA 評議会に対して報告している。
16) 若松勇・小島英太郎（2014），46 ページ，引用されている調査は，ジェトロ「在アジア・オセアニア日系企業実態調査（2013 年度）である。
17) ASEAN Secretariat（2015），pp.38-39.

【参考文献】

（和文）

石川幸一・清水一史・助川成也（2013）『ASEAN 経済共同体と日本』文眞堂。

助川成也（2015）「ASEAN の貿易と投資」石川幸一・朽木昭文・清水一史編『現代 ASEAN 経済論』文眞堂，所収。

小林公明（2015）「ASEAN 域内直接投資の現状・展望」浦田秀次郎・牛山隆一・可部繁三郎編『ASEAN 経済統合の実態』文眞堂，所収。

ジェトロ（2015）『世界貿易投資報告書 2015』。

若松勇・小島英太郎（2014）『ASEAN・南西アジアのビジネス環境』ジェトロ。

（英文）

ASEAN Secretariat（2015），*"ASEAN Integration Report 2015."*

Bruno, Jetin and Mia Mikic（2016），*"ASEAN Economic Community: A Model for Asia-wide Regional Integration,"* London: Palgrave Macmilan.

Bas, Sanchita. Jayant Menon. Rodolfo Severino and Omkar Lal Sherestha（2014），*"The ASEAN Economic Community: A Work in Progress,"* Singapore: ISEAS.

Chia, Siow Yue and Michael G.Plummer（2015），*" ASEAN Economic Cooperation and Integration: Progress, Challenges and Future Directions,"* Cambridge : Cambridge University Press.

Inama, Stefano and Edmund W. Sim（2015），"The Foundation of the ASEAN Economic Community: An Institutional and Legal Profile," Cambridge : Cambridge University Press.

Sjoholm, Fredrik（2015），"Foreign direct investment in Southeast Asia" in Coxhead, Ian. (eds), *"Routledge Handbook of Southeast Asian Economics,"* Abingdon:Routledge.

第10章

ASEAN連結性の強化と交通・運輸分野の改善
―実効的なバリューチェーンの構築へ向けて―

春日尚雄

はじめに

　2015年末のASEAN経済共同体（ASEAN Economic Community：AEC）の形成において，ASEAN域内の交通・運輸分野の改善と連結性（connectivity）を高めることが重要な要素とされてきた。背景として，経済成長の原動力でもあるASEAN域内へ外国直接投資が，AFTA（ASEAN自由貿易地域）の進展による域内関税の大幅削減という実績に加えて，交通分野におけるインフラの改善がサプライチェーンを確保することにより促進されると考えたからである。
　2010年のASEAN連結性マスタープラン（Master Plan on ASEAN Connectivity：MPAC）において，「連結性」を①物理的な連結性，②制度的な連結性，③人的な連結性と分類，定義し，戦略的な観点から陸・海・空に関する優先プロジェクト・課題を盛り込んだ。さらにASEAN域内の交通協力に絞った，5カ年計画である2010年のブルネイ行動計画（Brunei Action Plan 2011-2015：ASEAN Strategic Transport Plan）では，①陸上輸送，②航空，③海上輸送，④交通円滑化，の4つのセクターにおける具体的な目標と推進方法を明示した。
　2025年を目指すAEC2025ブループリント（ASEAN Economic Community Blueprint 2025）では，5つの柱の1つとしての「高度化した連結性と分野別協力」（Enhanced Connectivity and Sectoral Cooperation）の中には交通（Transport）以外にも全9項目が含まれている[1]。一方，AEC2025の交通分野の戦略的な指針や日程を示す計画としては，ブルネイ行動計画の後継となるクアラルンプール交通戦略計画（Kuala Lumpur Transport Strategic Plan：ASEAN

Transport Strategic Plan 2016-2025) が 2015 年 12 月に示されている。AEC2025 でも交通・運輸分野の改善が ASEAN 連結性の主体であると位置づけながら，ASEAN 共同体を成功させるための鍵であるというスタンスは従来と変わっていない。

第1節　交通・運輸分野における ASEAN 連結性の強化

　2015 年末に AEC を創設するにあたり，インフラ整備や能力開発などの各プロジェクトを通じて，ASEAN 域内における連結性を強化することを目指し，その最終的な目標は経済統合をより深化させることにあるとされてきた。AEC2025 ブループリントでは，柱の１つとして「高度化された連結性と分野別協力」を新たに加え，AEC2015 よりさらに連結性については一歩進んだ表現となっている。

　2010 年の連結性マスタープラン（MPAC）と 2015 年の AEC2025 ブループリントによれば，連結性強化の対象となる協力は交通・輸送インフラとそれに関連する手続きなどの円滑化が中心となっており，２つの文書に示されている交通・輸送分野に関連する主な事項は以下の様になる。

表 10-1　MPAC，AEC2025 ブループリントの交通・運輸に関する連結性の概要

	「物理的連結性」 (physical connectivity)	「制度的連結性」 (institutional connectivity)
対象事項	陸上・海上・航空輸送 内陸水運，島嶼間リンク インターモーダル輸送	交通・運輸円滑化 物品貿易の自由化 国境手続き円滑化
主な具体例	ASEAN ハイウェイネットワーク（AHN）の完成 シンガポール＝昆明間鉄道（SKRL）の完成 内陸水運網の整備 海路交通の整備	単一航空市場（ASAM）の構築 単一海運市場（ASSM）の構築 交通運輸円滑化協定類 （AFAFGIT, AFAFIST, AFAMT）の実効化 陸路越境旅客交通協定（CBTP）の実施 税関手続きの簡素化 国境手続きに関する協力 サブリージョナルな地域協力との連携強化

（資料）　Master Plan on ASEAN Connectivity, ASEAN Economic Community Blueprint 2025.

2010年以降，ASEANにおいて連結性強化の概念は，AECの成否にも直結するものとして重要視されるようになり一大プロジェクトの位置づけがされるようになった。これは関税削減・撤廃の成果と共にインフラ整備を主とする連結性の強化が，企業による生産ネットワークの構築などを通じてASEANへの継続的な外国投資を担保する競争力強化の柱として概念化されたものでもある。物理的連結性が主にハードインフラの整備であり，制度的連結性が貿易円滑化などのためのソフトインフラ整備として進められてきている。前者に比べて遅れているとされるソフトインフラについて，ASEAN加盟国はAECの創設を前提として173の協定類，覚書（非交通・運輸を含む）などに署名してきており，このうち発効していないのは19のみと言われる[2]。ASEAN2025ブループリントにおいては交通インフラの整備が中小企業などによる新産業の創出や観光業への寄与などに期待されるとしており，主にハードインフラの整備が進展したことを経て次の段階に進むことが考えられる。

またAECブループリント2025の後に発出された，クアラルンプール

表10-2　ASEAN連結性（交通）に関連した主な国別指標

	鉄道密度	道路密度	舗装道路	乗用車	航空旅客	航空貨物	アジアハイウェイ	
							合計	クラスIII以下
	(2010)	(2010)	(2010)	(2010)	(2010)	(2010)	(2010)	(2010)
ブルネイ	----	564.0	77.2	485	1,263	0.09	----	----
カンボジア	3.7	216.7	6.3	18	455	0.22	1,347	0
インドネシア	1.9	262.7	59.1	45	52,283	8.37	4,091	0
ラオス	n.a	171.4	13.5	2	444	----	2,857	306
マレーシア	5.1	300.5	82.8	313	30,997	18.25	1,673	0
ミャンマー	5.1	41.3	11.9	5	396	0.17	3,009	1,064
フィリピン	1.6	670.9	9.9	8	21,024	4.95	3,367	451
シンガポール	n.a.	4,794.3	100.0	121	26,709	29.18	19	0
タイ	8.7	352.4	98.5	57	27,162	6.65	5,111	2
ベトナム	7.6	516.3	47.6	13	14,407	5.98	2,597	264
(参考) 日本	55.0	923.4	78.2	454.9	95,918	41.8	----	----
単位	km per 1,000km^2	km per 1,000km^2	％	per1,000 population	1,000人	million TEU	km	km

（資料）　UNESCAP（2014）*Statistical Yearbook for Asia and the Pacific 2014*. などより筆者作成。

ASEAN 交通戦略計画は 2010 年のブルネイ行動計画を引き継ぐ日程計画であるが，それまでの交通 4 分野すなわち陸上輸送，航空，海上輸送，交通円滑化に「持続可能な交通」を加えて 5 分野としている。これは経済開発優先型の交通システム構築から，環境に配慮し炭素排出の削減や省エネルギーをモニタリングしつつ進めるなど新しい方向への転換が含まれた内容になっている。

第 2 節　陸上交通，交通円滑化

ASEAN における陸上交通特に道路輸送は，輸出主導の工業化推進の中で近年の多頻度少量生産に対応したサプライチェーンの構築に貢献してきた。集中が形成する産業集積と，分散の局面における工程間分業の両者に対して道路輸送（トラック輸送）の利便性が強調されるようになった。国境を越える越境交通網整備は，ASEAN 大陸部，メコン地域を中心に取り組まれてきた。この地域における越境道路はこの数十年で新規に整備されたものではなく，経緯として古くから取り組まれてきたアジア・ハイウェイが下敷きとなっており，さらには 1990 年代に GMS プログラムで推進された経済回廊（Economic Corridors）プロジェクトのルートの多くが重複しており，主に従来からある既存道路をアップグレードする方式が取られてきた。特に東西方向の越境道路は積み出し港が終端であり，将来構想としてインドシナ半島西側にも積み出し港を整備することで，後述のようにメコン＝インドを陸路および海路で連結する拡大構想が出ている。中国からはより壮大な「一帯一路」構想が近年示されているが，現代のシルクロードをイメージしたものと言われる。メコン地域の陸路横断を前提とした，ASEAN からインドまで到達する拡大経済回廊計画もそうしたアイデアと共通したものがある。また AEC2015 ブループリントでは，こうした主要越境道路を「指定された越境交通路」（designated Transit Transport Routes；TTRs）と呼んでいる。

また鉄道については，道路整備が先行していたこともあり目立った整備が行われていない。一大プロジェクトとされてきた，シンガポール・昆明間鉄道リンク計画（Singapore–Kunming Rail Link：SKRL）については，ルートが最終

第10章 ASEAN連結性の強化と交通・運輸分野の改善　213

表10-3　陸上交通のこれまでの主なテーマと継続的な具体的行動

テーマ	達成すべき主な具体的内容
ASEANハイウェイ・ネットワーク（AHN）の完成	AHNミッシングリンクの解消
	クラスIII以下のTTRのアップグレード
	クラスII、IIIのTTRの交通量増大
	カンチャナブリ―ダウェイ間の建設
	TTRの道路標識の設置
SKRL主線の建設と支線の設計完了	SKRLミッシングリンクの解消
	SKRL支線の詳細な設計の完了
	ASEAN加盟国による補完的アップグレード
	SKRLのシームレスな運用
	SKRLのインドネシア・スラバヤまで延長の検討
AHNによる越境の高度化	三国ハイウェイ（インドーミャンマータイ）構想の進展と、カンボジア、ラオス延伸
効率的なドライポートのネットワーク化	計画された優先ドライポートの完成
ASEAN陸上輸送ネットワークのデータベース化	AHN、SKRL、ドライポートを網羅したASEAN陸上輸送ネットワークマップの発行

（資料）　ASEAN事務局、UNESCAP。

的に確定しておらず未確定な点が多い。近年、各国の高速鉄道導入の機運があり、そうした大型プロジェクトにも影響を受けると思われる。

1.　道路

　ASEANハイウェイ・ネットワーク（AHN）は1997年ASEAN交通大臣会合で採択され、1999年ハノイにおける閣僚会合でAHNプロジェクトが署名された。23ルート、3万8400kmが決まっているが、その基本と源流はアジア・ハイウェイ路線であり、メコン地域においてはGMS経済回廊のような域内経済協力の枠組みのプロジェクトによって集中的に整備されてきたものでもある。
　アジア・ハイウェイ、ASEANハイウェイ、GMS経済回廊の設計基準はいずれも基本的に欧州のヨーロッパ・ハイウェイに準じており次のようなカテゴリーに分けられている。

　① プライマリー、4車線以上、設計速度60-120km/h、自動車専用道路
　② クラスI、4車線以上、設計速度50-100km/h

図10-1　ASEANハイウェイ・ネットワーク（AHN）図

（資料）　ERIA study team（2010）. ASEAN Strategic Transport Plan 2011-2015.

③　クラスⅡ，2車線，設計速度 40-80km/h
④　クラスⅢ，2車線，設計速度 30-60km/h

当初のAHN計画（1999年）によれば，2000年までの第1期，2004年までの第2期，2020年までの第3期に分けられている。第1，2期においては，標識の設置と少なくともクラスⅢまでへの格上げ，さらにルートが途切れているミッシングリンクの建設があげられており，最終的に2020年には，① 基本的に全区間がクラスⅠ以上に整備されること，② 交通量の少ない非幹線道路についてはクラスⅡ以上とすること，を目指している[3]。

現時点まで，全ての路線で道路整備が進められており，クラスⅢに満たない道路の比率は年々減少しており，クラスⅢ以下の路線1858km（2014年）[4]は

その大部分がミャンマー区間であり，ミャンマー全般の道路状況も ASEAN で最も劣悪となっている（表 10-2 参照）。ミッシングリンクとされているのは，① ミャンマー AH112：タトン＝モーラミャイン＝ダウェイ＝コンロイ（1145km），クラスⅢ以下なのは，② ミャンマー AH123：ダウェイ＝メーサムパス（141km：但し未舗装），③ ミャンマー AH1：チャウンウー＝カレミョー（379km）（＝バイパス道路完成），④ ミャンマー AH2：メイティラ＝タチレク（593km），⑤ ミャンマー AH3：キャイントン＝モンラー（93km），⑥ ラオス AH12：ビエンチャン＝ルアンブラパン（393km），⑦ ラオス AH15：バンラオ＝ナンパオ（98km）であり，未整備路線はこの 7 路線に絞り込まれた。このうち AH3 桁の番号は AHN 路線であり，その他はアジア・ハイウェイとの重複路線である[5]。尚，タイ・メーソットからヤンゴンへのアクセスにネックとなってきた，ミャンマー AH1 の一部であるミャワディー＝コーカレイの山岳道路は，2015 年 6 月にバイパス道路が完成したことで代替され，ティラワ工業団地の稼働とも関連してバンコク－ヤンゴン間（960km）のサプライチェーンの構築に目処がついてきている[6]。

インドシナにおける交通の連結性を妨げてきたのは，1 つには東西方向の移動を阻害するメコン川への架橋の問題であり，これは順次整備されてきている。南部経済回廊におけるカンボジア国内のネアックルン橋（つばさ橋）が 2015 年 3 月に完成したことで，バンコク－プノンペン－ホーチミンの 3 都市間の交通は，産業集積を結びつける機能を果たし始めており，特に進出の多い日系企業にとって都市間相互の結び付きがサービス・リンク・コストを下げることに繋がるものと期待されている。

2009 年に日本が提唱したアジア総合開発計画（CADP）の中では，メコン・インド産業大動脈の構想が打ち出された[7]。これによってメコン地域，ASEAN とインド亜大陸を海路を使って地理的連結を図るというアイデアである。実現には東西経済回廊または南部経済回廊の延伸によって，ミャンマー西岸のアンダマン海側の積み出し港が整備されることが効率的な国際物流の前提となる。このうち長年の懸案でもある，バンコク周辺の産業集積のアンダマン海側への出口となるダウェイ開発については，2015 年 7 月ミャンマー，タイ両政府による特別目的事業体（SPV）に日本が参画することが意図表明覚書（MoI）署

図10-2 2015年3月に完成したネアックルン（つばさ）橋

（出所）三井住友建設株式会社提供。

名により合意された。但しダウェイ・プロジェクトは非常に規模が大きいため，その完成までには10年単位のかなりの期間を必要とすることが予想されている[8]。

2. 鉄道

　前項で述べたように，ASEANにおける陸上交通整備では道路が優先され，またモータリゼーションも進んだことから鉄道の整備は遅れている。SKRLは元々1995年に，ASEANメコン川流域開発協力（AMBDC）の枠組みのフラッグシップ・プロジェクトとして始まった[9]。シンガポール・昆明間のリンク計画は，全長5500kmの長距離越境鉄道であるが進展に遅れが見られる。AEC2015ブループリントに唱われたSKRL推進は，2010年のブルネイ行動計画では2020年に先送りされている[10]。SKRLのルートは主要なものでも数案あり，現時点では正式に決定していない。AEC2025ブループリントにおいても，SKRLがフラッグシップのインフラ整備の1つであることは変わらないが，

従来の既存路線を整備する方式では技術面，建設予算，完成後の採算面など，多くの問題があるのは確かである。

現状は路線の途切れた，ミッシング・リンクを回復させる事業を中心に進められている。バンコクを起点にカンボジアを通過する東回りについては，かつて戦時中軍用のためタイとカンボジアが結ばれていた路線や，カンボジア－ベトナム間区間の回復が進められている。ベトナム国内区間については，ベトナムの優先プロジェクトとされているが[11]，これも現実には資金問題などから大幅に遅れているとされる。またミャンマーを通過する西回りルートについては，大きな建設費用など経済性に問題があるとされている。

なかなか進まない既存鉄道整備計画とは別に高速鉄道計画が浮上し，中国主導による中国・ラオス・タイにおける計画が何度も交渉されている。2015年12月，タイ暫定政権プラユット首相と中国李克強首相との間で，マプタブット－ノンカイまでの南北ルート（734km），およびケーンコイ－バンコク新線（133km）について一旦合意がなされたが，その後2016年3月タイ政府は合意を白紙化し自前での建設をおこなう姿勢に転じた。タイは日本政府とも並行して交渉をおこなっており，バンコク－チェンマイ間高速鉄道の合意がされたほか南部回廊に沿った鉄道計画の調査を日本に依頼している。このように日本と中国が，メコン地域における鉄道インフラ整備にどのように関与するかによって，従来のSKRL計画に基づいた構想ルート，使用される鉄道規格などが大きく変わる可能性が高くなっている。

3. 交通円滑化

AEC2025を進めるに際して，ASEAN域内の交通円滑化に関する事項が陸上交通のテーマの中でも注目されている。これはASEAN統合をおこなうにあたり，「シームレスな移動」が一体化するための必須要件であり続けたが，分野別の諸協定類が発効し効率的な実施が遅れていることが背景にある。

陸上交通に関しては，ソフトインフラがハード整備に比べて相対的に遅れていると言われてきた。越境道路網を整備した際，国境における通関，トランジット手続きなどや貨物の積み替えの必要など，円滑な越境交通を阻害する課題がある。ASEANでは，「通過貨物円滑化に関する枠組み協定（ASEAN

表10-4 交通円滑化のこれまでの主なテーマと継続的な具体的行動

テーマ	達成すべき主な具体的内容
AFAFGIT/AFAFISTの実施に向けた準備	加盟国間における、商業車両検査相互承認、国内運転免許証相互承認の確認
	AFAFGIT/AFAFISTのProtocol1,3および4の試験的運用に向けた交通円滑化関連文書の整備
ASEAN域内の越境交通に関するサブリージョナルな取り組みとの調整	越境交通に関するASEANとサブリージョナル・イニシアティブとの協力、情報交換の仕組み作り
AFAMT導入に向けた評価	国際複合一貫輸送導入のため、異なる輸送モードにおける手続きの合理化についての見直し
ASEAN陸路越境旅客交通協定（CBTP）実施準備	ASEAN CBTPに向けたガイドラインの整備
	CBTPを制度的にモニタリングできる体制の整備
対話パートナーとの地域における輸送協力	ASEAN輸送ネットワークの整備とASEANおよび周辺国との協力の土台作り
関連する各国公務員の教育、人材育成	ASEAN交通円滑化諸手続を実施するために、要員にコアコンピタンスを習得させる

（資料）　ASEAN事務局、UNESCAP。

Framework Agreement on the Facilitation of Goods in Transit: AFAFGIT）」が1998年12月にハノイで署名され、2000年10月には全加盟国で批准され発効している。但し越境交通路の指定など、その実施に必要な事項の詳細は9つの附属議定書（Protocol）において定めることとされている。

AFAFGITの9つの附属議定書のうち、Protocol 2の国境交易所・事務所はまだ合意文書が署名されていない状況であり、その最終化が待たれている。Protocol 2は、AFAFGIT第7章において隣国との国境交易所・事務所が隣り合うことで、貨物検査などを合理的、円滑に行えるよう努めることとしている。Protocol 3は、AFAFGIT第9章において自国内で越境運送を行うことを認めるべきことが定められており、その際に使用できる道路運送車両の種別及び数を定めており、すでに発効している。Protocol 7は、AFAFGIT第18条でトランジット越境時の税関システムを定めるとしている。これに類似した協定としてはGMSの越境交通協定（CBTA）は、サブリージョナルな枠組みにおいて1999年11月にタイ・ラオス・ベトナム3カ国で結ばれた越境交通協定がベースとなり、その後GMS参加6カ国すべての多国間合意まで拡大され、2015年にタイ、ミャンマーが批准したことで効力をもつことになった。2007年3月

表 10-5 ASEAN 交通円滑化協定の署名・批准状況

附属議定書		署名	批准・発効
AFAFGIT	（通過貨物円滑化に関する枠組み協定）	1998年12月署名	2000年10月発効
Protocol 1	Designation of Transit Transport Routes and Facilities（越境交通路の指定と施設）	2007年2月署名	シンガポール，マレーシアが未批准
Protocol 2	Designation of Frontier Posts（国境交易所・事務所）	未署名	------
Protocol 3	Types and Quantity of Road Vehicles（道路運送車両の種別及び数）	1999年5月署名	全加盟国が批准 2010年4月発効
Protocol 4	Technical Requirements of Vehicles（車両の技術的要件）	1999年5月署名	全加盟国が批准 2010年4月発効
Protocol 5	ASEAN Scheme of Compulsory Motor Vehicle Insurance（強制車両保険）	2001年4月署名	全加盟国が批准 2003年10月発効
Protocol 6	Railways Border and Interchange Stations（鉄道の国境駅・積替え駅）	2011年4月署名	ブルネイ，インドネシア，ラオス，マレーシア，フィリピンが未批准
Protocol 7	Customs Transit System（トランジット通関）	2015年2月署名	フィリピン以外は未批准
Protocol 8	Sanitary and Phyto-sanitary Measures（衛生植物検疫措置）	2000年10月署名	全加盟国が批准 2011年1月発効
Protocol 9	Dangerous Goods（危険物）	2002年9月署名	マレーシアが未批准
AFAMT	（マルチモード輸送に関する枠組み協定）	2005年11月署名	ブルネイ，マレーシア，シンガポールが未批准 2008年8月発効
AFAFIST	（国際輸送円滑化に関する枠組み協定）	2009年12月署名	マレーシアなど4カ国が未批准 2011年12月発効

（注）2016年4月現在。
（出所）ASEAN Secretariat, ERIA 資料，など。

に署名されたこの CBTA は，欧州の交通協定をベースとした条文に添付資料が加わった膨大な協定書となっており，これによって ASEAN でも GMS 域内においては，同様の目的のための2つの越境交通協定が併存することになった。

ASEAN 交通円滑化協定類は，基本的に「ASEAN マイナス X」方式を採用している。これに対して CBTA は，国境措置の詳細については国境ごとに2国間（あるいは3カ国）の覚書（MoU）が結ばれ，デンサワン（ラオス）＝ラオバオ（ベトナム）国境，サバナケット（ラオス）＝ムクダハン（タイ）国

表 10-6 ASEAN 交通円滑化協定と GMS 越境交通協定の比較[12]

ASEAN 交通円滑化協定 AFAFGIT/AFAFIST		GMS 越境交通協定 CBTA	
類似点			
Protocol1	越境交通路の指定と施設	Annex12	国境出入および通過施設・サービス
Protocol2	国境交易所・事務所	Protocol1	国際道路輸送経路，出入国地点
Protocol7	トランジット通関	Annex4	国際道路輸送手続きの促進
		Annex6	通過および内陸通関手続きに関する制度
		Annex8	車両の一時入国
		Annex14	コンテナ通関
		Annex15	物品分類システム
Protocol9	危険物	Annex1	危険物の運送
Protocol8	衛生植物検疫措置	Annex3	生鮮品の運送
Protocol3	道路運送車両の種別及び数	Protocol3	輸送サービスの頻度・容量，割当や認可の発行
Protocol4	車両の技術的要件	Annex10	輸送条件
Protocol5	強制車両保険	Annex2	国際交通における車両登録
異なる点			
Protocol6	鉄道の国境駅・積替え駅	Annex5	国際道路交通：旅客
		Annex7	道路交通規制・信号
		Annex9	国際道路輸送の運送人の免許基準
		Annex11	道路・橋梁の設計，建設基準・仕様
		Annex13a	国際複合一貫輸送運送人責務制度
		Annex13b	国際複合一貫輸送運送人免許基準
		Annex16	運転免許基準
		Protocol2	通過交通に関する課金

(注) 両協定は構成と用語が異なっており，ASEAN 交通円滑化協定においては，Protocol＝附属議定書，GMS 越境交通協定においては，Annex＝付則，Protocol＝細則という位置づけになっている。
(出所) UNESCAP，Mr.Phandanouvong のプレゼン資料などから筆者作成。

境，河口（中国）＝ラオチャイ（ベトナム）国境で現在 MoU が結ばれている。これによって CBTA 実現における課題の1つである越境手続きの簡素化の取り組みについて，出国時・入国時と2回必要であった手続きを2カ国が共同で検査を行うことで入国側での1回の手続き，すなわちシングルストップで通過すること，さらに出入国・税関・検疫（CIQ）の手続きを複数の窓口から1つの窓口に集約するシングルウィンドウ化，相互の貨物，乗用車の乗り入れ台数などについて定めることになっている。

第 10 章　ASEAN 連結性の強化と交通・運輸分野の改善　221

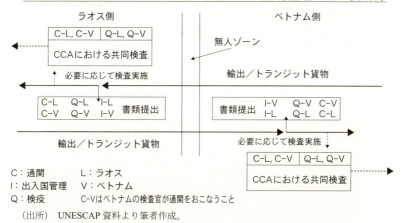

図 10-3　シングルストップ，シングルウィンドウの最終イメージ[12]
2 カ国の検査官が出国側で共同で CIQ および検査を CCA（共同検査場）でおこなう方式

C：通関　　　L：ラオス
I：出入国管理　V：ベトナム
Q：検疫　　　C-V はベトナムの検査官が通関をおこなうこと

（出所）　UNESCAP 資料より筆者作成。

　GMS 越境交通協定（CBTA）は，欧州の交通協定を基礎としているため膨大な協定書となり，各国とも CBTA に合わせた国内法整備や運用組織づくりには時間がかかり，法規定が徹底されるまでにはさらに時間的な猶予が必要であることが予想される。CBTA による国境のシングルストップ化は種々の問題を抱えており，国境勤務の公務員が他国において業務をおこなうことや国境特有の既得権益の問題があると言われてきた。その中で 2015 年ムクダハン（タイ）＝サワナケット（ラオス），デンサワン（ラオス）＝ラオバオ（ベトナム）両国境において，ワンストップ通関・検疫が実施に移行された。その他の国境では GMS 域内での国境地点は，第 1 級越境地点が 40 カ所，第 2 級越境地点が 36 カ所あるが[13]，このうち主要な越境地点である CBTA 実施国境として CBTA Protocol 1 に記載されているのは 15 地点である。

　AFAFGIT に次いで，2009 年 12 月には「国際輸送円滑化に関する枠組み協定（ASEAN Framework Agreement on Facilitation of Inter‐State Transport：AFAFIST）」が署名された。登録された運送事業者に，国家間運送を行うことを認める，すなわち自国での運送を受け入れることを義務付けるものであり，2 カ国目の批准文書の寄託後 30 日で発効することとされている。効力は批准国間のみで，現時点の批准国はタイ，ラオス，ベトナム，カンボジア，フィリ

図10-4 通過車両のX線非接触検査（ラオス・サワナケットCCA）

（出所）2014年8月27日筆者撮影。

ピンの5カ国である[14]。AFAFIST は AFAFGIT と付属文書を共有している協定であり，国境で貨物の積み替えを必要とされなくなることから，台数制限の厳しい複数国にまたがるトランジット輸送を大幅に緩和することが期待されている[15]。

また MPAC においても戦略の1つとされているのは，マルチモード輸送システムである。異なった輸送モードである道路，鉄道，海運などを組み合わせることから，インターモーダル輸送，複合一貫輸送とも呼ばれる。交通協定としては2005年に署名された「マルチモード輸送に関する枠組み協定（ASEAN Framework Agreement on Multimodal Transport : AFAMT）」があり，ブルネイ，マレーシア，シンガポール以外の7カ国が批准している[16]。AFAMT の締結国は国際マルチモード輸送に関する国内法を整備することが求められるが，全ての国において準備ができているわけではない。マルチモード輸送においては，インランド・コンテナ・デポ（ICD）に集められるコンテナを輸送する方法の組み合わせがポイントになる。例としてタイ・バンコクから通関後レムチャバン港に鉄道などで運ばれているが，それをさらに混載コンテナにし，ICDをタイ内陸部に設置することで，東西回廊を利用しタイーラオスーベトナムを横断

するマルチモード輸送を効率よくおこなう構想がある[17]。またメコン川利用の内陸水運では，カンボジア内陸にできた大型コンテナ・ターミナルを利用することで，大量の運搬物を安価にベトナム沿岸部の港湾群に運び，さらに海運で輸出するような効率的，環境配慮型輸送モードの組み合わせを目指すことが実現しつつある。

ASEAN 交通円滑化協定類（AFAFGIT/AFAFIST および AFAMT）の最終化へ向けた作業の他，現在準備中である ASEAN 陸路越境旅客交通枠組み協定（ASEAN Framework Agreement on Cross‐Border Transport of Passengers by Road Vehicles : CBTP）や，運転免許の相互認証協定（Agreement on the Recognition of Domestic Driving Licenses）の推進といった取り組みは，上位の ASEAN 交通円滑化協定類を支援することになると考えられる。

第3節　海上交通・内陸水運，航空

1. 海上交通，内陸水運

ASEAN 域内で古くからポピュラーな交通，貿易の手段として利用，活用されてきたのは，海運およびメコン川を利用した内陸水運である。近年，ASEAN 連結性の強化に関しては，ASEAN 大陸部における道路による陸上交通の整備に主眼が置かれている。その一方で，ASEAN にはインドネシア，フィリピンを中心とした島嶼部の存在があり，ASEAN 大陸部と島嶼部間，あるいは島嶼部相互間の連結性が注目されており，経済回廊は陸路だけではなく，海路を含んだ構想であるべきであるとの考え方が示されている。これは経済格差是正の対象が，CLMV4カ国だけではなく，ASEAN 域内に特徴的に多く存在する離島や島嶼部の低開発地域にも目が向けられてきたことでもある。

大規模深海港を利用したコンテナ輸送が，域外との長距離輸送に適しているのに対して，MPAC の優先15案件の1つとして触れられているように，主に近距離で大きなコスト低減効果があるとされているロールオン・ロールオフシステム，RoRo 船の活用が優先プロジェクトとなっている。こうした手段による「海運ハイウェイ・システム（Nautical Highway System）」は，経済的に遅

表10-7 海上交通のこれまでの主なテーマと継続的な具体的行動

テーマ	達成すべき主な具体的内容
ASEAN海運単一市場（ASSM）の実現	ASEANシングルウィンドウ（ASW）の導入
	港における電子データ交換（EDI）の高度化
	各国による港への陸上アクセスの改善
	港の業務効率性に関する数値化と管理
	沿海航行に対する各国の相互許可証発行
RoRo船の優先航行ルートの実現	CIQや道路規制に関する各国の制度的な協調
	港湾インフラの改善による効率的な運航
ASEAN対話国との間の戦略的海上輸送に関する政策的イニシアティブと提言	戦略的海運コリドーの協調的現実的な研究を実施する。（フィリピンによる提案）

（資料） ASEAN事務局，UNESCAP。

表10-8 ASEAN規模別港湾ネットワーク一覧

	港湾名
国際ハブ大規模港	シンガポール港（シンガポール），ポートクラン港（マレーシア），タンジュンリオク港（インドネシア），マニラ港（フィリピン），レムチャバン港（タイ），ホーチミン港（群）（ベトナム）
大規模港（域外航路寄港）	タンジュンペラ港，タンジュンエマス港（インドネシア），ジョホール港，クチン港（マレーシア），バンコク港（タイ），ハイフォン港，カイラン港（ベトナム）
小規模港（域内航路寄港）	ムアラ港（ブルネイ），シハヌークビル港（カンボジア），ベラワン港，パレンバン港，パンジャン港，マカッサル港，バリクパパン港，バンジャルマシン港（インドネシア），コタキナバル港（マレーシア），ヤンゴン港，ティラワ港（ミャンマー），スービック港，セブ港，イロイロ港，カガヤンデオロ港，ダバオ港（フィリピン），ダナン港（ベトナム）

（資料） 宍戸達行（2011）「経済共同体を目指すASEANと港湾」『港湾』2011年8月号，33頁，JICA（2010）『アジア地域ASEAN戦略的な海運インフラ整備のためのベンチマーク調査』JICA。

れた島嶼部における観光業発展などにも寄与するとされている。実際のRoRo船の運用状況については，特に島嶼国家と言えるフィリピン，インドネシアにおいて，国内航路の運営が複数の業者の競争の結果もあり成功している[18]。

一方，ASEAN単一海運市場（ASEAN Single Shipping Market: ASSM）を目指しているが，海運市場は後述の航空市場に比べても遅れており困難であると言われる。目的としては①ASSMを通じてASEANの海運市場の公正競争を促進させること，②ASEAN域内の財，サービス，投資，資本，熟練労働力

の自由往来，といったものである。

さらに内陸水運については，ブルネイ行動計画においても「効率的で統合された内陸水運（IWT）ネットワーク」構築のための工程表が示されている。特にメコン地域におけるメコン川利用という伝統的交通手段が現在でも重要性をもっている。上流側の中国雲南省と下流の通過国であるラオス，ミャンマー，タイとの内陸水運は古くからおこなわれており，現在でも小型船を利用した農産物などの貿易は道路利用による陸送に比べてコスト優位性を保っている。また，メコン川下流のカンボジアとベトナムの間では大型船が利用できることから，プノンペン下流側に河川港として中国支援による新たな大型コンテナターミナルも建設されたことで[19]，内陸水運と海運との境目がなくなりつつある。

2．航空

ASEANの航空市場は，2014年のASEAN 8カ国の航空旅客市場の規模が国際線で3431万人キロであり，ASEAN域内国間が国際線であることから国際線航空市場では世界最大の米国に次ぐ規模となっている[20]。ASEANでは1995年以降，段階的に航空自由化が進められている。1995年のASEAN首脳会議で「Agenda for Greater Economic Integration」にオープンスカイ政策が提案されたのが最初となる。1997年の「ASEAN Vision 2020」でも，段階的なオープンスカイ政策の推進により，ASEAN域内航空輸送の競争を促進するとされている。2004年には「航空輸送部門統合に向けたロードマップ（Roadmap for Integration of Air Travel Sector：RIATS）」が合意された。2007年のAECブループリントでは，ASEAN単一航空市場（ASEAN Single Aviation Market：ASAM）が最終目標とされ，ASAM構築に向けた準備がされている。

航空自由化は，二国間協定のもとで制限事項を撤廃する「米国型」の「オープンスカイ協定」と，複数国の航空市場を1つの市場に統合する「欧州型」の「単一航空市場」がある。ASEANは当初オープンスカイ政策が提案されたが，欧州をモデルとした単一市場のASAMを目指すようになり，航空分野においてはEUが主体となってASEANに協力することになる。ASEANでは，旅客分野に先行して航空貨物の暫定的な自由化が進み，2004年のRIATSによって航空市場自由化の工程表が確定した。この際，問題となる自由化項目について

は，1950年代までに形成された，国際民間航空を統制している制度が依然枠組みとされている。1944年のシカゴ条約においては，5つの輸送権が確認され，このうち第1の自由の領空主権と，燃料補給など技術的着陸などの第2の自由について，多国間で取り決めをすることが承認され，1946年の米英のバミューダ協定をモデルとした，二国間協定の締結をおこなうことで一般に「シカゴ・バミューダ体制」と称し国際航空市場における主に先進国の既得権益が守られてきた。航空自由化の流れの中で，RIATSでは無制限な第3・第4の自由（路線と輸送力の制限撤廃）と第5の自由（以遠権）まで合意することを現時点の目標としており，EUが実施している第6の自由（本国をハブとする第三国間輸送の自由），第7の自由（ゲージ権：第三国間輸送の自由），第8の自由（カボタージュ：他国の国内輸送）すなわち国内輸送は含まれていない[21]。仮に第5の自由まで実施されてもASEANのあらゆる地点間を自由に運行できるという，本来の意味の単一市場の達成は難しいため，実態は多国間オープンスカイ協定に近いと言えるだろう[22]。

　ASEAN航空市場については，2004年に合意されたRIATSに沿った「航空貨物輸送の完全自由化に向けた多国間合意（ASEAN Multilateral Agreement on the Full Liberalisation of Air Freight Services：MAFLAFS）」および「航空輸送に関する多国間合意（ASEAN Multilateral Agreement on Air Services：MAAS）」が2009年に合意され，「航空旅客輸送の完全自由化に向けた多国間合意（ASEAN Multilateral Agreement on the Full Liberalisation of Passenger Air Services：MAFLPAS）」が2010年合意された。これらの協定は署名がされ，現時点で全ての参加国で批准がおこなわれ「ASEANマイナスX」方式ですでに発効していることから，航空自由化は陸上交通，海運に比べると各国の合意

表10-9　ASEAN航空協定の署名・批准状況

	附属議定書	署名	批准・発効
MAFLAFS	（航空貨物輸送の完全自由化に向けた多国間合意）	2009年5月署名	全加盟国が批准　2009年2カ国目が批准後30日で発効
Protocol 1	Unlimited Third, Fourth and Fifth Freedom Traffic Rights among Designated Points in ASEAN（ASEANの指定された地点における無制限の第3，4，5の自由による運航の権利）	2009年5月署名	同上

第 10 章　ASEAN 連結性の強化と交通・運輸分野の改善　227

Protocol 2	Unlimited Third, Fourth and Fifth Freedom Traffic Rights among all Points with International Airports in ASEAN（ASEAN の全ての国際空港における無制限の第 3, 4, 5 の自由による運航の権利）	2009 年 5 月署名	同上
MAAS	（航空輸送に関する多国間合意）	2009 年 5 月署名	全加盟国が批准　2009 年 2 カ国目が批准後 30 日で発効
Protocol 1	Unlimited Third and Fourth Freedom Traffic Rights within the ASEAN Sub-Region（ASEAN 準地域における無制限の第 3, 4 の自由による運航の権利）	2009 年 5 月署名	同上
Protocol 2	Unlimited Fifth Freedom Traffic Rights within the ASEAN Sub-Region（ASEAN 準地域における無制限の第 5 の自由による運航の権利）	2009 年 5 月署名	同上
Protocol 3	Unlimited Third and Fourth Freedom Traffic Rights between the ASEAN Sub-Regions（ASEAN 準地域間における無制限の第 3, 4 の自由による運航の権利）	2009 年 5 月署名	同上
Protocol 4	Unlimited Fifth Freedom Traffic Rights between the ASEAN Sub-Regions（ASEAN 準地域間における無制限の第 5 の自由による運航の権利）	2009 年 5 月署名	同上
Protocol 5	Unlimited Third and Fourth Freedom Traffic Rights between ASEAN Capital Cities（ASEAN 首都間における無制限の第 3, 4 の自由による運航の権利）	2009 年 5 月署名	同上
Protocol 6	Unlimited Fifth Freedom Traffic Rights between ASEAN Capital Cities（ASEAN 首都間における無制限の第 5 の自由による運航の権利）	2009 年 5 月署名	同上
MAFLPAS	（航空旅客輸送の完全自由化に向けた多国間合意）	2010 年 11 月署名	全加盟国が批准　2011 年 2 カ国目が批准後 30 日で発効
Protocol 1	Unlimited Third and Fourth Freedom Traffic Rights between any ASEAN Cities（任意の ASEAN 都市間における無制限の第 3, 4 の自由による運航の権利）	2010 年 11 月署名	同上
Protocol 2	Unlimited Fifth Freedom Traffic Rights between any ASEAN Cities（任意の ASEAN 都市間における無制限の第 5 の自由による運航の権利）	2010 年 11 月署名	同上

（資料）　ASEAN 事務局。

は進んでいると言える。

　しかしながら航空自由化に関して，ASEAN参加各国はEUのような高度な自由化によって自国フラッグ（レガシー）キャリアへの悪影響を懸念しているとされる。現時点でもローコストキャリア（LCC）が急成長しており，エアアジア（マレーシア），ライオン・エア（インドネシア），ジェットスター（オーストラリア）などのLCC航空会社はASEAN短距離路線において，2015年の航空座席数ですでに過半数のシェアがあるとされる[23]。こうした状況を勘案すると，さらなる航空再編につながる第6の自由以降の高度な自由化については，ASEAN加盟国は今後も慎重な姿勢をとり続けることが考えられる。

第4節　今後の展望

　AEC2015において，主に「単一市場と生産基地」および「競争力のある経済地域」の2つの柱に密接に関連する交通・運輸分野の改善であるが，越境道路インフラの整備などによって生産ネットワーク，バリューチェーンに寄与する「連結性」に大きな進展があったと評価される。しかし道路などハードインフラの整備に比較すると，円滑化措置などのソフトインフラは当初の予定から遅れている項目が目立つものの，2015年を1つの通過点として見ることも必要であろう。陸上交通については，道路網整備が進んだことから，トラック貨物が従来のバルク輸送である海運を代替する輸送モードとして活用が広がりつつある。鉄道についてはSKRL計画が現存しているが，建設費負担の大きさなどからその整備は長期で見るべきであり，一部着手されている高速鉄道計画とは別途に考えるべきであろう。また海運はその歴史が長いことから，ASEANで単一市場を形成するにはこれも長期の視点が必要である。逆に航空については第5の自由までということであれば比較的短期間に（厳密な意味ではない）単一市場の形成，自由化が進むであろう。

　AEC2025ブループリントが公表され，2015年以降の課題としてどのような点が重要であろうか。従来の課題の延長あるいは「積み残し」としては，ASEANの交通円滑化協定の中核であるAFAFGIT/AFAFISTの最終化を急ぐべ

きであろう。同時にサブリージョナルな枠組みとの融合という観点からは，GMS 越境交通協定である CBTA との協調を本格的に検討すべきであろう。また ADB の予測では ASEAN のインフラ需要は年間約 600 億ドルであるとされているが，ハード整備のための資金問題が引き続き存在する。外国による援助，あるいは ASEAN インフラ基金（ASEAN Infrastructure Fund：AIF）のような枠組み，官民連携の PPP 活用などの方策に加えて，現時点で中国主導であるアジア・インフラ投資銀行（Asian Infrastructure Investment Bank：AIIB）というオプションもあり，大型プロジェクトに対するファイナンスの問題を解決しなければならない。

【注】
1) ASEAN Secretariat (2015a), pp.79-88. 交通，情報通信技術，電子商取引，エネルギー，食料・農業・林業，観光業，ヘルスケア，鉱物，科学技術の 9 項目が提示されている。
2) ERIA (2015), p.77.
3) ASEAN Secretariat (2010a).
4) ESCAP 資料より。
5) AH123 はタイ区間では AH19 と重複している。
6) 但し 2016 年 2 月時点では，バイパス道路は拡幅工事に入っておらず，大型車の通行は限定されている模様。工事の入札もされていない。(JICA ヤンゴン事務所)
7) 東アジアサミットでは鳩山首相（当時）が提唱し，メコン・インド産業大動脈だけではなく，インドネシア経済回廊，IMT 成長三角形などを含む，所得倍増，インフラ整備，産業振興策を目的とする総合的な計画となっている。ERIA，ADB，ASEAN 事務局が共同で策定し推進する予定。
8) ダウェイ SEZ 開発の経緯，現状，課題などについては春日 (2016) を参照。
9) 1995 年 12 月の第 5 回 ASEAN 首脳会議で正式提案されている。
10) SKRL 工程表では，タイ，ベトナム，ラオス，ミャンマー区間の完成が 2020 年までとなっている。
11) 梅崎 (2012) 64 頁。
12) シングルストップ，シングルウィンドウが実現するためには，数段階の暫定的な形態を経る必要がある。図の例では，ベトナム―ラオスの国境において越境先側国で CIQ をラオス，ベトナムの係官が共同で検査をおこない，必要があれば共同検査場（CCA）で双方の国の係官が物理的な CQ のチェックをおこなうというもので，ほぼ最終的な段階の通関形態と言える。
13) 国際協力機構 (2007)「クロスボーダー交通インフラ対応可能性プロジェクト研究フェーズ 2」part2 23 頁。
14) ASEAN 事務局 HP (2016 年 4 月現在)。
15) 梅崎 (2012), 65 頁。
16) ASEAN 事務局 HP (2016 年 4 月現在)。
17) 根本 (2011), 33 頁。
18) 梅崎「ASEAN 島嶼地域における接続性強化の動向」『海外研究員レポート』2012 年 3 月，IDE-JETRO。
19) プノンペン港下流 25km に 30 万 TEU の能力をもつターミナルが完成している。これによって

現行のプノンペン港の貨物の 75%は新ターミナルに移動すると考えられている。
20) 梅崎 (2015), 16 頁。
21) 梅崎 (2012), 66 頁。実際には「第 9 の自由」(完全なカボタージュ) ＝自国の航空便との接続のない輸送, も存在する。
22) 花岡 (2010), 44 頁。
23) 国土交通省レポートより。

【参考文献】
(和文)
石川幸一・清水一史・助川成也 (2013)『ASEAN 経済共同体と日本―巨大統合市場の誕生』文眞堂。
石田正美 (2016)「南部経済回廊開発の経緯・展望―インフラ整備の更なる進展に期待」『国際経済研究』2015 年度報告書, 日本経済研究センター, 23-51 頁。
磯野生茂 (2015)「生産ネットワークの変容と陸上交通円滑化」『アジ研ワールド・トレンド』No.242, 20-23 頁。
梅崎創 (2012)「ASEAN の接続性強化と経済共同体構築―交通分野協力を中心に」『アジ研ワールド・トレンド』No.199, 63-66 頁。
梅崎創 (2015)「ASEAN の航空自由化とエアアジアの戦略」『アジ研ワールド・トレンド』No.242, 16-19 頁。
春日尚雄 (2014)『ASEAN シフトが進む日系企業―統合一体化するメコン地域』文眞堂。
春日尚雄 (2016)「ミャンマー・ダウェイ開発の現状と課題」国際貿易投資研究所 (ITI) フラッシュ 272。http://www.iti.or.jp/flash272.htm
国土交通省 (2012)『ASEAN (Association of SouthEast Asian Contries) の運輸事情』国土交通省, 2012 年 6 月。http://www.mlit.go.jp/common/000229854.pdf
根本敏則 (2011)「アジアを見据えた国際物流施策」『運輸政策研究』2011 February, 32-37 頁。
花岡伸也 (2010)「アジアにおける航空自由化の進展とローコストキャリアの展開」『運輸と経済』第 70 巻 (6), 28-40 頁。
福永佳史 (2015)「ASEAN 経済統合の将来展望」石川幸一・朽木昭文・清水一史『現代 ASEAN 経済論』文眞堂, 226-242 頁。

(英文)
ASEAN Secretariat (2010a), *Burunei Action Plan 2011-2015: ASEAN Strategic Transport Plan*, ASEAN Secretariat.
ASEAN Secretariat (2010b), *Master Plan on ASEAN Connectivity*, ASEAN Secretariat.
ASEAN Secretariat (2015a), *ASEAN2025:Forging ahead Together*, Jakarta.
ASEAN Secretariat (2015b), *ASEAN Integration Report 2015*, Jakarta.
ASEAN Secretariat (2015c), *Kuala Lumpur Transport Strategic Plan (ASEAN Transport Strategic Plan 2016-2025)*, Jakarta.
ERIA (2010). *ASEAN Strategic Transport Plan 2011-2015*, ERIA.
ERIA (2015), *The Comprehensive Asia Development Plan 2.0 (CADP2.0) -Infrastructure for Connectivity and Innovation-*, ERIA.
Intal, P,, Fukunaga, Y., Kimura, F., Han, P., Dee, P, Narjoko, Oum, S. (2014), *ASEAN RISING: ASEAN and AEC Beyond 2015*, ERIA.

第11章

ASEAN 経済共同体とエネルギー協力
―より強靭な ASEAN 統合への鍵―

春日尚雄

はじめに

　ASEAN のエネルギー需要は，経済発展の段階が本格的な成長期に差し掛かっている加盟国を中心に急激に増大すると見られている。2015年度の国際エネルギー機関（International Energy Agency：IEA）の見通し[1]によれば，2040年を見据えて経済成長の続く ASEAN のエネルギー需要，特に電力需要の伸びが増大するとしている。そのため2040年には ASEAN は石炭を除き石油，ガスの純輸入地域になることや，発電用燃料として主に石炭が選択されることによる CO_2 排出や環境汚染という課題が残ることを指摘している。

　AEC2025ブループリント（ASEAN Economic Community Blueprint 2025）では，5つの柱の1つである「高度化した連結性と分野別協力」（Enhanced Connectivity and Sectoral Cooperation）にはエネルギー協力が含まれる。ASEAN におけるエネルギー協力をより具体的にする中期行動計画としては，第4次となる ASEAN エネルギー協力行動計画（ASEAN Plan of Action for Energy Cooperation 2016-2025：APAEC）が策定されている[2]。AEC2015から継続しているテーマが中心となるが，ASEAN 電力網連係（ASEAN Power Grid：APG），ASEAN 横断ガスパイプライン（Trans-ASEAN Gas Pipeline：TAGP）の2大インフラプロジェクトを含めて7分野が柱となっている。

　2014年9月の第32回エネルギー担当大臣会合で承認された APAEC2016-2025では，2016-2020年をフェーズ1，2021-2025年をフェーズ2とし，現時点ではフェーズ1の内容が公表されている。今回の APAEC では2018年に中間レビューをおこない，2021年からのフェーズ2の計画にその結

果を反映させるものとしている。

　経済成長著しい ASEAN 各国はエネルギーに関する課題も多く，ASEAN 域内のエネルギー政策の調整，資金の問題，さらには開かれた単一エネルギー市場の形成まで進むまでには AEC を通じた各国の合意の進展が鍵となってくる。

第 1 節　ASEAN のエネルギー見通し

　IEA の東南アジアエネルギーアウトルック 2015 によれば，ASEAN のエネルギー需要は 2040 年には現在より 80％増加し約 1100Mtoe（million tonnes of oil equivalent：100 万石油換算トン）に達し，特に電力需要はほぼ 3 倍となると見られている。ASEAN の人口は現在の 6 億 2000 万人から 7 億 6000 万人に増加する見込みであるが，エネルギー需要の増加は主に工業部門の拡大によるものである。石油需要は現在の日量 470 万バレルから 2040 年には 680 万バレルに達し，天然ガス需要は現在より約 65％増え 2650 億㎥となる。これまでも伸び続けてきた石炭需要はさらに高まり，石油と並んでエネルギー・ミックスの中で最大のシェアを占めるようになる。再生可能エネルギーが一次エネルギー構

表 11-1　ASEAN における一次エネルギー需要見通し（Mtoe）

	2013	2020	2040	シェア 2013	シェア 2040	年成長率 2013-2040
化石燃料	437	547	838	74％	78％	2.4％
石炭	91	151	309	15％	29％	4.6％
ガス	133	149	220	22％	21％	1.9％
石油	213	247	309	36％	29％	1.4％
原子力	―	―	8	―	1％	n.a.
再生可能エネ	156	169	223	26％	21％	1.3％
水力発電	9	10	22	2％	2％	3.1％
バイオ	122	127	134	21％	13％	0.4％
その他	25	32	67	4％	6％	3.8％
合　計	594	716	1,070	100％	100％	2.2％

　（注）　「その他」には太陽光・風力・地熱発電が含まれる。
　（資料）　IEA（2015）より筆者作成。

成に占めるシェアは，低下する見通しである．これは主に調理用に使われてきた，伝統的なバイオマスの使用量が経済発展と共に減少すると考えられていることも1つの理由である．

大幅に伸びる電力需要を賄うため，石炭が燃料として第一選択肢となることでその消費は大きく伸びると見られている．これは石炭がASEANにおいて比較的豊富であり安価であることが大きいが，発電に占める燃料としての割合も増加傾向となり，現在の三分の一程度から2040年には50％を越えると見られている．現在ASEAN域内で建設されている火力発電所の約75％が石炭火力とされている．石炭火力の効率は2040年までに35％から40％に5％程度改善されると見られているが，日本におけるような超臨界圧火力発電より効率の落ちる亜臨界圧技術によるものが2040年時点で依然50％残ると見られている[3]．そのためCO_2排出に占める石炭の割合も大幅に増えることから，CO_2排出削減や環境汚染に対応するためにも高効率の技術の導入促進が必要となる．

ASEANの資源別の需給ギャップについては，利用の増える石炭や天然ガスについては域内ではインドネシアを中心に生産が多いが，原油については輸入に頼らざるを得ず，原油はより輸入依存度が高まることから供給途断時などに

表11-2 ASEAN各国における電力の供給および消費量

(GWh)

	発電量	輸入電力	輸出電力	送配電ロス	発電施設用	最終消費
カンボジア	1,434	1,891	0	262	42	3,021
ブルネイ	3,930	0	0	243	480	3,208
ミャンマー	10,732	0	0	2,711	0	3,208
ラオス	15,659	1,500	11,793	n.a	n.a	n.a
シンガポール	46,916	0	0	753	1,877	44,286
フィリピン	72,921	0	0	8,360	5,351	59,211
ベトナム	122,845	3,254	1,078	12,054	3,371	109,596
マレーシア	134,381	105	12	8,360	5,476	120,638
タイ	166,621	10,330	1,911	9,502	5,345	161,749
インドネシア	195,895	2,990	0	17,847	7,142	175,329

(注) ラオスに関するデータはIEAにないため，一部推計値．
(出所) ジェトロ（2015）「アジア・オセアニア各国の電力事情と政策」（原資料）IEA「世界エネルギー見通し2014」，JICA（2012）「ラオス国 エネルギーセクター 情報収集・確認調査」．

について資源安全保障上からも問題となる。天然ガスについては，ASEAN は現在純輸出をしているが，2040 年には純輸入地域になる。

　持続可能な ASEAN のエネルギーシステムの将来について，以下の様な鍵があると考えられている。① ASEAN のエネルギー投資は 2040 年までに 2 兆 5000 億ドルの累計投資が必要であり，さらに 4200 億ドルがエネルギー効率化のために必要となりこの資金の確保が求められる，② 各国財政を圧迫し市場を歪める化石燃料補助金が，ASEAN 全体で依然 360 億ドル（2014 年）支出されておりこれを削減すべきである，③ ASEAN エネルギー協力のプロジェクトである ASEAN 電力網連係（APG）や ASEAN 横断ガスパイプライン（TAGP）などの推進と統合が不可欠である。

第 2 節　ASEAN エネルギー協力

　ASEAN のエネルギー協力については，AEC2015 ブループリントとの関連からすると，これまでは第 3 次の ASEAN エネルギー協力行動計画（APAEC）2010-2015 に沿って進められてきた。AEC2025 ブループリントと第 4 次になる APAEC 2016-2025 フェーズ 1 が発出されたが，プログラムは基本的に前計画を踏襲したものになっている。示されているプロジェクトは，① ASEAN 電力網連係（APG），② ASEAN 横断ガスパイプライン（TAGP），③ 石炭のクリーン利用技術（CCT），④ エネルギー効率と保存（EE & C），⑤ 再生可能エネルギー（RE），⑥ 地域エネルギー政策・計画（REPP），⑦ 民生原子力利用（CNE），の 7 つのテーマであるが，APG と TAGP の 2 つがフラッグシップ・プロジェクトと言える。

1．ASEAN 電力網連係（APG）

　ASEAN2025 ブループリントでは，APG に関して 2018 年までに少なくとも 1 つのサブリージョンにおいて多国間の電力貿易を実現することを目指している。APG プロジェクトへの取り組みは長く，1997 年 12 月の ASEAN 首脳会談（ハノイ）にて ASEAN ビジョン 2020 実現のためのハノイ行動計画で採択され

ている。APG は各国間電力網の相互接続により，地域のエネルギー効率の向上を目的としている。最終エネルギー消費としての電力は今後ますます増える方向にあり，1995 年には石炭，石油に次いで電力消費は 10% 以下だったものが，2040 年には約 20% を占めると予測されている。これは各国の工業化にともなう産業分野における需要が増えると考えられている。こうした電力消費増に対応するために本来であれば各国において発電，送電設備への巨額の投資が必要となるが，隣接する国との送電網を整備することで投資を抑制し地域の電力の最適化を目指すというものである。

1981 年以来開催されている，ASEAN 各国の電力事業者の会議である HAPUA（Heads of ASEAN Power Utilities/Authorities）が APG の検討を担当することになり，2003 年 3 月に HAPUA はマスタープランの最初のバージョンである AIMS Ⅰ の検討を終える。ASEAN 共同体創設の目標年次が 2015 年となったセブ宣言後，2007 年 8 月 ASEAN エネルギー担当大臣会合でこのプランに基づいた APG に関する覚書（MoU）が署名され[4]，2008 年末までに全加盟国で批准されている。その後，上記覚書に従い電気事業関連官庁と事業者による APGCC（ASEAN Power Grid Consultative Committee）が設立され，HAPUA では現行計画である AIMS Ⅱ が立案され現在に至っている[5]。

一方，ASEAN の枠組みとは別にサブリージョナルな経済協力によるインフラ開発イニシアティブである 1992 年に始まった GMS プログラム（第 10 章参照）においても，電力ネットワーク（GMS Grid）の構築や電力取引の活発化を目指している。1995 年に電力フォーラム開設，1999 年に政策方針が策定され，2002 年に政府間協定が締結され，これによって電力ネットワークを構築する

表 11-3　越境電力取引に関する ASEAN, GMS の枠組み比較

構想名	推進主体	概要
ASEAN Power Grid (APG)	HAPUA ＊ADB（アジア開発銀行）が ASEAN 事務局・HAPUA 協議のファシリテーター[6]	ASEAN 各地域のエネルギー資源共有，域外からの化石燃料抑制，投資コスト削減
GMS Grid	GMS 会合 ＊ADB による事務局機能	GMS 域内への安定的エネルギー供給，RPTCC による技術面，法制度課題の支援

（資料）経産省（2015）などから。

図11-1 メコン地域（GMS）における越境電力取引状況（2010年時点）

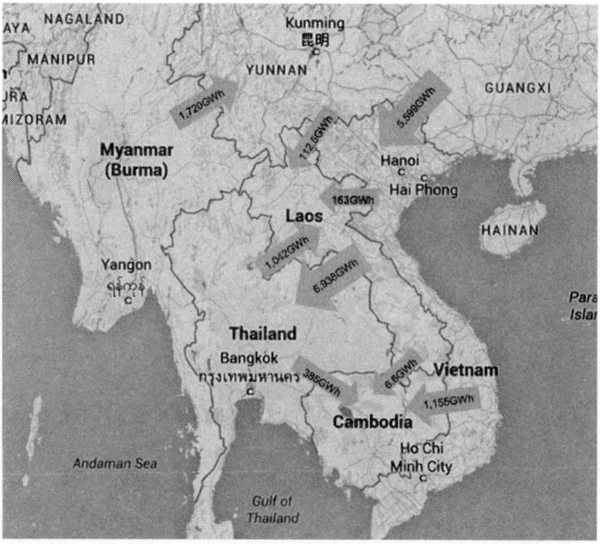

（出所）　経産省（2015）59頁。

ための委員会（Regional Power Trade Coordination Committee：RPTCC）が設置された。GMS電力マスタープランは3回作成され，2002年のものを2008年と2010年に改訂している。

　APGについては，HAPUAとそのワーキンググループが中心となって活動しており，APGCCがこれらの諮問委員会として構成されている。現在，計画中のプロジェクトを合わせると，16のAPGプロジェクトがあり（図11-2参照），その容量の合計は3万3125MWに達する。現在完成済なのは6ルート[7]で，容量的にも計画全体の10%強にとどまる。APGの優先プロジェクトとされているものはいくつかあり，1つはNo.4のマレーシア半島－スマトラ接続で，IMT－GT（インドネシア・マレーシア・タイ成長の三角地域）のサブリージョナル開発に寄与することを意図する。258.8kmを結び，250kV-300MWの直流送電であり2018年の完成を予定している。また従来優先プロジェクトとされてきた，No.6のサワラクー西カリマンタン接続は，BIMP－EAGA（ブルネイ・インドネシア・マレーシア・フィリピン東ASEAN成長地域）開発に貢献すると考えられ，128.2kmを結び，275kV-250MWの交流送電であり2015

図11-2　ASEAN電力網 (APG) 構想

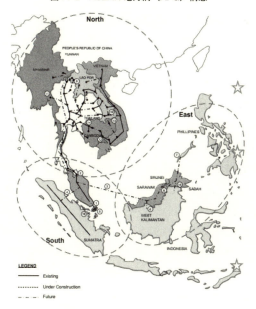

		Earliest COD
1)	P.Malaysia-Singapore (New)	post 2020
2)	Thailand-P.Malaysia	
・	Sadao-Bukit Keteri	Existing
・	Khlong Ngae-Gurun	Existing
・	Su Ngai Kolok-Rantau Panjang	TBC
・	Khlong Ngae-Gurun (2nd Phase, 300MW)	TBC
3)	Sarawak-P.Malaysia	2025
4)	P.Malaysia-Sumatra	2020
5)	Batam-Singapore	2020
6)	Sarawak-West Kalimantan	2015
7)	Philippines-Sabah	2020
8)	Sarawak-Sabah-Brunei	
・	Sarawak-Sabah	2020
・	Sabah-Brunei	Not Selected
・	Sarawak-Brunei	2018
9)	Thailand-Lao PDR	
・	Roi Et 2-Nam Theun 2	Existing
・	Sakon Nakhon 2-Thakhek-Then Hinboun (Exp.)	Existing
・	Mae Moh 3-Nan-Hong Sa	2015
・	Udon Thani 3-Nabong (converted to 500KV)	2019
・	Udon Ratchathani 3-Pakse-Xe Pian Xe Namnoy	2019
・	Khon Kaen 4-Loei 2-Xayaburi	2019
・	Nakhon Phanom-Thakhek	2015
・	Thailand-Lao PDR (New)	2019-2023
10)	Lao PDR-Vietnam	2016-TBC
11)	Thailand-Myanmar	2018-2026
12)	Vietnam-Cambodia (New)	TBC
13)	Lao PDR-Cambodia	2017
14)	Thailand-Cambodia (New)	post 2020
15)	East Sabah-East Kalimantan	post 2020
16)	Singapore-Sumatra	post 2020
★	Priority Projects	

（出所）　ASEAN Secretariat（2015b）p.18.

年に完成した[8]。代わって新しい APAEC2016-2025 では，2018 年完成予定のサワラクーブルネイ接続 300MW（No.8 の一部）と No.13 のラオスーカンボジア接続 300MW の 2 つを追加で優先プロジェクトとして取り上げている。

2. ASEAN 横断ガスパイプライン（TAGP）

TAGP は，既存のガスパイプラインと新設のパイプラインを相互接続することで，ASEAN 域内のガス供給網を最適化させることを目指しており，2015 年時点で 13 の二国間ガスパイプライン 3673km が稼働中となっている[9]。TAGP につながる構想は APG よりさらに古く，1988 年 ASEAN 石油評議会（ASEAN Council on Petroleum: ASCOPE）の会合で初めて示された。その後，ヨーロッパ諸国，欧州委員会（EC）との協力関係が続き，1997 年の ASEAN ビジョン 2020 に APG と共に盛り込まれ採択された。フィージビリティスタディを経て，2001 年にマスタープランがまとまり，2002 年 7 月の ASEAN エネルギー担当大臣会合で，TAGP プロジェクトの覚書に署名がされた[10]。この覚書で ASEAN 加盟国は，政府・民間による地域の多国間の天然ガスの越境輸送と供給，流通に関する検討を進めることが確認された。

一方，ASEAN 各国は急増する需要に早急に対応するため，海上輸送を前提とした液化天然ガス（LNG）の利用を始めており，現在タイ，インドネシア，シンガポール，マレーシアの 4 カ国にある LNG を受け入れ貯蔵，気化するためのターミナルの整備が各国で進められている。そのため ASCOPE は TAGP のマスタープランを 2008 年，2012 年の 2 回にわたって改訂し，LNG の再ガス化ターミナル（RGT）計画についても取り組みを強化した。APAEC 2016-2025 によれば，急増する域内のガス需要に対応するには 2020 年までに少なくとも 1 カ所の RGT の増設が必要であるとしている。

TAGP でポイントとなるのは，域内最大級の規模であるインドネシアの東ナツナ（East Natuna）鉱区のガス田である。埋蔵量 46 兆立方フィートでアジア最大であるとも言われる。但し，東ナツナガス田が稼働後，ASEAN 各地へのガスパイプラインを設置する必要がある。TAGP マスタープランでは 4 系統が示されており，① 東ナツナータイ（約 1500km），② 東ナツナーマレーシア（約 600km），③ 東ナツナーインドネシア・ジャワ島（約 1400km），④ 東ナツ

第 11 章　ASEAN 経済共同体とエネルギー協力　239

図 11-3　ASEAN ガスパイプライン網および LNG ターミナル構想

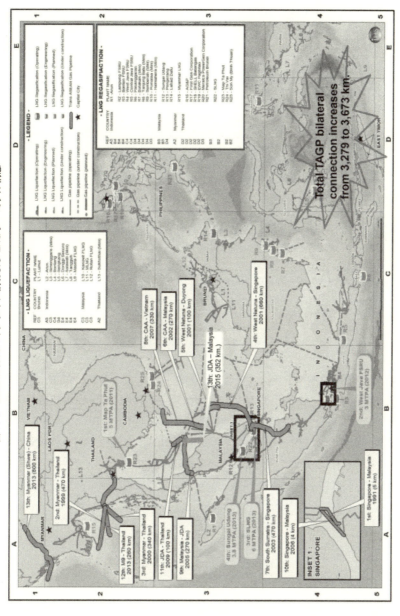

（出所）ASEAN Secretariat（2015b）.

表 11-4　TAGP により完成し稼働中のガスパイプライン

	Pipeline Interconnections	Length	Commenced operations
1	Singapore–Malaysia	5km	1991
2	Myanmar–Thailand	470km	1999
3	Myanmar–Thailand	340km	2000
4	West Natuna, Indonesia–Singapore	660km	2001
5	West Natuna, Indonesia–Duyong, Malaysia	100km	2001
6	Malaysia/Vietnam Commercial Arrangement Area（CAA）–Malaysia	270km	2002
7	South Sumatra, Indonesia–Singapore	470km	2003
8	Malaysia/Vietnam CAA–Vietnam	330km	2007
9	Malaysia–Thailand/Malaysia Joint Development Area（JDA）	270km	2005
10	Singapore–Malaysia	4km	2006
11	Thailand/Malaysia JDA–Thailand	100km	2009
12	Zawtika Block M9, Myanmar–Thailand	302km	2013
13	Block 17（Thailand/Malaysia JDA）to Kerteh, Terengganu, Malaysia	352km	2015

（出所）　ASEAN Secretariat（2015b）．

ナーベトナム（約 900km）といずれも稼働中のガスパイプラインより大幅に距離が長くなる。

3．その他のエネルギー

　前述のように，APG と TAGP 以外では，石炭のクリーン利用技術（CCT），エネルギー効率と保存（EE&C），再生可能エネルギー（RE），エネルギー地域政策・計画（REPP），民生原子力利用（CNE），の5分野が ASEAN エネルギー協力の柱であるとされている。ASEAN2025 ブループリントおよび APAEC2016-2025 に示された当該5分野に対する目標，戦略は以下の様なものである。

第11章　ASEAN経済共同体とエネルギー協力　241

表11-5　その他エネルギー5分野の主な戦略と目標

分野	AEC2025ブループリントにおける目標	APAEC2016-2025 結果に基づいた戦略
石炭のクリーン利用技術 (Coal & Clean Technology: CCT)	ASEANにおける石炭のイメージをクリーンなものとし，2020年までにCCTによるプロジェクトを増やす	CCT発電によるクリーンエネルギー利用と競争力強化 社会へのCCT利用による恩恵の認知ASEAN域内の石炭貿易・投資の促進石炭事業の高度化に関する政策研究ASEAN石炭データベースの構築
エネルギー効率と保存 (Energy Efficiency and Conservation: EE&C)	エネルギー強度を，中期目標として2020年までに20%削減，長期目標として2025年までに30%削減する（2005年ベース）	エネルギー効率規格の統一（電気製品の省エネラベルなど） 民間のエスコ（省エネ支援）事業の高度化 ビルディングを高効率化するためのグリーンビルディング法の推進[11] 金融機関のエネルギー効率化への参加促進
再生可能エネルギー (Renewable Energy: RE)	ASEANエネルギー・ミックス（一次エネルギー供給）に占めるREの割合を，2020年までに合意した割合まで引き上げる	REがASEANのエネルギーに占める割合を2025年までに23%とする REの果たす役割を政策立案者や民間，社会にアピールする 域内のRE技術開発と利用を促進する RE促進のための金融スキーム拡大 バイオ燃料の商業開発や利用の拡大
エネルギー地域政策・計画 (Regional Energy Policy & Planning: REPP)	ASEANのエネルギー部門を，ASEANエネルギー協力の年次報告書などで国際的に紹介する	ASEANのエネルギー部門をより国際的に紹介する ASEANエネルギー政策・計画のデータ分析の能力を引き上げる ASEAN対話パートナーや国際機関との協力を強化する 気候変動や自然災害によるエネルギーインフラの緊急事態に備える強靱性を強化する APAECの遂行を効率的に実施する
民生原子力利用 (Civilian Nuclear Energy: CNE)	ASEAN加盟国の当局者における原子力の規制システムに関する能力の向上	政策立案者，技術者間における原子力に関する規制枠組み，非常時の民生原子力の安全に関する能力の向上 ASEANにおける原子力発電に関する国民の理解の改善 原子力利用に関する地域協力の強化

（出所）　ASEAN Secretariat（2015a），ASEAN Secretariat（2015b）より筆者作成。

　上記5分野のうち石炭のクリーン利用技術については，今後石炭の大幅な需要増が見込まれる（第1節参照）が，ASEANに多い質の低い石炭の使用や乱開発が環境に与える問題への対策が求められている。エネルギー効率と保存に

ついては，AEC2015 では具体的な言及がなかったものが AEC2025 ではエネルギー削減の目標値が明確に示されている。再生可能エネルギーについては，代替エネルギーとして期待されてきたが将来の石炭の利用増が見込まれていることから，いかに再生可能エネルギーの占める割合を増やすかに重点が置かれている。エネルギー地域政策・計画については，国際化に沿った年次報告書の作成や，緊急事態に際しての対応の準備が強調されている。民生原子力利用については，AEC2025 においても慎重にキャパシティ・ビルディングの構築を優先してゆく方向となっている。

第3節　今後の ASEAN エネルギー協力の方向

AEC2025 ブループリントや APAEC2026-2025 で打ち出されたように，ASEAN エネルギー協力の中にも「先進国型」の省エネルギーへの取り組みが強調されてきているのが目を引く。ASEAN 加盟国間の経済格差は依然大きいが，工業化によって経済発展が進んだ国，地域を中心として，持続可能なエネルギー政策について努力目標ではなく，よりコミットメントが求められるものに転換しつつあると見るべきだろう。

見てきたように ASEAN のエネルギー協力は，フラッグシップ・プロジェクトである APG と TAGP を中心に進められつつある。実態としては APG であれば，GMS・メコン地域のサブリージョン枠組みにおいて越境電力取引はより進んでおり，タイとラオス間の電力供給のリンクはすでに密接になっているが，これは事業の推進母体の活動とも関係がある[12]。ASEAN の枠組みにおいては，解決すべき問題が引き続き多く，越境にまつわる法的，技術的基準整合などの点が常にある。APG では資金調達のモダリティ，民間部門の参加などについて，TAGP ではパイプライン合弁会社設立，コスト，ガス・スワップ，関税，税制，などの多くの未解決の問題点があげられ，協力関係にある先進国の知見をさらに求めていくのが妥当であると思われる。

AEC2015 以降の課題として，現状についてはエネルギー協力において必要な優先事項，すなわち APG/TAGP に代表されるエネルギー貿易の円滑化，規

制・技術基準の整合，数量的な目標の設定，資金メカニズムなどの解決を促進することが求められている．また ERIA（2013）が指摘するように，単一エネルギー市場を構築するには，AEC にとってのエネルギー分野の総合的なビジョンをもつこと，現在の各計画の改訂をおこなうこと，地域のエネルギーを統括する機構を設立すること，経済・市場原理に従いエネルギー協力を促進すること，などの必要性があるだろう．一方政治的な要因として，加盟国の政権が今後大幅に伸びる必然性のある石炭火力発電に対して否定的な立場をとる可能性もあり，ASEAN エネルギー政策全体に影響するリスクとして勘案する必要があるだろう[13]．

【注】
1) IEA（2015）「東南アジアエネルギーアウトルック 2015」．
2) 1999-2004 年，2005-2010 年，2010-2015 年に続き第 4 次の計画にあたる．
3) IEA（2015）pp.9-12．
4) Memorandum of Understanding on the ASEAN Power Grid. http://www.asean.org/news/item/memorandum-of-understanding-on-the-asean-power-grid.
5) 渡里（2014）．
6) 2012 年 4 月に ASEAN と ADB の間で，共通技術基準や法制度に関する覚書が結ばれた．ADB は APG の WG に対する調査報告などを通じて，サポートする役割を担っている．
7) 完成済み 6 ルート：① タイーラオス 2205MW，② マレーシアーシンガポール 450MW，③ ベトナムーカンボジア 400MW，④ タイーマレーシア 380MW，⑤ ラオスーベトナム 248MW，⑥ タイーカンボジア 120MW．
8) 渡里（2014）．
9) ASEAN Secretariat（2015b）p.21．
10) Joint Press Statement of the 20th AMEM, 5 July 2002, Bali, Indonesia.http://www.asean.org/news/item/joint-press-statement-20th-asean-ministers-on-energy-meeting
11) タイにおいてはグリーンビルディング認証制度（TREES-NC）が始まっている．グリーン度の評価により，建築確認申請時に FAR ボーナス（容積率の付加）というインセンティブが与えられる．
12) ラオスは包蔵水力が大きく，電力輸出によって外貨獲得ができ，電力の逼迫するタイとは「ウィン・ウィン」の典型的な関係とされてきた．しかしタイはラオス 1 国への電力依存をエネルギー安全保障面からは警戒しており，調達を多角化，多様化することを指向しているとされる．
13) ミャンマーで発足する NLD（国民民主連盟）を中心とした新政権は，環境保護の観点から石炭火力発電に否定的とされており，主にインドネシア・カリマンタンで石炭を採掘しミャンマーで発電をおこなうモデルが成立しなくなる可能性が残っている．

【参考文献】
（和文）
石川幸一・清水一史・助川成也（2013）『ASEAN 経済共同体と日本—巨大統合市場の誕生』文眞堂．
経済産業省（2014）『平成 26 年海外開発計画調査等事業進出拠点整備・海外インフラ市場獲得事業—メコン地域でのインフラ・コネクティビティ調査事業報告書』経済産業省．

武石礼司（2014）『東南アジアのエネルギー――発展するアジアの課題―』文眞堂。
渡里直広（2014）「目の前に迫る ASEAN 経済共同体設立と ASEAN・パワーグリッドをめぐる最近の動き」『海外電力』2014 年 6 月号，33-39 頁。

(英文)
ASEAN Secretariat（2015a）, *ASEAN2025: Forging ahead Together*, Jakarta.
ASEAN Secretariat（2015b）, *ASEAN Plan of Action for Energy Cooperation（APAEC）2016-2025*, Jakarta.
IEA（2015）, *Southeast Asia Energy Outlook 2015*, IEA.
ERIA（2013）, "Assessment of ASEAN Energy Cooperation within the ASEAN Economic Community," ERIA Discussion Paper Series, Dec.2013, ERIA.
ERIA（2014）, *Investing in Power Grid Interconnection in East Asia*, ERIA Research Project Report 2013, No.26, ERIA.
ERIA（2015）, *Study on Effective Power Infrastructure Investment through Power Grid Interconnection in East Asia*, ERIA Research Project FY2014 No.30, ERIA.

第12章
ASEAN経済共同体における知的財産権協力

福永佳史

はじめに

1995年に始まったASEANの知的財産権(以下,「知財権」と略す)協力は,ASEAN経済共同体の中でも,最も歴史の長い分野別協力の1つである[1]。20年の間,協力の枠組みは基本的に変わっていないが,ASEANを巡る経済情勢,知財情勢は大きく変遷してきた。

1995年の知的所有権の貿易関連の側面に関する協定(TRIPS協定)発効を契機として,多くの国で基本的な知財権関連法制が急速に整備されてきた一方で,各国経済が発展したことにより,知財権保護のニーズも徐々に高まってきている。特にシンガポールやマレーシアにおいては,知財権を保護・活用した積極的なイノベーション推進策が講じられている。

他方,ASEANの知財権保護には課題も多い。各国における知財権に関する意識は十分に高いとは言えず,行政・司法の現状を見れば,法律を支える規則の未整備,審査基準の非公開,審査の遅延,行政官の能力不足,執行段階における保護主義など,多くの課題が残っている。この結果,米国通商代表部が毎年発表している,知財権保護に関する報告書(スペシャル301条報告書)(USTR, 2016)では,インドネシア,タイが優先監視国,ベトナムが監視国とされている[2]。また,同報告書の分析対象となっていないミャンマーでは,2016年現在,特許・商標・意匠とも,実効的な国内法制が存在しない状態に留まっている。

ASEANにおける知財権のもう1つの側面は,地域的な側面であろう。ASEAN経済共同体は,域内の経済統合を進める取組であるが,結果として域内貿易・域内投資が増加すれば,地域的な知財保護の必要性が高まるのは当然

の帰結である。欧州特許庁をはじめ，世界には地域的な知財庁が存在する。経済発展段階や行政能力に大きな開きがある ASEAN では，こうした地域的な知財保護ニーズにどのように応えるのか。

このような背景の下，地域レベルで知財に関する課題解決に取り組んでいるのが，ASEAN 知財権協力である。まず，第 1 節において，ASEAN 知財権協力の歴史，最新の行動計画を概観する。第 2 節では，初期の目標であった ASEAN 特許制度構想・同商標制度構想について，構想が変遷し，国際出願制度への加盟を目標とするに至った経緯及び背景を検討する。続いて，第 3 節では，こうした事情を踏まえたうえで，寧ろ強化される方向にある，ASEAN 地域内の審査協力の例を紹介する。第 4 節は結びである。

第 1 節　ASEAN 知財権協力の歴史

1. 初期（1995 年〜 2004 年）

ASEAN 知財権協力の歴史は，1995 年の ASEAN 知財協力枠組み条約（以下，「知財協力条約」）［ASEAN, 1995］の締結に始まる[3]。ASEAN 知財協力条約の契機となったのは，世界貿易機関（WTO）の設立とともに 1995 年に発効した TRIPS 協定であった。

僅か 8 条から成る ASEAN 知財協力条約は，具体的な内容に乏しいが，第 1 条（目的）において，ASEAN 特許制度（第 4 項）・同商標制度（第 5 項）に言及するなど，野心的な側面もあった。

同条約を受け，翌 96 年に地域協力を担当する専門家会合として設立されたのが，ASEAN 知財協力作業部会（AWGIPC）である[4]。AWGIPC は，ASEAN10 カ国の知財権所管部局の代表者から成る。現在では，年 3 回の定期会合のほか，域外国との対話，セミナー，シンポジウム等が開催されている。1997 年には，AWGIPC を支える民間団体として，ASEAN 知財協会（ASEAN IPA）が設立され，現在でも，年 1 回の総会を開催している。

1998 年の ASEAN 首脳会議で採択されたハノイ行動計画［ASEAN, 1998］では，経済統合の深化に向けた 10 施策のひとつとして，知財権協力の推進が

謳われ，知財の保護，円滑化，協力の3本柱の下，18項目の施策が合意された。その最大の柱は，ASEAN 特許制度，ASEAN 商標制度の実現であった。

2. 第2期（2004年～2010年）

ASEAN 知財権協力に関する初めての包括的な計画が，ASEAN 知財権行動計画 2004-2010 である［ASEAN, 2004］[5]。同計画は，① 知財の創造・活用，② 保護・執行，③ 啓蒙・人材育成・組織整備を目的としており，20以上の行動を規定していた。その大半は，セミナー，シンポジウムの開催，能力構築，情報提供，研究を目的としたものであったが，ASEAN 商標制度等の検討，TRIPS 協定実施状況の調査，ASEAN 特許データベースの構築等，より具体的な行動項目も挙げられていた。また，特許協力条約を含む8つの国際条約への加盟推進が謳われた。

知財権行動計画 2004-2010 を補填する形で 2006 年に合意されたのが，ASEAN 著作権協力作業計画である（ASEAN, 2006）。同計画では，① 政策，② 立法・執行，③ 新たな課題，④ 教育・能力構築・啓蒙，の4本柱の下，12の活動が規定された。その内容は，著作権専門裁判所実現の必要性・実現可能性など，政策の検討を中心とするものであった。

2007 年には，2015 年に向けた工程表として，ASEAN 経済共同体ブループリント（AEC ブループリント）が合意された［ASEAN, 2008］。① 知財権行動計画 2004-2010 及び ASEAN 著作権協力作業計画の実施に加え，② ASEAN 意匠登録制度の確立に向けた各国知財庁とユーザーの調整，③ ASEAN 加盟国のマドリッド協定議定書への加盟，④ 知財保護に従事する各国の法執行機関間の協議及び情報交換の継続，⑤ 伝統知識，遺伝資源，文化伝統表現にかかわる地域協力の促進，の5点が優先課題と位置づけられた。

ASEAN 事務局によれば，上記政策項目の実施状況は，AWGIPC の議論において検討されたものの，これを取りまとめた公式文書は存在しない。

3. 第3期（2011年～2015年）

知財権行動計画 2004-2010，著作権作業計画，AEC ブループリントの知財関連項目の実施結果を踏まえて策定されたのが，ASEAN 知財権行動計画 2011-

2015［ASEAN, 2011］[6] である。

知財権行動計画 2011-2015 は,「ASEAN 国民のための知財活用, 国際的な知財コミュニティへの積極的参加を通じ, ASEAN を『革新的で競争力のある地域』に作り上げ, ひいては, 2015 年の ASEAN 経済共同体の実現に貢献すること」を目的とする。同行動計画では, ① バランスの取れた知財制度, ② グローバル知財出願制度への加盟推進, ③ 知財創造・活用・啓蒙・技術移転の推進, ④ 国際知財コミュニティへの積極的な参加, ⑤ 人的・組織的能力の向上, の 5 つが戦略的目標と位置づけられており, この下に, 28 のイニシアティブ, 107 の成果が定められている（表 12-1）。

知財権行動計画 2011-2015 は, 以下の点において, 包括的な行動計画であった。第 1 に, 特許権, 商標権, 意匠権, 著作権をはじめとした主要な知財権が対象とされていた。知財権行動計画 2004-2010 では,「知財権」といった曖昧な表現が多用されていたが, 新行動計画では, 権利の種類ごとに, より特定された形の項目が立てられた。第 2 に, 知財の創造・活用・保護の各側面に対応するとともに, 専門家及び各国知財庁の能力構築・制度構築を目的としたイニシアティブが盛り込まれた。

イニシアティブの大半は, セミナーや研究の実施, 情報交換であった。たとえば, 著作権制度の有効活用については, 著作権を活用したクリエイティブ産業の経済発展への効果に関する国別研究を実施したうえで, 情報交換するとされた。こうした, 実施の有無及び効果を評価するのが難しい項目に加え, 一部の項目において具体的な成果目標が盛り込まれたのが本行動計画の特徴である。第 1 に, 異議申立がない場合の平均商標審査期間を 2015 年までに 6 カ月とされた。第 2 に, 域内複数国への特許出願の審査負担軽減及び迅速化を図るために, 2009 年に導入された「ASEAN 特許審査協力制度」(ASPEC) について, 出願人の 5% 以上の活用を目標とされた。第 3 に, マドリッド協定議定書及び特許協力条約について ASEAN10 カ国の加盟, ハーグ協定について ASEAN7 カ国の加盟を目標とした。

同行動計画では, 各項目の実現を確保するため, 加盟国又は ASEAN 事務局を「チャンピオン」と位置づけ, 議論を主導する責任を負わせた。また, 世界知的所有権機関 (WIPO) や日本国特許庁を含む, 域外国との協力を推進する

表12-1 ASEAN知財権行動計画2011-2015の政策プログラム

戦略的目標1:バランスの取れた知財制度
 1. 商標出願の平均審査期間を2015年までに6カ月以内とする(異議のない場合)
 2. ASEAN特許調査・審査協力(ASPEC)の実施
 3. 民族的な物品・サービス関連商標の地域分類の実施
 4. 特許専門家・弁護士の能力構築
 5. 意匠専門家・弁護士の能力構築
 6. 地域知財執行行動計画の策定及び実施
 7. 視覚障害者のための著作権例外と制限
 8. 2015年までの著作権制度の有効活用
 9. 2015年までに著作権集合管理団体を各国に設立
10. クリエイティブASEAN
11. 地理的表示の保護
12. 伝統的知識,遺伝資源,伝統的文化的表現の保護
13. 植物多様性の保護

戦略的目標2:グローバル知財出願制度への加盟推進
14. マドリッド協定議定書にASEAN10カ国が加盟(2015年まで)
15. ハーグ協定にASEAN7カ国が加盟(2015年まで)
16. 特許協力条約にASEAN10カ国が加盟(2015年まで)

戦略的目標3:知財創造・活用・啓蒙・技術移転の推進
17. 特許図書館の地域ネットワークの設立
18. 地域大の知財推進キャンペーン
19. 技術移転及び知財の商品化に関する認知の向上
20. 中小企業による知財創造・活用能力の強化
21. 「ASEAN知財ポータル」の開発

戦略的目標4:国際知財コミュニティへの積極的な参加
22. WIPOとの組織立った協力の地域レベルにおける実施
23. 対話国との協力強化
24. 国際フォーラムへの積極的参加及び民間関係者とのオープンな関係
25. 強力な交渉ポジションの形成

戦略的目標5:人的・組織的能力の向上
26. 特許審査官の能力構築
27. 意匠及び商標審査官の能力構築
28. 各国知財庁のインフラの近代化

(出所) ASEAN知財権行動計画2011-2015より作成。

こととされている。2012年には,年毎の実現目標を明確化した,チャンピオン国別作業計画2012-2015が合意された[AWGIPC, 2012]。

知財権行動計画2004-2010と同様,知財権行動計画2011-2015の実施状況を

評価した公表文書は存在しないため,全体の進捗度合いを測るのは困難であるが,以下の点を指摘することができよう[7]。第1に,2013年4月にASEAN知財協力に関するウェブサイト(ASEAN IP Portal)が立ち上げられ,ASEAN知財協力の概要や進捗に加え,各国の知財法制や知財関連統計が整理されている[8]。更新頻度や情報の質などにばらつきがあるが,ASEAN知財協力の全容を把握する上で,非常に有用な情報源となっている。第2に,研究・研修の実施,ガイドラインの作成等については,対話国の支援を得ながら,実施したことが窺える[9]。象徴的な成果としては,商標実体審査に関する共通ガイドラインの取りまとめ(2014年10月)が挙げられる。第3に,ASPEC(ASEAN特許審査協力。詳細は後述)が,徐々に立ち上がってきている。2009年から議論が進められてきたASPECには,現在までにミャンマーを除く9カ国が参加している。2013年の第一号利用申請案件(タイ)を皮切りに,多くの国からASPEC利用申請がなされている。実際に,2014年にはASPEC利用案件での特許権付与が始まっている。他方,知財権行動計画2011-2015に記載された利用率の目標は,達成できていないものと推察される(後述)。第4に,一部において国際出願条約への新規加盟が実現したが(後述),依然として未加盟国があり,目標は実現されていない。最後に,商標審査期間に関する数値目標は実現されていないものと推察される。

4. 第4期(2016年〜2025年)[10]

ASEAN経済共同体は,2015年末に第1段階の期限を迎え,次は,2025年末を目標に,経済共同体構築に向けた取組を継続することとなる。新たにASEAN経済共同体ブループリント2025(ASEAN, 2015b)が策定されたが,分野毎の詳細は,分野別の行動計画に委ねる構造となっている。知財権協力については,2016年8月のASEAN経済大臣会合において「ASEAN知財権行動計画2016-2025」が承認された。

知財権行動計画2016-2025では,以下の4つの戦略的目標を設定した。①知財権庁の強化及び知財権関係インフラの構築,②地域的な知財権プラットフォーム・知財権インフラの強化,③知財ライフサイクルの拡充,④知財の創造・商業化を推進する地域メカニズムの促進,の4つが戦略的目標と位置づ

けられた。この下に，19のイニシアティブが定められている（表12-2）。

知財権行動計画2016-2025の内容を概観すると，いくつかの特徴を指摘することができる。まず，その内容は，行動計画2011-2015と同様に，特許権・商標権・意匠権・著作権をカバーするとともに，知財の創造・保護・活用（商業化）・執行といったライフサイクル全体に関する取組が掲載されている。前計画と同様，セミナーの開催，研修の実施など，協力的なアジェンダが多い。

数値目標が設定されたかどうかは，現時点では定かになっていないが，審査迅速化という施策項目が立っているため，前計画に記載されていた商標審査期

表12-2 ASEAN知財権行動計画2016-2025の政策プログラム

戦略的目標1：知財権庁の強化及び知的権関係インフラの構築
1．特許・商標・意匠関連サービスの改善
2．知財サービスの改善（迅速さ，質）
3．共同著作権管理の質の改善（透明性・説明責任・ガバナンス）
4．商標・意匠に関する出願文書の調和の実現可能性の模索
5．国際条約への加盟（マドリッド協定議定書，ハーグ条約，特許協力条約）
6．その他のWIPO関連条約への加盟の模索
7．段階に応じた能力構築及び顧客支援サービス
戦略的目標2：地域的な知財権プラットフォーム・知財権インフラの強化
8．技術移転機関等の知財権サービス提供主体間のネットワーク構築（特許図書館など）
9．知財権サービスの向上（検索システム，電子出願など）
10．近代的なITシステムの採用
11．ASEAN知財ポータルの改善・中央化
戦略的目標3：知財ライフサイクルの拡充
12．知財執行に関する地域行動計画の実施
13．ASEAN知財ネットワークの構築（実務家及び司法・税関等の執行機関）
14．ASEAN域内外の利害関係者及び対話パートナー（WIPOなど）との関与強化
15．知財権実務家に対する地域的な認定システムの構築
戦略的目標4：知財の創造・商業化を推進する地域メカニズムの促進
16．知財権の認知度及び敬意の改善（保護・活用の推進）（中小零細企業及び創造的なセクターに対する支援枠組みの構築を含む）
17．知財権評価サービスの開発（知財権の財産権としての価値に対する認知の形成）
18．地理的表示の商業化の推進
19．遺伝資源，伝統的知識，伝統的文化的表現の保護メカニズムの強化

（出所）　ASEAN知財権行動計画2016-2025関連資料より作成。

表 12-3 国際出願制度への加盟状況

	特許協力条約	マドリッド協定議定書	ハーグ協定
2015 年目標	10 カ国	10 カ国	7 カ国
現状	8 カ国 (カンボジア, ミャンマーを除く)	5 カ国 (ラオス, フィリピン, フィリピン, シンガポール, ベトナム)	2 カ国 (ブルネイ, シンガポール)

(出所) WIPO より作成。2016 年 7 月末現在。

間（異議申立が無い場合）に関する目標が維持され，又は特許・意匠などに拡大している可能性が高い。

国際条約の加盟については，特許・商標・意匠に関する国際出願条約への加盟が優先課題とされている。過去の計画では，何年までに何カ国の加盟を目指すのか，目標を提示しており，今次計画でも同様の目標が定められている可能性が高い。国際出願以外の知財権関連条約については，他の WIPO 関連条約への加盟可能性を模索することとされたが，具体的にどの条約を対象とするのかは，各国の裁量に委ねられているようである。

行動計画の実施に際し，ASEAN IPA，WIPO シンガポール事務所，国際商標協会（INTA），域外国と連携する。

ASEAN に対する知財権関連の協力を実施している主要な域外国は，日本・米国・欧州・中国である。日本は，2012 年以来，日 ASEAN 特許庁長官会合を年に 1 回開催している。ASEAN に対する最新の協力プログラムが，「日 ASEAN 知財協力プログラム 2016-2017」である[11]。その内容は，① 特許マニュアル（審査基準）の改訂／作成支援，② 東アジア・アセアン経済研究センター（ERIA）による，出願件数の予測とアセアン各国知財庁への政策提言に関する研究，③ 国際出願制度（マドリッド協定議定書）の加盟／運用支援，④ 知財庁における人材育成，審査業務管理などである。日本と同様に，米国・欧州・中国が，AWGIPC と定期的な会合を開き，また知財行動計画 2016-2025 の実施を支えるプログラム等を策定している。この他，FTA の知財章の協力として，豪州・ニュージーランドや韓国も，ASEAN に対する知財権関係協力を実施している。

第2節　ASEAN特許制度構想・同商標制度構想の変遷

　ASEAN知財権協力の初期における，最も野心的な施策は，ASEAN特許制度構想・同商標制度構想であった。両構想は1995年に提示され，その後の主要文書でも関連の活動が言及されてきた（表12-4）。時を経るにつれ，両構想実現に向けたハードルの高さが明らかとなり，両構想自体は実質的に断念された。現在は，①国際出願制度への加盟，②域内での特許審査協力（ASPEC）の推進，③共通審査ガイドラインの作成，④出願文書の書式の調和といった，より現実的かつ柔軟な方向性が模索されている。

1．初期（1994年～）[12]

　1994年，知財協力条約の起草過程において，一番初めに提示された案は，

表12-4　ASEAN特許制度構想・同商標制度構想の変遷

	特許	商標	意匠
知財協力条約 （1995年）	ASEAN特許・商標制度設立の可能性を探求（ASEAN特許庁・同商標庁を含む）。		言及無し。
ハノイ行動計画 （1998年）	ASEAN地域特許・商標出願制度を2000年までに施行。地域特許・商標登録制度又は地域特許庁・商標庁を設立（自主参加）。共通商標出願フォームを完成させ，実施。		言及無し。
知財権行動計画 2004-2010 （2004年）	特許協力条約への加盟に係る課題を検討。	ASEAN商標制度と国際商標出願制度の優劣を検討。マドリッド協定議定書への加盟に係る課題を検討。	ASEAN意匠制度の実現可能性について検討。ハーグ協定への加盟に係る課題を検討。
AECブループリント （2007年）	知財権行動計画2004-2010に言及。その他，特段の言及無し。	可能な範囲でのマドリッド協定議定書への加盟（2015年まで）。	ASEAN意匠出願制度を設立（2015年まで）。
知財権行動計画 2011-2015 （2011年）	2015年までに全加盟国が特許協力条約に加盟。	2015年までに全加盟国がマドリッド協定議定書に加盟。	2015年までに7カ国がハーグ協定に加盟。
知財権行動計画 2016-2025 （2016年）	特許協力条約に加盟（詳細未公表）。	マドリッド協定議定書に加盟（詳細未公表）。	ハーグ協定に加盟（詳細未公表）。

（出所）　各種ASEAN公式文書より作成。

ASEAN 地域の中央特許庁,中央商標庁の設立であった。しかし,TRIPS 協定の実施が優先課題である中で,一気に ASEAN 特許庁・同商標庁の設立に動くことへの警戒感が強く,妥協の産物として,同条約には曖昧な表現が盛り込まれた。すなわち,1995 年の知財協力条約では,ASEAN 特許庁・同商標庁の可能性に明確に言及しつつ,「ASEAN 特許制度・同商標制度設立の可能性を探求する」(explore the possibility) との文言で決着した。

1996 年に新たに設置された AWGIPC における議論の結果,1998 年に取りまとめられたコンセプトペーパーでは,ASEAN 商標制度を目指す地域協力の形として,① 各国国内出願の共通フォームを作成する形,② 各国商標庁が受理官庁となり,他の ASEAN 諸国の商標庁に転送する形,③ 単一の地域商標庁が出願を受理・審査する形,の3レベルを示した上で,短期的なゴールとして,②を提案した。この場合,実体規定の改正は最小限に留まり,各国の国内法がそれぞれ独立に存在し続けることとなる。しかしながら,ASEAN 商標庁による ASEAN 商標の発行との「究極の目標」の実現を加速することが可能であると考えられていた。

以上のような事務レベルでの検討を踏まえて,同年の ASEAN 首脳会議が取りまとめたハノイ行動計画では,「2000 年までに ASEAN 特許出願制度,同商標出願制度を導入 (implement) する」ことが合意された。特に商標については,ASEAN 商標出願制度を実現するために,「共通出願フォームを完成,実施させること」が合意された。1998 年時点で,少なくとも出願段階について,地域独特の制度を設立するとの首脳レベルでの明確な合意があったことが分かる。これに対し,権利の登録を地域レベルで行うかどうかについては意見の一致を得ず,ハノイ行動計画では,「特許・商標地域登録制度又は地域特許庁・商標庁を設立」と謳う一方,明確な期限は設けられず,また自主参加 (on a voluntary basis) とされた。

ハノイ行動計画を受け,事務レベルでの検討が再開された。ASEAN 商標出願制度について,① 使用言語を英語とすること,② 出願日は受理商標庁の受理日とすること(他の商標庁への転送に時間を要したとしても,権利の基礎となる出願日は影響を受けない),③ 受理商標庁が方式審査を行うこと,④ 出願人は地域出願に関連する住所を指定すべきこと,などが合意された。

このように，1994年から2000年頃までの動きを見ると，ASEANが地域独自の特許制度・商標制度を設けることを目指していたことは明白である。特に，出願段階については，首脳レベルで実施年限に合意するなど，非常に積極的であった。他方，登録段階まで地域レベルで統一とすることに対しては懐疑的な声も強く，如何なる地域制度であれ，各国の自主参加を前提とすることとされた。

この間，商標に着目しただけでも，ASEAN商標制度（ASEAN trademark system），ASEAN商標出願制度（ASEAN trademark filing system），商標地域登録制度（regional trademark registration system），ASEAN商標庁（ASEAN Trademark Office）の文言が並んでいる。上記，AWGIPCコンセプトペーパーとハノイ行動計画を比較参照すれば，②の形をASEAN地域商標出願制度，③の形をASEAN商標庁制度，①〜③の形を総合してASEAN商標制度と呼んでいると解釈するのがひとつの可能性であるが，商標地域登録制度とASEAN商標庁との差異は明らかでないなど，定義の欠如による概念の混乱があった可能性がある。

2. 国際出願制度加盟への方向転換（2004年〜）

既に，ハノイ行動計画で明記された実施期限（2000年）を大幅に過ぎたが，ASEAN知財権行動計画2011-2015では，ASEAN特許庁・同商標庁の文言のみならず，ASEAN特許制度・同商標制度等の文言が姿を消している（表12-4参照）。

ASEAN知財権行動計画2004-2010では，ASEAN商標制度について，ASEANレベルでの地域制度と国際出願制度との適切性を比較することが合意された。また，ASEAN特許制度についての言及がなくなった一方，新たにASEAN意匠制度の実現可能性を検討することとされた。また，新規加盟を促進するべき条約として，特許協力条約，マドリッド協定及びハーグ協定が言及された。2007年のAECブループリントでは，ASEAN商標制度への言及に代わり，マドリッド協定議定書への加盟を目指すこととされた。ASEAN意匠制度については，その設立を目指すとされた一方で，ASEAN特許制度への言及はなかった。知財権行動計画2011-2015では，ASEANの方針転換がより明確

となった。すなわち，2015年までに，① 全ASEAN諸国が特許協力条約に加盟，② 全ASEAN諸国がマドリッド協定議定書に加盟，③ ASEAN 7カ国がハーグ協定に加盟するとの目標が設定された一方で，ASEAN特許制度，ASEAN商標制度，ASEAN意匠制度といった文言が一切使われなくなった。

このように，1990年代末には，明確にASEAN地域独自制度の構築を目指していたのに対し，2000年代に入り，徐々に野心が後退していった。この間にWIPOによって運営される国際出願制度への加盟という政策オプションが浮上し，優劣比較の検討を行ったうえで，現在ではASEAN諸国の特許協力条約，マドリッド協定議定書，ハーグ協定への加盟を目標としている。

3. 国際出願制度加盟への方向転換の理由

ASEAN特許庁構想・商標庁構想を実質的に断念し，国際出願条約への加盟を目指すこととされた背景として多くの事情が存在する。

第1に，ASEAN各国の知財制度の整備状況の差が挙げられる。特に，ASEAN商標制度構想が提示された1995年当時は，WTO協定のひとつとしてTRIPS協定が発効したばかりであり，多くの途上国の知財担当官庁にとってTRIPS協定の実施が最優先の課題とされ，地域制度を議論する準備が十分にできていなかった［Weerawit, 2000］。また，各国の経済発展度合の差は大きく，そもそも，知財制度を調和させることの意義自体への懐疑が存在した［Pente, 2012］。

第2の要因として，ASEAN企業にとって，ASEAN域内での知財権の保護以上に，大市場国である欧米や日本，中国市場での保護が重要であるという点が指摘できる。このため，ASEAN諸国への出願のみが円滑化されるASEAN特許制度，同商標制度よりも，非ASEAN諸国への出願もカバーされる特許協力条約，マドリッドシステムのメリットが大きい。また，当時のASEAN諸国の経済発展段階を考えれば，域内の出願以上に，域外からの技術移転の円滑化に重点があり，この点でも国際出願の円滑化が有用なオプションであった［Pente, 2012］。

第3に，国際出願制度の勃興が挙げられる［Pente, 2012］。例えば，特許協力条約加盟国数は，1990年時点で45カ国に過ぎなかったが，2000年には108

カ国への急速に拡大し（インドネシア，シンガポール，ベトナムを含む），ASEAN にとっても現実的に選択可能なオプションとなった。

　第 4 に，特許庁・商標庁の立地を巡る争いが存在した［Pente, 2012］。欧州特許庁型の中央特許庁の設置を前提に，マレーシア，フィリピン，シンガポール，タイが自国への誘致を主張した。また，各国の法律専門家の中で，ASEAN 特許庁所在地へのビジネスの集中を警戒する声も存在した。さらに，超国家的な組織への ASEAN の伝統的な警戒も影響している可能性がある。ASEAN 全体の文脈でも，実務を担う本格的な行政機関を設置した例は，現在でも存在しない。また，現実の問題として財政制約も大きな要因である。ASEAN 商標庁の設立の前提として，ハノイ行動計画では，ASEAN 共通商標ファンドの設立が謳われたが，国家予算の小さな途上国にとって，（アジア通貨危機の真っ最中に）未挑戦の新たな取組に追加的な予算を措置することは容易ではなかった［Weeraworawit, 2000］。

　最後に，現実的な問題として，言語制約が存在する。この問題は，特に，言語的なニュアンスが審査結果に影響する商標権において大きな課題となる。出願段階の円滑化を図るマドリッドシステムを超える地域制度を構想する場合，欧州共同体商標意匠庁（OHIM）の事例のように，その最大の違いは登録段階の共通化であると考えられる。しかし，商標権付与の判断にあたっては，称呼，外観，観念の 3 要素を審査する必要があるところ，いずれの要素にも言語ごとの差が発生する。ASEAN 域内には，文字も成り立ちも異なる多くの言語が存在しており，英語だけで制度設計を考えるわけにはいかない。この点，OHIM と比較した場合には，ラテン語を背景とする言語が大勢を占め，アルファベット表記を基本とする欧州言語との大きな差があるといえよう。これに対し，技術的な特性を問う特許権については，言語面の制約が小さいことから，特許審査の共通化がある程度可能であるといえる。しかし，特許公開を英語に統一するとの合意ができない限り，ASEAN 特許庁で登録された特許権を全て各国語に翻訳する必要が生じ，その多大なコストを各国政府又は出願人が負担することとなる。商標とは全く異なる理由であるが，ASEAN 特許庁制度にも言語面で大きな障壁があるといえる。これまで，ASEAN 経済統合の取組は，全て英語を基礎としており，各国語に対応する制度設計は行われていない。このよう

な中，知財制度についてだけ先行した取組を行うのは現実的ではない。

地域経済統合構想の早い段階から地域独自の知財制度を検討しながら，ASEAN が，その構想を事実上断念し，グローバルな国際出願制度への加盟を目指すこととなった現状は，ASEAN の経済実態を踏まえた合理的な政策選択の結果であると考えられる。

第3節　ASEAN 地域における審査協力

これまでに述べたとおり，ASEAN 特許制度，ASEAN 商標制度，ASEAN 意匠制度構想は，知財権行動計画 2004-2010 の段階で既に言及されなくなった。行動計画 2011-2015 及び行動計画 2016-2025 もこの路線を踏襲し，国際出願条約への加盟を中心的な取組と位置付けている。

他方，ASEAN 知財制度構想の名残りともいうべき取組は，特許・商標・意匠のそれぞれにおいて，形を変えて残っている。① ASEAN 特許審査協力，② 審査共通ガイドラインの策定，③ 登録商標データベース（TM View）の構築及び ASEAN 商標分類の作成，④ 出願文書の調和などである。

1. ASEAN 特許審査協力（ASPEC）[13]

特許審査における協力として，2009 年に始まったのが，その名のとおり，「ASEAN 特許審査協力」（ASPEC：ASEAN Patent Examination Cooperation）である。

特許権は国単位で発生するため，同一の発明について，権利登録を申請された複数の国が，それぞれ特許審査を行う。国によって，審査基準の差異などから，実際に特許権を付与するべきかどうかの判断は異なる。しかし，その前提として，外国を含む先行技術を調査し，当該出願内容の新規性・進歩性（及び産業上の利用可能性）を審査するという点は共通であることから，各国の特許庁が重複する審査業務・先行技術調査業務を行っている。地域で単一の特許庁を設置することの行政面での最大の意義は，審査業務・先行技術調査業務の重複の削減にある。

ASPEC は，ASEAN 諸国の特許庁間で特許審査及びその前提となる先行技術調査の結果を共有するための協力枠組みの名称である（ASEAN 版の特許審査ハイウェイである）。2009 年 6 月から施行されており，特許法が存在しないミャンマーを除き，9 カ国が参加している。2013 年 8 月に第 1 号案件が，タイ知財庁に申請されたのを皮切りに，ベトナム，フィリピン，インドネシア，マレーシア，シンガポールにおいて活用事例が存在する。2014 年には，ASPEC を活用した特許付与案件も出始めている。

　ASPEC は，以下のような場合に活用される。たとえば，シンガポール知財庁への出願を基礎として，パリ条約に基づく優先権主張を行い，同一の発明について，マレーシア知財庁に出願した場合，このような出願関係を「対応出願」（corresponding application）と呼ぶ。シンガポールの審査結果・調査結果が出た場合，その報告書の複写を添え，ASPEC 利用の申請をマレーシアに行う。マレーシア知財庁は，シンガポール知財庁の審査結果・調査結果を参照しつつ，自国の特許審査を行う。上記の事例において，マレーシアの審査結果が先に出た場合，当該報告書をシンガポール知財庁に提示する形で ASPEC を利用することも認められる（つまり，優先権主張の基礎となる出願がいずれの国であるかは問わない）。更に，第 2 の類型として，ASEAN の 2 国以上（たとえば，シンガポール及びフィリピン）に出願を行った上で，両出願の優先権を主張して第三国（たとえば，オーストラリア）に出願を行った場合，シンガポールへの出願とフィリピンへの出願も，対応出願であるとみなされるため，ASPEC を利用できる（図 12-1 参照）。なお，審査結果報告書等が英文でない場合には，英文の翻訳を添付する。

　ASPEC の究極の目的は，出願人の権利取得の早期化，効率化である。その実現のため，第 1 に，ASEAN 各国特許庁（知財庁）における特許審査・先行技術調査にかかる業務の重複削減の効果も見込まれている。更に，他国の審査結果を参照することで，各国の審査結果の質を担保する効果も期待されている。実際，特許審査の遅延は，ASEAN の中小企業にとって極めて重要な問題である。多国籍企業の場合，本国での出願結果が出た段階で，当該審査結果が参照可能となるため，審査が大幅に遅延することは少ない。しかし，こうした外国出願を伴わない場合（比率として中小企業の事例が多いと考えられる），

図 12-1　ASPEC 制度の適用事例

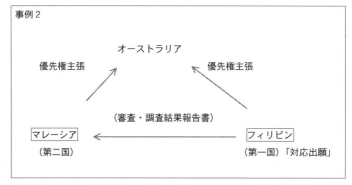

（出所）マレーシア知財庁ホームページ（www.myipo.gov.my）より作成。

外国特許庁の審査結果を期待できないため，審査結果が出るまでに10年以上を要するといった事例も見られる［大熊，2012］。ASPECには，ASEAN特許庁間の連携を強化することで，こうした遅延事案を減らす効果が期待されており，知財権行動計画2011-2015では，2015年までに，「出願人の5％がASPECを活用する状況を目指す」とされていたが，2016年時点までの利用実績は72件に留まっている。

　ASPECが利用されていない背景には，① 域内出願の少なさ，② 特許協力条約に基づく国際出願（PCT出願）と比した場合のメリットが限定的であること，が挙げられる。PCT出願の場合，出願を受理した各国特許庁の業務負担を軽減させるため，指定された特許庁（たとえば，日本国特許庁）により，国際調査報告書（先行技術調査報告書に相当）が作成される。出願人は，ASEAN諸国の特許庁が国際調査報告書を参照することが期待できるため，ASPECを活用する必要がないのである。この点，ASEAN事務局担当者は，ASPECの利用が無償である（PCT出願は有償）である点を重視している。す

なわち，ASEAN 諸国内の複数国にだけ出願する場合，PCT 出願ではなく，ASPEC の活用を念頭に置きつつ，パリ条約に基づく優先権主張に基づく外国出願をする可能性が高いことを想定している。しかし，ASEAN の企業は，他の ASEAN 諸国に出願する以上に，米国・日本・欧州・中国等の大市場国に特許出願を行っており，ASPEC の効果が及ばないため，PCT 出願を活用する合理性が高い事例が多いと考えられる。

なお，PCT 枠組みにおける国際調査報告書作成が可能な知財庁（ISA と呼ばれる）として，2015 年にシンガポール知財庁が登録された。急速に，実体審査能力を高めるシンガポールが，PCT はもちろんのこと，ASPEC においても影響力を増大させるのか，注視していきたい。

2. 審査にかかる共通ガイドラインの策定 [14]

商標審査については，ASPEC のような，ASEAN 独自の審査協力枠組みは存在せず，マドリッド協定議定書への加盟が，ASEAN 域内の商標権取得円滑化のための最重要施策となっている。しかし，マドリッド協定議定書は，あくまでも出願の円滑化を図るものであり，審査自体は各国が独立して行う枠組みとなっている。言語が違う各国において，商標の実体審査を共通化するのは不可能であり，ある意味で当然の流れである。

他方，興味深いことに，ASEAN では「商標実体審査に関する ASEAN 共通ガイドライン」（Common Guidelines for the Substantive Examination of Trademarks）を策定している。その背景には，知財権行動計画 2011-2015 において導入された，商標権の審査迅速化目標がある。すなわち，同計画で策定された「6 カ月以内」とされた平均商標審査期間の実現のためには，各国に存在する審査待ち案件（いわゆる滞貨）の処理が課題となったが，その解決策として，各国の商標審査マニュアルが策定されてきた。各国の審査マニュアル作成の参考資料として，EU の協力を得て 2014 年に取りまとめられたのが，ASEAN 横断的な「共通ガイドライン」であった [15]。英語であるが，インドネシア語，タイ語と順々に各国語に訳されている。但し，同ガイドラインはあくまでも参照文書であり，法的拘束力は無い。

こうした取組の意義が感じられたのか，知財権行動計画 2016-2025 は，こう

した共通ガイドラインアプローチを強化する方向にある。意匠審査に関する ASEAN 共通ガイドラインについては，既にドラフトが存在する [16]。

3. 登録商標データベース（TM View）の構築及び ASEAN 商標分類の作成 [17]

商標実体審査に関する共通ガイドラインと並ぶ重要な取組として，登録商標データベース（TM View）の構築が挙げられる [18]。これは，EU の協力によって作られたデータベースであり，300 万件以上の登録済商標に関する情報が掲載されている。参加国は，商標法の存在しないミャンマーを除く 9 カ国である。英語のほか，インドネシア語，クメール語，ラオス語，ミャンマー語，タイ語，ベトナム語でも検索可能になっているようである。同データベースは，商標審査官のみならず，商標出願人にも利用可能なツールであるといえる。実際，2015 年 8 月～10 月には，実に 1 万 6000 人が利用したとのデータもあり，既にかなりの知名度を持っていることが窺われる。

さらに，商標分類の共通化を図っているのが，ASEAN TMclass である [19]。こちらも EU の対 ASEAN 知財協力の一環として導入されたものであり，2015 年 8 月に公開された。商標国際分類に関するニース条約に基づく，商標・サービスに関する分類を把握するために，各国語で検索できる点に特徴がある。関心国特許庁の電子システムとの連携も検討されている。

4. 出願文書の調和

ASEAN は，経済発展度合の差を反映し，実体知財法の調和を断念し，出願の円滑化に舵を切っている。しかし，出願の円滑化という点では，出願文書の書誌的事項の共通化を図ることには意義がある（マドリッド協定議定書による国際商標出願を行う場合には，当然に共通の書誌的事項のみを記載する）。この点，知財権行動計画 2016-2025 では，商標権及び意匠権に関する出願文書の書誌的事項の調和に関するフィジビリティスタディを実施するとしている。実は，商標出願に関しては，同様の取組が，知財権行動計画 2004-2010 に存在していたが，途中で検討が停止していたようである。上記の商標審査迅速化目標を契機として，検討が復活しつつあるものと考えられる。

おわりに

ASEAN は，1995 年以来，知財権協力を深めてきた。初期の目玉政策は，ASEAN 特許庁構想・同商標庁構想を含む，ASEAN 特許制度・ASEAN 商標制度であった。極めて野心的な構想であった。しかし，これらの構想は，域内各国の知財制度の状況，実際の企業行動等と乖離していたことから，地域独自の制度を構築するとの側面は徐々に後退し，グローバルレベルで構築されている国際出願制度へと転換してきた。他方，ASEAN 域内独自の審査協力が完全になくなったわけではない。特許審査の分野では，ASPEC が運用を開始している。また，商標分野では，審査迅速化目標の策定を契機に，実体審査に関する共通ガイドラインの策定など，新たなタイプの協力が始まっている。

ASEAN 経済共同体の次の期限，2025 年に向けて，ASEAN 知財権協力の意義は高まっている。各国経済の発展に伴い，いわゆる「中所得国の罠」への関心の高まりもあり，各国政府は知財の活用を通じたイノベーションの推進に関心を持っている。現実的な課題は多く存在するが，知財行動計画 2016-2025 では，定量的な目標も含め，幅広い施策が盛り込まれている。日本をはじめとする対話国の役割は，ますます大きなものとなっており，今後の展開を注視していく必要がある。

【注】
1) ASEAN の知財協力について言及した主な先行文献としては，石浦［2009］が挙げられるが，同論文の中心は各国の知財制度の分析にある。これに対し，1990 年代の動きについては，高倉［2001］が分析している。ASEAN 知財協力の変遷については，福永［2013］を参照のこと。また，ASEAN 知財協力の主要文書については，日本貿易振興機構（JETRO）のホームページに邦訳が掲載されている。
2) ASEAN のうち 6 カ国が優先監視国・監視国とされていた 2009 年～ 2011 年頃に比べれば，状況は大幅に改善しているとも言える。なお，カンボジア・ラオス・ミャンマーは監視国などに指定されたことがないが，これは，市場規模の小ささから，米国通商代表部の調査対象となっていないという事情によるものだと考えられる。
3) ASEAN 知財協力条約の日本語仮訳については，JETRO ホームページ参照（https://www.jetro.go.jp/ext_images/world/asia/asean/ip/pdf/publication_framework_agreement_jp_rev.pdf）［最終確認 2016 年 7 月 9 日］）。なお，ASEAN 事務局によれば，原稿執筆時点において，同条約は発効していない。
4) ASEAN における知財協力は，1994 年に ASEAN 音楽産業協会の要請を受けた非公式の作業部会

として開始され、同作業部会が ASEAN 知財協力条約を起草した［Weeraworawit, 2000］。
5) ASEAN 知財権行動計画 2004-2010 の日本語仮訳については、JETRO ホームページ参照（https://www.jetro.go.jp/ext_images/world/asia/asean/ip/pdf/publication_rights_action_plan_2004-2010_jp.pdf）［最終アクセス 2016 年 8 月 7 日］。
6) 同計画の日本語訳は、JETRO ホームページ参照（https://www.jetro.go.jp/ext_images/world/asia/asean/ip/pdf/publication_rights_action_plan_2011-2015_jp.pdf）［最終アクセス 2016 年 8 月 7 日］。
7) ASEAN 経済共同体の成果を取りまとめた公式文書（ASEAN, 2015）でも、知財分野での成果は全く触れられていない。
8) ASEAN IP Portal（https://www.aseanip.org）［最終アクセス 2016 年 8 月 1 日］。
9) 例えば、欧州連合（EU）による対 ASEAN 知財協力プログラム（ECAP）のホームページを見れば、数多くの事業が実施されていることが分かる。ECAP ホームページ参照（http://www.ecap-project.org）［最終アクセス 2016 年 8 月 1 日］。
10) 原稿執筆時点では、同行動計画の最終版は公表されていないため、ASEAN IPA 年次会合における発表資料（http://www.aseanipa.org/attachments/article/653/01.%20AWGIPC-ASEAN%20IP%20Plan.pdf）などを参照している。
11) 日本国経済産業省ホームページ参照（http://www.meti.go.jp/press/2016/07/20160720002/20160720002.html）［最終アクセス 2016 年 8 月 7 日］。
12) ASEAN 公式文書のほか、Weeraworawit（2000, 2004）、Pente（2012）を参照している。
13) ASPEC については、ASEAN IP ポータル及び各国特許庁ホームページを参照のこと。
14) Mendoza（2015）及び ECAP III ウェブページ参照（http://www.ecap3.org/activities/guidelines-substantive-examination-trademarks）［最終アクセス 2016 年 8 月 7 日］。
15) このようなソフトアプローチによる法の調和は、2010 年に策定された競争政策に関する ASEAN 地域ガイドラインが走りであろう。消費者法についても、同様に、ASEAN 地域共通のガイドラインを作成する取組がある。
16) Caballero（2016）参照。
17) Caballero（2016）参照。
18) ASEAN TM View については、以下のウェブを参照（http://www.asean-tmview.org/tmview/welcome）［最終アクセス 2016 年 8 月 7 日］。
19) ASEAN TMclass については、以下のウェブを参照（http://www.asean-tmclass.org/ec2/）［最終アクセス 2016 年 8 月 7 日］。

【参考文献】
(和文)
石浦英博（2009）「ASEAN の知財権制度と日本企業の対応」石川幸一・清水一史・助川成也編『ASEAN 経済共同体』ジェトロ。
大熊靖夫（2012）「ASEAN 諸国の知財状勢」『特許研究』54 号、独立行政法人工業所有権情報・研修館。
高倉成男（2001）『知財法制と国際政策』有斐閣。
福永佳史（2013）「ASEAN 知財権協力の展開と現況」石川幸一・清水一史・助川成也編『ASEAN 経済共同体と日本』文眞堂、2013 年、123-141 頁。

(英文)
ASEAN (1995), *ASEAN Framework Agreement on Intellectual Property Cooperation*, Jakarta: ASEAN Secretariat.

ASEAN (1998), *Hanoi Plan of Action*, Jakarta: ASEAN Secretariat.
ASEAN (2004), *ASEAN Intellectual Property Rights Action Plan (2004-2010)*, Jakarta: ASEAN Secretariat.
ASEAN (2006), *The Work Plan for ASEAN Copyright Cooperation*, Jakarta: ASEAN Secretariat.
ASEAN (2008), *ASEAN Economic Community Blueprint*, Jakarta: ASEAN Secretariat.
ASEAN (2011), *ASEAN Intellectual Property Rights Action Plan (2011-2015)*, Jakarta: ASEAN Secretariat.
ASEAN (2015a), *ASEAN Economic Community 2015: Progress and Key Achievements*, Jakarta: ASEAN Secretariat.
ASEAN (2015b), *ASEAN 2025: Forging Ahead Together*, Jakarta: ASEAN Secretariat.
AWGIPC (2012), *ASEAN Intellectual Property Rights Action Plan 2011-2015*, Bangkok: Department of Intellectual Property of Thailand.
Caballero, Ignacio de Medrano (2016), "Roles of ECAP III on IP development in ASEAN", Presentation at the WIPO Day, Ministry of Commerce of Kingdom of Cambodia, 26 April 2016, Phnom Penh, Cambodia.
Mendoza, Antonio (2015), "South-South Collaboration and Triangular Cooperation for Access to Information and Knowledge, Innovation Support and Technology Transfer", Presentation in the Interregional Expert Meeting, 5-6 May 2015, Lima, Peru.
Pente, Imke (2012), "Matching Content with Context: Effects of European Policy Transfer on ASEAN Patent Cooperation", Paper written for the UACES Conference "Exchanging Ideas on Europe 2012 - Old Borders - New Frontiers" 3-5 September 2012, Passau, Germany.
USTR (2016), *2016 Special 301 Report*, Washington D.C.: Office of the United States Trade Representative.
Weeraworawit, Don Weerawit (2000), The ASEAN Trademark System, presentation at the International Trademark Symposium, Tokyo, May 23, 2000.
Weeraworawit, Don Weerawit (2004), "The Harmonization of Intellectual Property Rights in ASEAN", Christopher Antons, Michael Blakeney, and Christopher Heath (eds.), Intellectual Property Harmonization within ASEAN and APEC, Hague: Kluwer Law International.

第III部

第 13 章

ASEAN の格差是正

小野澤麻衣

はじめに

　カンボジア,ラオス,ミャンマー,ベトナム(ASEAN 後発加盟国。国名の頭文字を取って CLMV ともいわれる。)は,第二次世界大戦後,長年にわたる内戦や軍事独裁による閉鎖的政策などの政治情勢の下,最貧国の状態での低迷が長く続いた。そのため各国は,非常に大きな域内経済格差が生じることを承知で ASEAN 加盟を了承した(1995 年〜 99 年)。単一市場・生産基地の構築を追求する ASEAN 経済共同体(AEC)の 4 大目標の 1 つは「公平な経済発展」,つまり ASEAN6(ブルネイ,インドネシア,マレーシア,フィリピン,シンガポール,タイ)と CLMV との格差を縮小し,名実共に「単一」になることであった。2007 年に制定された ASEAN 経済共同体(AEC)ブループリント[1]に基づき,経済格差是正を含めたさまざまな取組みが進められてから 8 年が経過した。しかし,AEC が設立された今,この格差は必ずしも十分に是正されていないのが実態である。関税撤廃の進展とともに,域内最適地生産がさらに加速すると予測される中で,CLMV の発展の方向性,可能性を,投資環境の整備状況や外国投資の動向などを見ながら探ってみたい。

第 1 節　縮小するも歴然たる格差

　ASEAN 諸国の 1 人当たり GDP を見てみると,2007 年は,ASEAN で最大のシンガポール(3 万 9224 ドル)は,域内最小のミャンマー(約 479 ドル)の約 82 倍であるのに対し,2014 年は最大格差があるシンガポール(5 万 6287 ド

表13-1　ASEAN諸国の1人当たりGDP（2014年）　　表13-2　ASEAN諸国の名目GDP（2014年）

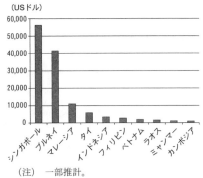

（注）一部推計。
（資料）IMF, World Economic Outlook 2016 Jan. より作成。

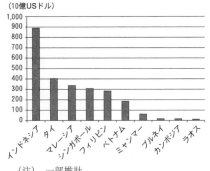

（注）一部推計。
（資料）IMF, World Economic Outlook 2016 Jan. より作成。

ル）とカンボジア（1081ドル）との開きが約52倍と縮小している（表13-1）。名目GDPでは，2007年と2014年で同様の比較をすると，2007年，CLMVで最小のラオス（約42億ドル）とASEANで最大のインドネシア（約4700億ドル）の間に，約112倍の開きがあるのに対し，2014年の最大格差はラオス（約120億ドル）とインドネシア（約8890億ドル）の間で約75倍（表13-2）と，同様に縮小している。

　1986年に，ベトナムにてドイモイ（刷新）政策の採択の下，市場経済システムの導入と対外開放化に取り組み始めたことを皮切りに，メコン諸国は各国とも経済改革に向けて動き出した。中国を含めたCLMV周辺国の投資環境の変化やメコン地域におけるハード，ソフトインフラの改善なども受け，同地域への外国投資も2000年代後半から，特に製造業において拡大している。こうした状況の中で，CLMVはASEAN6を上回る経済成長率を維持しており，ASEAN域内格差は徐々に縮小する傾向にあると言えるだろう。

　CLMVの貿易額も拡大傾向にある。同地域における外資企業の生産活動が活発化している（後述）ことなどに伴い，中国，日本，米国等との原材料，中間財，完成品の取引量が拡大しているためである。ただ，その品目構成をみると，特にベトナム以外の3カ国（CLM）では，まだまだ一次産品（鉱物，木材，農産品等）や，製造業品でも縫製品などの軽工業品が占める割合が高い。自動車や電機電子の部品，また機械製品などが多いASEAN6の貿易品目との間に

明らかな違いが見られる。ベトナムの輸出品目の3割弱は機械製品，精密機器等となっており，工業化が進んでいることが分る。（表13-3）。

産業構造はどうか。ASEAN諸国のGDPに占める産業の割合を見ると，こ

表13-3　CLMVの輸出総額と品目別シェアの推移

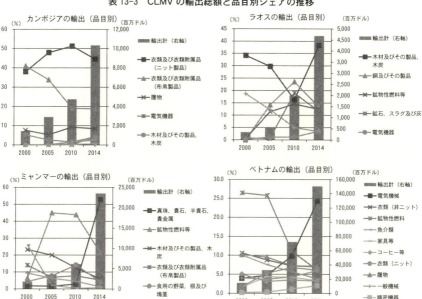

（注1）　カンボジア，ラオス，ミャンマー：日本，韓国，中国，香港，台湾，ASEAN，インド，オーストラリア，米国，EU27の計41カ国の輸入統計を合算。ただしブルネイ，ラオス，ミャンマーは2000年－2014年の輸入統計が継続的に取得できないため，ASEANは同国分を除いた数字。
（注2）　凡例はHS2桁の品目名。
（資料）　Global Trade Atlasより作成。

表13-4　ASEAN諸国のGDPに占める産業の割合（2014年）

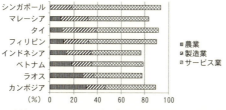

（注）　ミャンマー，ブルネイは統計が無いため不記載。
（資料）　世界銀行「World Development Indications 2015」より作成。

こでもASEAN6と後発加盟国には大きな違いがあることが分る（表13-4）。カンボジア，ラオスでは，農業の比率が高く，製造業の割合が小さい。コメの輸出量が世界一のタイにおいて，農業が10.5％，製造業が28％という割合を勘案すると，カンボジア，ラオスにおける農業の割合（それぞれ30.4％，27.7％）から，両国の農業依存度は非常に高いと言える。ベトナムでは，農業が18.1％，製造業が17.0％と，ほぼ等しい比率となっており，CLMに比べて製造業による寄与度が比較的大きいといえる。ベトナムは，CLMに比べその格差縮小に向けた進展が大きく，経済的離陸をはかっていると見てよいだろう。

世界銀行の「ビジネス環境評価」（Doing Business Report 2016）で2015年の投資環境ランキングを見ると，CLMは189カ国・地域中，それぞれ127位，134位，167位。2007年版報告に比べると，順位上昇は見られるものの，タイ49位，ベトナム90位，インドネシア109位の評価からみると，まだまだ低い水準である。事業開始に必要とする日数・コスト，税務関連手続きに必要な時間といった分野での評価が低い。産業構造の高度化なども勘案すると，ASEANにおいて，特にCLMとの経済格差は，依然大きいと言わざるを得ないだろう。

第2節　域内環境整備の進展

1.「ASEAN統合イニシアチブ（IAI）」

AECブループリント[2]の中で，ASEAN独自の格差是正に向けた措置として，「ASEAN統合イニシアチブ（Initiative for ASEAN Integration : IAI）」の着実な取り組み，が明記された。2000年にASEAN首脳によって2008年までの行動計画が合意され，2009年のASEAN首脳会議で，2009年～2015年までの行動計画を示した「IAI作業計画2」が採択されている。計94あるプログラムのうち，調査が14，技術協力（政策立案，執行）が41，能力構築（教育・訓練，ワークショップ等）が39となっている[3]。つまり，IAIが重点を置いているのは，人材育成や機能強化といった"ソフト支援"といえる。例えば，ASEAN物品貿易協定（ATIGA）における原産地規則（ROO）の理解が，CLMVの政

府職員は必ずしも充分ではないことを受け，各国の言語でROOを翻訳する，また政府職員向けの研修を行う，といった内容である。資金は，ASEAN6，及び日本を含むASEAN対話国の他，民間企業，各種基金などが拠出している。日本の協力で2002年より行われているCLMVの政府職員の能力強化のためのプログラムは，計13回行われ，卒業生のほとんどは所属元の省庁で，重要な役職に就いている[4]。

その他，ASEANにおけるCLMV向けの協力プログラムとして，「公平な経済発展のためのASEAN枠組み（ASEAN Framework on Equitable Economic Development：AFEED）」が，IAIを補完すべく，2011年のASEAN首脳会合で承認されている。2014年に世界銀行の支援により，その進捗を評価しており，各種協力プログラムの下で，CLMV各国とも目覚しい経済成長は続けているものの，まだ歴然とした格差はあり，例えば脆弱な金融システム，乱雑なビジネス関連規則といった部分は，さらなる改善が必要，としている[5]。

2.「ASEAN連結性マスタープラン（MPAC）」

AECブループリントの強化・補完を目的として，2010年のASEAN首脳会議で採択された「ASEAN連結性マスタープラン（Master Plan on ASEAN Connectivity：MPAC）」は，物的，制度的，そして人と人との連結性強化を重視する姿勢を鮮明にしたもので，特に国境を越えたインフラ整備という観点から，格差是正への寄与も期待されている。アジア開発銀行（ADB）が共同出資するASEANインフラ基金（ASEAN Infrastructure Fund：AIF）などが，その執行財源となっている。

陸上輸送のインフラ整備の中で優先的に取組まれているのは，シンガポール昆明鉄道（Singapore-Kunming Rail Link：SKRL）とASEAN高速道路ネットワーク（ASEAN Highway Network：AHN）である。AHNはASEAN諸国を結ぶ全長3万8400キロの高速道路ネットワークである。2020年までに，すべての道路を接続，かつアスファルト舗装など，ある一定基準まで整備することを目標としている。特に重要なルートを越境交通路（Transport Routes：TTR）とし，改良，建設を優先的に実施するとしている。AHNの開発において最も重要視されているのは，インドネシア，ラオス，ミャンマーのTTRの中で，整

備が悪い道路を修復すること，次いでミャンマーに残る未接続部分をつなぐことである。2014 年にミャンマーの未接続部分の 1 つであるダウェー港とタイ国境までの道路が接続されたが，まだ舗装されていない。AHN は，2014 年時点で舗装等整備が必要な全 5538 キロのうち 2170 キロの工事が終了しており，2015 年以降も開発は継続することとなっている[6]。

　SKRL は文字通りシンガポールと中国の昆明を結ぶ全長 7000 キロの鉄道網で，カンボジア，ラオス，ミャンマー，ベトナム，タイの首都を通る。SKRL の未接続部分は 1287 キロ，要修復部分は 1253 キロであり，主に CLMV に多い[7]。2015 年 12 月には，ラオスの中国国境の都市ボーテンからビエンチャンまでの 427.2 キロを結ぶラオス中国鉄道の定礎式が行われた。完成すればビエンチャンと昆明が 10 時間で結ばれる計画である[8]。このように進展が見られる SKRL 計画ではあるが，全体の完成は 2020 年に繰り延べとなっている[9]。SKRL による鉄道輸送網は，道路輸送である南北経済回廊や AHN の補完的な役割を担うことが期待されており，予定どおり整備されれば，輸送モーダルシフトが促進することになるため，CLMV を含めた域内生産ネットワークの拡大に貢献するだろう。

3. 大メコン圏（GMS）開発プログラムを中心としたインフラ整備

　MPAC による各種取組みを先取りする形で連結性の整備を進めているのが，大メコン圏（Greater Mekong Subregion：GMS）開発プログラムである。1992 年，メコン地域の経済関係強化を目指し，ADB 主導の下，CLMV にタイを加えたメコン諸国，及び中国（雲南省，広西チワン族自治区）の 6 カ国が参加する形で発足した枠組みである[10]。現在までの約 20 年超にわたり，経済回廊（域内道路網）整備，越境交通円滑化措置，電源開発及び送電網整備等を包括的に進めてきた。特にメコン地域の越境物流に関し，道路や港湾等の物理的インフラ，及び多国間の制度開発，調和を図る主導的な役割を果たしている。現在は，2011 年 12 月に採択された「GMS 戦略枠組み 2012-22（Strategic Framework：SF）」，及び 2013 年 12 月に同枠組みで実施する事業を取りまとめた「地域投資枠組み（Regional Investment Framework：RIF）」に従い，10 年間で総額 515 億ドル，約 200 の事業を実施している[11]。さらに 2014 年 12 月に開催された

GMS 首脳会議では，RIF の 2018 年までの 5 年間の優先取り組み分野を定めた「RIF 実施計画（Implementation Plan：IP）」が採択された。域内資源のより効果的な利用や，開発と環境保全の両立を目指し，ADB のみならず，日本，中国といった諸外国からの支援，また民間企業や NGO なども協力する形で，多くのプロジェクトが展開されている。

特に日本企業の関心が高く，域内企業の生産ネットワークに最も大きい影響を与えてきたのは，日本，中国といったドナー国の協力も含めた経済回廊を中心とした物流インフラ整備であろう（図 13-1）。2013 年に南北経済回廊の未接続部分であったタイ・チェンセンとラオス・フェイサイに第 4 タイ・ラオス友好橋が開通し，昆明からバンコクまで陸路で接続された。2015 年 4 月には，南部経済回廊で唯一接続されていなかったカンボジアのネアックルン地区に，日本の ODA によりつばさ橋が開通し，これまでフェリーでメコン川を渡り対岸に運んでいた貨物，人の直接往来が可能となった。これにより，プノンペ

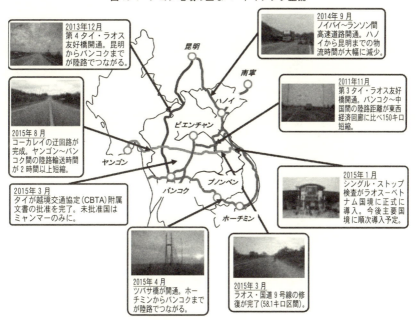

図 13-1　メコン地域の主なハードインフラ整備

（資料）　実地調査，関係機関へのヒアリング等からジェトロ作成。

ン―ホーチミン間は1時間以上の短縮となる。東西経済回廊のミャンマー区間であるミヤワディ―コーカレイ間は，山岳地域でもあり道路整備が遅れていた。1車線道路のため，1日置きに上り専用，下り専用などにしており，時速20キロ程度しか出せなかったが，タイの支援により2015年8月に迂回路が開通した。この新ルートの利用により2時間以上の時間短縮が可能になる。

さらに注目すべきは，ソフトインフラ，つまり制度面での円滑化の進展である。GMSでは，1999年に導入された「越境交通協定（Cross-Border Transport Agreement：CBTA）」に基づいた措置が段階的に導入されている。越境手続きの円滑化，人や物品の越境移動などの基準及び実施のための制度的枠組みを定めた協定である。国境を接する2カ国が共同かつ同時に税関等各種検査を行うシングル・ストップ検査の導入，国境で積み替え等せずに相手国を走行できる車両の相互通行規則の整備等に取り組んでいたが，その進捗は遅れていた。

しかし2015年に入り，大きく進展が見られている。2015年1月1日より，東西経済回廊のラオス・ベトナム国境（デンサワン―ラオバオ）において，前述のシングル・ストップ検査がようやく正式に開始された。輸入側に設置された共通検査場（CCA）で，輸出地側の税関等職員も詰めて，合同で検査を実施することになる（ただし，検査項目は各税関で異なる）。また，これまでCBTA協定書の付属書の一部がタイで批准されていなかったが，2015年3月に残っていた付属書の批准を完了した。

東西経済回廊におけるタイ，ラオス，ベトナムの3カ国通過については，これまで，ベトナム中部のダナンから，ラオス中部のサワナケートを通り，タイ中部のコンケンまでの限られた区間しか往来できなかったが，前述のタイの批准完了により，ハノイ，ビエンチャン，バンコクの3首都，およびハイフォン港，レムチャバン港まで延伸されることとなった。2015年9月には，最後の1カ国であったミャンマーでも批准が完了した。ミャンマーはこれまでCBTAに基づく車両の相互通行などの取り決めが行われてこなかったが，批准完了により，国境を接するタイ，中国との間での協議の進展が期待される。

制度整備に加え，運用面でのハードルも下がりつつある。例えば，越境交通には政府が発行するライセンスの取得が必要だが，その発給数等に制限がある

ケースがある。タイとカンボジア間では，相互乗り入れ可能なライセンスが両国あわせて40しか発給されていなかった。しかし，2015年6月，政府間による協議に基づき，500枚まで発給数を増やすことが合意された。ただ，依然として，発給先が地場企業に限られる（日系等外資の物流企業は対象外となるケースがある），また左右ハンドルの違い，交通事故等トラブル時の対応など，運用面での課題はまだ多い。引き続きCBTAの着実なる執行による，ハード，ソフト両面での環境整備，ひいては商業輸送における利用増が望まれる。

第3節　活発化する外国企業の活動

1. 進むCLMVへの企業進出

　このように，メコン地域において，ハード，ソフトの両面での国境を越えた環境整備が進み，特に人，物品の移動が円滑化し，連結性が高まる中で，ASEAN6との経済格差是正を着実に実現させるためには，CLMVが域内の生産・販売ネットワークに組み込まれながら経済，産業を発展させていくことが重用である。輸出志向型の外資製造業を誘致し，いかに産業の高度化，調達環境の改善をはかれるか，が鍵となろう。

　近年のCLMVへの外国投資においては，中国企業，タイ企業による，CLMへの積極的な進出が見て取れる。2014年の対内直接投資受入額に占める中国の割合は，カンボジアで第1位（5億9300万ドル，53.1%），ラオスで第2位（4億6400万ドル），ミャンマーで第4位（5億1700万ドル，6.5%）と高い[12]。カンボジアにおいては，前年度比32.4%と高い伸び率となっている。従来の縫製業に加え，農業，ホテル業，たばこなど，投資分野は多様化の傾向があるようである。ラオスへの投資も引き続き旺盛で，不動産投資，セメント事業，水力発電ダム開発，経済特区開発，石油精製工場や，ラオス北部を中心としたコーヒー，天然ゴムといったプランテーション投資も加速している。

　また，タイ開発研究所（TDRI）によると，タイ証券取引所（SET）上場100社のメコン地域への子会社の数は2011年の93社から，2013年には130社への約4割の大幅増加となっている[13]。エネルギー開発，建設・不動産分野な

どが多い。中国，タイ企業による CLMV への投資は，エネルギー，鉱物，農業といった資源立地型の投資が主流といってよいだろう。

日系企業による投資はどうか。ベトナムでは，主に中国一極集中によるリスク回避に加え，日本市場の縮小なども加わり，大手，中堅のみならず，中小企業の積極的な進出が続いている。セットメーカー，組み立て部品サプライヤーのほか，裾野を形成する工程処理・加工を行う企業が進出している。

CLM においては，前述の GMS や MPAC に基づく東西，南部，南北経済回廊を中心とした輸送インフラ環境の改善が進む中，"チャイナ・プラス・ワン"の波に乗って，特に縫製業が中国の華南地域からカンボジアやラオスに生産工場を増設もしくは移設した企業もある。さらにタイにおける賃金上昇，労働力不足といった投資環境の変化を受け，いわゆる"タイ・プラス・ワン"が 2010 年頃より散見されるようになり，タイ投資委員会（BOI）の投資恩典制度変更[14]がその動きをさらに後押ししている。営業，企画，調達，貿易などの経営資源をもつタイ拠点が主導する形で，労働集約型の生産工程を人件費の安価な隣国（CLM）に展開していくビジネス・モデルである。原材料等を全量タイのマザー工場から供給し，加工後は再び当該工場へと再輸出する。

先陣を切ったのが小型モーター生産大手のミネベアで，2011 年末にタイ・プラス・ワン工場をカンボジアの首都プノンペンに建設した。2012 年には，住友電装がプノンペンに，矢崎総業，MIKASA がタイ・カンボジアの沿海部国境の町コッコン（南部沿岸回廊沿い）に，日本電産がタイ・カンボジアの内陸側の国境の町ポイペト（南部経済回廊沿い）に相次いで進出した。2013 年にプノンペンに進出した DENSO は，2015 年 2 月に新工場を建設し，二輪車用発電機，オイルクーラーなどを生産する予定と発表している。

このほか，タイ・プラス・ワンの動きはラオスにも向かった。カメラ製造大手の NIKON は一眼レフ・デジタル・カメラの生産工程の一部をラオスのサワンナケートに移設し，2013 年 10 月から生産を開始した。また，トヨタ紡織もサワンナケートに自動車用シート・カバーの生産工場を建設し，2014 年 5 月に稼動した。2015 年にはアデランスが同じくサワンナケートに新工場を設置している。首都ビエンチャンにも，三菱マテリアルが工場を構えている[15]。メコン各国の日本人商工会議所の会員数も，過去 4 年間で急増している（表

表13-5 メコン各国の日本人商工会議所会員数

	2016年6月		2012年6月
カンボジア	218	2.1倍	91
ラオス	79	2.0倍	38
ミャンマー	310	4.3倍	56
タイ	1,716	1.2倍	1,379
ベトナム	1,562	1.4倍	1,035
合計	3,885	+996	2,599

(注) ベトナムの数字は，ハノイ，ダナン，ホーチミンの3商工会議所の登録企業数の合計。
(資料) 各国日本人商工会議所よりジェトロ集計。

13-5)。はたして，これら外国企業によるCLMVへの投資は，メコン地域，ひいてはASEANの生産ネットワークにCLMVを取り込んでいるといえるのだろうか。

2. 生産ネットワークへの組み込みは不十分

ベトナムについては，特に電子機器産業において，域内生産ネットワークの一端を担い始めていると言えそうである。パソコンの域内輸出は，シンガポール，マレーシア，タイが主要国だが，これら3カ国からベトナムへの出荷の割合が高まっている。ASEAN域内への輸出がASEAN5（ASEAN6からブルネイを除いた5カ国）に次ぐ位置を占めるようになってきた。ベトナムの集積回路の域内貿易額を見ると，輸入では特にマレーシアからが多く，取引額は年々増加傾向にある。輸出も同様にマレーシア向けが多く，2014年は金額は減少したものの，14年と15年の1-8月でみると大幅に増加している。シンガポール，インドネシア，タイ，フィリピンも含め，全体としてASEAN諸国との取引額が増加しており，域内分業の一端を担うようになっていることが分かる[16)]。

CLMではどうだろうか。表13-6はジェトロがタイ税関から個別にヒアリングした個別の貿易額から，それぞれの国境における最大の輸出品目，輸入品目を抜き出したものである。まず目に付くのはタイ・ラオス国境におけるハードディスクドライブ（HDD）関連製品の輸出入が多い，ということである。これはタイと中国の間での取引であり，これまでも東西経済回廊（タイ・ムク

表 13-6　主要陸路国境における最大取引品目（タイ税関）

(単位：100 万ドル)

国境名		2011 年度		2014 年度	
ムクダハン（タイ）－サワンナケート（ラオス）	輸出	HDD 用プロセッサ	451.4	HDD 用プロセッサ	390.8
ナコンパノム（タイ）－ターケーク（ラオス）	輸出	果実	32.7	大容量記憶装置	239.8
アランヤプラテート（タイ）－ポイペト（カンボジア）	輸入	鉄くず	39.0	デジタルカメラ部品	122.8
クロンヤイ（タイ）－コッコン（カンボジア）	輸入	加工木材	1.0	ワイヤーハーネス	29.0
メーソット（タイ）－ミヤワディ（ミャンマー）	輸入	木工品	10.0	牛・水牛	42.9
メーサーイ（タイ）－タチレイ（ミャンマー）	輸入	チーク材	2.8	チーク材	3.2

(注1)　タイの会計年度は前年 10 月～当年 9 月。クロンヤイ税関のみ 2013 年度のデータ。
(注2)　網掛けは工業製品を示す。
(資料)　タイ税関個別データよりジェトロ作成。

ダハン－ラオス・サバナケットの国境（ラオス国道 9 号線）を通るルート）を利用して輸送が行われてきたが，2011 年に同ルートの北側（ラオス国道 12 号線を通るルート）の国境（タイ・ナコンパノム－ラオス・ターケーク）に第 3 タイ・ラオス友好橋が開通し，9 号線利用よりも中国・タイ間の距離が 150 キロほど短縮されたことを受け，この北側ルートも中国・タイ間の HDD 製品の輸送路として活用されていることを表している。カンボジアとタイの間でも，工業製品の輸送が近年開始されている。南部経済回廊沿いにあるタイ・カンボジア国境のカンボジア側の町であるアランヤプラテート及びクロンヤイの両税関では，2011 年度は一次産品が輸入の最大品目だったのに対し，直近では工業用製品が輸入で最大の割合を持つようになってきている。前述のタイ・プラス・ワン等を背景に，カンボジア，ラオスに製造業進出が進み，メコン，ひいては ASEAN 域内生産ネットワークの新たな広がりを少しずつ担い始めている，とは言えるだろう。

しかし，進出日系企業へのヒアリング調査[17]では，CLM の現地調達率はそれぞれ，9.2％，23.2％，5％とかなり低い水準に留まっている[18]。また CLM すべての国において，「経営上の課題」の上位 5 項目に「原材料・部品調達の

難しさ」があがっている。現地調達が行える部材が限られており，日本，ASEAN，中国等からの調達に依存しているのが実態である。原材料，部品供給も含めて生産ネットワークにしっかりと組み込まれるためには，裾野産業の育成なども考慮した環境整備がまだまだ不足している。

第4節　さらなる産業発展に向けて

1. 着実なる民主化の実現を期待

　ミャンマーにおける健全な経済活動の可否は，ASEANの格差是正における大きな課題の1つと言ってもよいだろう。ミャンマーでは，2011年の民政移管後，各種法規制が大幅に緩和され，投資環境整備が進んできた。ミャンマーへの投資関心を有する多くの日系企業がミャンマーを訪れているものの，製造業受け入れ体制の不足もあり，これまでは建設分野，縫製業，IT関連といった大型投資を伴わない進出が続いてきた。現在，ヤンゴン近郊のティラワ地区において，日本政府主導でティラワ経済特区の開発が進められている。2015年9月に第1フェーズの約200ヘクタールが開業した。2015年12月時点で52社が進出を決定しており，うち日本企業は26社となっている。業種は，自動車部品，電子部品，縫製，食品，建材，物流，化学など多岐にわたっている。操業に不可欠な電力については，住友商事が発電所の建設工事を受注し，日系企業にとっての最も懸案だった電力不足は，ティラワSEZにおいては解消されることが期待される。ダウェー経済特区開発については，2015年の日本・メコン地域諸国首脳会議開催に合わせ，日本，タイ，ミャンマーの三国間で開発協力に関する覚書が締結された。開発に向けて一歩歩み出したといえるだろう。

　電力供給の課題も大きい。発電の7割以上を水力発電に依存しており，特に暑季と呼ばれる3月～5月にヤンゴン市内は頻繁な停電に見舞われる。送電ロス率が高いこと，政府が民生用を優先的に配分することなどが要因である。日本政府が予定している，ミャンマー政府に対する円借款等でのヤンゴン地域の主要発電所や変電所の改修により，早期の安定的な電力供給を期待したい。

　ミャンマーでは，2011年の民政移管後初めての総選挙が，2015年11月8日

に行われ，アウン・サン・スー・チー議長率いる国民民主連盟（NLD）が勝利を収めた。新政権の下で，貿易や外国投資関連制度といったソフトインフラ，道路や港湾といったハードインフラの双方で，諸改革，民主化が更に着実に進展するか，フォローする必要がある。

2. 部材調達の可能性

部材調達環境については，前述のとおり特に CLM における環境の向上が今後の課題である。在タイ日系企業の 17.5％が既にメコン地域から調達を行っている，もしくは検討しており，中でも電気機械器具分野が多い[19]。ラオス進出の日系電気電子機器製造業からも「生産に用いる主要部品がラオス国内で調達できればありがたい」といったコメントがあがっている[20]。

企業が調達先を選定する際に重要になるのが，QCD（品質，コスト，納期）である。CLM の場合，調達元は進出日系企業もしくはその他の外国企業と考えるのが妥当とすれば品質はある程度担保できるので，調達メリットはコスト＝安価な製造コストと，納期＝地理的な連結性・近接性ということになる。ただ，CLM においても人件費高騰（後述）や輸送モード不足（鉄道輸送網の不備等）といた事情があることを踏まえると，CLM からの調達は，① 小型軽量もしくは大量にコンテナに積むことが可能な積載効率の良いもの，② 運送費用を十分カバーすることが可能な製品単価が高いもの，③ リードタイムを厳密に考慮する必要のないもの，④ 特定の国でしか生産・産出できないもの，などが可能性を有すると言えるだろう。

当然ながら，CLM における製造コストを少しでも削減できる環境を作り，投資メリットを高めていく努力も引き続き必要である。中国，タイ，ベトナム等周辺国からの企業誘致の受け皿としての機能を徹底して強化していくことが効果的だろう。具体的には，更なる輸送網の整備，日本の規格制定手法や品質担保の制度紹介，地場企業の育成，金融機関による地場企業とのマッチング情報収集，といった措置が求められる。

3. 物流環境の高度化

メコン・ビジネスニーズ調査[21]では，ビジネス展開上の約 400 の課題が抽

出されたが，その中で多く挙げられた課題の1つが物流に関するものである。通関上の制度的な課題（76件），物流サービスの不足（51件），物流関連の基礎インフラの未整備（38件），高額な物流費等物流上の構造的な課題（38件）といった，中でもサービスや通関手続き，不透明な支払い等の制度面でのインフラの整備が喫緊の課題であることが改めて浮き彫りになった。

特にCLMにおいては，保税制度が十分に構築されておらず大規模な保税倉庫なども未整備である。また保税制度とあわせて非居住者在庫制度へのニーズも高まっている。現地法人を設立することなく，在庫を持つことができるため，供給先の求めに応じて柔軟に部品納入が可能であり，結果リードタイムを短縮でき，緊急輸送のコストなどもあわせた在庫管理コストを削減できる。しかし，タイ，ベトナムを含めたメコン地域では，制度整備が不十分である。保税制度，税関職員や物流会社の人材育成含め，メコン地域全体としての取り組みが必要である。

コールドチェーンに対するニーズも高まっている中，その整備状況は各国で異なる。ベトナムではホーチミン近郊に生産拠点を構える日系飲料メーカーが，10℃以下での保存，保冷輸送を実現している。しかしこうした事例はまだ少なく，一般的には冷蔵冷凍倉庫の不足，冷凍品の概念の浸透不足など多くの課題が残っている。CLM諸国においては，電力供給不足，冷蔵冷凍倉庫の不足などが要因で，コールドチェーンはほとんど構築されていない。プノンペンのイオン向けに限定的に行われているのみである。

通関等手続きにおける不明瞭な経費支出，取引の偏りによる片荷輸送，地場企業による独占的な運用（国境乗り入れ輸送など）などにより，域内陸上輸送コストは依然高く，海上輸送の3倍とも言われる。税関・道路上の制度運用の透明性を高め，各種ICシステムを導入した総合的な越境物流センターの整備，物流産業に関する外資出資規制の緩和など，物流環境全般の高度化を着実に進める必要がある。

4. 予想を超える人件費高騰

メコン・ビジネスニーズ調査[22]では，CLMVにおける「生産上の課題」として，労務関連をあげる企業が最多であった。中でも人件費の高騰が深刻だ。

表13-7 カンボジアの最低賃金の推移

(単位：ドル，％)

	最低賃金	前年比上昇率
2012年	61	―
2013年	80	31.1
2014年	100	25.0
2015年	128	28.0
2016年	140	9.4

(資料) カンボジア政府資料を基にジェトロ作成。

　カンボジアでは，政府が縫製・製靴工場の労働者を対象に，法定最低賃金を2014年まで月額61ドル（一般作業員）で据え置く方針を示していたが，2013年7月の国民議会選挙で，縫製工場労働者の最低賃金を150ドルにするという公約を掲げた野党・救国党が大幅に議席を伸ばしたことや，2014年にカンボジア国内で死傷者を出す労働紛争が発生したことなどから，2013年より段階的に引き上げられ，2016年1月1日より140ドルとなっている（表13-7）。後述するベトナムの主要都市と同等水準である。ラオスでも，2015年2月，それまでの月額62万6000キープ（約78ドル[23]）から，44％増の90万キープ（約113ドル[24]）に引き上げられた。インフレ対応や外国への出稼ぎ抑制のために必要な措置とされる。ミャンマーでは，2013年3月に最低賃金法が制定され，国家最低賃金策定委員会と民間側において実際の賃金設定の調整に難航していたが，2015年8月に日額3600チャット（約2.9ドル[25]）で妥結された。現地資本の工場は強く反発しているが，今後全土的な賃金上昇は避けられない状況である。ベトナムも状況は同様である。2015年1月1日より，ハノイ，ホーチミンなど主要都市で310万ドン（約140ドル[26]）と，1年前より14.8％引き上げられた。進出日系企業は「賃金上昇のスピードが速すぎる。政府が産業の高度化，高付加価値化に真剣に取り組まないと，ベトナム自体のコスト競争力を低下させかねない」と懸念する[27]。

5. 戦略的な政策の策定，そして執行を

　2015年11月にクアラルンプールで開催された第27回ASEAN首脳会議で，ASEAN経済共同体（AEC）の今後10年間の新たなビジョンを定めた「AEC

ブループリント2025」が採択された。5本の重点柱の1つに「強靭で包摂的，ヒト本位でヒトが中心にあるASEAN」という内容が盛り込まれている。格差是正に向けた取り組みが「開発格差の是正」としてこの柱に含まれている。ASEAN加盟国の経済発展の維持，CLMV諸国の能力強化，ビジネス上の規制の軽減，雇用機会の増加および金融サービスの利用拡大，CLMV諸国における地方企業の生産性向上および競争力強化などが挙げられている。

　「AECブループリント2025」に基づく具体的な措置は，今後発表されるアクションプランを待たねばならないが，ASEAN各国政府にはぜひ，域内の「政策調和」の検討を期待したい。タイ政府は2015年8月の内閣改造以降，矢継ぎ早に投資誘致の新政策を打ち出しており，中でも大きな柱となっているのが特別経済開発区（SEZ）の設置だ。カンボジア，ラオス，ミャンマーとの国境にあるSEZがその対象となる。通常の立地と最も異なるのは，タイ投資委員会（BOI）が認めていない「外国人非熟練労働者の雇用」が認められることである。国境に隣接しているSEZの利点を生かし，ミャンマー人，ラオス人，カンボジア人の非熟練労働者雇用が認められている。CLMとタイとの間には，賃金格差が1.5～2倍とまだ大きい。将来的に，CLM側からタイへの労働力の流出，つまりCLM側の国境SEZにおける労働力の不足が十分に起こり得る。ASEANとしての政策と，各国別の政策の整合性確保に真剣に取り組む必要がある。

　また，関税撤廃が完全に進めば，域内最適地生産がさらに進み，CLMVもそれぞれの国が自国の得意な分野に特化していくことになる。ベトナムでは，現在の50％から，16年に40％，17年に30％への段階的に引き下げ，18年に撤廃が予定されている。撤廃後は，タイやインドネシアから競争力の高い自動車が流入することが大いに予測される。特に，ベトナムにおける輸入代替型の完成車メーカーは，事業効率性の観点から，同国での生産を縮小するか，もしくは撤退も視野に入れざるを得ない状況にある。1億人弱の人口を持ち，今後の自動車需要の拡大が期待される市場ではあるが，2014年の新車販売台数は15万8000台とまだまだ小規模である。内需だけでは規模の経済性は獲得できず，自動車生産に必要な産業基盤も脆弱である。ベトナム政府は，自動車産業を含む戦略産業6業種を対象とした「2020年までの工業化政策」を策定し，

2015年10月にアクションプランが決定公布された。関税撤廃期限が迫る中，具体的効果のある政策実行を期待する声が産業界では聞かれている。

6. 柔軟な発想で

確実なる経済成長には，経済活動のネットワークに組み込まれることが必要であるが，それは必ずしも生産ネットワークだけではない。メコン地域における販売ネットワークも十分に可能性を秘めてきていることを，あらためて認識する必要があるだろう。カンボジアでは，首都プノンペンを中心とした都市部の建設やサービス産業への中国からの投資が依然旺盛である。世界銀行は，これらの分野が引き続き同国の経済成長を牽引するとしている[28]。日系企業も，病院建設，大型ショッピングモールの2号店出店計画と，カンボジアの拡大する市場を狙った進出が続く。ラオスにおいても，首都ビエンチャンの1人当たりGDPは4000ドルを超え，消費者の購買力が拡大している。その消費意欲を取り込むべく，タイ資本の高級スーパーマーケットがビエンチャンに進出し，100％無農薬有機野菜など高級品を販売している。自動車保有台数も増加しており，2014年の国内登録車両数は前年比1割増で，これまでは考えられなかった渋滞が，ビエンチャンで発生している。5000万人を超える人口を有するミャンマーも含めて，今後しばらくは成長が続くであろうCLMの購買力を活かしたビジネス戦略も有効といえよう。

ジェトロ調査[29]において，アジア，オセアニアの進出日系企業に「AECに期待すること」を聞いたところ，第1位は「通関手続きの簡素化（通関申告書の統一，輸出入のシングルウインドウ化）」（53.8％）であり，特にラオス，カンボジアでは約7割の企業が期待をしている。また第2位に「CLMVでの輸入関税撤廃」（26.9％），第5位に「CLMVでのインフラ開発」（20.9％）が挙げられた。進出日系企業は，CLMにおける生産ネットワークのさらなる拡大への期待を抱きつつも，その実現に向けての越境物流環境整備を問題視していることが分かる。例えば，ラオスは，元来人口が少ない上に，賃金も確実に上昇しており，大規模な労働集約的な工場誘致が他国に比べ難しいことを踏まえ，メコン地域における物流ハブ拠点としての機能を打ち出すのも一案ではないだろうか。生産サイドの短納期化，低コスト化の動きは加速化する一方であ

る。タイの CBTA 批准により，タイ，ラオス，ベトナム 3 国間陸路輸送は両国の主要港湾を結べるようになった。シングル・ストップの運用が広がれば，国境での手続きはさらに簡素化される。保税制度や非居住者倉庫制度，またコールドチェーンなどの整備に集中的に取り組み，メコン地域を行き来する貨物の積換え，保管，仕分け，流通加工，配送等を備えた総合物流センターとしての機能を提供する，という戦略も取り得るのではないか。

【注】
1) AEC ブループリントは，2008 年から 2015 年までの経済共同体実現のための行動計画で，2007 年 11 月にシンガポールで開催された第 13 回首脳会議で採択された。
2) 同上。
3) 「ASEAN Integration Report 2015」（ASEAN 事務局）。
4) 同上。
5) 「ASEAN Equitable Development Monitor 2014」（世銀）。
6) 前掲，注 3)。
7) 同上。
8) 「ビエンチャン郊外で中国ラオス鉄道の定礎式」（ジェトロ通商弘報，2016 年 2 月 3 日記事）より。
9) 前掲，注 2)。
10) 広西チワン族自治区は 2005 年に GMS プログラムに参画。
11) GMS Economic Cooperation Program-Overview of the GMS Regional Investment Framework (2013-2022)（ADB）．
12) 「ジェトロ世界貿易投資報告 2015 年度版」（ジェトロ）。
13) 「SET 100 Database」（TDRI）。
14) 新投資恩典制度では，労働集約型，低付加価値の産業分野は優遇の対象外（2015 年 1 月 1 日より施行）。
15) 企業進出情報は，各社ウェブサイト及び報道より。
16) 浦田・牛山・可部 (2015)。
17) 「2015 年度 アジア・オセアニア進出日系企業実態調査」（ジェトロ）。
18) ミャンマーに関しては回答数が 1 社のため参考値。
19) 「メコン・ビジネスニーズ調査 2015」（ジェトロ）。
20) 同上。
21) 同上。
22) 同上。
23) 1 ドル 7976.76 キープ（ラオス），1 ドル 1263 チャット（ミャンマー），1 ドル 2 万 2155.8 ドン（ベトナム）(2015 年 9 月時点)。
24) 同上。
25) 同上。
26) 同上。
27) 前掲，注 19)。
28) 「カンボジア経済アップデート（2015 年 10 月 1 日）」（世界銀行）

29) 前掲, 注17)。

【参考文献】
(和文)
石川幸一 (2013)「ASEAN の経済格差とその是正」『季刊国際貿易と投資』No.94 国際貿易投資研究所。
浦田秀次郎・牛山隆一・可部繁三郎編著 (2015)『ASEAN 経済統合の実態』文眞堂。
蒲田亮平 (2015)「ASEAN 経済統合と平行して進むメコン地域の連結性向上」『JC ECONOMIC JOURNAL』12月号, 日中経済協会。
日本貿易振興機構 (2015)「特集 発足！ AEC—ASEAN 経済共同体総点検—」『ジェトロセンサー 11月号』。

(英文)
ASEAN Secretariat (2015), *ASEAN Integration Report 2015*, ASEAN Secretariat.
Asian Development Bank (2014), *GMS Economic Cooperation Program—Overview of the GMS Regional Investment Framework (2013-2022)*, Asian Development Bank.
The World Bank and ASEAN Secretariat (2014), *ASEAN Equitable Development Monitor 2014*, ASEAN Secretariat.

第14章

ASEANと東アジア経済統合

清水一史

はじめに

東アジアではASEANが経済統合を牽引してきた。ASEANは，1976年から域内経済協力を開始し，1992年からはASEAN自由貿易地域（AFTA）を推進し，2015年末にはASEAN経済共同体（AEC）を創設した。また東アジアにおいては，アジア経済危機を契機にASEAN＋3やASEAN＋6などのASEANを中心とした重層的な協力が展開してきた。またASEANを軸としたASEAN＋1のFTAが確立されてきた。

そして2008年からの世界金融危機後の構造変化の中で，環太平洋経済連携協定（TPP）が大きな意味を持ち始め，ASEANと東アジアの経済統合に大きな影響を与えている。東アジア全体のFTAは，これまでは構想されたものの交渉には至らなかったが，TPP交渉が進展する中で，2011年11月にはASEANが東アジア地域包括的経済連携（RCEP）を提案した。2013年5月には，実際に交渉が開始された。

RCEPは，ASEANが提案して推進している東アジアのメガFTAである。現在，世界では複数のメガFTAが進められている。2010年3月にTPPの交渉が，2013年4月には日本とEU間のFTA交渉が，2013年7月にはアメリカとEU間の環大西洋貿易投資パートナーシップ（TTIP）交渉が開始された。RCEPは，世界人口の約半分と世界のGDPの約30％を含む，東アジアのメガFTAである。RCEPによって，今後の東アジアの経済統合が進められるであろう。

また2015年10月には，TPPが遂に大筋合意に至った。TPPは，ASEANとRCRPを含めた東アジアの経済統合に，更に影響を与えるであろう。

本章では，ASEANと，RCEPを中心とした東アジアのメガFTAと経済統合

について考察する。先ず，世界金融危機後に TPP 交渉が進展する中で，東アジアのメガ FTA である RCEP が ASEAN によって提案され交渉に至った経緯について述べる。次に，RCEP が東アジア経済にどのように影響するか，また ASEAN とどのように関係するかについて考察する。更に，TPP の影響についても考察したい。

第 1 節　世界金融危機後の変化と東アジア
　　　　―TPP 交渉開始と FTA の加速―

1. ASEAN 域内経済協力の展開と東アジア地域経済協力

　東アジアでは，ASEAN が域内経済協力・経済統合の嚆矢であった（詳細は，本書第 1 章第 1－2 節，参照）。1967 年に設立された ASEAN は，当初の政治協力に加え，1976 年の第 1 回首脳会議と「ASEAN 協和宣言」より域内経済協力を開始した。しかし 1976 年からの域内経済協力は挫折に終わり，1987 年の第 3 回首脳会議を転換点として，1985 年 9 月のプラザ合意を契機とする世界経済の構造変化をもとに，「集団的外資依存輸出指向型工業化戦略」へと転換した。更に 1991 年から生じた ASEAN を取り巻く政治経済構造の歴史的諸変化，すなわちアジア冷戦構造の変化，中国の改革・開放に基づく急速な成長と対内直接投資の急増等から，域内経済協力の深化と拡大が進められ，1992 年からは ASEAN 自由貿易地域（AFTA）が推進されてきた。その後 1997 年のアジア経済危機以降の構造変化のもとで，ASEAN にとっては，更に協力・統合の深化が目標とされた。

　2003 年 10 月の第 9 回首脳会議における「第 2 ASEAN 協和宣言」は，ASEAN 経済共同体（AEC）の実現を打ち出した。AEC は，当初は 2020 年までに物品（財）・サービス・投資・熟練労働力の自由な移動に特徴付けられる単一市場・生産基地を構築する構想であった。2007 年 1 月第 12 回 ASEAN 首脳会議では，ASEAN 共同体創設を 5 年前倒しして 2015 年とすることが宣言され，2007 年 11 月の第 13 回首脳会議では，AEC の 2015 年までのロードマップである「AEC ブループリント」が発出された。2010 年 11 月には，「ASEAN

第14章　ASEANと東アジア経済統合　291

連結性マスタープラン」も出された。ASEAN域内経済協力は着実な成果を上げ，2010年1月には先行加盟6カ国で関税が撤廃されAFTAが完成した。またASEANにおける生産ネットワーク構築も支援してきた。こうしてASEANでは，AECの実現に着実に向かってきた。

ASEANは，東アジアの地域経済協力においても，中心となってきた（図14-1，参照）。東アジアにおいては，アジア経済危機とその対策を契機に，

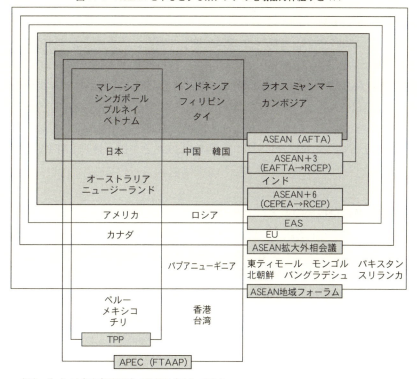

図14-1　ASEANを中心とする東アジアの地域協力枠組みとTPP

（注）（　）は自由貿易地域（構想を含む）である。
　　ASEAN：東南アジア諸国連合，AFTA：ASEAN自由貿易地域，
　　EAFTA：東アジア自由貿易地域，EAS：東アジア首脳会議，
　　CEPEA：東アジア包括的経済連携，RCEP：東アジア地域包括的経済連携，
　　APEC：アジア太平洋経済協力，FTAAP：アジア太平洋自由貿易圏，
　　TPP：環太平洋経済連携協定。
（出所）　筆者作成。

ASEAN＋3やASEAN＋6などの地域経済協力が重層的・多層的に展開してきた。それが東アジアの地域経済協力の特徴であるが，その中心はASEANであった。ASEAN＋3協力枠組みは，アジア経済危機直後の1997年12月の第1回ASEAN＋3首脳会議が基点であり，2000年5月にはASEAN＋3財務相会議においてチェンマイ・イニシアチブ（CMI）が合意された。広域のFTAに関しても13カ国による東アジア自由貿易地域（EAFTA）の確立へ向けて作業が進められた。2005年からはASEAN＋6の東アジア首脳会議（EAS）も開催されてきた。広域FTAに関しても，2006年の第2回EASで東アジア包括的経済連携（CEPEA）構想が合意された。

東アジアにおいては，FTAも急速に展開してきた。その中でもASEAN日本包括的経済連携協定（AJCEP），ASEAN中国自由貿易地域（ACFTA），ASEAN韓国FTA（AKFTA）など，ASEANを中心とするASEAN＋1のFTAが中心であった。ASEAN＋1のFTAは，2000年11月に中国の朱鎔基首相がASEANにFTA締結を提案したことに始まり，急速に構築されてきた。ただし，東アジア全体のFTAについては，日本が推すCEPEAと中国が推すEAFTAが検討されてきたが，いずれも交渉には至らなかった。

2. 世界金融危機後の東アジアとTPP

2008年の世界金融危機後の構造変化は，ASEANと東アジアに大きな転換を迫ってきた（詳細は，本書第1章第3節，参照）。ASEANと東アジアは，他の地域に比較して世界金融危機からいち早く回復し，現在の世界経済における主要な生産基地と中間財市場とともに，主要な最終消費財市場になってきた。

一方，世界金融危機後のアメリカにおいては，過剰消費と金融的蓄積に基づく内需型成長の転換が迫られ，輸出を重要な成長の手段とした。その主要な輸出目標は成長を続ける東アジアであり，オバマ大統領は2010年1月に輸出倍増計画を打ち出し，アジア太平洋にまたがるTPPへの参加を表明した。

TPPは，原則関税撤廃という高い水準の自由化を目標とし，また物品貿易やサービス貿易だけではなく，投資，競争，知的財産権，政府調達等の非関税分野を含み，更に新たな分野である環境，労働，分野横断的事項等を含む包括的協定となる。2006年にP4として発効した当初は4カ国によるFTAにすぎな

かったが，アメリカが参加を表明し，急速に大きな意味を持つようになった。以上のような状況は，ASEANと東アジアにも影響を与え始めた。東アジアの需要とFTAを巡って競争が激しくなってきたのである。

3. 2010年からのFTA交渉の加速

世界金融危機後の変化の中で，2010年はASEANと東アジアの経済統合にとって画期となった。1月にAFTAが先行6カ国で完成し，対象品目の関税が撤廃された。同時に，ASEANと中国，韓国，日本と間のASEAN＋1のFTA網もほぼ完成し，ASEANとインドのFTA（AIFTA），ASEANとオーストラリア・ニュージーランドのFTA（AANZFTA）も発効した。6月には中国と台湾の間で，経済協力枠組み協定（ECFA）が締結された。

TPPにはアメリカ，オーストラリア，ペルー，ベトナムも加わり，2010年3月に8カ国で交渉が開始された。更に10月にはマレーシアも交渉に加わった。2010年11月横浜でのAPECでは，首脳宣言でアジア太平洋全体の経済統合の目標であるアジア太平洋自由貿易圏（FTAAP）の実現に向けた道筋として，TPP，ASEAN＋3（EAFTA），ASEAN＋6（CEPEA）の3つがあることに合意した。その中で唯一交渉が進められているTPPの重要性が大きくなってきた。

TPPがアメリカをも加えて確立しつつある中で，また日本の参加が検討される中で，中国の東アジア地域経済協力に対する政策も変化してきた。2011年8月には，ASEAN＋6経済大臣会議において日本と中国は共同提案を行い，日本が推していたCEPEAと中国が推していたEAFTAを区別なく進めることに合意し，貿易・投資の自由化を議論する作業部会の設置を提案した。また従来進展の遅かった日中韓の北東アジアのFTAも，3カ国による産官学の交渉が予定よりも早く2011年に終了され，進められることとなった。これらはASEANが東アジア地域包括的経済連携（RCEP）を提案する契機となった。

第2節　ASEANによるRCEPの提案

1. ASEANによるRCEPの提案

2011年11月には，今後の東アジア経済統合を左右する重要な2つの会議が開催された。11月12-13日のハワイでのAPEC首脳会議の際に，TPPに既に参加している9カ国はTPPの大枠合意を結んだ。APECに合わせて，日本はTPP交渉参加へ向けて関係国と協議に入ることを表明した。カナダとメキシコも参加を表明し，TPPは東アジアとアジア太平洋の経済統合に大きな影響を与え始めた。TPPへのアメリカの参加とともに，日本のTPPへの接近が，東アジアの経済統合の推進に向けて大きな加速圧力をかけた。

2011年11月17-19日には，バリでASEAN首脳会議，ASEAN＋3首脳会議，EAS等が開催された。ASEAN首脳会議でASEANは，これまでのEAFTAとCEPEA，5つのASEAN＋1のFTAの延長に，ASEANを中心とする東アジアのFTAであるRCEPを提案し，「RCEPのためのASEANフレームワーク」[1]を提示した。貿易投資自由化に関する3つの作業部会も合意された。RCEPはその後，東アジアの広域FTAとして確立に向けて急速に動き出すこととなった[2]。

一連の会議では，ASEANのAECの構築を参加国全体で支援することが確認されるとともに，ASEAN提案の東アジアFTA（RCEP）を推進することが表明された。EASはこの会議からアメリカとロシアが加わり，東アジアのFTAを一層推進することとなった。オバマ大統領は，APEC首脳会議に続いてアジア重視を強調した。中国は，日本のTPPへの接近の影響により，一連の会議で東アジアの地域協力を強く支持するようになり，同時に北東アジアの日中韓のFTA構築の加速を表明した。

2012年4月のASEAN首脳会議では，11月までにRCEPの交渉開始を目指すことに合意し，2012年8月には第1回のASEAN＋FTAパートナーズ大臣会合が開催された。第1回のASEAN＋FTAパートナーズ大臣会合では，ASEAN10カ国並びにASEANのFTAパートナーである6カ国が集まり，16カ

国がRCEPを推進することに合意した[3]。同時にRCEP交渉の目的と原則を示した「RCEP交渉の基本指針及び目的」をまとめた。

プノンペンでの第21回ASEAN首脳会議と関連首脳会議中の2012年11月20日には，ASEAN10カ国とFTAパートナー諸国の16カ国により，RCEP交渉立上げ式が開催された。そこでは，8月にまとめられた「RCEP交渉の基本指針及び目的」を承認し，RCEP交渉の立上げが宣言された。2013年早期に交渉を開始し2015年末までに交渉を完了することを目指すことも宣言された[4]。こうして東アジア広域のFTAが遂に交渉されることとなった。また同日には，日中韓の経済貿易相が，2013年に日中韓のFTAの交渉を開始することに合意した。

2. ASEANによるRCEP提案の要因

ここで2011年にASEANがRCEPを提案した理由を考えてみたい。ASEANにとっては，常に広域枠組みに埋没してしまう危険があり，それゆえに，自らの経済統合を他に先駆けて進めなければならない。そして同時に東アジアの地域協力枠組みにおいてイニシアチブを確保しなければならない。ASEANにおいては，域内経済協力が，その政策的特徴ゆえに東アジア地域協力を含めたより広域の経済協力を求めてきた[5]。ASEAN域内経済協力においては，発展のための資本の確保・市場の確保が常に不可欠であり，同時に，自らの協力・統合のための域外からの資金確保も肝要である。すなわち1987年からの集団的外資依存輸出指向工業化の側面を有している。そしてこれらの要因から，東アジアを含めた広域な制度やFTAの整備は不可避である。しかし同時に，協力枠組みのより広域な制度化は，常に自らの存在を脅かす。それゆえに，東アジア地域協力の構築におけるイニシアチブの確保と自らの協力・統合の深化が求められるのである。

これまでASEANは，AFTAを達成しAECを打ち出して自らの経済統合を他に先駆けて進めることと，東アジアの地域協力枠組みにおいてイニシアチブを確保することで，東アジアの広域枠組みへの埋没を免れ，東アジアの経済統合をリードしてきた。1989年からのAPECの制度化の際にも，埋没の危惧はあった。しかしその後のAPECの貿易自由化の停滞により，またAFTAをはじめ

とする自らの協力の深化によって，それを払拭してきた。1990年代後半からのASEAN＋3やASEAN＋6の制度化という東アジアの地域協力の構築の際には，それらの地域協力においてASEANが中心であること，ASEANが運転席に座ることを認めさせてきた。たとえば2005年からのEASにおいては，ASEANが中心であるための3つの参加条件を付けることができた。すなわち，ASEAN対話国，東南アジア友好協力条約（TAC）加盟，ASEANとの実質的な関係の3つの条件であった。

　TPP確立への動きは，EAFTA，CEPEA，ASEAN＋1のFTA網の延長に，ASEANによるRCEPの提案をもたらし，これまで進展のなかった東アジアの広域のFTAの実現に大きな影響を与えた。ASEANにとっては，東アジアのFTAの枠組みは，従来のようにASEANプラス1のFTAが主要国との間に複数存在し，他の主要国は相互のFTAを結んでいない状態が理想であった。しかし，TPP確立の動きとともに，日本と中国により東アジアの広域FTAが進められる状況の中で，ASEANの中心性（セントラリティー）を確保しながら東アジアFTAを推進するという「セカンドベスト」を追及することとなったと言えよう。そして他方では，RCEP構築の動きが，更にASEAN経済統合の深化を加速させるのである。

3. TPP交渉の進展とRCEP交渉の開始―日本のTPP交渉参加―

　TPPに関しては，2012年11月6日にオバマ大統領が再選され，アメリカのアジア重視とTPP推進の政策が続けられることとなり，交渉が更に進められてきた。12月3日からのオークランドでの第15回TPP交渉会議では初めてカナダとメキシコが参加し，交渉参加国は11カ国に拡大した。

　TPPでは，日本の交渉参加も焦点となった。日本は，2012年春のTPP交渉参加を見送り，9月にも11月にも交渉参加を表明できなかった。TPPにおいては，日本が2011年に交渉参加の意向を表明したことが，メキシコ，カナダの交渉参加につながり，RCEPと日中韓のFTAに向けての動きにつながった。日本が玉を突いたことが大きな影響を与えたと言える。しかし，玉を突いた日本が躊躇している間に，各国が経済統合とFTAへ向けて進んでしまった。

　2012年12月26日に就任した安倍首相は，就任後初の外国訪問先として

2013年1月にベトナム，タイ，インドネシアを訪問してASEAN重視を示すとともに，TPP交渉参加への道を探ってきた。2月22日にはワシントンでオバマ大統領と会談して「TPPに関する日米共同声明」を発表し，3月15日に遂に日本のTPP交渉参加を正式に表明した。

日本のTPP交渉参加表明は，東アジアの経済統合とFTAに更に大きなインパクトを与え，交渉が急加速することとなった。日中韓は，3月26日に日中韓FTAへ向けた第1回交渉をソウルで開催した。日中韓のFTAは中国と韓国が先行していたが，日本のTPP交渉参加表明をきっかけに3カ国のFTAへ向けて動き出した。また3月25日には，日本とEUが経済連携協定（EPA）の交渉開始を宣言した。これまで動かなかった日本とEUの交渉も，遂に動き出すこととなった。日本のTPP交渉参加は，東アジアの経済統合だけでなく，日本とEUのメガFTAをも後押ししたのである。

RCEPも5月9-13日にブルネイで第1回交渉会合が開催された。RCEP第1回交渉では，高級実務者レベルの貿易交渉委員会会合とともに，物品貿易，サービス貿易及び投資に関する各作業部会が開催された[6]。その後，8月19日にはブルネイで第1回RCEP閣僚会合も開催された。

TPP交渉への日本の参加に関しては，7月23日のコタキナバルでの第18回TPP交渉会合において，日本が遂にTPP交渉に参加することとなった。TPPに日本が交渉参加し，TPPは世界第1位と第3位の経済大国を含む巨大なFTAとなることが予想され，RCEPと東アジアの経済統合の実現に更に圧力をかけた。

第3節　RCEPとASEAN

1. RCEPとその内容

世界金融危機後の構造変化は，東アジア全体のFTAであるRCEPをASEANが提案することにもつながり，2013年5月には遂に第1回交渉会合が開催された[7]。現在，WTOによる貿易自由化とルール化が，貿易円滑化の一部を除き停滞しており，TPPやRCEPのようなメガFTAが世界貿易の自由化と通商

ルール作りにとって不可欠となっている。アジア太平洋では2010年3月からTPPの交渉が進められ，他のメガFTAの交渉開始に大きな影響を与えている。そして東アジアにおいては2013年5月にRCEPが交渉開始され，2015年中の交渉妥結が目標とされた。

RCEPの内容に関しては，交渉中のため詳細は分からないが，2012年11月に承認された「RCEP交渉の基本指針及び目的」によると，RCEPの「目的」は，ASEAN加盟国及びASEANのFTAパートナー諸国の間で，現代的な包括的な質の高いかつ互恵的な経済連携協定を達成することである。ASEANの中心性や，参加国間の経済協力強化も明記されている[8]。

「交渉の原則」では，これまでのASEAN＋1を越えるFTAを目指す，貿易投資を促進し国際的サプライチェーンを支援するとされている。また域内途上国への特別かつ異なる待遇とASEAN後発途上国への規定があり，それはTPPなどと異なる特徴である[9]。

「交渉分野」に関しては，①物品貿易（実質上全ての物品貿易についての関税及び非関税障壁を漸進的に撤廃することを目指す），②サービス貿易（サービス貿易に関する制限及び差別的な措置を実質的に撤廃する），③投資（自由な，円滑な，かつ，競争力のある投資環境を作り出すことを目指す。投資交渉は，促進，保護，円滑化，自由化の4つの柱を含む）とともに，④経済及び技術協力，⑤知的財産（貿易及び投資に対する知的財産権関連の障壁を削減することを目指す），⑥競争，⑦紛争解決，⑧その他の事項（新たに生じる事項も考慮する等）についても述べた[10]。

以上のように「交渉分野」に関しては，物品貿易，サービス貿易，投資，経済技術協力，知的財産権，競争，紛争解決を含み，包括的なFTAとなっている。ただしTPPに比べると，環境，政府調達，労働については含まれていない[11]。RCEPはASEANが牽引しているとおり，AECとASEAN＋1FTAが扱う分野とほぼ重なっている。RCEPも，ASEANのルールが東アジアへ拡大する例と言える。

2. RCEPが与える諸影響

RCEPは，成長を続ける東アジアにおけるメガFTAであり，また世界人口

の約半分と世界のGDPの約30％を含み，東アジア経済や世界経済に大きな影響を与えるであろう。第1に，RCEPの実現は，東アジア全体で物品・サービスの貿易と投資を促進し，更に新たな通商分野のルール化に貢献し，東アジア全体の発展成長に資するであろう。

第2に，東アジアの生産ネットワークあるいはサプライチェーンの整備を促進し，東アジア全体の発展成長に大いに資するであろう。東アジアは世界の成長地域でありその成長を生産ネットワークが支えている。RCEPは従来の5つのASEAN＋1の延長に16カ国によるFTAとなり，これまでFTAが結ばれていなかった諸国をも繋ぎ，東アジアの生産ネットワークを更に整備するであろう。原産地規則も，従来の複数の原産地規則が自由度の高い統一された原産地規則となる可能性がある。また累積付加価値を達成することも可能になるであろう。

第3に，域内の先進国と途上国間の経済格差の縮小に貢献し，東アジア全体の発展に貢献する可能性がある。第4に，RCEPの実現は，AECの実現と深化を追い立てるであろう。そしてAECの実現と深化が，RCEPの実現と深化を可能にするであろう。あるいは，RCEPがいくつかの分野でAECの規定を越える規定を採用する場合もあるかもしれない。その場合には，RCEPがAECの深化を促す可能性もある。第5に，RCEPがTPPを追い立てる可能性もあろう。

最後に，長期的にRCEPとTPPによりアジア太平洋全体のFTAであるFTAAPの実現が期待され，世界貿易体制においても，WTO交渉が停滞する中で世界大の貿易自由化と新たな通商ルール構築に貢献することが期待される。

3．RCEP交渉とASEAN他各国

2016年8月までに，RCEP交渉会合が計14回，閣僚会合も計4回開催されている。2014年までは，関税撤廃水準等の協議の前提となる枠組みでの合意も難しかった。たとえば関税撤廃品目の割合を示す自由化率では，2014年8月の第2回閣僚会議でインドは下限40％を提案し，80-90％を提案する他国と隔たりが大きかった。

しかし2015年7月にはRCEP閣僚中間会合を開催して交渉を進め，2015年

8月第3回閣僚会合では，物品貿易に関する枠組み（モダリティー）が合意された。物品貿易に関するモダリティーでは，物品貿易の自由化率は原則として，協定発効時に65%，発効後10年で80%とすると報道された。ただし，発効後10年での自由化率80%は，TPPなどの現在のメガFTAの水準から見て，かなり低い目標である。また原則以外の例外もありうる。そしてインドと中国のようなFTA未締結国間には，例外を設けることとなった。同閣僚会議では，RCEPの交渉妥結目標を2015年末から2016年に延期することも合意された[12]。今後は，TPP交渉の進展とも合わせてRCEPを早期に交渉妥結すること，並びにRCEPを質が高く包括的なFTAとすることが期待される。

今後，交渉が妥結しRCEPが実現するかどうかは，各国の事情にも大きく左右される。RCEPはASEANが提案して進めてきており，また交渉16カ国の中の10カ国がASEAN諸国であり，RCEP交渉が妥結できるかはASEANに大きく依存する。RCEPの規定もAECに合わせたものになるであろう。RCEPが妥結できるか，そしてRCEPがどのようなFTAとなるかは，ASEANとAECの深化に依存する。

RCEPの実現においては，日本の役割もきわめて重要である。そもそも日本のTPP交渉への接近がRCEPの実現を後押しした。日本は東アジアの貿易自由化を進める立場にあり，新たな通商ルールに関しても推進する立場にある。日本企業の東アジアでの生産ネットワークの利用のためにも，RCEPはきわめて有用である。中国や韓国とのFTAが，日中韓FTAではなくRCEPによって可能となる場合も考えられる。日本は，RCEPの早期の実現と質が高く包括的なFTAの実現を進める役割がある。

中国はTPPへの対抗があり，インドやASEAN各国等への輸出の期待もあり，RCEPを進める立場にある。しかしそれは前節で見てきたように，TPP交渉の進展によるであろう。RCEP交渉国の中でオーストラリアとニュージーランドは，最も自由貿易を強く推し進める立場を採ってきており，TPPと同様に関税の原則撤廃と質が高く包括的なFTAを求める。

最後にインドは，オーストラリアとニュージーランドとは逆に，最も自由貿易とFTAに消極的である。ASEANとのFTAであるAIFTAの原産地規則も，5つのASEAN＋1のFTAの中で最も厳しい条件となっている。インドは，貿

易自由化による中国などからの輸入増大を警戒していると考えられる。しかし，インドは TPP にも入っておらず，RCEP はインドにとって現在交渉中の唯一のメガ FTA である。そして RCEP は，インドを含めたメガ FTA であることにも，大きな意味がある。

今後，対極にあるオーストラリア・ニュージーランドとインドをも含めて，各国間利害を調整して早期に高度かつ包括的なメガ FTA を実現することが，世界のメガ FTA 競争の中で不可欠となる。そして前述したように，ASEAN の役割は大きい。RCEP が妥結できるか，そして RCEP がどのような FTA となるかは，ASEAN と AEC の深化に依存するのである。

第4節　TPP と ASEAN

1. TPP 大筋合意

2015年10月5日には，アメリカのアトランタで開催された TPP 閣僚会議において，遂に TPP 協定が大筋合意された[13]。TPP は，2013年においても2014年においても，交渉妥結には至らなかった。TPP 交渉主要国である日米協議においては，日本は農産物の市場開放に，アメリカは自動車の市場開放に応じなかったからである。また競争，知的財産権などに関してはマレーシアやベトナムがアメリカと対立していた。しかしその後の日米協議の進展と2015年6月のアメリカの貿易促進権限（TPA）法案の可決は，TPP 妥結への道を開き，2015年10月に大筋合意された。2010年3月に8カ国で交渉開始してから約5年半での合意であった。更に2016年2月4日には，TPP 協定がニュージーランドのオークランドにおいて署名された。

TPP は高い貿易自由化レベルを有することと，新たな通商ルールを含むことが特徴である。貿易の自由化率に関しては，TPP 参加の12カ国平均で工業品では99.9％，農林水産品では97.1％が関税撤廃されて，物品貿易が自由化される。また TPP は，従来の物品の貿易だけではなく，サービス貿易，投資，電子商取引，政府調達，国有企業，知的財産，労働，環境における新たなルール化を含んでいる[14]。

TPP協定は，第1章「冒頭の規定及び一般的定義」から第30章「最終規定」まで全30章から構成される[15]。いくつかASEANに関係する点を述べておくと，「原産地規則」(第3章)では，「完全累積」を採用し，TPP参加国で生産された部品は，付加価値基準を満たしていなくても全て付加価値に加算できる[16]。AFTAの原産地規則よりも，付加価値の加算が容易な規則となっている。「原産地規則」では，「ヤーン・フォワード」ルールも規定された。

「政府調達」(第15章)の規定は，内国民待遇，無差別待遇，公開入札，オフセットの禁止などが規定されている。シンガポール以外のASEAN参加国では初めての規定である。ただし「政府調達」には，いくつかの例外が認められた。

「国有企業」(第17章)の規定は，WTOやこれまでのFTAにない新たな規定であり，マレーシアやベトナム等に影響する。ただし「国有企業」においても，いくつかの例外が認められた。また，「労働」(第19章)と「環境」(第20章)は，これまでの東アジアのFTAでは含まれていなかった規定である。

2. TPPのASEAN経済統合への影響

(1) ASEANと東アジア統合の加速と深化

TPPのASEANと東アジアの経済統合への影響を，いくつか考えてみよう。第1に，TPPはASEAN経済統合を加速し，追い立てるであろう。たとえばTPP確立への動きとともに，2010年11月には「ASEAN連結性マスタープラン」も出された。TPP交渉の進展に追い立てられながら，ASEANの経済統合は2015年末のAEC実現へ向けて着実に進められてきた。TPPの大筋合意と署名は，更にAECの深化を促すであろう。ASEANでは，2015年末にはAECが創設された。また11月には2025年へ向けてのAECの目標(AEC2025)が打ち出された。ASEANにとっては自身の統合の深化が不可欠であり，AECの深化が必須である。

第2に，前節で述べたように，TPPが東アジア広域の経済統合の実現を追い立て，更にASEANの統合を追い立てるであろう。ASEANにとっては，常に広域枠組みに埋没してしまう危険がある。それゆえに，自らの経済統合を他に先駆けて進めなければならない。そして同時に東アジアの地域協力枠組みにお

いてイニシアチブを確保しなければならない。

　第3に，TPPの規定がASEAN経済統合を更に深化させる可能性もある。たとえばマレーシアやベトナムの政府調達や国営企業の例などである。現在，2015年創設のAECにおいては，政府調達の自由化は対象外であるが，マレーシアやベトナムはTPPで政府調達の自由化を求められており，TPPの自由化がAECにおける政府調達の自由化を促進する可能性がある[17]。原産地規則，原産地証明，通関手続き等に関するTPPの規則が，今後，AECに影響する可能性も考えられる。

(2) TPPが与えるASEAN経済統合への緊張

　他方，TPPにおいては，ASEANの中に参加国と非参加国が存在し，今後の展開によってはASEAN統合に緊張を与える可能性がある。シンガポール，ブルネイ，マレーシア，ベトナムは交渉参加国であり，タイやフィリピンなどは参加を検討してきた。他方，インドネシアは，不参加を表明してきた[18]。

　ASEAN加盟国のTPP参加に関しては，アメリカへの輸出をはじめ貿易自由化の利益などが背景にある。またアメリカとの関係強化など政治的理由も考えられる。他方，インドネシアの不参加表明は，2010年1月のACFTA発効により，インドネシアにおいて中国からの輸入が急増し，国内産業が深刻な打撃を受けたことが大きな要因になったと考えられる。このようにASEAN加盟国の中でTPP参加国とTPP不参加国が存在することは，今後の展開によっては，いくつかの緊張を与えるかもしれない。

　しかし，TPP大筋合意後には，フィリピンとタイが参加への関心を表明し，前政権では不参加を表明してきたインドネシアも，参加への関心を表明するに至った。対アメリカへの輸出などの貿易自由化の利益とともに，TPPに関連するサプライチェーン網から排除される不利益や投資の減少，あるいは安全保障に関係するアメリカとの関係強化も背景にあるだろう。

　今後は，現在不参加である各国が参加する可能性は高い。今後の展開においては，RCEPのように，TPPにもASEAN全体が参加する可能性もある。ASEANの全加盟国が参加するまでは，TPPの参加と不参加によって域内格差が拡大する可能性もあるが，TPPへの参加国と不参加国が存在することがASEAN統合に緊張を与えるという可能性は，低下していくであろう。ただし

ASEAN 全体が TPP に参加した際には，TPP においてどのように ASEAN としてイニシアチブを確保できるかが課題になってくるであろう。

おわりに

　東アジアでは ASEAN が経済統合を牽引し，同時に東アジアの地域協力と FTA においても中心となってきた。そして世界金融危機後の変化は，世界経済における ASEAN の重要性を高めるとともに，ASEAN と東アジアの経済統合の実現を追い立ててきた。世界金融危機後のアメリカの状況の変化は，対東アジア輸出の促進とともに TPP への参加を促し，更にアメリカを含めた TPP 構築の動きは，日本の TPP への接近とともに，ASEAN による RCEP の提案と交渉につながった。東アジア全体の経済統合は RCEP が推進するであろう。
　RCEP は，これまでの ASEAN＋1 を越える FTA を目指し，交渉分野も物品貿易，サービス貿易，投資，経済技術協力，知的財産権，競争，紛争解決を含む包括的 FTA となる。RCEP の実現は，東アジア全体で貿易と投資を促進し，生産ネットワークの整備を促進し，東アジア全体の発展成長に資するであろう。ただし交渉が妥結し RCEP が実現するどうかは，各国の事情にも大きく左右される。RCEP を提案した ASEAN の役割はとりわけ重要である。RCEP が妥結できるか，そして RCEP がどのような FTA となるかは，ASEAN と AEC の深化に依るであろう。
　東アジアにおいては，現在，「一帯一路」やアジアインフラ投資銀行（AIIB）のような中国主導の協力も進められている。ASEAN がイニシアチブを握り，東アジア全体で経済統合を進める RCEP の役割は大きい。
　RCEP の実現においては，日本の役割もきわめて重要である。日本は，RCEP の早期の実現と質が高く包括的な FTA の実現を進めなければならない。東アジアは日系企業にとっても最重要な生産拠点と市場であり，効率的な生産ネットワークの実現のためにも RCEP の実現が求められる。
　2015 年 10 月には遂に TPP 大筋合意が達成された。また 2015 年末に ASEAN は AEC を創設した。TPP は ASEAN と東アジアの経済統合を加速させるであ

ろう。そして東アジアの経済統合が，ASEANの経済統合を更に追い立てるであろう。TPPが大筋合意され協定が署名された今日，次の課題はTPPの各国での国内手続きの完了である。TPP発効においては，日米の国内手続きの完了が必須である。日本は出来るだけ早くTPP協定を承認しなければならない。日本には，RCEPとTPPを進めるとともに，それらを繋げてアジア太平洋全体のFTA（FTAAP）へ導く役割も期待される。アメリカがTPP協定を承認することも不可欠である。ただし，TPPの行方は混沌としている。TPPの状況にも影響され，2016年8月の第4回RCEP閣僚会議におけるRCEP交渉はまとまらなかった。しかし東アジアの経済統合は，ASEANと東アジアの発展のために不可欠である。

今後のASEANにとっては，TPPが確立していく中で，AECを更に深化させること，同時にRCEPを推進し東アジアの経済統合においても核となり続けることが課題である。更にはTPPあるいはその延長のFTAAPを含めたアジア太平洋の地域協力枠組みにおいてもイニシアチブを発揮することが，長期的に課題となるであろう。

【注】
1) "ASEAN Framework for Regional Comprehensive Economic Partnership," http://www.asean.org/news/item/asean-framework-for-regional-comprehensive-economic-partnership.
2) 以下，ASEANによるRCEPの提案に関して詳細は，清水（2014），参照。
3) "First ASEAN Economic Ministers Plus ASEAN FTA Partners Consultations, 30 August 2012, Siem Reap, Cambodia," http://www.aseansec.org/documents/AEM-AFP%20JMS%20（FINAL）.pdf.
4) "Joint Declaration on the Launch of Negotiations for the Regional Comprehensive Economic Partnership," http://www.mofa.go.jp/mofaj/press/release/24/11/pdfs/20121120_03_01.pdf.
5) 清水（2008），参照。
6) http://www.mofa.go.jp/mofaj/press/release/press6_000199.html
7) RCEPの内容とその影響に関して詳細は，清水（2014），参照。また石川（2013, 2015）等も参照されたい。
8) "Guiding Principles and Objectives for Negotiating the Regional Comprehensive Economic Partnership," http://www.mofa.go.jp/mofaj/press/release/24/11/pdfs/20121120_03_03.pdf（日本語訳：http://www.mofa.go.jp/mofaj/press/release/24/11/pdfs/20121120_03_04.pdf）.
9) 同上。
10) 同上。
11) 尚，詳細は不明であるが，交渉の進展によっては，政府調達や労働などが交渉分野に含まれる可能性はある。
12) "The third Regional Comprehensive Economic Partnership (RCEP) Ministerial Meeting, 24 August 2015, Kuala Lumpur, Malaysia," http://www.asean.org/storage/2015/12/10-JMS-RCEP-3-MM-Final-

20150824rev.pdf.
13) TPP の大筋合意と ASEAN 経済統合への影響について詳細は，清水（2016）を参照されたい。また石川（2016）等も参照されたい。
14) TPP の各項目に関しては，馬田・浦田・木村（2016）の各章を参照されたい。
15) TPP 協定に関しては，"Text of the Trans-Pacific Partnership"（https://www.mfat.govt.nz/en/about-us/who-we-are/treaty-making-process/trans-pacific-partnership-tpp/text-of-the-trans-pacific-partnership），日本語訳に関しては内閣官房 TPP 政府対策本部ホームページの「TPP 協定」（訳文）（http://www.cas.go.jp/jp/tpp/naiyou/tpp_text_yakubun.html），参照。
16) 完全累積に関しては，石川（2016）4-5 ページが詳しい。
17) 石川（2016），参照。
18) TPP 大筋合意と ASEAN 各国に関しては，清水（2016）を参照されたい。

【参考文献】

(和文)

石川幸一（2013）「東アジア FTA と ASEAN」石川・清水・助川（2013）。
石川幸一（2015）「RCEP の意義と課題」石川・馬田・国際貿易投資研究所編（2015）。
石川幸一（2016）「TPP の ASEAN への影響」『ITI メガ FTA 研究会報告（4）：ITI 調査研究シリーズ No.32』。
石川幸一・馬田啓一・木村福成・渡邊頼純編（2013）『TPP と日本の決断―「決められない政治」からの脱却―』文眞堂。
石川幸一・馬田啓一・国際貿易投資研究所編（2015）『FTA 戦略の潮流：課題と展望』文眞堂。
石川幸一・馬田啓一・高橋俊樹編（2015）『メガ FTA 時代の新通商戦略―現状と課題―』文眞堂。
石川幸一・朽木昭文・清水一史編（2015）『現代 ASEAN 経済論』文眞堂。
石川幸一・清水一史・助川成也編著（2013）『ASEAN 経済共同体と日本』文眞堂。
馬田啓一・浦田秀次郎・木村福成編（2012）『日本の TPP 戦略　課題と展望』文眞堂。
馬田啓一・浦田秀次郎・木村福成編（2016）『TPP の期待と課題：アジア太平洋の新通商秩序』文眞堂。
清水一史（1998）『ASEAN 域内経済協力の政治経済学』ミネルヴァ書房。
清水一史（2008）「東アジアの地域経済協力と FTA」高原明生・田村慶子・佐藤幸人編・アジア政経学会監修（2008）『現代アジア研究 1：越境』慶応義塾大学出版会。
清水一史（2013）「TPP と ASEAN 経済統合―統合の加速と緊張―」石川・馬田・木村・渡邊（2013）。
清水一史（2014）「RCEP と東アジア経済統合」『国際問題』（日本国際問題研究所），632 号。
清水一史（2016）「TPP と ASEAN―TPP 合意の AEC と各国へのインパクト―」馬田・浦田・木村（2016）。
助川成也（2015）「AFTA と域外の FTA」石川・朽木・清水（2015）。

(英文)

"ASEAN Framework for Regional Comprehensive Economic Partnership."
"Guiding Principles and Objectives for Negotiating the Regional Comprehensive Economic Partnership."
"Joint Declaration on the Launch of Negotiations for the Regional Comprehensive Economic Partnership."
Fukunaga, Y. and Isono, I.（2013），"Taking ASEAN+1 FTAs towards the RCEP: a Mapping Study," *ERIA Discussion Paper 2013-02*.
Petri, A. P., Plummer, M.G. and Fan, Zhai.（2012），*The Trans –Pacific Partnership and Asia-Pacific: A Quantitative Assessment*, Peterson Institute for International Economics, Washington, DC.
Petri, A. P. and Plummer, M.G.（2016），"The Economic Effects of Trans-Pacific Partnership: New Estimates,"

Peterson Institute for International Economics, Washington, DC.
"Text of the Trans-Pacific Partnership".

第 15 章

ASEAN 経済共同体 2025 ビジョン

福永佳史

はじめに

　ASEAN 経済共同体（以下，「AEC」という）は，2015 年 12 月 31 日を 1 つの節目としていた[1]。すなわち，2007 年に採択された AEC ブループリントでは，2008 年から 2015 年の 8 年間のうちに，ブループリントに記載された諸措置を講じることとしていた[2]。このため，2015 年末に向けて，AEC 関連措置の実施度合いが世間の注目を集め，ASEAN 関係者による実施努力を促すこととなった[3]。

　同時に，ASEAN 関係者の中では，「2015 年は ASEAN 統合の通過点である」との認識が広く共有されてきた。2016 年以降にも ASEAN 共同体（経済共同体の他，政治安全保障共同体，社会文化共同体が含まれる）構築に向けた努力が続くという意味である。この「2016 年以降の ASEAN 統合の将来像」を描いたのが，『ASEAN 共同体 2025 ビジョン』（ASEAN, 2015）である。

　AEC2015 がそうであったように，AEC2025 のあり方は，ASEAN 域内に生産ネットワークを展開する日系企業の事業戦略に大きな影響を与える。本章では，ASEAN 共同体 2025 ビジョンの内容について，特に AEC 部分に着目しながら解説する[4]。

第 1 節　『ASEAN 共同体 2025 ビジョン』について

　第 27 回 ASEAN 首脳会議（2015 年 11 月）は，『ASEAN 共同体ビジョン 2025』を採択した。本文書は，2009 年に第 14 回首脳会議で採択された

『ASEAN 共同体に向けたロードマップ（2009-2015）』（ASEAN, 2009）に相当する，ASEAN 共同体に関する最も基本的な文書である。

1. 分野横断的な要素

まず，ASEAN 共同体 2025 の分野横断的な要素について，特に AEC との関連が深いと思われる点について，簡単に述べておきたい。

第 1 に，ASEAN 共同体 2025 は，2016 年から 2025 年までの 10 年間を目標期間とする。国連における「持続可能な開発目標」（SDGs）と整合的な形となるように，2030 年を目標とする案もあったが，2025 年で決着した。

第 2 に，ASEAN 共同体 2025 においても，政治安全保障，経済，社会文化の 3 つの共同体という全体構造が維持された。新たに環境共同体を追加するとの案もあったが，支持を得られなかった。他方で，後述するとおり，従来は社会文化共同体項目とされていたものが経済共同体項目とされるなど，それぞれの共同体の外延については所要の見直しがされている。

第 3 に，新ビジョン策定過程においては，貧困率など，明確で計測可能な「ASEAN 開発目標」を定めるべきではないかとの議論はあったが，本ビジョンの中に数値目標は存在しない。唯一，社会文化共同体について重要評価指標（KPI）を設定することとなっている。経済共同体については，ビジョンの中では KPI 設定の有無が明確化されていないが，分野別計画の中で KPI が設定される可能性は十分に考えられる（後述）。

最後に，共同体実現に向けて ASEAN 関連機関の能力強化を図ることとなった。これは，2014 年 11 月の第 25 回 ASEAN 首脳会議に報告された，ASEAN 関連制度・組織の強化に関するレポート（内容は非公表）で示された措置を講じるという内容である。AEC の実施メカニズムにも大きな影響を与える可能性が高い。

2.「ASEAN 共同体 2025」の文書構造

『ASEAN 共同体 2025 ビジョン』は，複数の文書の複合体である。具体的には，①クアラルンプール宣言，②ASEAN 共同体ビジョン 2025 を取りまとめた上で，その添付文書として，③政治安全保障共同体（APSC）ブループリン

ト，④ 経済共同体（AEC）ブループリント，⑤ 社会文化共同体（ASCC）ブループリントが取りまとめられた。このような文書構造は，基本的に ASEAN 共同体ビジョン 2015 と同様である。また，3つのブループリントは，いずれも首脳による採択文書ではあるが，条約の形式は取っていないため，旧ブループリントと同様に，法的な拘束力は無いものと考えられる。

　他方，旧ビジョンと比較した場合，いくつかの違いを指摘することができる。第1に，ASEAN 統合イニシアティブ（IAI）に関する文書が採択されていない。IAI とは，ASEAN への新規加盟国であるカンボジア，ラオス，ミャンマー，ベトナム（以下，「CLMV 諸国」という）への支援等を通じて，ASEAN 域内の格差を解消しようとする取組である。2009年のチャアム・ホアヒン宣言に際しては，IAI 戦略枠組み及び第二次作業計画が策定されたのに対し，2015年には第三次作業計画は策定されなかった。これは，作業が遅れているのが主な理由のようであり，2016年中に策定した上で，ASEAN2025 ビジョンの1要素として位置づけられることとなる。第2に，ASEAN 連結性マスタープラン（MPAC）についても同様に 2016 年中に新たなプラン（MPAC2025）が策定される予定になっている。2010年に策定された MPAC と 2009 年に策定された ASEAN 共同体ビジョンとの関係は必ずしも明らかになっていなかった

文書形式	
ASEAN共同体2015	ASEAN共同体2025
・チャアム・ホアヒン宣言	・クアラルンプール宣言　＋　ASEAN共同体ビジョン
・APSCブループリント ・AECブループリント（戦略的日程含） ・ASCCブループリント ・IAI戦略枠組み及び第二次作業計画	・APSCブループリント2025 ・AECブループリント2025 ・ASCCブループリント2025
ASEAN連結性マスタープラン（2010年）	IAI第三次作業計画 ASEAN連結性マスタープラン2025 →2016年策定予定

が，今回，新たにAECの一環として「高度化した連結性」が位置づけられたことで，ASEAN共同体ビジョンの一部として明確に位置づけられることとなった。

3. AECブループリントの文書構造（「戦略的日程」方式からの脱却）

次に，AECブループリントの文書形式に着目すると，AEC2025の本質にも関わる大きな違いがあることが分かる。すなわち，2007年に採択された旧ブループリントでは，ブループリント本体に加え，「戦略的日程」（Strategic Schedules）が添付されていたが，2015年に採択された新ブループリントでは，戦略的日程は示されなかった。

「戦略的日程」は，経済統合の目標について具体的にどの年に何をやるのかを詳述するとともに，関税撤廃やサービス貿易自由化などについて，各段階で達成すべき自由化水準（関税撤廃率，サービス貿易自由化セクター数など）を数量的に明示していた。このように透明性及び具体性の高い「戦略的日程」が存在することで，AEC実現に向けた進捗のモニタリングが可能となっていた。

他方，「戦略的日程」については，長期ビジョンを描いた首脳文書としては詳細に過ぎるのではないか，またブループリント策定後に新たに決定された施策項目が反映できないのではないか（首脳文書であるため，柔軟に変更できない）といった問題が存在した。また，一部の分野別行動計画（例えば，2020年を節目とする金融分野）と戦略的日程の時間軸が合わない中で，どのように整理をするべきかといった問題も存在した。こうした点が，AEC実施モニタリングの混乱要因の1つとなった可能性もある。

結果として，新ブループリントでは「戦略的日程」は策定されず，戦略的日程に代わるものとして，2016年にかけて分野別行動計画が策定される予定となっている。分野別行動計画方式については，①専門家による詳細な議論が可能である，②状況変化に応じて柔軟に内容を見直すことができるといった長所が存在する。他方，戦略的日程と比べた場合，①首脳指示の内容が曖昧化することによって統合へのモメンタムが低下する，②AEC全体に関するモニタリング指標が存在しなくなるといった影響が出る可能性がある。また，経済統合の中核を形成する貿易・投資アジェンダには，これまでに対外的に公表

された分野別行動計画が存在しておらず，今後，どのように扱っていくのかは不透明である。

第2節　AEC2025の概要

AEC2025は5本柱から構成される。すなわち，① 統合され且つ高度に結束した経済（an integrated and highly cohesive economy），② 競争力のある革新的でダイナミックなASEAN（a competitive, innovative and dynamic ASEAN），③ 強靭で包括的，人間本位・人間中心のASEAN（a resilient, inclusive and people-oriented, people-centred ASEAN），④ 分野別統合・協力の強化（enhanced sectoral integration and cooperation），そして⑤ グローバルASEAN（a global ASEAN）である。AEC2015との対比で言えば，従来の4本柱の名称は変更され，それぞれの概念が拡充されるともに，新たに「分野別統合・協力の強化」が加わった。

表14-1　AEC2025とAEC2015の柱立て

	AEC2025	AEC2015
1	高度に統合されかつ結束した経済	単一市場・生産基地
2	競争力のある革新的でダイナミックなASEAN	競争力のある地域
3	高度化した連結性と分野別協力	
4	強靭で包括的，人間本位・人間中心のASEAN	衡平な経済発展
5	グローバルASEAN	グローバル経済への統合

1. 高度に統合されかつ結束した経済

第1の柱は「単一市場・生産基地」から，「統合され且つ高度に結束した経済」へと改められた。従来は，「単一市場」というEUを想起させ，学術的には特定の意味を有する用語が用いられていたが，AEC2025ではこのような用語法を回避し，「深く統合され，高度に結合した」との修飾語が用いられている。また，本文では，AEC2015において頻用されていた「自由な移動」（free movement）という文言は姿を消し，「繋ぎ目のない移動」（seamless movement）との文言が用いられている。こうした背景には，ASEAN域内に存在する経済

格差や各国の行政的能力の差異を踏まえれば，ヨーロッパの文脈における単一市場を実現するのは非常に困難であるとの認識がある。また，世界金融危機以後，「欧州型経済統合モデルは，必ずしも理想的なモデルではない」と理解されるようになったことも影響しているであろう。さらに，ASEANの場合には，経済統合を進める一方で，国家間で賃金等の差異があることで生産ネットワークの展開が進んでいるとの現実を反映したものとも考えられる。

AEC2025	AEC2015
A. 高度に統合され，結束した経済	A. 単一市場・生産基地
1. 物品貿易	1. 物品貿易
2. サービス貿易	2. サービス貿易
3. 投資環境	3. 投資
4. 金融統合，金融包摂，金融の安定	4. 資本移動
5. 熟練労働者，商用訪問者の移動促進	5. 人の移動
6. グローバル・バリュー・チェーンへの参画強化	
	6. 優先統合分野 ┐※Cへ移動
	7. 食料・農業・林業 ┘

(注) 下線部は，AEC2025とAEC2015との主な相違を示している。
(出典) ASEAN (2007, 2015) を元に著者が作成。

名称はともかく，第1の柱の具体的な内容をみると，基本的にAEC2015を踏襲していることが分かる。その構成要素は，① 物品貿易，② サービス貿易，③ 投資，④ 金融，⑤ 人の移動である。

各論についても，AEC2015の延長線上に位置づけられる措置が記載されている。例えば，物品貿易においては，ASEAN物品貿易協定（ATIGA）の強化，原産地規則（ROOs）の更なる簡便化・強化，貿易円滑化措置実施の加速と深化といった措置が講じられる。他方，一部のシンクタンクから提案のあった「ASEANの関税同盟化」については一切言及が無い。また，物品分野について，ASEAN域内での最恵国待遇（MFN）規定を置くとの議論も行われていたが，新ブループリントの中には盛り込まれなかった。さらに，域内国同士の適用が拡大しつつあるアンチ・ダンピング措置やセーフガード措置に関する取組も盛り込まれなかった。基準認証分野については，今後の活動の重点分野とな

る物品についての具体的な記述は盛り込まれていない。

A. 1. 物品貿易
○ ASEAN 物品貿易協定（ATIGA）の強化：通知プロセスの強化，残る関税の削減（ASEAN 中心性の強調）
○ 原産地規則（ROOs）の簡便化・強化：① 品目別規則（PSRs）導入の優先分野の交渉，② 関税分類決定プロセスの合理化（中小零細企業による活用を重視）
○ 貿易円滑化措置実施の加速と深化：
① ASEAN 加盟国の貿易円滑化枠組みの収斂，グローバル・ベスト・プラクティスに近づける。
② ASEAN 貿易円滑化共同諮問委員会での官民対話
③ 全 ASEAN 加盟国でのナショナル・シングル・ウィンドウ（NSW）の実施，ASEAN シングルウィンドウ（ASW）対象文書・対象機関の拡大
④ ナショナル・トレード・レポジトリー（NTR），ASEAN トレード・レポジトリー（ATR）の効果的な稼働に向けた協力
⑤ 認定事業者（AEO）制度，自己証明制度等の実施
⑥ 非関税措置（NTM）対策：非関税障壁（NTB）に対する厳格な基準及びサンセット条項，官民協力，良好な規制の実践（GRP）の埋め込み，分野別アプローチ等の検討
⑦ 基準認証：制度の調和化，中小零細企業への支援，官民協力，GRP，貿易関連技術障壁（TBT）関連措置について，ASEAN＋1FTAs 対話国との協力強化

　サービス貿易については，新たに，ASEAN サービス協定（ATISA）を作成する予定となっている。サービス貿易に関する現行協定は，サービスに関する ASEAN 枠組み協定（AFAS）である。ASEAN では，AFAS を基礎に議定書を積み上げることでサービス貿易の漸進的自由化を進めてきたが，AFAS は 1995 年に署名された古い文書であり，枠組み協定自体を見直す時期に来ている。AFAS 締結後 20 年間の交渉・実施・進捗を踏まえて，内容を現代化するとの方向性は評価できる[5]。また，AFAS を巡る課題（例えば，ネガティブ・リスト化，15％ルール柔軟性見直し，分野別約束表の扱い）について，ATISA を

通じて，具体的にどのような方向性を目指していくのかは，示されなかった。

> A．2．サービス貿易
> ASEAN サービス貿易協定（ATISA）の交渉の加速および実施。
> 　　i．　既存の自由化約束に関する柔軟措置，制限，閾値，除外規定の見直し。
> 　　ii．　FDI 誘致メカニズムの強化（特に ASEAN 外資による GVC 関連支援）
> 　　iii．　サービス自由化への代替的アプローチの検討
> 　　iv．　非経済的目的などに基づく国内規制への何らかの規律の導入
> 　　v．　セクター毎の附属書考案を検討
> 　　vi．　人材育成のための技術協力の強化：共同プロモーション，ベスト・プラクティスの共有など

　投資分野については，既に 2012 年に ASEAN 包括的投資協定（ACIA）が発効していることから，「(同協定の) 留保表掲載事項の段階的撤廃または削減に向けた適切な方法またはメカニズムを確認する」など，既存の取組に言及している。

　金融分野については，旧ブループリントに比して記述が充実している。これは，2007 年以降の ASEAN 財務大臣会合等における議論の進捗を反映したものである。特に，金融面での統合や安定性に加え，「金融包摂」(financial inclusion) を位置づけ，中小零細企業向け金融など，低所得層を含めた裾野の広い金融システムの構築を目指すとした。金融サービス統合の分野で注目すべき取組である，ASEAN 銀行統合フレームワーク（適格 ASEAN 銀行を含む），ASEAN 保険フレームワーク等についても，財務大臣会合で議論されている内容が記載されている。金融安定性の分野では，既存のマクロ経済および金融監視プロセスの強化等が謳われている。なお，以上の 3 分野を支える横断的取組として，資本勘定自由化，決済・清算システム，能力強化が位置づけられている。

　人の移動については，従来の熟練労働者の移動に加え，「商用訪問者」(business visitors) が対象となった。これは，2012 年に署名された ASEAN 自然人移動協定（MNP 協定）を反映したものである。他方，専門家資格の相互認証，自然人の移動の両分野において，具体的な新措置は盛り込まれなかった。

　最後に，AEC2015 には盛り込まれていなかった新規項目として，「グローバ

ル・バリュー・チェーン（GVC）への参画強化」が付け加えられた。これは，近年の GVC の議論を踏まえ，ASEAN 地域統合によって GVC を形成することが，ASEAN 各国が GVC に参画するための方策であると位置づけた。具体的な措置としては，各分野における取組が再掲される形となっている。

2. 競争力のある革新的でダイナミックな ASEAN

　第二の柱は，「競争力のある地域」との概念を拡大し，「競争力のある革新的でダイナミックな ASEAN」となった。従来の「競争力のある地域」には，① 競争政策，② 消費者保護，③ 知的財産権，④ インフラ開発，⑤ 税制，⑥ 電子商取引と，多くの施策が含まれていた。第 1 の柱（単一市場・生産基地）が典型的な貿易アジェンダを扱っているのに対し，国内経済法制及びインフラを扱う概念であった。AEC2025 では，「競争的」という概念に，「革新的」「ダイナミック」との言葉を追加した。上記のとおり，AEC2015 には知的財産権が含まれていたが，より広範なイノベーション政策は，社会文化共同体の下に設置された科学技術大臣や教育大臣が扱っていた。これに対し AEC2025 では，イノベーションを単に「科学技術行政」と捉えず，技術の商業的活用や，高度技術を活用した製造業・サービス業の実現を通じ，生産性の向上を促進するとの経済政策的概念として位置づけられた。「ダイナミック」とは，イノベーションを通じ，また，日々変化する国際経済の下で，経済構造・産業構造を機動的に変化させていくことを示唆している。イノベーションの具体的な取組としては，産学連携，人材育成，起業家支援，技術移転等に寛容な政策環境の醸成，知的財産権保護，産業クラスターの形成などが謳われた。

　また，イノベーションに加え，「持続可能な発展」という柱が新たに設けられ，環境，グリーンといった分野を AEC に位置づけられた。具体的には，再生可能エネルギーの支援，低炭素技術，バイオ燃料，エネルギーインフラの連結性，食料安全保障，食品の安全性，温室効果ガスの削減，森林管理など，多岐にわたる。他方，持続可能な発展の分野は，社会文化共同体ブループリントにも残っている点には留意が必要である。

　元々の第 2 の柱が対象としていた国内法制は，競争政策，消費者保護，知的財産権，租税の 4 分野であり，AEC2025 において新たに追加された分野は無

い。新ブループリントに掲載された内容の具体性には，ばらつきがあるが，全体として，分野別の専門家会合において策定される分野別行動計画に委任しているという共通点がある。

AEC2025	AEC2015
B．競争力があり，革新的でダイナミックなASEAN	B．競争力ある経済地域
1．効果的な競争政策	1．競争政策
2．消費者保護	2．消費者保護
3．知的所有権協力の強化	3．知的所有権
	4．インフラ開発（※Cへ移動）
	（輸送協力，情報インフラ，エネルギー協力，鉱業協力，インフラプロジェクトの共有）
4．生産性主導の成長，イノベーション，研究開発，技術の商業化	
5．租税協力	
6．良好なガバナンス	5．税制
7．効果的，効率的で整合性のある対応力のある規制，および良好な規制の実践	6．電子商取引（※Cへ移動）
8．持続可能な経済発展	
9．世界的な大潮流と新しい貿易関連問題	

（注）下線部は，AEC2025とAEC2015との主な相違を示している。
（出典）ASEAN（2007, 2015）を元に著者が作成。

　他方，具体的に特定された上記4分野とは別に，広く国内規制改革に向けた取組（「良好なガバナンス」，「効果的，効率的で整合性のある機動的な規制，および良好な規制の実践」）を行うことが示されている。すなわち，AEC2025では，国内規制措置に着目し，官民連携により規制を大幅に簡素化するとともに，経済環境の変化に伴い，柔軟かつ機動的に規制を改正するためのメカニズムを構築することが，「競争力のある革新的でダイナミックなASEAN」の実現のために必要であることが謳われている。また，各国国内の取組に加え，地域経済統合の中で，AECに向けた取組が国際的に協調しながら規制を変えて

いく側面についても言及がされている。規制改革については，以下の5つの施策が提示されている。

> B. 7. 効果的，効率的で整合性のある機動的な規制，および良好な規制の実践
> i. 規制は競争促進的で，目標に見合ったものであり，差別的でないものにする。
> ii. 更なる効率化を目指す現行の規制実施プロセスや手順の見直しという定期的な地域協調プログラム，および必要に応じて，修正その他の適切な方策（規制の廃止も含む）の勧告を行う。
> iii. 様々なステークホルダーとの良好な規制の実践に関する協議および情報に基づく規制関連の話し合いを制度化し，問題の特定，技術的な解決方法の発見，改革へのコンセンサス形成を図る。民間部門やその他のステークホルダーとの関わり強化は，規制の整合性，透明性の向上，政府の政策やASEAN域内の全産業，全部門の企業活動との透明性とシナジーの向上に貢献する。
> iv. 規制の課題項目には，規制状況の定期的評価を促進するための目標や節目の設定，域内における進捗状況や影響の定期的な見直しが含まれる可能性がある。
> v. OECD（経済協力開発機構）やERIA（東アジア・アセアン経済研究センター）等の知識パートナーと共に目標とされる能力強化プログラムを実施し，開発レベル，開発ニーズ，および規制政策空間がASEAN加盟国間で異なることを勘案した規制改革の取組みにおいてASEAN加盟国の支援を図る。

3. 高度化した連結性と分野別協力

第3の柱として追加されたのが「高度化した連結性と分野別協力」である。これは，一見，全くの新規項目であるように見えるがそうではない。

第1に，「連結性」との用語自体がブループリント自体に登場した点は新しいが，既に述べたとおり，2010年のASEAN連結性マスタープランが採択されている。2010年以来，連結性が3つの共同体のいずれに属するかが曖昧であったが，AEC2025では，「経済的連結性」との新たな用語を作り出すことで，AECの一部として位置づけた[6]。また，連結性という用語は使っていな

かったものの，AEC2015でも既に「インフラ開発」が位置づけられていた。

　第2に，第3の柱（高度化した連結性と分野別協力）の具体的な内容として，9つの分野が示されているが，そのうちの8分野は，AEC2015の中身として既に言及されていたものである。まず，輸送，情報通信技術，エネルギーは，AEC2015において「インフラ開発」として言及されていたものである。また，食料・農業・林業は，AEC2015の第1の柱の中で，特出しする形で言及されていた分野である。さらに，残りの5産業分野のうち4分野（電子商取引，鉱業，観光業，保健医療）についても，AEC2015の一部である「優先統合分野」（PIS）の中で位置づけられていたものである。したがって，科学技術のみが全くの新規項目と言えよう。

　ここで注目すべきは，新ブループリントにおいて，分野別協力に特出しされなかった産業である。ASEANは，2004年のPISの統合に関するASEAN枠組み協定を採択し，12産業を優先統合分野と位置づけ，協力事業を行うとともに，貿易自由化においても早期実施項目と位置づけてきた。たとえば，サービス貿易自由化の中で，PIS分野の産業については自由化達成目標年が早めに設定されていた。このように，PISはAEC2015の重要な一要素を構成していたが，AEC2025では，PISに関する記述はわずかになってしまった。結果として，従来はPISとして重点的な位置づけが与えられていた産業（自動車，エレクトロニクス，航空，ゴム，繊維・アパレル，ロジスティックス）の位置づけが曖昧となってしまった[7]。また，従来のPISの重要な要素であった「貿易の自由化」という側面はなくなり，専ら，抽象度の高い協力案件が並べられている。このような，PISの見直しに関する背景は定かでない。

AEC2025	AEC2015
C. 高度化した連結性と分野別協力 1. 輸送 2. 情報通信技術 3. 電子商取引 4. エネルギー 5. 食料，農業，林業	※全体として新規であるが，AEC2015の「A」，「B」の項目からの移動が多い。

6. <u>観光業</u>	
7. <u>保健医療</u>	
8. 鉱業	
9. <u>科学技術</u>	

(注) 下線部は，AEC2025 と AEC2015 との主な相違を示している。
(出典) ASEAN（2007, 2015）を元に著者が作成。

4. 強靭で包括的，人間本位・人間中心の ASEAN

　第4の柱は，従来の「衡平な経済発展」との概念を拡大し，「強靭で包括的，人間本位・人間中心の ASEAN」とされた。従来は，① CLMV 諸国の開発を支援する ASEAN 統合イニシアティブ（IAI），② 中小企業開発，を政策項目として盛り込んでいた。衡平性と包括性は，共に，発展格差を扱うという点で共通する部分が多い。

　今回，こうした概念に，強靭性等の項目を追加した点が特徴である。まず，強靭性は，食料安全保障，エネルギー安全保障，防災等を意識した概念である。これらの政策課題は，従来は社会文化共同体の位置づけであったが，AEC2025 では経済アジェンダとしても位置づけられた。但し，新ブループリントの内容を読むと，強靭性に関する具体的な内容は盛り込まれていない。エネルギー，食料については，新ブループリントの他項目に関連の記載があるが，防災については全く記載がなく，政治安全保障共同体，社会文化共同体に盛り込まれている。

　第2に，「人間本位・人間中心」との概念が加わった。この言葉は，ASEAN では90年代から用いられてきた言葉であるが，特にマレーシアが2015年のテーマとして「人間中心の ASEAN」を位置づけたことで，経済文脈でも改めて位置づけられた。マレーシアの問題意識は，第1に ASEAN 統合に関する一般国民への周知と対話であり，第2に中小企業などの小規模事業者に加え，女性・老人・若者が ASEAN 統合に参画し，その果実を得ることであった。この結果，新ブループリントにおける具体的な施策としては，① 民間セクターの役割強化（民間セクターを関与させる包括的な協議プロセスの実行，ASEAN ビジネス諮問委員会の役割強化など），② インフラ開発における官民パートナーシップ（PPP）に関する制度整備，③ 市民団体などを含めた，地域統合に

向けた取組への利害関係者の貢献が新たに付け加えられた。

以上のような意味で,従来の「衡平性」の概念との重複も見られるが,これを前面に打ち出した点に特徴がある。

AEC2025	AEC2015
D. 強靭で包括的,人間本位・人間中心のASEAN	C. 公平な経済発展
1. 中小零細企業の役割の強化	1. 中小企業
2. 民間部門の役割の強化	
3. 官民パートナーシップ(PPP)	
4. 開発格差の縮小	2. ASEAN統合イニシアティブ
5. 関係者による地域統合努力への貢献	

(注) 下線部は,AEC2025とAEC2015との主な相違を示している。
(出典) ASEAN(2007, 2015)を元に著者が作成。

5. グローバルASEAN

第5の柱は,「グローバル経済への統合」から,「グローバルASEAN」へと名称が変更された。従来の概念では,日ASEAN経済連携協定のように,ASEANが一体となって域外国と自由貿易協定(FTA)を締結することが具体的な施策であった。これに対し,AEC2025では「統合」との文言がなくなり,より広い概念となった。

このため,施策の第1は,地域的・世界的な経済フォーラムで共通の立場をとるための戦略的かつ整合的な手法の構築が位置づけられている。続いて,ASEANが締結するFTAの見直しと改良に取り組むとする。さらに,FTA未締結国や国際機関との連携強化を打ち出している。しかし,いずれも具体性に乏しく,この新たな柱が,従来のFTA中心の発想からどの程度脱却できるのか,未知数である。

AEC2025	AEC2015
E. グローバルASEAN	D. グローバル経済への統合
	1. 対外経済関係
	2. グローバル・サプライ・ネットワークへの参加

(出典) ASEAN(2007, 2015)を元に著者が作成。

6. AEC2025を支える制度設計

　AECブループリント2025では，これまでに述べた5本柱の施策に加え，これらを支える制度設計（「実施とレビュー」）についても，定めている。

　まず，従来どおり，AEC理事会がブループリントの全体的な実施について責任を負うことを明確化した上で，AEC理事会の下に，不遵守事案解決のためのタスクフォース等を設立する。第2に，今後，戦略的行動計画を策定することが示唆されている。戦略的行動計画の策定にあたっては，分野別行動計画等を考慮すること，また定期的に見直すこととされている。第3に，「ASEAN投資サービス貿易に関する解決枠組み」（ASSIST）を通じた紛争回避，「改定紛争解決制度議定書」（EDSM）を活用した紛争解決を図る。これは，ASEAN共同体2025全体に通底する，ルールに基づく（rule-based）共同体構築という考え方によるものである。同時に，経済統合の進捗により，国家間紛争の増加が具体化している可能性も考えられる。第4に，AECブループリント2025実施のモニタリングは，引き続き，ASEAN事務局が行うこととされた。その具体的な手法等は言及されておらず，今後の議論に委ねられているが，①実施期間の10年間を2016-2020年，2021-2025年の2期に分けて，中間評価・期末評価を行うこと，②経済統合の進捗の監視に加え，AEC関連措置実施による結果・影響の評価を行うこと，③AECブループリント2025自体を定期的に（原則，3年以内に）見直すこととされている。第5に，経済アジェンダについては，コンセンサスとそれ以外（柔軟性アプローチ）の2つの意思決定方法を認める。このような柔軟な意思決定方法は，旧ブループリントにも謳われていたものであり，新規性は薄い。第6に，AEC関連協定に関して，「通知手続に関する議定書」を活用し，透明性を担保し，通知手続の運用を改善することとされた。また，AEC関連協定等について，加盟国の国内手続きに従って，6カ月以内の批准を目指すこととされた。第7に，民間産業界等とのパートナーシップ取極めを締結することとされた。

　最後に，旧ブループリントとの差として，関連国際機関との連携が特に強調されている。旧ブループリントでは，国際機関は実施のための「資源」と位置づけられていたが，新ブループリントでは「実施メカニズム」の一環としてASEAN事務局を支えるとの積極的な位置づけを行った。具体的には，AMRO,

世銀，アジア開発銀行 (ADB)，ERIA，OECD が位置づけられた。

おわりに

本章では，ASEAN 経済共同体の将来展望として，AEC2025 ブループリントの内容について論じた。

AEC2025 は，本質的に AEC2015 の延長として位置づけられる。例えば関税同盟の設立，通貨統合等，EU を想起させるような大きな飛躍は見られなかった。新 5 本柱の内容は，従来の AEC2015 における 4 本柱を拡充したものであるが，経済共同体がカバーする政策領域が広くなっている。すなわち，AEC2025 では，従来，社会文化共同体の中で扱われていたイノベーション，環境等が経済共同体の中でも扱われることとなった。また，経済的連結性，国内規制なども新たに AEC の対象と位置づけられた。

その一方で，AEC2025 が十分に投資家の期待に添えているかと言えば，疑問が残る。従来，ASEAN は実現可能性に疑念が生じるような，極めて野心的な目標を掲げ，長期間をかけて実現するというアプローチを取ってきた。その最たる例が，関税の撤廃である。1992 年に関税撤廃を打ち出した時点では，その実現は困難であると考えられていたが，2015 年まで実に 23 年間をかけて，域内関税をほぼゼロにするという大きな成果を挙げることができた。また，大きな目標を掲げることで，域外の潜在的な投資家層にアピールすることができた。このような観点からすると，AEC2025 は，従来のアプローチと異なることに気づく。「戦略的日程」を定めず，既存案件を除けば，新ブループリントに盛り込まれた政策の具体性が乏しいなど，現実的で慎重な目標を設定したものと評価できる。この結果，分かりやすい目玉施策がなく，投資家の期待に十分に応えられていない可能性がある。

このように，AEC2025 ブループリントの内容が，（よく言えば）堅実な内容となった背景として，いくつかの事情が考えられる。まず，AEC2015 が進捗したことにより，達成が容易な施策は，多かれ少なかれ実現しているという点が挙げられよう。また，AEC2015 の実施を通じて，一部の施策については実

現が難しいことが明らかになったという事情も考えられる。さらに，AECの進捗に加え，ASEAN＋1FTAの締結・実施が進み，悪影響が出ている国内産業も生じたことから，各国の国内政治において，経済統合に慎重な声が勢力を増すようになったことも影響しているものと考えられる。このような中，新ブループリントを交渉する政治家・官僚は，現実的な対応を選ぶ結果となったのであろう。

他方，AEC2025の全体像を理解するためには，ブループリント本体だけでなく，分野別行動計画の詳細を見る必要があることを忘れてはならない。今後，分野別の計画が立てられる中で，具体的で効果的な施策が盛り込まれていくことが，AEC2025の成功の鍵となろう。

実は，既に取りまとめが終わっている分野別行動計画もある。例えば，中小企業分野については，2015年に「中小企業開発に関する戦略的行動計画（SAP-SMED 2016-2025）」が採択されている[8]。同行動計画では，① 生産性・技術・イノベーションの向上，② 金融アクセスの改善，③ 市場アクセスと国際化の推進，④ 政策・規制環境の改善，⑤ アントレプレナーシップと人材開発の推進，の5つの政策分野を設定した上で，それぞれの分野を主導する国が「チャンピオン」として決められている。5つの政策分野は，62の施策として具体化され，また政策分野横断的な12の施策も盛り込まれるとともに，それぞれの施策について，目標となる期限が設定されている。また，政策効果を計るために，10項目の重要政策指標（Key Policy Indicators）が定められている。

中小企業以外にも，既に分野別行動計画が策定された政策分野も多く，また現時点で策定されていないものについても2016年中に策定される予定である。AEC2025の意義を理解するためには，こうした分野別行動計画についても検討を加える必要がある。

最後に，ASEAN経済統合と他の地域経済統合取組との関係について付言したい。AEC2025ブループリントが策定された2013年から2015年頃は，RCEP，TPPなど，ASEAN諸国も関係する新たな地域経済統合の交渉が同時並行的に進捗していた。この結果，交渉リソースが制約され，AEC2025の議論が深まらなかったという側面がある。また，RCEPやTPPで交渉中の事項について，ASEANとしてポジションを固め切れずに，AEC2025の内容が抽象的

なものとなった面もある（例えば，サービス貿易交渉におけるネガティブ・リスト方式の採用の可否）。こうした，競合的な地域統合枠組みの存在は，「ASEAN 中心性」に対する危機感を生んだものと思われる。実際，AEC ブループリント 2025 では，ASEAN 中心性を意識した記述が多く盛り込まれている。TPP など，既に妥結している新しい枠組みが存在感を増す中，ASEAN が十分な投資を惹きつけるためには，ASEAN のなお一層の努力が求められる。

【注】
1) AEC 全般に関する基本文献として，本書各章の他，石川・清水・助川（2009，2013），石川・朽木・清水（2015）などを参照のこと。
2) この点，「2015 年 1 月 1 日を目標としていたが，2015 年 12 月 31 日に後ろ倒しした」との誤解が流布しているが，2007 年 AEC ブループリントの時点で，2015 年に様々な措置が講じられることが想定されていたのは，文脈上明らかである。
3) AEC2015 の達成度については，本書第 2 章参照。
4) AEC ブループリント 2025 に関する日本語文献として，福永（2013, 2015）参照。また，新ブループリントの背景を理解するためには，ERIA の報告書（Intal, et al., 2014）も合わせて参照されたい。
5) 但し，ATISA 自体は，AEC ブループリント 2007 には記載されていなかったものの，2014 年 5 月の第 24 回首脳会議において，2015 年中の交渉妥結を目指すとしていたものであり，必ずしも新味はない。ATISA 交渉が遅れた原因としては，①ASEAN 加盟国間の立場の相違に加え，②東アジア地域包括的経済連携（RCEP）協定や環太平洋パートナーシップ（TPP）協定など，並行して進む域外国との FTA 交渉の影響が考えられる。
6) これまで，連結性の議論は，外務省プロセスが中心であった（鈴木・福永，2015）。新たに連結性が AEC の一部と位置づけられたことで，ASEAN 内の連結性調整プロセスに何らかの変化があるのか，引き続き外務省を中心としたプロセスが続くのかは，まだ明らかになっていない。
7) 従来の PIS 対象の産業でありながら，AEC2025 に個別掲載されなかった分野に共通する特徴は，担当の大臣会合が設置されていない点である。第三の柱が，分野別大臣会合の案件を網羅的に拾い上げるために立てられたものであると考えれば，自動車産業が AEC に置いて果たす大きな役割にも関わらず，分野別協力の対象外になったことが整合的に理解できる。
8) 同計画の策定にあたっては，ASEAN 事務局の依頼を受け，日本国が支援を行った。

【参考文献】
（和文）
石川幸一・清水一史・助川成也編（2009）『ASEAN 経済共同体』ジェトロ。
石川幸一・清水一史・助川成也編（2013）『ASEAN 経済共同体と日本』文眞堂。
石川幸一・朽木昭文・清水一史編（2015）『現代 ASEAN 経済論』文眞堂。
鈴木早苗・福永佳史（2015）「ASEAN 連結性の強化と常駐代表の役割」『ワールド・トレンド No. 242』アジア経済研究所，2015 年 11 月，28-32 頁。
福永佳史（2013）「2015 年以後の ASEAN 経済統合の更なる深化に向けて」石川幸一・清水一史・助川成也編『ASEAN 経済共同体と日本』文眞堂，2013 年，180-199 頁。
福永佳史（2015）「ASEAN 経済統合の将来展望」石川幸一・朽木昭文・清水一史編『現代 ASEAN 経済論』文眞堂，2015 年，226-242 頁。

(英文)
ASEAN (2007), *ASEAN Economic Community Blueprint*, Jakarta: ASEAN Secretariat.
ASEAN (2009), *2009-2015 Roadmap for an ASEAN Community*, Jakarta: ASEAN Secretariat.
ASEAN (2015), *ASEAN 2025: Forging Ahead Together*, Jakarta: ASEAN Secretariat.
Intal, Ponciano S., et al. (2014), *ASEAN Rising: ASEAN and AEC Beyond 2015*, Jakarta: Economic Research Institute for ASEAN and East Asia.

第 16 章

ASEAN 経済共同体と日本 ASEAN 協力
―日本 ASEAN 友好協力の 40 年を越えて―

清水一史

はじめに

　日本と ASEAN の協力は，1973 年 11 月の日本 ASEAN 合成ゴムフォーラムが最初であり，それから 40 年を越える緊密な協力関係を維持してきた。日本と ASEAN は，政治的にも経済的にもきわめて緊密な関係を保ち続けてきている。経済的関係はとりわけ深く，貿易投資関係も緊密である。最近の日本のアジア向け直接投資においても，2013 年以降 ASEAN 向けが中国向けを大きく上回っており，2015 年における日本の ASEAN 向けの直接投資は，中国向けの直接投資の 2.3 倍である。ASEAN は日本企業にとっても最重要な生産拠点と市場である。同時に自動車や電機など多くの生産ネットワークが構築されてきている。

　ASEAN は，2015 年末に ASEAN 経済共同体（AEC）を創設し，2025 年に向けて更に AEC の深化を目指している。日本と ASEAN の深い経済関係の中で，日本にとっても日本企業にとっても，AEC の深化は重要である。日本は，これまでの深い経済関係と緊密な協力関係の上に，AEC の一層の深化へ向けて，更に協力を拡大することが期待される。

　本章では，これまでの日本と ASEAN の協力を振り返りながら，今後の AEC の深化へ向けての日本と ASEAN の協力について考察する。第 1 節では，日本と ASEAN の 40 年を越える協力関係について経済を中心に振り返り，第 2 節では，AEC の深化へ向けた日本の協力に関して述べたい。

第1節　日本と ASEAN の 40 年を越える協力関係

1. 1973 年における日本 ASEAN 協力の開始と発展

　日本と地域協力体としての ASEAN の協力は，1973 年 11 月の日本 ASEAN 合成ゴムフォーラムが最初であった。ASEAN の設立は 1967 年 8 月であり，その 6 年後という早い時期であった。1970 年代初期にマレーシア，インドネシア，タイは世界の主要な天然ゴム生産国並びに輸出国であったが，日本の合成ゴム生産と輸出の急速な拡大に被害を受けており，ASEAN は日本に対して合成ゴムの生産と輸出の抑制を求め，日本 ASEAN 合成ゴムフォーラムが開催されたのである。ASEAN においては，ASEAN としてまとまって域外諸国と交渉する域外経済協力が一貫して効果を上げてきたが，域外経済協力は，1972 年の対 EC 通商交渉とこの 1973 年の対日合成ゴム交渉が出発点であった[1]。その後，日本 ASEAN 合成ゴムフォーラムの延長に，1977 年 3 月には第 1 回日本 ASEAN フォーラムが開催され，幅広い分野について意見を交換する場となってきた。

　1977 年 8 月のクアラルンプールにおける第 2 回 ASEAN 首脳会議では，域外の首脳では日本の福田首相だけが招待され，日本 ASEAN 首脳会議が開催された。ASEAN と域外国との初の首脳会議であった。その際に福田首相は ASEAN 域内経済協力プロジェクトへの援助を申し出た。ASEAN は 1976 年から域内経済協力を開始したが，その政策の中心であった ASEAN 共同工業プロジェクト（AIP）に，10 億ドルの援助を行うことを約束したのである[2]。また福田首相は，この東南アジア訪問の最後にマニラで，①日本は軍事大国にならない，②ASEAN と「心と心の触れあう」関係を構築する，③日本と ASEAN は対等なパートナーである，という ASEAN 外交三原則（「福田ドクトリン」）を打ち出した。福田ドクトリンは，その後の日本の ASEAN 外交の基本原則となった。

　翌 1978 年には ASEAN 外相会議に園田外相が招かれ，第 1 回日本 ASEAN 外相会議が開催された。この外相会議は ASEAN の域外国との最初の外相会議

であり，その後，日本 ASEAN 外相会議が ASEAN 拡大外相会議に続けて毎年行われ，対話が続けられることとなった。尚，首脳会議が定例化する以前は，外相会議が ASEAN の最も主要な会議であった。

表 16-1　日本 ASEAN 協力年表

年月	事項
1973 年 11 月	日本 ASEAN 合成ゴムフォーラム
1977 年 3 月	第 1 回日本 ASEAN フォーラム
1977 年 8 月	第 2 回 ASEAN 首脳会議（福田首相を招待）：ASEAN 共同工業プロジェクト（AIP）に 10 億ドルの援助を約束 「日本の ASEAN 外交三原則（福田ドクトリン）」
1978 年 6 月	第 1 回日本 ASEAN 外相会議
1979 年 11 月	第 1 回日本 ASEAN 経済大臣会議
1981 年 5 月	ASEAN 貿易投資観光促進センター（日本アセアンセンター）設立（東京）
1987 年 12 月	第 3 回 ASEAN 首脳会議（竹下首相を招待）：20 億ドルを下らない ASEAN 日本開発基金（AJDF）の設立を約束
1997 年 12 月	第 1 回 ASEAN＋3（日中韓）首脳会議
2003 年 12 月	日本 ASEAN 特別首脳会議：「新千年期における躍動的で永続的な日本と ASEAN のパートナーシップのための東京宣言」，「日本 ASEAN 行動計画」
2004 年 7 月	東南アジア友好協力条約（TAC）に日本が加盟
2005 年 12 月	第 1 回東アジア首脳会議（EAS）
2008 年 4 月	日本 ASEAN 包括的経済連携協定（AJCEP）調印（8 月に発効）
2008 年 8 月	第 1 回 ASEAN 事務総長と ASEAN 日本人商工会議所連合会（FJCCIA）との対話
2009 年 11 月	第 1 回日本メコン地域諸国首脳会議
2011 年 5 月	ASEAN 日本政府代表部開設（ジャカルタ）
2011 年 11 月	第 14 回日本 ASEAN 首脳会議：「共に繁栄する日本と ASEAN の戦略的パートナーシップの強化のための共同宣言（バリ宣言）」
2012 年 8 月	第 18 回日本 ASEAN 経済大臣会議：「日本 ASEAN10 年間戦略的経済協力ロードマップ」
2013 年 1 月	「日本の対 ASEAN 外交 5 原則」
2013 年 12 月	日本 ASEAN 特別首脳会議：「日本 ASEAN 友好協力に関するビジョン・ステートメント」
2015 年 7 月	第 7 回日本メコン地域諸国首脳会議
2015 年 11 月	第 18 回日本 ASEAN 首脳会議
2016 年 6 月	第 9 回 ASEAN 事務総長と ASEAN 日本人商工会議所連合会（FJCCIA）との対話

（出所）　筆者作成。

1987年のマニラで開催された第3回ASEAN首脳会議の際にも，域外首脳では竹下首相だけが招かれ，日本ASEAN首脳会議が開催された。その際に竹下首相は，20億ドルを下らないASEAN日本開発基金（AJDF）の設立を約束した。その基金は，1987年におけるASEAN域内経済協力の転換を受け，1977年に約束したようなプロジェクトへの援助ではなく，民間企業の育成と直接投資の促進を目的とするものであった。ASEANは，この第3回首脳会議を転換点として，域内経済協力を「集団的輸入代替重化学工業化戦略」から「集団的外資依存輸出指向型工業化戦略」へと転換した。新たな戦略は，80年代後半からはじまった外資主導かつ輸出指向型の工業化を，ASEANが集団的に支援達成するものであった。この戦略下での協力を体現したのは，日本の三菱自動車工業がASEANに提案して採用されたブランド別自動車部品相互補完流通計画（BBCスキーム）であった[3]。

1990年初めのアジア冷戦構造の変化や中国の改革・開放による急成長などの変化の下で，ASEANは，1992年1月の第4回首脳会議でASEAN自由貿易地域（AFTA）に合意し，更に域内経済協力を進めてきた。1992年からは，日本ASEAN経済大臣会議も，毎年，定期的に開催されてきた。

アジア経済危機直後の1997年12月のASEAN首脳会議の際には，1987年以来の日本ASEAN首脳会議が開催された。また初のASEAN＋3（日中韓）首脳会議も開催された。このASEAN＋3首脳会議も，日本からのASEANとの首脳会議の提案がきっかけであった[4]。その後，ASEANと日本だけではなく，ASEANと日中韓各国との首脳会議，ASEAN＋3の首脳会議が定例化することとなった。1997年8月にタイのバーツ危機から始まったアジア経済危機がASEAN各国に多大な被害を与え，アジア経済危機への対処とASEAN諸国への支援が大きな目標となってきたからでもあった。

アジア経済危機に際し日本は，IMFの救済パッケージに最大出資国として参加し，新宮沢構想によってASEAN諸国等に800億ドルに及ぶ資金の支援を実施してきた。またASEAN＋3による通貨金融協力であるチェンマイ・イニシアチブ（CMI）を牽引してきた。

1973年からの約4半世紀においては，日本はASEANにとって最も緊密な関係を持つ対話国であった。しかし，アジア経済危機後には中国が急成長し影

響力が拡大し，同時に ASEAN＋3 などの東アジア大の地域協力が形成され変化が生まれてきた（本書第1章，参照）。

2. 2003年以降の AEC へ向けての日本 ASEAN 協力

ASEANは，2003年10月の第9回ASEAN首脳会議で「第2 ASEAN協和宣言」を発し，AECを含めたASEAN共同体を2020年までに創設することを宣言した。AECは「2020年までに物品・サービス・投資・熟練労働力の自由な移動に特徴付けられる単一市場・生産基地を構築する」構想であった（2007年には目標年を2015年に前倒しした）（本書第1章，参照）。

2003年は，1973年から30年目の日本ASEAN交流年でもあり，12月11－12日には東京で日本ASEAN特別首脳会議が開催された。ASEANの全首脳と日本の首相が域外で集まった初の首脳会議であった。同首脳会議では「新千年期における躍動的で永続的な日本とASEANのパートナーシップのための東京宣言」によって，これまでの30年に及ぶ友好協力関係とともに，今後の日本とASEAN間の特別の関係を拡充することを確認した。法の支配などの，日本とASEANの共通の原則と価値にも合意した。AECを含めたASEAN共同体の形成を導く「第2 ASEAN協和宣言」の実施に，日本が全面的な支援を与えることも言及した[5]。具体的な協力措置を示した「日本ASEAN行動計画」では，人材育成の支援，メコン地域開発などの統合強化への支援を約束した。また東南アジア友好協力条約（TAC）の締結の意向が表明され，翌2004年7月には日本の加盟が実現した。

2008年4月には，日本ASEAN包括的経済連携協定（AJCEP）が調印され，8月に発効した。日本は，2002年に初めてのEPAをシンガポールと発効させて以後，ASEAN各国と二国間のEPAを発効させてきたが，AJCEPは日本とASEAN全体とのEPAであった。日本にとって，初めての複数国とのEPAでもあった。AJCEPにより，二国間EPAが締結されていなかった新規加盟の4カ国（CLMV諸国）ともEPAが結ばれることになり，ASEAN全体との経済関係がより強化されることとなった。ただし，ASEANとのFTAでは中国が先行し，日本は中国や韓国に後れをとってしまった。

2008年8月には，第1回のASEAN事務総長とASEAN日本人商工会議所連

合会（FJCCIA）との対話がバンコクで行われた。2009年11月には，東京で第1回日本メコン地域諸国首脳会議も開催された。

　2011年3月の東日本大震災の際には，その直後からASEAN諸国から多くの支援がなされ，4月にはジャカルタで日本の松本外務大臣を招いたASEAN特別外相会議も開催された。6月にはスリンASEAN事務総長もボランティアチームを率いて来日した。共に自然災害を受けやすい地域として一層の関係の強化が図られた。

　2011年11月の日本ASEAN首脳会議では，「共に繁栄する日本とASEANの戦略的パートナーシップの強化のための共同宣言（バリ宣言）」によって，ASEANの統合を支援し，地域の開発格差を是正するために取り組むことを宣言した。2003年の「東京宣言」以降の変化，とりわけ世界経済におけるASEAN経済の重要性とASEANのAECへ向けての取り組みの進展により，AEC構築へ向けての支援が強く打ち出されている[6]。また，2011年5月には，ジャカルタにASEAN日本代表部を開設した。ASEAN域外国ではアメリカに次いで2番目の開設であった。

　2012年8月の日本ASEAN経済大臣会議では，「日本ASEAN10年間戦略的経済協力ロードマップ」が合意された。2015年のAECの確立を挟んで2012年からの10年間を，日本とASEANが経済統合と経済成長をより高いレベルで推進していく重要な時期として，長期的な目標を提示した。本ロードマップの目標は，①10年間で日本ASEAN間の貿易と投資の倍増，②ASEANの投資先としての魅力の増大，③日本からASEANへの技術移転の増大，④ASEAN後発途上国における発展格差の縮小，⑤AECとRCEPの実現への貢献などであった。そしてその目標を達成するための3つの柱として，①ASEANと東アジアの市場統合，②より高度化された産業構造を目指した産業協力の強化，③経済成長と生活の質の向上を示した。いずれもAECの実現に大きく関係していた。またASEANの2015年以降のビジョンに合ったものに修正するため，2015年末にロードマップの見直しを行うことも述べられた[7]。

　日本とASEANは，首脳会議，外相会議，経済大臣会議，高級事務レベル会議，専門家会議などを通じて多くの対話を実践してきているが，経済関係に関しては，上記の日本ASEAN経済大臣会議（AEM-METI），高級経済事務レベ

ル会合 (SEOM),日本 ASEAN 経済産業協力委員会 (AMEICC) などが ASEAN との協力を行っている[8]。また第2節で述べるとおり,2008年からASEAN 事務総長と ASEAN 日本人商工会議所連合会 (FJCCIA) との対話が毎年行われている。この対話は,ASEAN の統合の阻害要因の検討と解決につながる,日本と ASEAN の主要な経済対話である。

3. 日本 ASEAN 友好協力 40 周年を越えて

2013年1月には,安倍首相が再就任後初の外国訪問先としてベトナム,タイ,インドネシアを訪問して ASEAN 重視を示し,更にインドネシアでは「対 ASEAN 外交5原則」を発表した。「対 ASEAN 外交5原則」は,第1に ASEAN 諸国と共に,自由,民主主義,基本的人権等の普遍的価値の定着及び拡大に共に努力をしていくこと,第2に「力」ではなく「法」が支配する自由で開かれた海洋は「公共財」であり,これを ASEAN 諸国と共に全力で守り,米国のアジア重視を歓迎すること,第3に様々な経済連携ネットワークを通じ,モノ,カネ,ヒト,サービスなど貿易及び投資の流れを一層進め,日本経済の再生につなげ,ASEAN 諸国とともに繁栄すること,第4にアジアの多様な文化・伝統を守り,育てていくこと,第5に未来を担う若い世代の交流を更に活発に行い,相互理解を促進することである[9]。続けて5月24-26日には,日本の首相としては36年ぶりにミャンマーを訪問し,7月25-27日にはマレーシア,シンガポール,フィリピンを訪問した。各国では,ASEAN 重視とともに多くの協力を表明した。

2013年は日本 ASEAN 友好協力 40 周年であり,日本と ASEAN の間で,政治,経済,文化,青少年交流,観光などに関する多くの交流事業や会合が行われた。そして12月には,10年ぶりに東京で日本 ASEAN 特別首脳会議が開催された。

12月14日の日本 ASEAN 特別首脳会議では,「日本 ASEAN 友好協力に関するビジョン・ステートメント」を採択し,「平和と安定のパートナー」,「繁栄のためのパートナー」,「より良い暮らしのためのパートナー」,「心と心のパートナー」の4つの分野で,日本と ASEAN が協力を強化することを確認した[10]。「日本 ASEAN 特別首脳会議共同声明」では,地域の課題と地球規模の

課題に，日本とASEANが協力して対応する事も述べている[11]。

そして2015年のAEC実現に向けて，ASEANの連結性を高めるためのインフラ整備を中心に，日本が今後5年間で2兆円規模のODA支援を行う事が表明された。また日本ASEAN統合基金（JAIF）においては，総額1億ドルを追加拠出する「JAIF2.0」が表明された。2006年に設立されたJAIFは，ASEAN共同体設立を目指し，域内格差是正を中心に統合を進めるASEANを支援するための基金である。「JAIF2.0」では，①海洋協力，②防災協力，③テロサイバー対策，③ASEAN連結性強化の4つを重点事項として，「日本ASEAN友好協力に関するビジョン・ステートメント」を実現するために活用される[12]。

日本は，これまでASEANへの支援として，多くの基金も創設してきた。1978年のASEAN文化基金，1988年の日本ASEAN学術交流基金，1999年の日本ASEAN連帯基金，2000年の日本ASEAN総合交流基金，上述の2006年の日本ASEAN統合基金などである。

アジア経済危機後と世界金融危機後の構造変化の中で，中国の経済規模はより大きくなり，経済連携や新規加盟国との関係などに見るように，ASEANと中国の政治経済関係も深くなってきた。日本とASEANの関係は，以前のような断然筆頭の緊密な関係からは相対的には低下してきたと言えよう。ただし現在の東アジアの政治経済状況の中で，日本とASEANの関係は双方にとって経済的にも政治的にも依然きわめて重要である。日本ASEAN友好協力の40年を越えて，ASEANとの関係は，更に緊密になることが期待される。

第2節　AECの深化へ向けての日本の協力

AECは，ASEAN経済統合の深化と東アジア経済統合の深化のために不可欠であり，同時に経済関係の深い日本にとってもきわめて重要である。ASEAN経済統合においては，「統合の深化」と「域内格差の是正」が一貫した課題である。以下では「統合の深化」と「域内格差の是正」を達成するために，日本が出来る協力について考察したい[13]。それらは既に進められているものも多いが，更に協力が必要と考える。

1. 統合の深化へ向けた協力

　先ずは，ASEAN統合の深化に向けた協力である。ソフトインフラ構築やルール構築における協力，ハードインフラ整備を含む。第1に，ASEANの統合の阻害要因の検討と解決への協力である。ASEANは，単一市場と単一生産基地の実現を目標としてきている。ASEAN大で生産ネットワークを構築している日系企業からの視点で阻害要因を洗い出し，ASEANに提示することが重要である。たとえば，ASEAN事務総長とASEAN日本人商工会議所連合会（FJCCIA）との対話がその協力の代表である。この会議は，ASEANのスリン事務総長が日本貿易振興機構（JETRO）との会談において在ASEAN日系産業界との直接対話を要望して実現した会議で，2008年のバンコクでの第1回対話に始まり，2016年まで9回開催されてきている。第4回対話と第8回対話の際には，大臣レベルが出席した会議も開催された。2016年6月にジャカルタで開催された第9回対話においても，貿易円滑化，税関手続き，基準・認証調和など多くの対話がなされた。第9回の対話では，新たな対話の枠組みとして，「AECブループリント」に沿って統合措置の策定と実施に責任を負う，3つの分野別調整委員会の議長との対話も行われた[14]。この対話によって，多くのASEANの統合の阻害要因の検討と解決への有効な協力が可能である。それは日系企業の生産ネットワーク構築にも大きく資するであろう。

　またJETROでは，毎年，『在アジア・オセアニア日系企業活動実態調査』を行い，貿易制度面等での問題点を洗い出している。このような調査を基に，ASEANの統合の阻害要因の検討と解決への協力が可能である。後述するERIA等の調査も大変重要である。

　第2に，ASEANにおける貿易や物流円滑化への支援である。AECの目標の物品の移動の自由化という点では，物流円滑化への支援が重要である。特に，ASEANが進めるASEANシングル・ウインドウ（ASW）の実現へ向けての支援などが必要である。ASWは，ASEANの物流円滑化の代表的プロジェクトであり，通関手続きの迅速化，透明性向上に大きく寄与するであろう（本書第5章，参照）。また交通における円滑化も必要であろう（本書第10章，参照）。それらのため，技術支援，人材育成など更に支援すべきである。

　第3に，ASEAN全体の物流や交通のインフラの整備である。後述の格差是

正の部分とも関連するが，道路，港湾などハードの物流インフラも新規加盟国を中心に改善の余地が大きく，日本の貢献が期待される（本書第 10 章，参照）。「東西・南部経済大動脈構想」や「海洋 ASEAN 経済回廊構想」などの協力を推進することが有用である。また ASEAN の成長力強化のため，広域インフラの整備，産業開発，制度改善などを更に行うべきである。物流インフラのようなハードの整備のためには，日本を含め外国の資金援助や官民連携（PPP）などが必要であり，日本への期待も大きい。

第 4 に，ASEAN 地域規準・標準策定，相互承認（MRA）の促進への協力である。それらは非関税障壁の削減にもつながるであろう（本書第 5 章，参照）。自動車や電機などを含めて，広範な品目での ASEAN の地域規準・標準策定や相互承認（MRA）の促進に向けた協力を，東アジアでのルール整備も視野に入れて行うべきである。ルール整備において協力することは，将来の日本企業の活動にとっても大いに有益である。

第 5 に，各種資格制度の構築支援など，人の移動の自由化への協力である。ASEAN において人の移動の自由化は，今後より重要になるであろう（本書第 9 章，参照）。AEC の目標である人の移動の自由化について，ASEAN の各種資格支援を日本の経験と蓄積を基盤に実施できるであろう。

第 6 に，知的財産権分野の支援である。今後，ASEAN 各国での知財権の保護と ASEAN 域内での知財権に関する協力が更に必要になってくるであろう。日本も 2012 年から定期的な日本 ASEAN 特許庁長官会合を開催するなど，支援を強化している（本書第 12 章，参照）。日本企業にとっても，健全な市場と投資環境を創出するという観点から知的財産権分野への協力は重要である。

第 7 に，消費者保護制度の構築支援である。ASEAN は，2007 年の「ASEAN ブループリント」で初めて消費者保護，税制などについても共通政策を打ち出した。消費者保護については，食品偽装などに対する日本の経験を生かすことが出来るであろう。

以上の第 4 から第 7 は，ルールにおける協力とも言える。ルール整備において協力することは，将来の日本のためにも，日本企業の活動にとっても大いに有益である。ルール整備における協力においては，ASEAN とともに，東アジア各国とどのように連携するか，更にはアメリカともどのように連携するかも

重要になってくるであろう。

第8に，エネルギーにおける協力も，ASEAN諸国の成長とともに必要になってきている。ASEANにおいて，エネルギーの効率化と保存，再生可能エネルギーの利用によってエネルギーを削減することも必要である（本書第11章，参照）。エネルギーにおける協力においても，エネルギーの効率化等の技術を有する日本の協力が有用であろう。

第9に，金融面での協力も，更に必要になってくることが考えられる（ASEANの金融協力に関しては，本書第8章，参照）。現在の世界経済の変化の中で，統合の深化に向けて，更に多くの分野の日本の協力が必要となってくるであろう。

2. 域内格差是正と発展に向けた協力

次に，域内格差是正に向けた協力である。その際には，2010年の「ASEAN連結性マスタープラン（MPAC）」以降大きく打ち出されている「連結性の強化」と，「人材の育成」が重要である。域内格差是正の第1は，CLMV諸国を中心に物流インフラ整備への協力である（本書第10章，参照）。域内格差の是正は，いうまでもなくASEAN統合の不可避の目標であり，日本に対する期待も大きい（域内格差の是正に関して，本書第13章，参照）。格差是正に関しては，基本的には新規加盟国であるCLMV諸国が対象となる。ただし，インドネシア，フィリピンなど国内地域格差が大きい諸国も対象とすべきと考える。

域内格差是正では，特にCLMV諸国が，ASEAN先行加盟国と東アジアの生産ネットワークに参加できる環境整備のために，物流インフラ整備が必要である。タイとCLMV諸国とのタイ・プラス・ワンの生産ネットワークも拡大しており，CLMV諸国の発展と域内格差是正のために，更に重要となるであろう（本書第13章，参照）。経済回廊，橋梁，港湾整備といった物流インフラの整備に加え，経済特別区・工業団地の整備を進めることが必要である。たとえば，2015年4月には，日本の支援により，カンボジアのプノンペン郊外でメコン川に架かるネアックルン橋（つばさ橋）が開通し，「南部経済回廊」のホーチミンとプノンペン，バンコク間が道路で繋がった。ASEANにとってきわめて重要な経済回廊と橋梁の整備であった。また2015年9月には，ミャン

マーのヤンゴン近郊のティラワ経済特別区（SEZ）が開業した。同特別区は，日本の官民の支援により進められている。

物流インフラ整備に向けた協力においては，日本と日本企業にとっても，各国のインフラ構築・受注とともに，ASEAN統合の過程でのインフラ構築と受注が期待されるであろう。この際には官民の協力も期待される。また格差是正には，幹線道路以外のフィーダー道路などの建設，特に地場中小企業によるその建設や整備も効果があると考えられる。インフラ整備とともに地方の物流活発化，雇用，所得増加などが見込まれ，それに対する日本の協力も有用であろう。

第2に，統合のネガティブな影響を受ける各国への技術人材育成，裾野産業などへの支援も考えられる。物流分野に限らず，CLMV諸国など経済統合によるネガティブな影響が懸念される諸国では，産業競争力強化のための技術人材育成，中小企業や裾野産業の育成支援などの協力も期待されるであろう。統合のネガティブな影響を受ける可能性の高いCLMV諸国を中心に必要と考えられるが，それらの支援は，「中所得国の罠」を抱える，中所得国から更に高所得国へ発展を目指すASEAN先行加盟国にとっても，重要になるであろう。

第3に，「AECブループリント2025」が「B」で「生産性向上による成長，技術革新（イノベーション）」を目標に掲げているように，ASEANが生産性とイノベーションを増進し，「中所得国の罠」を克服して発展するための協力，あるいは従来のキャッチアップの過程を越えて発展するための協力も，重要になってくるであろう。「AEC2025」では，イノベーションを単に「科学技術行政」と捉えず，技術の商業的活用や高度技術を活用した製造業・サービス業の実現を通じ，生産性の向上を促進する経済政策的概念として位置付けた（本書第15章，参照）。たとえば人材育成をはじめ，産学連携，起業家支援，技術移転，産業クラスターの形成などへの協力が重要であろう。以上の協力は，統合とともにASEAN全体を成長させるために必要であろう。

3. ASEAN統合に関する調査と提言

上記の「統合の深化」と「域内格差の是正」の両方に関係するが，ASEAN統合に関する調査と提言も，重要な協力である。たとえば，東アジアASEAN

経済研究センター (ERIA) の調査と提言が大変有用であろう。ERIA は，日本の提案で設立され，日本が大きな貢献を行っている国際機関である。2007 年11 月第 3 回東アジア首脳会議 (EAS) で設立が合意され，2008 年 6 月にジャカルタに設立された。参加国は ASEAN ＋ 6 の 16 カ国である。主要な政策研究事業は「経済統合の推進」，「発展格差の縮小」，「持続可能な経済成長」であり，それらの調査と政策提言を行ってきている。東アジア全体の連結性強化のための「アジア総合計画」を策定し，ASEAN においても「ASEAN 連結性マスタープラン」の策定や「ASEAN ブループリント」のレビューなどに貢献してきている。また 2015 年以降の ASEAN と AEC に関しても研究を重ねている[15]。そして今後の AEC の方向を規定する「AEC ブループリント 2025」においては，ERIA が主要な提言を行って ASEAN 統合に貢献している[16]。

外務省や経済産業省などの各省庁や，国際協力機構 (JICA)，日本貿易振興機構 (JETRO)，アジア経済研究所 (IDE)，国際貿易投資研究所 (ITI) のような機関の調査と提言も有用であろう。たとえば JICA も，2025 年に向けた 2015 年以降の AEC の課題についての調査をまとめた[17]。

日本と ASEAN の関係を増進する上では，国際機関日本アセアンセンターもきわめて重要な役割を果たしてきている。日本アセアンセンターは，1981 年に設立され，日本と ASEAN 間の貿易，投資，観光の増進を図ってきている。ASEAN 事務局関係の資料も揃えている。最近では，日本アセアンセンターに倣って，中国も韓国も，中国アセアンセンター，韓国アセアンセンターを設立した。日本は，戦略的にも日本アセアンセンターを，更に充実すべきである。また日本アセアンセンターでは，本書の編著者 3 人が幹事となり ASEAN 研究会を設立し，ASEAN の統合と政治経済について議論を重ねている。

4. ASEAN の経済連携への協力と日本の成長と市場開放

上記の 1-3 で AEC 実現へ向けた協力を考察してきたが，それとともに，日本には ASEAN が進める経済連携との協力や，日本自身の成長と市場開放が必要であると考える。

ASEAN との関係においては，ASEAN が提案して進めている RCEP の実現に向けても協力が必要である。RCEP は，これまで実現できなかった東アジア

全体のFTAである。RCEPにおいては，ASEANを中心としながら共に東アジアのFTAを構築していくこと，その際に日本には，RCEPをより水準の高いFTAとする役割が期待される。日本とASEANの連携はきわめて重要である。東アジアのFTAは，日系企業の生産ネットワーク構築にとっても大変有益である（本書第14章，参照）。

アジア太平洋のメガFTAであるTPPにおいては，日本は今後の交渉会合において，これから参加するASEAN各国の参加をサポートすることができる。またASEAN各国の参加各国との事前協議に際して，これまでの日本の経験を伝えることができるであろう。TPP交渉においても，日本とASEAN参加各国が連携することが重要である。

FTAにおいては，現在，RCEPとTPPが同時に構築されつつある中で，日本とASEANの関係強化がより重要となる。日本は両方に参加しており，ASEANが中心となって進める東アジアのFTAであるRCEPと，アジア太平洋のFTAであるTPPを連結させる役割が期待される。その際にも日本とASEANの連携が必須である。

最後に，日本の成長と市場開放は，ASEANとの関係を深める上で依然として重要な課題である。日本自身が成長して，ASEAN諸国にも需要を提供することが求められる。1999年の『『アジア経済再生ミッション』報告書』は，「ヒト・モノ・カネ・情報というさまざまなレベルで，日本を開いて『第三の開国』を進めて行く必要がある，『日本を開く』ことなしにはアジア諸国との真のパートナーシップの構築はあり得ない」と提言した[18]。TPPやRCEPを進めるためにも，市場開放が必要である。労働市場に関しては，EPAによるインドネシア，フィリピン，ベトナムからの看護師・介護福祉士の受け入れは，あまり進んではいないが，日本にとって依然として重要な試金石の1つである。

人の移動に関しては，専門労働や留学生の相互の受け入れなどとともに，相互の観光客等の受け入れも，より進めるべきであろう。最近のタイなどASEAN各国から日本への観光客は急増している。その際に，2013年7月のタイとマレーシアに対するビザ免除，2014年1月のインドネシアへの事前登録によるビザ免除などが，大きな効果を発揮している。

現在においては，世界経済の中でASEANがより重要な地位を占めてくることもあり，ASEANに対して日本が協力するとともに，より相互の協力が必要になってくるであろう。

おわりに

日本とASEANは，1973年からきわめて緊密な協力関係を保ち続けてきた。そして日本は，AECの実現へ向けても多くの協力を進めてきている。日本にとっては，ASEANがAECを深化させるために，「統合の深化」と「域内格差の是正」へ向けた協力が可能である。「域内格差の是正」のためには，「連結性の強化」と「人材の育成」が重要になるであろう。またASEAN統合に関する調査と提言が可能である。更にはASEANの経済連携への協力が必要であり，また日本自身の成長と市場開放が求められるであろう。現在においては，世界経済の中でASEANがより重要な地位を占めてくることもあり，ASEANに対して日本が協力するとともに，より相互の協力が必要になってくるであろう。

AECに関連する協力において最近では，「統合の深化」と「経済格差の是正」の両面に関係するインフラ整備において，2015年5月に日本は，アジアのインフラ整備に5年間で1100億ドルを投じることを表明した。7月に東京で開催された第7回日本メコン地域諸国首脳会議（日本，タイ，ベトナム，カンボジア，ラオス，ミャンマーが参加）では，メコン地域における質の高い成長の実現に向けて，ハードとソフトの連結性を高めるために3年間で7500億円の規模のODA支援を実施することを表明した。11月の第18回日本ASEAN首脳会議の際には，基盤産業の確立と高度化のための「産業人材イニシアチブ」も，表明された[19]。

2015年末にASEANはAECを創設した。AECの深化は，日本にとってもきわめて重要である。2016年7月の岸田外務大臣のバンコクでのASEAN政策スピーチでは，ASEANが「ASEAN共同体ビジョン2025」で描く，2025年のASEAN共同体へ向けて，「ASEANの連結性強化」や「人材の育成」等で更に協力を進めることを述べている[20]。

日本と ASEAN の緊密な関係は，東アジアの発展と安定のためにも必須である。日本と ASEAN は互いに最重要な関係の1つであり，日本にとっても ASEAN は最重要なパートナーの1つである。日本企業にとっても最重要な生産拠点と市場である。現在，中国との貿易と投資を巡るリスクが大きくなる中で，日本と ASEAN との関係は更に重要になってきている。南沙諸島をはじめとする東アジアにおける領有権問題に関しても，日本と ASEAN の協力は欠かせない。

　来年 2017 年は ASEAN 設立 50 周年である。日本と ASEAN は，友好協力の 40 年を越えて，また 2025 年の ASEAN 共同体へ向けて，更に緊密な関係を築いていくべきである。

【注】
1) 清水（1998）第 1-2 章，参照。ASEAN の歴史に関しては，清水（2011）も参照されたい。
2) 清水（1998）第 2 章，参照。
3) 清水（1998）第 4 章，本書第 1 章，参照。
4) ASEAN ＋ 3 首脳会議は，1997 年 1 月に ASEAN を訪問した橋本首相が日本と ASEAN の首脳会議を提案し，1997 年が ASEAN30 周年であるため ASEAN 側から中国，韓国も招待したいとの提案があり，実現したものであった。
5) 「新千年期における躍動的で永続的な日本と ASEAN のパートナーシップのための東京宣言」(http://www.mofa.go.jp/mofaj/kaidan/s_koi/asean_03/pdfs/tokyo_dec.pdf)。
6) 「共に繁栄する日本と ASEAN の戦略的パートナーシップの強化のための共同宣言（バリ宣言）」(ttp://www.mofa.go.jp/mofaj/area/asean/j_asean/pdfs/bali_declaration_jp_1111.pdf)。
7) 「日本 ASEAN10 年間戦略的経済協力ロードマップ」(http://www.meti.go.jp/policy/trade_policy/east_asia/dl/AJ_Roadmap_MAIN_TEXT.pdf)。
8) http://www.meti.go.jp/policy/trade_policy/asean/activity/nasean.html#part0
9) http://www.kantei.go.jp/jp/headline/gaikou201301.html
10) 「日本 ASEAN 友好協力に関するビジョン・ステートメント」(http://www.mofa.go.jp/mofaj/files/000022446.pdf)。
11) 「日本 ASEAN 特別首脳会議共同声明」(http://www.mofa.go.jp/mofaj/files/000022450.pdf)。
12) http://www.mofa.go.jp/mofaj/area/asean/j_asean/jaif.html
13) AEC 実現に向けての協力に関しては，石川・清水・助川（2009）の終章並びに清水（2013b）も参照されたい。本節は以上を基に，更に本書に向けての研究会での議論や本書各章の分析を踏まえて考察している。
14) https://www.jetro.go.jp/jetro/topics/2016/1606_topics2.html。『通商弘報』2016 年 7 月 4－7 日号も参照。
15) ERIA ディスカッションペーパーや Intal, Fukunaga, Kimura, et.al（2014）等，参照。
16) ASEAN Secretariat（2015c），p. 59.
17) 独立行政法人国際協力機構（JICA）・日本大学生物資源科学部・プライスウオーターハウスクーパース株式会社（2014），参照。

18) 「『アジア経済再生ミッション』報告書」(http://www.mofa.go.jp/mofaj/area/asiakeizai/saisei/hokoku.html)。
19) 「産業人材イニシアチブ」は，アジア地域が世界経済の成長センターとなるための産業人材を育成する政策であり，①実践的技術力，②設計開発力，③イノベーション力，④経営・企画・管理力のある人材の育成を目的としている（http://www.mofa.go.jp/mofaj/a_o/rp/page3_001483.html）。
20) http://www.mofa.go.jp/mofaj/a_o/rp/page3_001675.html

【参考文献】
(和文)

石川幸一・朽木昭文・清水一史編（2015）『現代 ASEAN 経済論』文眞堂。
石川幸一・清水一史・助川成也編（2009）『ASEAN 経済共同体―東アジア統合の核となりうるか』日本貿易振興機構（JETRO）。
石川幸一・清水一史・助川成也編（2013）『ASEAN 経済共同体と日本』文眞堂。
「新千年期における躍動的で永続的な日本と ASEAN のパートナーシップのための東京宣言」(http://www.mofa.go.jp/mofaj/kaidan/s_koi/asean_03/pdfs/tokyo_dec.pdf)。
ジェトロ（2015）『世界貿易投資報告 2015』(http://www.jetro.go.jp/world/gtir/2015.html)。
清水一史（1998）『ASEAN 域内経済協力の政治経済学』ミネルヴァ書房。
清水一史（2011）「ASEAN―世界政治経済の構造変化と地域協力の深化―」，清水一史・田村慶子・横山豪史編（2011）『東南アジア現代政治入門』ミネルヴァ書房。
清水一史（2013a）「世界経済と ASEAN 経済統合」，石川・清水・助川（2013）。
清水一史（2013b）「AEC と日本 ASEAN 協力」，石川・清水・助川（2013）。
清水一史（2015）「日本 ASEAN 協力の 40 年と ASEAN 経済共同体」『国際貿易と投資』(国際貿易投資研究所：ITI)，101 号。
助川成也（2013）「日系企業と ASEAN 経済共同体」石川・清水・助川（2013）。
独立行政法人国際協力機構（JICA）・日本大学生物資源科学部・プライスウォーターハウスクーパース株式会社（2014）『ASEAN2025 に係る情報収集・確認調査ファイナルレポート』。
「共に繁栄する日本と ASEAN の戦略的パートナーシップの強化のための共同宣言（バリ宣言）」(http://www.mofa.go.jp/mofaj/area/asean/j_asean/pdfs/bali_declaration_jp_1111.pdf)。
「日本 ASEAN10 年間戦略的経済協力ロードマップ」(http://www.meti.go.jp/policy/trade_policy/east_asia/dl/AJ_Roadmap_MAIN_TEXT.pdf)。
「日本 ASEAN 特別首脳会議共同声明」(http://www.mofa.go.jp/mofaj/files/000022450.pdf)。
「日本 ASEAN 友好協力に関するビジョン・ステートメント」(http://www.mofa.go.jp/mofaj/files/000022446.pdf)。
「日本 ASEAN 友好協力 40 周年　つながる想い　つながる未来」(http://www.mofa.go.jp/mofaj/area/asean/j_asean/ja40/pdfs/pamph_jp.pdf)。

(英文)

ASEAN Secretariat, *ASEAN Documents Series*, annually, Jakarta.
ASEAN Secretariat, *ASEAN Annual Report*, annually, Jakarta.
ASEAN Secretariat (2010), *Master Plan on ASEAN Connectivity*, Jakarta.
ASEAN Secretariat (2015c), *ASEAN 2025: Forging Ahead Together*, Jakarta.
Intal, P., Fukunaga, Y., Kimura, F. et.al（2014）, *ASEAN Rising: ASEAN and AEC beyond 2015*, ERIA, Jakarta.

【付表・図】

表1　ASEAN・日本・中国・インドの人口推移

(単位：100万人)

		1980年	1990年	2000年	2010年	2015年
ASEAN		316.0	397.0	514.4	589.0	629.5
	ブルネイ	n/a	0.3	0.3	0.4	0.4
	カンボジア	n/a	8.0	12.2	14.4	15.5
	インドネシア	147.5	179.4	206.3	237.6	255.5
	ラオス	3.2	4.2	5.4	6.4	7.0
	マレーシア	13.9	18.3	23.5	28.6	31.0
	ミャンマー	n/a	n/a	46.4	49.7	51.8
	フィリピン	48.3	61.5	76.8	92.6	102.2
	シンガポール	2.4	3.0	4.0	5.1	5.5
	タイ	46.5	56.3	61.9	67.3	68.8
	ベトナム	54.2	66.0	77.6	86.9	91.7
日本		116.7	123.5	126.8	128.0	126.9
中国		987.1	1,143.3	1,267.4	1,340.9	1,374.6
インド		682.3	847.4	1,029.2	1,194.6	1,292.7

(出所)　IMF, World Economic Outlook Database, 2016 April.

図1　2015年 ASEAN人口の各国構成

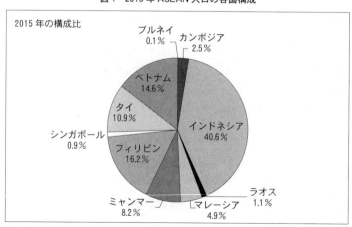

(資料)　IMF, World Economic Outlook Database, 2016 April から作成。

表2 ASEAN・日本・中国・インドの名目 GDP 推移

(単位:10億 US ドル)

		1980 年	1990 年	2000 年	2010 年	2015 年
ASEAN		238.1	366.2	625.5	1,950.6	2,436.0
	ブルネイ	n/a	3.5	6.0	12.4	11.8
	カンボジア	n/a	0.9	3.7	11.2	18.2
	インドネシア	104.3	137.5	179.5	755.3	859.0
	ラオス	1.0	0.9	1.6	6.8	12.5
	マレーシア	24.6	43.4	93.8	247.5	296.2
	ミャンマー	n/a	n/a	10.3	49.6	67.0
	フィリピン	36.0	49.0	81.0	199.6	292.0
	シンガポール	12.1	38.9	95.8	236.4	292.7
	タイ	32.4	85.6	122.7	318.9	395.3
	ベトナム	27.8	6.5	31.2	112.8	191.5
日本		1,087.0	3,103.7	4,731.2	5,495.4	4,123.3
中国		309.1	404.5	1,192.9	5,949.6	10,982.8
インド		181.4	326.6	476.6	1,708.5	2,090.7

(出所) IMF, World Economic Outlook Database, 2016 April.

図2 2015 年 ASEAN 名目 GDP の各国構成

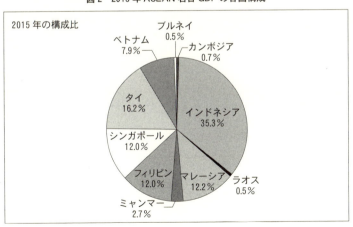

(資料) IMF, World Economic Outlook Database, 2016 April から作成。

表3 ASEAN・日本・中国・インドの1人当たりGDP推移

(単位：USドル)

		1980年	1990年	2000年	2010年	2015年
ASEAN		753.4	922.4	1,216.1	3,311.4	3,869.8
	ブルネイ	n/a	13,893.0	18,476.9	31,981.9	28,236.6
	カンボジア	n/a	112.9	300.0	781.9	1,168.0
	インドネシア	707.1	766.3	870.2	3,178.1	3,362.4
	ラオス	310.2	215.5	291.7	1,069.7	1,778.7
	マレーシア	1,769.2	2,374.2	3,991.9	8,658.7	9,556.8
	ミャンマー	n/a	n/a	221.6	998.4	1,292.0
	フィリピン	744.1	796.3	1,055.1	2,155.4	2,858.1
	シンガポール	5,003.8	12,766.1	23,793.1	46,569.4	52,887.8
	タイ	695.8	1,521.0	1,983.3	4,735.8	5,742.3
	ベトナム	514.0	98.0	401.6	1,297.2	2,088.3
日本		9,312.8	25,139.6	37,303.8	42,916.7	32,485.5
中国		313.1	353.8	941.2	4,437.0	7,989.7
インド		265.9	385.4	463.1	1,430.1	1,617.3

(出所) IMF, World Economic Outlook Database, 2016 April.

表4 ASEAN原加盟国・日本・世界の実質GDP成長率

(単位：％)

	1980−90年	1990−2000年	2000−10年	2011年	2012年	2013年	2014年	2015年
インドネシア	6.1	4.2	5.3	6.2	6.0	5.6	5.0	4.8
マレーシア	5.3	7.0	5.0	5.3	5.5	4.7	6.0	5.0
フィリピン	1.0	3.3	4.9	3.7	6.7	7.1	6.1	5.8
シンガポール	6.7	7.2	6.0	6.2	3.4	4.4	2.9	2.0
タイ	7.6	4.2	4.5	0.8	7.3	2.8	0.9	2.8
日本	3.9	1.0	0.9	−0.5	1.8	1.6	−0.1	0.5
世界	3.3	2.9	2.7	2.8	2.3	2.4	2.5	2.5

(出所) World Bank, World Development Indicators, 2016 および IMF, World Economic Outlook, 2016 April.

表5 CLMVの近年の実質GDP成長率

(単位：％)

	2000−10年	2011年	2012年	2013年	2014年	2015年
カンボジア	8.7	7.1	7.3	7.5	7.1	7.0
ラオス	7.2	8.0	8.0	8.5	7.5	7.0
ミャンマー		5.9	7.3	8.2	8.5	7.0
ベトナム	7.5	6.2	5.2	5.4	6.0	6.7

(出所) World Bank, World Development Indicators, 2016 および IMF, World Economic Outlook, 2016 April.

表6 ASEAN加盟国の経済社会指標

	インドネシア	マレーシア	フィリピン	シンガポール	タイ
名目GDP（2015年）	8,590億ドル	2,962億ドル	2,920億ドル	2,927億ドル	3,953億ドル
1人当たりGDP（2015年）	3,362ドル	9,557ドル	2,858ドル	52,888ドル	5,742ドル
産業構造（2014年）	農業14%, 工業43%, サービス産業43%	農業9%, 工業40%, サービス産業51%	農業11%, 工業32%, サービス産業57%	農業0%, 工業25%, サービス産業75%	農業10%, 工業37%, サービス産業53%
輸出依存度（2013年）	20.0%	62.6%	16.4%	146.1%	53.7%
主要輸出品	鉱物性燃料, 動植物性油脂, 原油・天然ガス	電気電子, パーム油, 石油製品	電気電子, 木材, 鉱物	電気電子, 一般機械, 化学品	自動車・部品, コンピューター・部品, 精製燃料
1日1.9ドル以下の所得・支出の人口比率	15.9%（2010年）	0.3%（2009年）	13.1%（2012年）		0.1%（2012年）
平均寿命（2014年）	68.9歳	74.7歳	68.3歳	82.6歳	74.4歳
成人識字率（15歳以上）	92.8%（2011年）	93.1%（2010年）	95.4%（2008年）	96.5%（2013年）	96.4%（2010年）
幼児死亡率（出生1,000人当たり）（2015年）	23人	6人	22人	2人	11人
1,000人当たり医師数	0.20人（2012年）	1.20人（2010年）	1.15人（2004年）	1.95人（2013年）	0.39人（2010年）
電化率（家庭）（2012年）	96.0%	100.0%	87.5%	100.0%	100.0%

（つづく）

	カンボジア	ラオス	ミャンマー	ベトナム	ブルネイ
名目GDP（2015年）	182億ドル	125億ドル	670億ドル	1,915億ドル	118億ドル
1人当たりGDP（2015年）	1,168ドル	1,779ドル	1,292ドル	2,088ドル	28,237ドル
産業構造（2014年）	農業31%，工業27%，サービス産業42%	農業25%，工業35%，サービス産業40%	農業28%，工業34%，サービス産業38%	農業18%，工業39%，サービス産業43%	農業1%，工業68%（鉱業49%，製造業19%），サービス産業31%
輸出依存度（2013年）	42.3%	20.2%	16.0%	77.1%	73.5%
主要輸出品	縫製品，天然ゴム	鉱物，電力，縫製品，コーヒー	天然ガス，翡翠，豆類，縫製品	電話機，縫製品，電子部品	原油，天然ガス
1日1.9ドル以下の所得・支出の人口比率	6.2%（2012年）	30.0%（2012年）		3.2%（2012年）	
平均寿命（2014年）	68.2歳	66.1歳	65.9歳	75.6歳	78.8歳
成人識字率（15歳以上）	73.9%（2009年）	72.7%（2005年）	92.8%（2013年）	93.5%（2009年）	96.1%（2011年）
幼児死亡率（出生1,000人当たり）（2015年）	25人	51人	40人	17人	9人
1,000人当たり医師数	0.17人（2012年）	0.18人（2012年）	0.61人（2012年）	1.19人（2013年）	1.44人（2012年）
電化率（家庭）（2012年）	31.1%	70.0%	52.4%	99.0%	76.2%

（注）　東チモールは，名目GDP45億ドル，1人当たりGDP3,637ドルである。

（出所）　IMF, World Economic Outlook, April 2016, Asian Development Bank, Key Indicators for Asia and the Pacific 2015, World Bank, World Development Indicators, 2016 など。

表7 東南アジアの多様性

	面積万平方キロ	人口100万人	主要民族	主要言語	主要宗教	旧宗主国
インドネシア	191.0	255.0	ジャワ人，スンダ人などマレー系300種族，華人	インドネシア語および各民族語	イスラム教87%，キリスト教9%，ヒンドゥ教2%，仏教1%	オランダ
マレーシア	33.0	30.7	マレー人53%，その他土着民族12%，華人27%，インド系8%	マレー語，中国語，タミル語，英語	イスラム教，仏教，ヒンドゥ教，キリスト教	イギリス
フィリピン	30.0	101.4	マレー系，華人系，スペイン系	フィリピノ語，英語	カトリック85%，イスラム教4%，プロテスタント3%	スペインアメリカ
シンガポール	0.071	5.5	華人76%，マレー人15%，インド系7%	マレー語，中国語，タミル語，英語	仏教，イスラム教，ヒンドゥ教，キリスト教	イギリス
タイ	51.3	68.8	タイ人系75%，華人14%，マレー人，クメール人，山岳少数民族	タイ語，ラオ語，クメール語，マレー語，中国語	上座部仏教95%，イスラム教4%	
ブルネイ	0.57	0.41	マレー人69%，華人18%，先住民族5%	マレー語，中国語，英語	イスラム教	イギリス
ベトナム	33.0	91.5	ベトナム人90%，華人，タイ人，チャム人など60の少数民族	ベトナム語	仏教55%，カトリック8%，カオダイ教3%	フランス
ラオス	23.6	7.0	ラオ人60%，メオ人など60以上の少数民族	ラオ語	上座部仏教95%	フランス
ミャンマー	67.6	51.8	ミャンマー人69%，シャン人9%，カレン人6%など130の少数民族	ミャンマー語，カチン語，シャン語，カレン語など	上座部仏教90%，キリスト教4.6%，イスラム教3.9%	イギリス
カンボジア	18.1	15.5	クメール人93%，華人3%，ベトナム人3%	クメール語	上座部仏教ほか	フランス
東チモール	1.5	1.2	テトゥン人（メラネシア系），華人，マレー系，ポルトガル系	テトゥン語，ポルトガル語	カトリック	ポルトガル

参考：日本の面積は37万7,800平方キロ，人口は1億2,700万人。
（出所） 日本ASEANセンター（2016）「ASEAN情報マップ」，人口は2015年。
民族，宗教，言語は藤巻正巳・瀬川真平（2003）『現代東南アジア入門』古今書院。
東チモールは外務省による。

索　引

【A–Z】

AANZFTA　293
ABIF　171, 180
ACCC　59, 63
ACFTA　303
ACIA　27, 195, 196, 198
ACMF　174, 175, 176
ACMI　174, 175
ACTI（貿易・投資を通じた ASEAN 連結性）　116
AEC　3, 4, 6, 7, 8, 13, 14, 16, 17, 20, 21, 25, 26, 69, 193, 289, 290, 294, 295, 299, 300, 301, 302, 304, 327, 331, 332, 334, 336, 341
——2015　41, 193
——2025　41, 193, 302, 338
——スコアカード　14, 30
——ブループリント　7, 14, 15, 18, 26, 75, 170, 193, 269, 287, 290, 335
——ブループリント2025　17, 18, 284, 285, 338, 339
AEO（Authorized Economic Operator）　122
AFAFGIT　210, 218, 220, 221, 222, 223, 228
AFAFIST　210, 218, 220, 221, 222, 223, 228
AFAMT　210, 218, 222, 223
AFAS　27
AFEED　273
AFTA　5, 7, 8, 9, 10, 12, 14, 15, 16, 20, 26, 291, 293, 295
AFTA–CEPT 協定　70
AFTA 評議会　72
AHN　210, 213, 214, 215, 273
AIA　38, 194, 198, 200
AICO　8
AIF　273
AIFTA　293, 300
AIGA　38, 194, 198, 200
AIIF　171

AMBDC　216
AMBIF　190
AMNP　27
AMRO　182, 322
APAEC　231, 234, 238, 241
APEC　5, 12, 293, 294, 295
APG　231, 234, 235, 236, 238, 240, 242
ASAM　210, 225
ASCOPE　238
ASEAN
——Capital Market Infrastructure　174
——Capital Markets Forum　174
——IP Portal　250
——Stars　174
——Way　37
——＋1（FTA）　3, 10, 12, 15, 289, 292, 293, 294, 296, 299
——＋3　3, 9, 10, 54, 289, 292, 293, 294, 296, 330, 331
——＋3 Macroeconomic Research Office　182
——＋6　3, 9, 10, 12, 289, 292, 293, 296, 339
——＋IFTA　93
——2025　17
——安全保障共同体（ASC）　6
——医療機器指令（AMDD）　120
——インド FTA（AIFTA）　93
——インフラ基金　273
——オーストラリア・ニュージーランド FTA　162
——外相会議（AMM）　53, 328, 329
——韓国 FTA（AKFTA）　10, 94, 292
——企業　149
——共同工業プロジェクト（AIP）　4, 328
——共同体　69
——共同体2025ビジョン　308
——協和宣言　4, 290
——銀行統合枠組　170
——経済共同体（AEC）　3, 4, 6, 7, 8, 13, 14,

索引　351

　　16, 17, 20, 21, 25, 26, 69, 193, 289, 290, 294,
　　295, 299, 300, 301, 302, 304, 327, 331, 332,
　　334, 336, 341
――経済大臣会議（AEM）　53, 62
――経済統合ハイレベル・タスクフォースの
　　提言　113
――化粧品指令（AMDD）　120
――化粧品統一規制に関する枠組み（AHCRS）
　　120
――憲章　7, 10, 37, 51, 52, 54, 55, 56, 57,
　　60, 61, 70
――工業補完協定（AIC）　4
――高速道路ネットワーク　273
――公認エンジニア（ACPE）　34
――サービス貿易協定（ATISA）　27, 38, 149,
　　314
――サービスに関する枠組み協定（AFAS）
　　14, 27, 38, 125, 196, 314
――産業協力（AICO）スキーム　5
――資格参照枠組み（AQRF）　156, 164
――自然人移動協定　27, 315
――事務局　16, 52, 53, 56
――事務総長　53, 56, 60, 62
――社会文化共同体（ASCC）　6
――自由貿易地域（AFTA）　3, 26, 53, 61, 69,
　　193, 289, 290, 330
――首脳会議　7, 17, 53, 294, 328, 330, 331,
　　341
――常駐代表　57, 58
――常駐代表部　58, 59
――シングル・ウインドウ（ASW）　14, 33,
　　112, 335
――税関協定　121
――税関申告書（ACDD）　117
――設立宣言（バンコク宣言）　4
――総合イニシアチブ（IAI）　15
――地域自己証明制度（AWSC）　111
――地域フォーラム（ARF）　10
――知財協力作業部会（AWGIPC）　246
――知財協力枠組み条約　246
――知財権協力　246
――知財権行動計画2004-2010　247, 255
――知財権行動計画2011-2015　247, 255
――知財権行動計画2016-2025　250

――中国自由貿易地域（ACFTA）　10, 105,
　　292
――中心性（ASEAN Centrality）　40, 296, 325
――調整理事会　52, 53, 57
――統一関税品目表（AHTN）　111, 121
――統合イニシアチブ（IAI）　272, 310, 320
――統合ロードマップ　101
――投資促進保護協定　38, 194
――投資地域枠組み協定　38, 194
――投資保護促進協定（AIGA）　150
――特許審査協力（ASPEC）　258
――特許制度・ASEAN商標制度　263
――特許制度・同商標制度　255
――特許制度構想・同商標制度構想　246,
　　253
――日本人商工会議所連合会（FJCCIA）　107,
　　331, 335
――日本包括的経済連携協定（AJCEP）　10,
　　292
――物品貿易協定（ATIGA）　7, 27, 38, 75
――ブループリント　336, 339
――貿易収納庫（ASEANトレード・レポジ
　　トリ；ATR）　33, 119
――包括的投資協定（ACIA）　14, 27, 34, 38,
　　150, 193 194, 195, 315
――保険統合枠組　171
――マイナスX　54, 55, 62, 70
――優先統合分野枠組み協定　104
――連結性調整委員会（ASEAN Connectivity
　　Coordinating Committee：ACCC）　53, 58
――連結性マスタープラン（MPAC）　7, 28,
　　58, 117, 273, 290, 302, 310, 318, 337, 339
ASPEC　250, 253, 263
ASSIST（ASEAN投資・サービス・貿易解決）
　　119
ASSM　210, 224
ASW　224, 314
ATIGA　27, 313, 314
ATISA　27
ATR　314
Back to Back原産地証明書　102
BBCスキーム　5, 8, 330
CADP　215
CBTA　218, 219, 220, 221, 229, 276, 277

352　索　引

CBTP　210, 218, 223
CEPEA　10, 12, 292, 293, 294, 296
CEPT　5, 7, 69
CLMV　14, 310, 331, 337, 338
CPR　52, 53, 57, 58, 59, 63
EAFTA　10, 12, 292, 293, 294, 296
EAS　10, 292, 294, 339
ECFA　293
EEC（欧州経済共同体）　28
ERIA　181, 252, 318, 323, 335, 339
FTAAP　293, 299, 305
FTAプラス　43
GATS　126
　――プラス　130
GATT（関税と貿易に関する一般協定）　69
　――24条　42
GEL　194
GMS　274
　――戦略枠組み2012-22　274
HPM　30
IAI　272
　――作業計画2　272
IMV　8, 9
IP　275
ISDS　199
JETRO　335, 339
KPI　309
MAAS　226, 227
MAFLAFS　226
MAFLPAS　226, 227
MNP協定　156, 161
MPAC　28, 209, 210, 222, 223, 273
NAMA　127
NT　201
NTB　32
NTM　32, 314
OCP　101
OECD　318, 323
PKD　30
QABs　34
RCEP（東アジア地域包括的経済連携）　13, 15, 21, 32, 38, 40, 289, 290, 293-301, 303, 304, 305, 324, 332, 339
RIATS　225, 226

RIF　274
　――実施計画　275
SF　274
SKRL　210, 212, 213, 216, 217, 228, 273, 274
SL　194
SMBD　201
TAGP　231, 234, 238, 240, 242
TEL　194
TiSA（Trade in Services Agreement）　127
TPP（環太平洋経済連携協定）　12, 13, 15, 16, 21, 40, 81, 103, 289, 290, 292, 293, 294, 296, 297, 298, 299, 300, 301, 302, 303, 304, 305, 324, 340
TTR　212, 213, 273

【ア行】

アジア経済危機　5, 6, 10, 289, 292, 330, 334
アジア経済研究所（IDE）　339
アジア太平洋経済協力（APEC）　5, 12, 293, 294, 295
アジア通貨危機　72
一時的除外リスト　194
一般除外リスト　194
ウルグアイ・ラウンド　69
運用上の証明手続き　101
越境交通協定　276
越境交通路　273
欧州連合（EU）　69

【カ行】

外国人事業法　138
外国直接投資規制指数（FDI Restrictiveness Index）　207
外相会議　51, 52
為替制限　197
関税同盟　28, 42
関税番号変更基準　92
環大西洋貿易投資パートナーシップ（TTIP）　289
間接収用　198
完全累積基準　103
環太平洋経済連携協定（TPP）　12, 13, 15, 16, 21, 40, 81, 103, 289, 290, 292, 293, 294, 296, 297, 298, 299, 300, 301, 302, 303, 304, 305,

索引 353

324, 340
議長国　55, 57, 60
競争力のある経済地域　26
共通効果特恵関税（CEPT）　5, 7, 69
グローバル経済への統合　26
経営幹部および取締役の国籍要求の禁止　197, 201
経済閣僚会議　52
経済連携協定（EPA）　105
原産地規則　14, 101, 299, 302, 303
原産地証明書　96
賢人会議（EPG）　70
高級経済事務レベル会合（Senior Economic Officials Meeting : SEOM）　62
高級事務レベル会合（SOM）　52, 53
行動計画 2011-2015　258
行動計画 2016-2025　258
高度優先措置　30
公平かつ衡平な待遇　197
公平な経済　26
　——発展のための ASEAN 枠組み　273
国際機関日本アセアンセンター　339
革新的国際多目的車（IMV）　8, 9
国際貿易投資研究所（ITI）　339
国内措置　25, 32
国民車構想　87
国家貿易収納庫（ナショナル・トレード・レポジトリ；NTR）　119
国境措置　25, 31
コンセンサス制　54

【サ行】

サービスの貿易に関する一般協定（GATS）　126, 161
最恵国待遇　196
最小限の規制　193
サプライチェーン　25, 27, 36
資金移転の自由　197
事前教示制度　121
自然人移動協定（MNP 協定）　156, 161
実質的変更基準　103
資本取引自由化ヒートマップ　172, 173, 185
事務局　51, 57, 59, 63
社会主義市場経済　71

集団的外資依存輸出指向型工業化戦略　4, 5, 6, 10, 290, 295, 330
集団的輸入代替重化学工業化戦略　4, 330
十分な保護および保障　197
収用と補償　197, 198
首脳会議　4, 51, 52, 54, 55, 57, 58, 59, 60, 61, 63, 290, 332
常駐代表委員会（CPR）　52, 53, 57, 58, 59, 63
常駐代表部　58
シンガポール昆明鉄道　273
シングル・ストップ検査（SSI）　122, 275, 276
スコアカード　56
世界金融危機　3, 11, 289, 292, 293, 304, 334
世界の成長センター　72
世界貿易機関（WTO）　61, 70
設立段階の内国民待遇　196, 200
センシティブリスト　194
専門家資格の相互承認（MRA）　156, 315
戦略的日程　311
早期関税引き下げ（EH）措置　92
相互譲許原則　87
相互承認協定（MRA）　15
相互承認取極め（MRAs）　120
争乱の場合の補償　197

【タ行】

対 ASEAN 外交 5 原則　333
代位　197, 198
第 1 自己証明制度　109
第三者証明制度　108
第 2 ASEAN 協和宣言　3, 6, 55, 113, 130, 290, 331
第 2 自己証明制度　109
タイ米友好経済関係条約　139
大メコン圏開発プログラム　274
単一の市場と生産基地　26, 27
ダンケル・ペーパー　70
地域投資枠組み　274
チェンマイ・イニシアチブ（CMI）　10, 292, 330
知財権行動計画 2004-2010　249, 258, 262
知財権行動計画 2011-2015　249, 250, 260, 261
知財権行動計画 2016-2025　251, 252, 261, 262
知的財産権　336

仲介貿易　102
中小企業開発に関する戦略的行動計画（SAP-SMED 2016-2025）　324
中所得国の罠　338
調整理事会　58, 59
2プラスX　70
適格ASEAN銀行　34, 171, 172, 188
デミニミス・ルール（僅少の非原産材料に関する規則）　104
ドイモイ（刷新）政策　270
統合の深化　31
東西経済回廊　276
投資家対国の紛争解決（ISDS）　34, 38, 199, 200
投資関連貿易措置（TRIMs）協定　197
東南アジア友好協力条約（TAC）　10, 60, 296, 331
ドーハ開発アジェンダ　126
特別外相会議　332
特許協力条約　252, 253, 256, 260
特恵貿易制度（PTA）　4

【ナ行】

内国民待遇　201
ナショナル・シングル・ウィンドウ（NSW）　33, 113
南巡講話　71
南部経済回廊　275, 280
南北経済回廊　275
21世紀型貿易　36, 37
20世紀型貿易　37
日中韓のFTA　295, 296, 297
日本ASEAN合成ゴムフォーラム　327, 328
日本ASEAN包括的経済連携協定（AJCEP）　331
日本貿易振興機構（JETRO）　335, 339
認定輸出者　108

【ハ行】

ハーグ協定　252, 253, 256
パフォーマンス要求　200
　──の禁止　38, 196, 200
バリ・パッケージ　100
バリコンコードⅡ　130
バンコク宣言　37

東アジア・ASEAN研究センター　181
東アジアサミット　54
東アジア自由貿易地域（EAFTA）　10, 12, 292, 293, 294, 296
東アジア首脳会議（EAS）　10, 292, 294, 339
東アジア地域包括的経済連携（RCEP）　13, 15, 21, 32, 38, 40, 289, 290, 293-301, 303, 304, 305, 324, 332, 339
東アジアの奇跡　72
東アジア包括的経済連携（CEPEA）　10, 12, 292, 293, 294, 296
非関税障壁　32
非関税措置　32
非農産品市場アクセス交渉　127
ビルト・イン・アジェンダ（BIT）　127
深い統合　25
福田ドクトリン　328
船積み前発給　112
部分累積　102
ブミプトラ　141
ブランド別自動車部品相互補完流通計画（BBCスキーム）　5, 8, 330
ブループリント　170
紛争解決に関するASEAN議定書　61, 62
紛争解決メカニズム強化の議定書（EDSM）　119
米国国際開発庁（USAID）　116
北米自由貿易協定（NAFTA）　69
ポジティブリスト方式　130

【マ行】

マーストリヒト条約　70
マドリッド協定議定書　252, 253, 255, 256, 261
メルコスール（南米南部共同市場）　70

【ヤ行】

優先主要措置　30
優先統合分野（PIS）　319
輸出加工区（EPZ）　93
輸出制限　197
輸出入均衡要求　197
輸入許可証（AP）制度　87

【ラ行】

利益の否認　198
リクエスト・オファー方式　131
留保表（ネガティブ・リスト）　193, 201

累積付加価値　92
　――基準（RVC）　101
ローカルコンテント要求　197
ロールアップ・ルール　102
ロールダウン・ルール　102

執筆者紹介 (執筆順) ＊印は編著者

＊石川幸一	亜細亜大学アジア研究所教授	はしがき, 第2章, 第9章
＊清水一史	九州大学大学院経済学研究院教授	はしがき, 第1章, 第14章, 第16章
＊助川成也	中央大学経済研究所客員研究員 (日本貿易振興機構海外地域戦略班所属)	はしがき, 第4章, 第5章, 第6章
鈴木早苗	日本貿易振興機構アジア経済研究所 地域研究センター研究員	第3章
福永佳史	経済産業研究所コンサルティングフェロー	第7章, 第12章, 第15章
赤羽　裕	亜細亜大学都市創造学部教授	第8章
春日尚雄	福井県立大学地域経済研究所教授	第10章, 第11章
小野澤麻衣	日本貿易振興機構新潟貿易情報センター所長	第13章

ASEAN 経済共同体の創設と日本

2016年11月15日　第1版第1刷発行　　　　　　　　検印省略

編著者　　石　川　幸　一
　　　　　清　水　一　史
　　　　　助　川　成　也

発行者　　前　野　　　隆

発行所　　東京都新宿区早稲田鶴巻町533
　　　　　株式会社　文　眞　堂
　　　　　電話 03 (3202) 8480
　　　　　FAX 03 (3203) 2638
　　　　　http://www.bunshin-do.co.jp
　　　　　郵便番号 (162-0041) 振替00120-2-96437

製作・モリモト印刷

© 2016

定価はカバー裏に表示してあります
ISBN978-4-8309-4917-3　C3033

好評既刊【ASEAN 関連】

ASEAN 経済圏を分野別に分析・展望！
現代 ASEAN 経済論
石川幸一・朽木昭文・清水一史 編著
ISBN978-4-8309-4875-6／C3033／A5判／360頁／定価2500円＋税

現代世界経済で最も重要な成長センターである ASEAN は、経済統合を推進し、AEC（ASEAN 経済共同体）を実現する。実現すれば、AEC は中国やインドにも対抗する経済圏となり、日本、そして日本企業にとっても最重要な地域となる。急速な経済発展を続ける現代の ASEAN 経済を各分野の専門家が分析。現代 ASEAN 経済を学ぶための必読書。

国別の経済・地域の課題を展望！
ASEAN 経済新時代と日本 各国経済と地域の新展開
トラン・ヴァン・トゥ 編著
ISBN978-4-8309-4897-8／C3033／A5判／390頁／定価2800円＋税

ASEAN 経済共同体（AEC）創設、加盟各国が中所得以上に発展した ASEAN 新時代が到来。高所得国シンガポール、高位中所得国マレーシアとタイ、低位中所得国インドネシア、フィリピン、ベトナムとラオス、低位中所得国の仲間に入りつつあるカンボジアとミャンマーの現段階と持続的発展の条件を分析し、AEC、対中・対日関係、メコン河流域開発、平和環境の今後を展望。

ASEAN 経済の統合度を多角的に検証！
ASEAN 経済統合の実態
浦田秀次郎・牛山隆一・可部繁三郎 編著
ISBN978-4-8309-4868-8／C3033／A5判／236頁／定価2750円＋税

日本企業の事業展開先として注目される ASEAN。本書は、AEC 構築を控えた ASEAN 経済が実際にはどれほど統合度を高めているのか、様々な統計や事例をもとに貿易、投資、企業・人の動きなど多角的に検証したものである。企業関係者や研究者、学生など幅広い層を対象とする ASEAN 経済理解のための必読書。

ASEAN 経済共同体の実像と将来。
ASEAN 大市場統合（メガ）と日本 TPP 時代を日本企業が生き抜くには
深沢淳一・助川成也 著
ISBN978-4-8309-4838-1／C3033／A5判／292頁／定価2200円＋税

2000年代、日本、中国、韓国、そしてインド、アメリカ、豪 NZ が ASEAN を巡り FTA の主導権争いが展開された。通商環境が激変する中、日本企業は東アジア戦略の舵をどう切り、今後どう展開していくべきなのかを分析。ASEAN 経済共同体（AEC）の死角から東アジア大統合の展望まで全てわかる。ビジネス関係者、学生、研究者から政府関係者まで必読の 1 冊。

好評既刊【TPP・FTA 関連】

日本の TPP 戦略を総括した決定版！
TPP の期待と課題 アジア太平洋の新通商秩序
馬田啓一・浦田秀次郎・木村福成 編著
ISBN978-4-8309-4911-1／C3033／A5判／318頁／定価2750円＋税

TPP 交渉がようやく妥結した。TPP への期待は大きいが課題も多い。TPP 合意をどう評価すべきか。TPP によってアジア太平洋の通商秩序はどう変わっていくのか。本書は、TPP の意義と課題、TPP 交渉の争点、域外国への影響、ポスト TPP の通商秩序など、焦眉の視点・論点を中心に日本の TPP 戦略を総括。総勢21名の専門家からなる豪華執筆陣による待望の一冊。

メガ FTA，今後の展望をも図る最新版！
メガ FTA 時代の新通商戦略 現状と課題
石川幸一・馬田啓一・高橋俊樹 編著
ISBN978-4-8309-4870-1／C3033／A5判／276頁／定価2900円＋税

メガ FTA 時代に日本企業の強みをどう活かしていくか。本書は、メガ FTA によって変容する通商秩序の行方を見据えながら、グローバル化するサプライチェーンの実態と、東アジアの FTA が日本の経済と企業に与える影響を検証しつつ、メガ FTA 時代の新たな通商戦略の現状と課題を様々な視点から考察。今後の展望をも図る最新版。

今後の通商秩序を展望。FTA 分析の最新版！
FTA 戦略の潮流 課題と展望
石川幸一・馬田啓一・国際貿易投資研究会 編著
ISBN978-4-8309-4858-9／C3033／A5判／234頁／定価2650円＋税

ドーハ・ラウンドの停滞によって、メガ FTA 締結が今や世界の潮流となった。新たな通商ルールづくりの主役は WTO でなく、TPP、RCEP、日 EU・FTA、日中韓 FTA、TTIP などのメガ FTA である。本書は、メガ FTA 交渉と主要国の FTA 戦略の現状と課題を検証し、今後の通商秩序を展望。FTA 分析の最新版。

TPP で来るべきアジア FTA 新時代に備える必携の一冊！
日本企業のアジア FTA 活用戦略 TPP 時代の FTA 活用に向けた指針
助川成也・高橋俊樹 編著
ISBN978-4-8309-4888-6／C3033／A5判／235頁／定価2400円＋税

アジアは自由貿易協定（FTA）を構築する時代から企業戦略に生かす時代に入った。21世紀型新通商ルールを持つ TPP の発効を控え、企業の知恵比べが始まっており、FTA に対する理解は、海外事業展開の「成否」に直結する。FTA の研究者、利用者、実務者、各々の視点から制度、実態、事例、問題点を多角的に洗い出した必携の一冊。

2016年度新刊

最新ヨーロッパ経済の羅針盤！
ヨーロッパ経済とユーロ
川野祐司 著
ISBN978-4-8309-4920-3／C3033／A5判／314頁／定価2800円＋税

インダストリー4.0，イギリスのEU離脱問題，移民・難民問題，租税回避，北欧の住宅バブル，ラウンディング，マイナス金利政策，銀行同盟，欧州2020…ヨーロッパの経済問題を丁寧に解説。写真付き観光情報も充実。

日中の第一線の研究者が，中国の構造改革の実像に迫る！
2020年に挑む中国 超大国のゆくえ
厳　善平・湯浅健司・日本経済研究センター 編
ISBN978-4-8309-4909-8／C3033／A5判／269頁／定価2800円＋税

短期的な経済の動向だけでは中国の実力は判断できず，中国指導部が目指す方向を見誤ると，将来は予想できない。本書は日中の第一線の研究者がテーマ別に分析，2020年の「100年目標」達成に向けて現在，中国の指導部が何を考え，どのような方向に導こうとしているのかを明らかにする。

日本の国際競争力を再検討し，新たな成長戦略を提言！
国際競争力
松本和幸 著
ISBN978-4-8309-4908-1／C3033／A5判／144頁／定価2000円＋税

日本経済は，その規模が10数年前を下回るほどに衰退している。それが国民の雇用や所得に悪影響を与え，また国の財政を危機的状態に追いやっている。本書は，日本の国際競争力を再検討し，「過度の市場主義からの脱却」や「企業の収益最大化を国のGDP最大化と一致させること」などの新たな成長戦略を提言する。

中国がアジアを変えるのか，アジアが中国を変えるのか！
新・アジア経済論 中国とアジア・コンセンサスの模索
平川　均・石川幸一・山本博史・矢野修一・小原篤次・小林尚朗 編著
ISBN978-4-8309-4896-1／C3033／A5判／239頁／定価2800円＋税

驚異的な経済成長に伴い，人民元の国際化から軍事費の増大，一帯一路戦略，AIIBなど，世界は中国の拡大に関心を高めている。「ワシントン・コンセンサス」と「北京コンセンサス」の限界を分析，「アジア・コンセンサス」と呼ぶ新たなアジアの開発協力モデルを気鋭の研究者が提示する。